Kay Ehling,
Saskia Kerschbaum (Hg.)

Die Kaiser
Roms

Kay Ehling,
Saskia Kerschbaum (Hg.)

Die Kaiser Roms

Von Augustus bis Justinian

25 Biografien

wbg Theiss

Inhalt

Vorwort
Kay Ehling, Saskia Kerschbaum 7

Der römische Kaiser
In einem Weltreich zwischen Beständigkeit und Wandel
Gregor Weber 9

Augustus und die Entstehung des römischen Kaisertums
Von der defekten Republik zur Monarchie
Andreas Hartmann 19

Der ungeliebte Aussteiger Tiberius
Ein römischer Kaiser flieht nach Capri
Ernst Baltrusch 29

Caligula – Urtyp eines ‚verrückten' Kaisers
Vom Hoffnungsträger zum senatorischen Hassobjekt
Alexander Free 39

Claudius – Gott, Herrscher, Sonderling?
Die Tragik, Kaiser zu sein
Marco Besl 47

Nero auf der falschen Bühne
Der Kaiser, der besser Schauspieler geworden wäre
Saskia Kerschbaum 55

Titus – der Sohn eines Kaisers lernt zu herrschen
Kriegsheld, Zerstörer des Jerusalemer Tempels und als Kaiser ein Wohltäter
Monika Bernett 63

Traian – Optimus Princeps
Der „beste" aller Kaiser?
Bernhard Woytek 73

Der reisende Philhellene Hadrian
Bei den römischen Senatoren verhasst, von den Athenern verehrt
Hartwin Brandt 83

Antoninus Pius – ein Garant für Stabilität
Ein phlegmatischer Hauptstadtkaiser und 23 Jahre Langeweile?
Christoph Michels 91

Der Philosophenkaiser Marc Aurel
Die Lichtgestalt unter den römischen Kaisern
Alexander Demandt 99

Commodus – der verhasste Kaiser
Kaiser, Gott und Gladiator
Stephan Lücke 109

Septimius Severus – ein Kaiser an der Wende zum 3. Jh.
„Bleibt einträchtig, bereichert die Soldaten und schert euch um all das andere den Teufel!"
Achim Lichtenberger 117

Caracalla – der Vater der Soldaten
Mit dem Bruder verfeindet, von den Soldaten verehrt
Gregor Berghammer 127

Roms skandalöser Teenagerkaiser Elagabal
Ein syrischer Sonnengott als oberste Gottheit im Römischen Reich
Klaus Altmayer 135

Gordian III. und der Tod am Euphrat
Ein ‚Kinderkaiser' kämpft gegen die Perser
Andreas Luther 143

Philippus I. – aus der Provinz an die Spitze des Imperiums
Roms Tausendjahrfeier in stürmischen Zeiten
Christian Körner 151

Gallienus – viel geschmähter Soldatenkaiser mit neuen Ideen
Ein glückloser Herrscher in Zeiten der Krise?
Udo Hartmann 159

Diocletian und die Erste Tetrarchie
Von der alleinigen Monarchie zur Mehrkaiserherrschaft
Wolfgang Kuhoff 169

Der Priesterkaiser Maximinus Daia
Mit Sarapis und Apollonius von Tyana gegen das Christentum
Kay Ehling 177

Constantin I. – Gottesfreund und Antichrist
Die Sphinx der historischen Wissenschaft
Johannes Wienand 185

Constantius II. und die Einheit der Kirche
Mission Impossible
Hans-Ulrich Wiemer 195

Theodosius I. der Große – Demut und Machtwille
Die Folgen eines christlichen Kaisertums
Hartmut Leppin 203

Justinian und die Katastrophen
Der Reformkaiser findet keine Ruhe
Mischa Meier 213

Heraclius – ein Kaiser am Ende?
Wechselbad triumphaler Siege und katastrophaler Niederlagen
Nikolas Hächler 223

DIVVS AVGVSTVS – der Kaiser als Gott
Sterben, Tod und Apotheose des römischen Kaisers
Kay Ehling 233

Anhang 243
Endnoten 244
Literatur 248
Bildnachweis 253
Autorinnen und Autoren 255
Impressum 256

Auf dem Umschlag unseres Buches ist der bekannte kolossale Marmorkopf Constantins des Großen abgebildet (Rom, Musei Capitolini). Mit einer Höhe von ca. 2,97 m (Kinn-Scheitel 1,74 m) zählt er zu den größten erhalten gebliebenen Marmorporträts antiker Zeit. Die Büste, von der lediglich die vordere Hälfte existiert, wurde 1486 an der Via Sacra in Rom gefunden. Sie gehörte zu einer Monumentalstatue, die in der für Constantin umgebauten Maxentiusbasilika aufgestellt war und von der insgesamt zehn Fragmente überliefert sind. Die Statue stellte den ersten christlichen Kaiser im Typus des thronenden Iupiter dar und war in den Größenverhältnissen dem Zeus von Olympia vergleichbar. Der Kopf ist mehrfach überarbeitet worden. Dabei könnte es sich, wie neuere Beobachtungen vermuten lassen, ursprünglich um ein Hadriansbildnis gehandelt haben, das vielleicht zunächst für Maxentius gedacht war, nach Oktober 312 aber zu einem Constantinsporträt umgebildet wurde. Vermutlich kam es im Vorfeld von Constantins drittem Rombesuch im Sommer 326 zu weiteren Bearbeitungen, bei denen möglicherweise der Lorbeerkranz durch ein heute verlorenes Diadem ersetzt wurde.

Vorwort

von Kay Ehling und Saskia Kerschbaum

Das römische Kaisertum zählt aus unserer heutigen Perspektive zu den größten Konstanten der antiken Geschichte. In diesem Amt bündelte sich nahezu absolute Macht: Der Kaiser lenkte eine der effektivsten und schlagkräftigsten Armeen der antiken Welt; er konnte Recht sprechen und Gesetze erlassen, sein Veto einlegen und als oberster Priester die römische Religion definieren.

Über 500 Jahre existierte das Kaisertum im Weströmischen Reich, wo es mit der Absetzung des Romulus Augustulus im Jahr 476 sein Ende fand. Im Osten überdauerte es noch mehrere Jahrhunderte in Form des byzantinischen Kaisertums, das erst mit der Eroberung Konstantinopels im Jahr 1453 durch die Osmanen fiel.

Die römischen Kaiser lenkten ihr Reich nicht aus dem Schatten, sie waren im Alltag ihrer Bevölkerung präsent: Ihre Köpfe zierten die Münzen, die im gesamten Römischen Reich zirkulierten, ihre Namen standen auf öffentlichen Gebäuden, Meilensteinen, Gesetzestexten, ihre Statuen schmückten Marktplätze, Säulenhallen und Gerichtsgebäude. In Rom, das lange das Zentrum des Reiches war, kursierte mit den *acta diurna* eine (natürlich zensierte) ‚Tageszeitung', die angeblich Privates aus dem kaiserlichen Haus zu berichten wusste.

Die *acta diurna*, aber auch die zahlreichen Geschichtswerke, Biografien, Lobgedichte, Schmähschriften und sonstigen literarischen Zeugnisse der meist aus dem Senatorenstand stammenden Autoren schlagen bereits die Brücke: vom Amt des Kaisers hin zur Persönlichkeit. In der über 500-jährigen Geschichte des römischen Kaiserreichs regierten die unterschiedlichsten und schillerndsten Charaktere: Strenge Militärs und Philosophen, Künstler und Musiker, hochintelligente Puppenspieler und scheinbar verrückte Sonnenanbeter wechselten einander ab. Ihr Leben, ihre Absichten, Pläne und Ziele, aber auch ihre persönlichen Wünsche und Schwächen faszinieren bis heute.

Hier setzt der vorliegende Band an: Anhand von 25 Biografien (rechnet man das Kapitel „DIVVS AVGVSTVS" über Sterben, Tod und Apotheose des römischen Kaisers mit) möchten wir nicht nur die großen politischen und strukturellen Entwicklungslinien des Kaiseramts verfolgen, sondern auch den Versuch unternehmen, uns den Persönlichkeiten anzunähern, die dieses Amt bekleideten. Ausgehend von den überlieferten, oft widersprüchlichen Quellen lassen sich unglaubliche Lebensgeschichten rekonstruieren, die deutlich machen, wie unterschiedlich und individuell die jeweiligen Männer ihr Amt ausübten und auch interpretierten.

Umgekehrt lässt sich so auch nachzeichnen, welche Erwartungen an die Kaiser geknüpft waren. Theoretisch mochten sie beinahe allmächtig gewesen sein, faktisch bewegten sie sich jedoch innerhalb eines engen Korsetts aus Abhängigkeiten, Gefälligkeiten und öffentlichem Druck. Wer den Erwartungen nicht genügte, überlebte sein Amt manchmal nicht – insbesondere dann nicht, wenn er sich weit abseits der Normen bewegte. Umso beeindruckender ist es, dass das kaiserliche Amt all diese Persönlichkeiten unbeschadet überstand – nie wieder ging das Römische Reich zur Republik oder zu einer anderen Staatsform zurück.

Obwohl sie es verdient hätten, wurden den Kaiserinnen keine eigenen Kapitel gewidmet. Das ist einerseits der Quellenlage, andererseits der Konzeption dieses Bandes geschuldet, der eines in sich konzisen Zuschnitts bedurfte. Zudem, das sei freimütig eingeräumt, ist es ein weit schwierigeres Unterfangen, ein Buch über die römischen Kaiserinnen schreiben zu wollen, und so haben wir es uns etwas leichter gemacht.

Zum Schluss das Schönste, der Dank. Die Herausgeber danken den Autorinnen und Autoren dieses Bandes herzlich dafür, dass sie sich trotz eigener vielfältiger Verpflichtungen auf die römischen Kaiser (und manche notwendige Kürzung) eingelassen haben. Wir alle danken Regine Gamm für die gute Zusammenarbeit und ihre kompetente und geduldige Betreuung des Bandes, ohne die dieser so nicht zustande gekommen wäre.

Von Gregor Weber

In einem Weltreich
zwischen Beständigkeit und Wandel

Der römische Kaiser

Der römische Autor Sueton (ca. 70 – 120) berichtet in seiner Biografie über Domitian, der Kaiser selbst „soll geträumt haben, ihm sei am Nacken ein goldener Buckel gewachsen, und der Überzeugung gewesen sein, dies bedeute, dass nach ihm der Zustand des Staates glücklicher und freudiger sein werde, wie es denn auch bald durch das bescheidene und maßvolle Verhalten der folgenden Kaiser geschah".[1] Diese Begebenheit, die mit dem Buckel auf eine körperliche Deformierung zielt, sollte das baldige Ableben Domitians ankündigen; sie suggeriert, dass es einen klaren Bewertungsmaßstab für einen römischen Kaiser gegeben habe: Die Perspektive, die Sueton ganz am Ende seines Werkes einnimmt, hebt Bescheidenheit (*abstinentia*) und Maßhalten (*moderatio*) in Abgrenzung von Domitians Habgier besonders heraus – der Maßstab rührt von Teilen der Oberschicht her, der die Tradition der römischen Republik zumindest noch bekannt war bzw. die sie sich zu eigen gemacht hatte. Diesem Maßstab wurde Domitian zumindest aus dieser Perspektive nicht gerecht.

Dieser Umstand verweist auf die Tatsache, dass das römische Kaisertum weder als etwas Statisches noch als ein fertiges Konzept, sondern in einer sukzessiven Entwicklung zu sehen ist, mehr noch: Die Entstehung aus den Traditionen der römischen Republik heraus, die – je nach Ansicht – mit Caesars Ermordung im Jahr 44 v. Chr. oder mit der Begründung des Prinzipats durch Octavian, den späteren Augustus, im Jahr 27 v. Chr. endete, darf als unabdingbar für das Verständnis der neuen Staatsform gelten. Im kollektiven Gedächtnis geblieben war eine lange zurückliegende, aber immer noch präsente Negativerfahrung, nämlich der Sturz des letzten Königs aus der mythischen Frühzeit, sodann die Erfahrungen aus der Republik: die Konflikte zwischen Patriziern und Plebejern sowie die Ausbildung einer neuen Elite, der Nobilität, außerdem die Integration Italiens, schließlich Roms Aufstieg zur Weltmacht durch fortwährende Auseinandersetzungen mit Karthago, mit der hellenistischen Welt, die nicht zuletzt durch Könige geprägt war, und mit etlichen indige-

Abb. 1 Der Kaiser als oberster Priester des Reiches. Marc Aurel opfert vor dem kapitolinischen Iupiter-Tempel (Marmorrelief aus dem Konservatorenpalast, 176–182)

Der römische Kaiser

Abb. 2 Unter C. Iulius Caesar (44 v. Chr.) wurden erstmals in Rom Münzen mit dem Porträt eines lebenden Herrschers geprägt. Die Silberdenare stellen den Diktator mit der Insignie des goldenen Kranzes dar, dazu erscheint die Umschrift CAESAR · DICT(ator) PERPETVO (Caesar Diktator auf Lebenszeit, Crawford RRC 480/6). Die Rückseite zeigt zu dem Namen des Münzmeisters L. Aemilius Buca L · BVCA Axt, Handschlag und Globus zwischen gekreuzten Fasces (ohne Beil) und Caduceus. Die Axt weist auf den römischen Kult, der Handschlag auf die Eintracht Caesars mit den Soldaten bzw. der römischen Bevölkerung und der Globus auf die Weltherrschaft hin.

nen Stämmen in Norditalien, Hispanien und Nordafrika.

Dieser Republik waren feste Strukturen zu eigen, die sich seit dem Ende des Königtums ebenfalls weiterentwickelt hatten – mit mehreren Volksversammlungen, mit den Magistraten, d. h. Amtsträgern (Quästoren, Ädile, Volkstribune, Prätoren, Konsuln, Zensoren), in einem schlussendlich klar gegliederten System (*cursus honorum*) und mit dem Senat als Versammlung der *patres*, der ‚Väter' der führenden Familien. In diese Gruppe konnte man freilich auch aufsteigen, etwa aus dem Stand der römischen Ritter (*equites*), und war dann wie M. Tullius Cicero ein *homo novus*, wörtlich ein „neuer Mensch". Dann gab es noch die *plebs urbana*, die Bürger in der Stadt Rom, als wichtige politische Gruppe, vor allem aber die Soldaten in den Legionen, die sich zusehends mehr zu *dem* zentralen Machtfaktor entwickelt hatten: Im Laufe des 1. Jh.s v. Chr. wurden aus den Legionen der *res publica* große Heeresgruppen, die sich nur noch einzelnen Feldherren verpflichtet fühlten. Sie beanspruchten gewissermaßen als Klienten, von ihrem *patronus* mit Land versorgt zu werden. Das politische System, das von Zeitgenossen als eine Mischung aus Demokratie, Aristokratie und Monarchie verstanden wurde, erfuhr eine immer stärkere Prägung durch exponierte Einzelpersonen wie Sulla, Pompeius und Caesar, und in Krisenzeiten herrschte ein Diktator, zuletzt Caesar, auf Lebenszeit (**Abb. 2**). Damit war die Republik endgültig dysfunktional geworden.

Die Begründung des römischen Kaisertums

Indem es Octavian schlussendlich gelang, sich gegen Marc Anton durchzusetzen und als *princeps Augustus* zu etablieren, hatte er in einem ‚Geniestreich' seine neue Herrschaftsform in die republikanischen Strukturen hinein – letztlich dauerhaft – implementiert. Der vornehmlich in rechtlich relevanten Kontexten gebrauchte Begriff *princeps* stellt keinen Titel dar, sondern wurde bereits zuvor im Sinne von „Erster Bürger unter Gleichen" verwendet. Zumindest die Erinnerung an die vorausgehende Tradition blieb so lange Zeit präsent, bis es mehr und mehr selbstverständlich wurde, in einer Monarchie zu leben. Denn um eine solche handelte es sich zweifellos, auch wenn sich trefflich darüber streiten lässt, ob Augustus seine faktische Position in der *res publica* gut zu verschleiern vermochte oder ob für die Zeitgenossen die Alternativlosigkeit und konsequente Umsetzung erkennbar waren. Damit verbindet sich die Frage, wie angemessen es ist, von ‚Kaiser' zu sprechen, handelt es sich doch dabei um einen modernen Begriff: Bei ihm muss dem Umstand Rechnung getragen werden, dass sich aus dem *Caesar*-Namen seit Claudius ein Bestandteil der Titulatur des *princeps* entwickelt hat, bis dann in der Spätantike mit *Caesar* der Juniorpartner eines Kaisers oder der avisierte Nachfolger bezeichnet wurde. Mangels Alternativen und aufgrund konzeptioneller Kongruenzen wird man freilich an dem Begriff festhalten wollen. Was hat aber einen römischen Kaiser ausgemacht?

Der rechtliche Rahmen

Rechtlich gesehen, hat sich der *princeps* aus den Strukturen der Republik heraus weiterentwickelt. Indem Augustus eine übergeordnete prokonsularische Amtsgewalt (*imperium proconsulare maius*) zuerkannt bekam, dazu als Konsul fungierte – anfangs dauerhaft, dann nur noch punktuell – und den taktisch begründeten Verzicht auf das Konsulat mit der Amtsgewalt eines Volkstribuns (*tribunicia potestas*) kompensierte, erfolgte eine formale Legitimierung der Machtstellung, denn sämtliche Gewalten ließen sich republikanisch ableiten und bedurften letztlich des Konsenses mit den gesellschaftlich relevanten Gruppierungen. Dass einzelne Kaiser wie Caligula oder Commodus genau davon abrückten, veränderte nicht die Gültigkeit des Prinzipatskonstrukts insgesamt, sondern verwies auf die inhärente Möglichkeit, individuell die Maßstäbe anders zu setzen; dass daraus eine *damnatio memoriae* – die Ächtung der Erinnerung durch die Auslöschung des Namens einschließlich der Zerstörung der Bilder – resultieren konnte, steht auf einem anderen Blatt.

Die kaiserliche Rolle

Darüber hinaus hat sich von Beginn an so etwas wie eine ‚kaiserliche Rolle' ausgebildet, die sich aus drei Komponenten zusammensetzte und die im *clupeus virtutis*, dem Ehrenschild des Augustus, genannten Tugenden konkretisierte (**Abb. 3**).

Zum einen bestand die Erwartung, dass dem Kaiser göttliche Unterstützung zuteilwurde. Gerade als oberster religiöser Repräsentant (*ponti-

DIE BEFUGNISSE EINES KAISERS

Das sogenannte Bestallungsgesetz Vespasians (*lex de imperio Vespasiani*), dessen zweiter Teil auf einer heute in den Kapitolinischen Museen in Rom aufbewahrten Bronzetafel erhalten ist, stellt Befugnisse zusammen, die – möglicherweise bereits vor Vespasian – einem Kaiser bei Herrschaftsantritt en bloc übertragen wurden, insbesondere eine Generalvollmacht. Die ersten Zeilen des erhaltenen Textes lauten:

„(§ 1) [...] dass es ihm erlaubt sein solle, Verträge zu schließen, mit wem er wolle, so wie es dem vergöttlichten Aug(ustus), dem Ti(berius) Iulius Caesar Aug(ustus) und Ti(berius) Claudius Caesar Aug(ustus) Germanicus erlaubt war;

(§ 2) dass es ihm erlaubt sein solle, eine Senatssitzung abzuhalten, einen Antrag zu stellen und Anträge zurückzuweisen, Senatsbeschlüsse durch Antrag und Abstimmung zu erhalten, so wie es dem vergöttlichten Aug(ustus), dem Ti(berius) Iulius Caesar Aug(ustus) und Ti(berius) Claudius Caesar Augustus Germanicus erlaubt war; [...]

(§ 4) dass die Personen, die sich um ein Amt oder eine zivile oder militärische Amtsgewalt oder die Verwaltung eines Bereiches bewerben und die er dem Senat und dem römischen Volk offiziell empfiehlt und denen er eine mündliche Empfehlung gibt oder verspricht, bei allen Wahlversammlungen außer der Reihe berücksichtigt werden; [...]

(§ 6) dass er das Recht und die Vollmacht haben solle, alle Maßnahmen, die nach seiner Ansicht im Interesse des Staates liegen und der Erhabenheit der göttlichen, menschlichen, staatlichen und privaten Dinge angemessen sind, einzuleiten und zu treffen, so wie es der vergöttlichte Aug(ustus), Tiberius Iulius Caesar Aug(ustus) und Tiberius Iulius Caesar Aug(ustus) Germanicus hatten. [...]"

(CIL VI 930 = ILS 244 = Freis 49, von dort die Übs.)

Der römische Kaiser

Abb. 3 **Der goldene Ehrenschild** (*clupeus virtutis*) wurde Augustus im Januar 27 v. Chr. vom Senat verliehen und ostentativ in der *Curia Iulia*, dem Versammlungsort des Senats, aufgestellt. Kopien hat man offenkundig im gesamten Reich verbreitet; ein Exemplar aus Marmor ist in Arelate (Arles) gefunden worden.

fex Maximus) repräsentierte er *pietas*, die Frömmigkeit gegenüber Menschen und Göttern, wobei auch der Augustus-Name eine religiöse Konnotation besaß. Der Kaiser stand auch für eine besondere Verbindung zu Iupiter, wenngleich einige Kaiser noch eine zusätzliche Beziehung zu einer anderen (Schutz-)Gottheit proklamierten oder sich um die Erneuerung angeblich alter Kulte bemühten. In dieser Tradition sahen sich ebenso die christlichen Kaiser, deren Anspruch auf exklusive Fürsprache bei Gott freilich von christlichen Autoritäten mitunter energisch bestritten wurde, wie sich denn auch – nicht zuletzt mit der Bibel als Text mit bis dahin nicht gekannter Verbindlichkeit – andere Hierarchien und neue Formen der Involvierung des Kaisers in religiöse Angelegenheiten ausbildeten. Außerdem erfuhren manche Kaiser nach ihrem Tod durch den Senat eine – im Osten des Reiches unproblematische – Divinisierung, wobei gelegentliche Versuche einer Selbstvergöttlichung zu Lebzeiten umstritten waren; die Apotheose musste aber nicht zugestanden und konnte auch rückgängig gemacht werden.

Zum anderen gab sich der Kaiser als Bürger (*civilis princeps*), der großzügig im Sinne seiner Fürsorgepflicht agierte, sich um die Gesetzgebung, Rechtsprechung und Gerichtsbarkeit in den Provinzen sowie Verwaltung kümmerte sowie den Untertanen Bitten erfüllte, etwa wenn Kaiser Decius (249–251) in einem Reskript an die Stadt Aphrodisias formuliert: „Auch wir bestätigen Euch die Freiheit, die Ihr genießt, und alle anderen Privilegien, wie viele Ihr auch von den Kaisern, unseren Vorgängern, erhalten habt; auch wir sind bereit, auch Eure Hoffnungen für die Zukunft zu vermehren".[3] Jenseits der Absichtserklärung wird zumindest deutlich, welche Erwartungen bestanden. Da römische Bürger einen Anspruch darauf hatten, vor dem Kaiser Recht zu erlangen, bildete sich ein System von Petitionen und rechtsrelevanten Antworten aus. Unter einigen Kaisern wie Traian und Hadrian entwickelte sich die Rechtstätigkeit der Juristen in bemerkenswerter Weise weiter, bis dann mit Justinian I. der Kaiser sich selbst als alleinige legitime Rechtsquelle gab, die dazu im Sinne einer Sakralisierung des Kaisertums noch von Gott inspiriert war; dass in der Spätantike Demut (*humilitas*) zur kaiserlichen Rolle hinzukam, wurde nicht als Widerspruch aufgefasst.

Bei einem Reich von derartigen Ausmaßen gelang es aber einer einzigen Person nicht mehr, dies allein oder mit seiner engsten Umgebung, dazu rein bei Bedarf zu bewältigen, sondern es erfolgte eine Institutionalisierung mit Ressorts: Unter Kaiser Claudius hatten sich die drei zentralen Abteilungen für die Finanzen (*a rationibus*), die Korrespondenz (*ab epistulis*) und die Bittschriften (*a libellis*) ausgebildet, die jeweils – was nicht von allen goutiert wurde – von kaiserlichen Freigelassenen geleitet wurden. Es muss aber unklar bleiben, wie sehr der Kaiser tatsächlich von jeder einzelnen Entscheidung, die in seinem Namen getroffen wurde, Kenntnis besaß bzw. in sie involviert war.

Vor allem aber hatte er – durchaus im Anschluss an Caesar – eine militärische Rolle zu spielen, insofern er das Reich schützte und es vergrößerte, dazu für Frieden (*pax Augusta*) im Innern und nach außen sorgte und mit seinen Siegen, die sich wiederum göttlicher Erwählung verdankten, militärische Führung demonstrierte (**Abb. 4**).

Gerade deshalb war dann in der Kaiserzeit die Zuerkennung des Imperatoren-Titels und überhaupt die Verleihung des *imperium* von herausragender Bedeutung. Diese Facette war mit Augustus von Beginn an präsent, nicht zuletzt über den Imperatoren-Titel, doch kam ihr bei den Übergängen von einer Dynastie zur nächsten und den Instabilitäten angesichts mehrerer Konkurrenten und nur kurzen Regierungszeiten eine immer wichtigere Bedeutung zu.

Caesar und Augustus haben hier im Positiven wie im Negativen Maßstäbe gesetzt, an denen sich nachfolgende *principes* orientierten – und an denen sie gemessen wurden, etwa wenn der spätanti-

Abb. 4 Gern ließen sich die Kaiser als Krieger und Soldat darstellen, so etwa Traian im Kampf gegen die Daker auf diesem (wiederverwendeten) Relief im Durchgang des Konstantinsbogens.

Der römische Kaiser

ke Autor Eutrop (4. Jh.) zu Kaiser Traian formuliert: „So Bedeutendes ist von ihm in der historischen Erinnerung überliefert, dass man bis zu unseren Zeiten im Senat den Kaisern nicht anders akklamiert als mit: ‚erfolgreicher als Augustus, besser als Traian'" (*felicior Augusto, melior Traiano*).[4] Aus all dem entwickelte sich im Laufe der Zeit ein immer größeres Wissenskonglomerat von verschiedenen Kaiser-Typen. In der Praxis hat jeder Kaiser dann auch noch zusätzlich Schwerpunkte im Sinne eines individuellen, ihm wichtigen Profils gesetzt.

Das Erfordernis der Kommunikation: Zielgruppen und Medien

Für den Kaiser bestand die Notwendigkeit, *sein* Ensemble an inhaltlichen Aussagen über Eigenschaften, Qualitäten und Absichten fortwährend zu kommunizieren, idealiter bis in den letzten Winkel des großen Imperiums hinein. Für die entsprechende Repräsentation vermochte der *princeps* auf ein ganzes Bündel an Medien zurückzugreifen und in dem Sinne auszugestalten, wie er selbst gesehen werden wollte bzw. seine Helfer es für angezeigt hielten: Er konnte Bilder verschiedenster Art generieren und verbreiten, sowohl in Form von Statuen und Reliefs als auch vor allem von Münzen verschiedenster Nominale sowie eigener Porträts; er war präsent durch eine reiche epigraphische Tradition, dazu in verschiedenen Materialien, z. B. in einer Inschrift in Ostia, in der Septimius Severus als „Sieger *über* die Araber und Adiabener, größter Sieger über die Parther" bezeichnet wird;[5] er tätigte Stiftungen in Städten des Reiches, vor allem aber in Rom selbst, in der Folgezeit auch in anderen Städten mit kaiserlichen Residenzen.

Für das Agieren des Kaisers und seiner Helfer wird gern der Begriff der ‚Propaganda' verwendet, doch wird man ‚Repräsentation' bevorzugen, weil die Kommunikationsvorgänge und auch deren Wahrnehmung deutlich komplexer zu veranschlagen sind. Inhalte, Material und Dichte der Kommunikation waren wiederum abhängig von den Zielgruppen und den Erwartungen, die sie an ihn herantrugen, während sein Interesse darin bestehen musste, möglichst überall Akzeptanz zu erzielen, den Konsens zwischen allen Beteiligten (*consensus universorum*) zu beschwören und die Zustimmung zu seiner Herrschaft dauerhaft zu bewahren. Für die Kaiser waren etliche soziale Gruppen relevant: die Mitglieder der Oberschicht, vor allem die Senatoren, aber auch die Ritter, dann die stadtrömische Bevölkerung (*plebs urbana*) und das Heer, außerdem die Provinzialen sowie – nicht zu

Abb. 5 Blick über den Circus Maximus auf die Kaiserpaläste des Palatin

vergessen – der kaiserliche Hof (aula Caesaris), dazu später die führenden Vertreter der Christen und die Zirkusparteien im Hippodrom von Konstantinopel. Hierbei handelte es sich einschließlich der Ausbildung eines Hofzeremoniells um einen komplexen Kosmos eigener Art, in dem die Freunde des Kaisers (amici principis) und der Kronrat (consilium) eine wichtige Rolle spielten. Insgesamt liegt eine äußerst große Bandbreite innerhalb und zwischen diesen Gruppen vor, die auch von einer hohen sozialen Mobilität gekennzeichnet ist.

Wie diese kommunikativen Initiativen der Kaiser, zumal im visuellen Bereich, aufgefasst wurden, lässt sich nur selten direkt fassen, allerdings finden sich in der antiken Literatur vielfach Wertungen der Autoren oder ihrer Quellen, die mitunter geradezu postume Abrechnungen darstellen, etwa – aus der Perspektive christlicher Autoren – mit den Kaisern, die die Anhänger des neuen Glaubens verfolgt haben, oder der Herrschaft Kaiser Julians (361–363): der ‚letzte Heide', über den sich pagane *und* christliche Autoren äußerten.

Die Umsetzung der Rolle – Scheitern inbegriffen

Das Anforderungsprofil für einen Kaiser, wenn er all diesen Aufgaben und Erwartungen entsprechen wollte, war zweifellos immens hoch – und nicht wenige der Protagonisten verfolgten nach Meinung der Zeitgenossen ihre ganz persönlichen Interessen und nicht die des Reiches, d. h.: Scheitern war inbegriffen! Denn es versteht sich von selbst, dass ein römischer Kaiser, auch wenn er seine Rolle und die daran geknüpften Erwartungen ernst nahm, vor einer Herculesaufgabe stand, und zwar jenseits der ersten Entscheidungen, die bereits Augustus getroffen hatte. Dazu gehört etwa – ausgehend von der domus des Augustus auf dem Palatin (**Abb. 5**) – der Ausbau dieses Hügels zur kaiserlichen Residenz mit zahlreichen Funktions- und Repräsentationsbauten, um einerseits den Anforderungen für Audienzen, Beratungen und der Organisation der Reichsangelegenheiten gerecht zu werden und um andererseits auch den Kaiser als solchen in seiner Regierungsfunktion herauszustellen.

Denn der *princeps* war faktisch von Anfang an über die Mitglieder der Elite herausgehoben, auch wenn er sich bescheiden und als (Mit-)Bürger gab.

Abb. 6 Septimius Severus ließ seine Heimatstadt Leptis Magna (Libyen) prachtvoll ausbauen und ein neues Forum errichten unter dem Namen Forum (Novum) Severianum.

Dabei konnte er Akzente innerhalb und außerhalb dieses Areals, d. h. in die Topographie der *Roma urbs* hinein, setzen. Auch dies lässt sich bereits auf Traditionen in der Republik zurückführen, wie die zahlreichen neuen *fora* (Caesar, Augustus, Vespasian, Traian), aber auch die Gestaltung des Marsfeldes und neue Tempel zeigen. Ebenso war auch durch den Bau und den Unterhalt von Nutzbauten für die Bevölkerung – z. B. im Bereich der Wasserversorgung durch den Bau großer Aquädukte, von Thermen oder dem *amphitheatrum Flavium*, dem Kolosseum – Prestige zu erlangen. Es gab folglich zahlreiche Interaktionsräume zwischen dem *princeps* und der Bevölkerung. Dies gilt in gleicher Weise für Italien, die Provinzen und seit der

Zeit der Tetrarchie auch für weitere Residenzstädte und die neue Hauptstadt Konstantinopel. In gleicher Weise waren viele Kaiser von Beginn an in den Provinzen mit Bauwerken präsent, mehr noch: Als sich die Herkunft der Kaiser über Italien hinaus veränderte, haben einige wie Septimius Severus (193–211) oder Philippus Arabs (244–249) in besonderer Weise die Städte und Regionen ihrer Heimat mit einer Vielzahl an Bauten bedacht **(Abb. 6)**.

Aber es galt auch, die Provinzen und deren Bewohner vor Überlastung zu schützen – z. B. wenn Kaiser Domitian an den Prokurator Claudius Athenodorus in Syrien schreibt, dass Einquartierungen von Soldaten und die Gestellung von Zugtieren nicht widerrechtlich erfolgen dürfen: „Ich befehle Dir also, dafür zu sorgen, dass niemand Zugtiere requiriert, sofern er nicht mein Diplom hat. Denn es ist sehr ungerecht, dass durch die Gunst einiger Leute oder infolge ihrer Ansprüche geschriebene (Ermächtigungen) im Umlauf sind, die niemand außer mir ausstellen darf. Nichts darf mehr vorkommen, was meinen Erlass aufhebt und die den Städten sehr nützliche Maßnahme beseitigt. Denn es ist gerecht, den erschöpften Provinzen zu helfen, die kaum in der Lage sind, den dringendsten Bedürfnissen zu genügen: niemand soll sie gegen meinen Willen zwingen."[6] Diese Überlegungen verdankten sich der rationalen Überlegung, dass eine solche Überlastung weder dem konstanten Fluss von Abgaben noch der Ruhe im Reich insgesamt zuträglich war – und stellte gleichzeitig den Anspruch des Kaisers heraus.

Sesshaft und unterwegs – die Hauptstädte und der Kaiser auf Reisen

Lange Zeit blieb der Kaiser fest in Rom verortet, und seine Abwesenheit betraf die zahlreichen Kriegszüge. Insbesondere im 2. Jh. bereisten zahlreiche Kaiser immer wieder ihr Reich: Damit wurde es ihnen möglich, als Wohltäter direkt bei den Untertanen präsent zu sein, indem sie u. a. Rechtsangelegenheiten entschieden, Stiftungen, Geld- und Getreidespenden tätigten oder Schulden erließen. Gleichzeitig konnten Kaiser mit Gefolge und Heereseinheiten auch zur Belastung werden, insofern sie vor Ort versorgt werden mussten. Je mehr Kaiser aber gar nicht mehr nach Rom zogen, sondern Militärkommandanten irgendwo in den Provinzen von den Soldaten ausgerufen wurden, von dort aus weiter agierten oder auch aufgrund von Erfolglosigkeit oder Konkurrenz alsbald wieder ermordet wurden, desto weniger spielten die Verhältnisse in Rom noch eine Rolle. Inzwischen jedenfalls war für eine Kaisererhebung auch nicht mehr der Senat oder die Prätorianergarde verantwortlich/erforderlich, sondern allein die Legionen, deren Feldherr der Prätendent war. Im Laufe der Spätantike entwickelte sich dann klar der Trend hin zur Sesshaftigkeit der Kaiser in Konstantinopel.

Mehrere Kaiser und der Herrschaftsübergang

Seit der Tetrarchie institutionalisiert, gab es bereits im 2. Jh. mit Marc Aurel (161–180) und Lucius Verus (161–169) Initiativen, *mehr* als einen Kaiser zu installieren. Dies reduzierte die Einzigartigkeit des (einen) römischen Kaisers, dürfte aber auch die Wahrnehmung und Erwartungen verändert haben. Es ist in jedem Fall evident, dass die Kaiser mehr vor Ort präsent und damit auch erfahrbar sein konnten. Was den Herrschaftsübergang von einem Kaiser zum nächsten angeht, stand jeder einzelne nach Augustus vor einer doppelten Herausforderung: Er musste sich in irgendeiner erkennbaren Form – in Kontinuität oder in Abgrenzung – zu seinem Vorgänger verhalten, und es ging auch um die Überlegung, ob und – falls ja – in welcher Weise er einen Nachfolger aufbauen sollte, sofern er nicht vorher starb: Wenn ein leiblicher Erbe fehlte oder ein vorhandener (noch) nicht herrschaftsfähig war, ließ sich auf die im römischen Kulturkreis durchaus gängige und bereits von Augustus praktizierte Erwachsenen-Adoption zurückgreifen, wenngleich in republikanischer Tradition eine Weitergabe oder gar Vererbung einer Machtstellung nicht vorgesehen war. Die zunehmende Militarisierung ermöglichte es dann auch ausgewiesenen Militärs *ohne* einen exklusiv nobilitären Hintergrund, zu einem ernsthaften Prätendenten zu werden.

Kaiserinnen?!

Separate Erwähnung verdienen die weiblichen Mitglieder des Kaiserhauses, Mütter, Ehefrauen und Töchter. Ihr Status war viel weniger institutionalisiert als der der männlichen Mitglieder, zumal es kein Amt der Kaiserin geben konnte. Der seit Claudius für Livia (58 v. Chr. – 29 n. Chr.) auch auf Münzen geprägte Titel *Augusta* (**Abb. 7**) hat sich immer mehr durchgesetzt, und es wurden ihnen Statuen errichtet, die von denen von Göttinnen nicht zu unterscheiden waren.

Zahlreiche Belege zeigen, dass die *Augustae* auch um Hilfe und Vermittlung angerufen wurden und durchaus ‚Frauennetzwerke' bestanden; ebenso fungierten weibliche Mitglieder des Kaiserhauses als Stifterinnen: So erhielt etwa Matidia die Jüngere (ca. 85 – 162), die Großnichte Traians, eine beachtliche Zahl an Ehreninschriften, u. a. in Augusta Vindelicum,[7] und sie hat sich auch in Sessa Aurunca in Kampanien mehrfach für den Bau des dortigen Theaters engagiert. Die Bedeutung der Kaiserinnen lag aber vor allem auf der Ebene des Respektes und der Selbstdarstellung, die in emotionaler Weise Frau und Familie betont hat. Die Stärkung des dynastischen Zusammenhangs stand im Vordergrund, etwa bei Iulia Domna, und die Ausbildung einer Vorbildfunktion, die sich auf ‚Kleinigkeiten' wie Frisurenmode, aber auch auf adäquates Verhalten insgesamt beziehen konnte, war sicher nicht von Schaden. Faktisch versuchten jedoch gerade Kaisermütter immer wieder, die Herrschaft für ihren eigenen Sohn durchzusetzen und dadurch auch die eigene Position zu verbessern bzw. zu festigen. Und Kaiser, die man zu sehr unter weiblichem Einfluss sah, konnten, wie viele Anekdoten zeigen, durchaus negativ bewertet werden. Diese Ambivalenz entspricht freilich ganz dem weit verbreiteten antiken Blick auf die Geschlechterverhältnisse.

In der römischen Gesellschaft wurde die Legitimität der Kaiserherrschaft als solche nicht bestritten, sondern die Trennlinie verlief zwischen der Person eines *konkreten* Kaisers, der seiner kaiserlichen Rolle, wie sie skizziert wurde, auch *nicht* gerecht werden konnte, und den Grundstrukturen; bei diesen ist zu unterscheiden zwischen dem gesellschaftlichen Gefüge, in das hinein die Kaiser gestellt waren, und den Strukturen andererseits, die das Kaisertum selbst, beginnend mit Augustus, ausgebildet hat. Diese waren von einer überaus großen Konstanz gekennzeichnet und haben sich über die Jahrhunderte hinweg weiterentwickelt. Auch wenn beträchtliche Unterschiede zwischen den Kaisern bestanden, die sich, wie die Beiträge des vorliegenden Bandes erkennen lassen, unterschiedlichen Faktoren und Einflüssen verdankten, gelang es dennoch, eine beachtliche institutionelle Stabilität herzustellen. Hingegen bestand zwar von Anfang an ein Anspruch des römischen Kaisers auf Weltherrschaft, aber in der Praxis erfuhr das „Weltreich ohne Grenzen" (*imperium sine fine*) doch immer wieder nicht unerhebliche Einschränkungen und wurde sukzessive aufgegeben.

Abb. 7 Kaiser Claudius ließ 42 Livia konsekrieren, auch um sich mit diesem erstmalig vollzogenen Akt als Enkel der vergöttlichten Livia besonders zu positionieren. Auf dem Revers eines Dupondius ist Livia sitzend mit Ährenbündel und Fackel dargestellt, die Umschrift lautet DIVA AVGVSTA.

Von Andreas Hartmann

Von der defekten Republik zur Monarchie

Augustus und die Entstehung des römischen Kaisertums

Augustus gelangte in den Bürgerkriegen, die an Caesars Ermordung im März 44 v. Chr. anschlossen, zur Macht und war von 30 v. Chr. bis zu seinem Tod 14 n. Chr. faktisch Alleinherrscher des Römischen Reiches. Die aus den Bürgerkriegen hervorgegangene Militärdiktatur wurde von Augustus in rechtliche Formen gekleidet. Nach und nach wurde die Republik durch Ämterhäufung und die Übertragung von Sondervollmachten in eine Monarchie umgebaut. Dabei gelang es Augustus, nach dem Trauma der Bürgerkriegszeit einen breiten Konsens für seine Herrschaft zu organisieren. Dadurch prägte er für etwa drei Jahrhunderte das Rollenbild eines römischen Kaisers.

Dass Augustus zum Alleinherrscher des Römischen Reiches aufsteigen und zum Begründer einer neuen politischen Ordnung werden würde, war bei seiner Geburt im Jahr 63 v. Chr. nicht abzusehen. Das als C. Octavius geborene Kind stammte aus einer Familie, die nicht zur Spitzengruppe der römischen Aristokratie gehörte. Seine Mutter Atia war zwar eine Nichte Caesars, doch stand dieser damals noch am Anfang seiner politischen Laufbahn.

Mit dem kometenhaften Aufstieg Caesars verbesserten sich allerdings auch die Aussichten des jungen Octavius sprunghaft. Caesar hatte keinen legitimen Sohn, und mit der Ermordung seines Neffen im Jahr 46 v. Chr. wurde Octavius zum nächsten männlichen Nachkommen des Diktators. Der förderte seinen Großneffen und setzte ihn in seinem Testament als Haupterben ein und adoptierte

Abb. 1 Darstellung des Augustus mit der Bürgerkrone, einem Kranz aus Eichenblättern. Dabei handelte es sich um eine militärische Auszeichnung für die Rettung eines römischen Bürgers. Die Verleihung an Augustus sollte ausdrücken, dass er durch die Beendigung der Bürgerkriege das Leben vieler römischer Bürger gerettet hatte.

Augustus und die Entstehung des römischen Kaisertums

ihn zudem, womit aus Octavius nun C. Iulius Caesar Octavianus wurde.

Auch damit war jedoch für die weitere Laufbahn des bei der Ermordung Caesars gerade einmal 18 Jahre alten Octavian noch nichts vorausbestimmt. Caesars Stellung als Diktator auf Lebenszeit war genauso wenig vererbbar wie jedes andere republikanische Amt. Octavian erbte neben dem Namen und dem damit verbundenen politischen Ansehen nur das Privatvermögen – mit allen Lasten. Caesar hatte nämlich die Auszahlung enormer Geldsummen an die stadtrömische Bevölkerung festgelegt. Darin lag für den Erben die Chance, sich selbst bei der Bevölkerung beliebt zu machen, aber das Geld musste erst einmal aufgebracht werden. Zudem war abzusehen, dass der Konsul Marc Anton, der sich einerseits als natürlicher politischer Erbe Caesars sah, andererseits in der unklaren Situation des Jahres 44 v. Chr. aber auch zwischen Republikanern und Caesarianern lavieren musste, das Auftreten eines neuen Caesar nicht widerstandslos hinnehmen würde.

Octavian brachte daher die für den Partherkrieg Caesars bereitgestellten Gelder sowie die aus der Provinz Asia nach Italien transportierten Steuereinnahmen an sich und begann, illegal Truppen auszuheben. Eine offizielle Kommandobefugnis erhielt er erst, als die Republikaner und gemäßigten Caesarianer im Senat militärische Unterstützung für einen Kampf gegen Marc Anton benötigten. Zwar konnte dieser geschlagen werden, doch war er bald durch ein Bündnis mit anderen caesarischen Kommandeuren im Westen, insbesondere M. Aemilius Lepidus, stärker als zuvor. Im Osten hatten sich hingegen die Caesarmörder Brutus und Cassius eine Machtposition aufgebaut. Vor diesem Hintergrund musste Octavian den Ausgleich mit Marc Anton suchen. Es wurde die Einrichtung eines auf fünf Jahre angelegten Dreimännerkollegiums (Triumvirat) zur Neuordnung des Staates vereinbart, das faktisch diktatorische Befugnisse besaß. Da sich Caesars Politik der Begnadigung politischer Gegner nicht bewährt hatte, kehrten die Triumvirn zur Durchführung brutaler politischer Säuberungen zurück.

Im Jahr 42 v. Chr. konnten die Caesarmörder bei Philippi besiegt werden, wobei allerdings Octavian das erste Treffen nur mit Glück überlebte. Während Marc Anton die Reorganisation der östlichen Provinzen übernahm, bekam Octavian die undankbare Aufgabe übertragen, die Veteranen der Bürgerkriegsarmeen in Italien anzusiedeln. Das Verhältnis zwischen Octavian und Marc Anton war brüchig, aber die Konkurrenten blieben durch äußere Zwänge aufeinander angewiesen: Während Marc Anton die Partherkriegspläne Caesars in die Tat umsetzen wollte, hatte Octavian mit Sex. Pompeius zu tun, der sich auf Sizilien festgesetzt hatte und von dort mit seiner Flotte die italischen Häfen und damit die Versorgung Roms bedrohte.

Der Kampf gegen Sex. Pompeius erwies sich als sehr schwierig, und wiederum geriet Octavian persönlich mehrmals in große Gefahr. Es war daher keineswegs ein zwingendes Ergebnis, dass Pompeius im Jahr 36 v. Chr. endgültig besiegt wurde. Nachdem Lepidus bei dieser Gelegenheit erfolglos versucht hatte, Sizilien in seine Gewalt zu bekommen, wurde er abgesetzt und interniert. Octavian war nun der unbestrittene Herr des Westens. Parallel entwickelte sich im Osten der Partherkrieg des Marc Anton zu einem verlustreichen Desaster.

Mit Blick auf das Auslaufen des Triumvirats setzte Octavian daher nicht mehr auf eine erneute Vereinbarung mit Marc Anton zu dessen Verlängerung. Vielmehr warb er mit einem von seinem Freund Agrippa durchgeführten Infrastrukturprogramm um die Sympathien der stadtrömischen Bevölkerung. Daneben versuchte Octavian, Marc Anton insbesondere durch eine Skandalisierung seiner Verbindung mit Kleopatra zu diskreditieren. Der Höhepunkt dieser Kampagne war die illegale Veröffentlichung des Testaments des Marc Anton, in dem dieser eine Bestattung zusammen mit Kleopatra in Alexandria anordnete. Octavian trat so aggressiv auf, dass sich die immer noch zahlreichen Anhänger des Marc Anton, darunter auch die beiden amtierenden Konsuln, zur Flucht aus Rom genötigt sahen. Der militärische Konflikt wurde somit bewusst herbeigeführt.

Im Jahr 31 v. Chr. gelang es Octavian und Agrippa, Marc Anton und Kleopatra mit ihrer Flotte im Golf von Ambrakia einzuschließen. Aufgrund von Krankheiten und zunehmenden Versorgungsproblemen versuchten diese schließlich die Sprengung der Blockade. Dass danach ein Rückzug nach Ägypten erfolgen würde, war aufgrund der strategischen Situation von vornherein klar. Allerdings konnte neben der Kriegskasse nur ein Viertel der Flotte gerettet werden. Vor allem aber lief das Landheer des Marc Anton wenige Tage nach der Schlacht zu Octavian über. Im Folgejahr nahm Octavian Alexandria und Ägypten ein, ohne dass er dort noch auf ernsthaften Widerstand stieß. Mit dem Selbstmord des Marc Anton war der Bürgerkrieg endgültig entschieden.

Von der gelenkten Republik zur Monarchie

In den beiden Folgejahren leitete Octavian durch die Niederlegung außerordentlicher Gewalten und die Rücknahme illegaler Maßnahmen der Bürgerkriegszeit eine Rückkehr zur Legalität ein. Dem Zufall wurde dabei allerdings nichts überlassen: Eine Verkleinerung des Senates diente vorgeblich der Entfernung ‚unwürdiger' Elemente, bot aber auch die Möglichkeit, eine Mehrheit zuverlässiger Parteigänger sicherzustellen. Vor allem bekleidete Octavian in den kritischen Jahren 28 und 27 v. Chr. gemeinsam mit seinem loyalen Freund Agrippa das Konsulat, sodass das Heft des Handelns jederzeit in seiner Hand blieb.

Als Octavian am 13. Januar 27 v. Chr. im Senat alle seine Sonderbefugnisse niederlegte, bat dieser ihn, wenigstens die Verwaltung der ‚unbefriedeten' Grenzprovinzen zu übernehmen. Damit behielt Octavian faktisch den größten Teil des römischen Heeres unter seinem Kommando. Dieses Konstrukt schloss an die außerordentlichen Kommanden der Späten Republik an, wie sie etwa Caesar und Pompeius innegehabt hatten. Drei Tage später verlieh der Senat Octavian den Beinamen Augustus (wörtlich „der Erhabene") und bedachte ihn mit weitreichenden Ehrungen **(Abb. 2)**.

Die Schaffung einer Erbmonarchie war in Rom jedoch undenkbar. Anders als in den hellenistischen Monarchien galt der Staat in Rom als eine „öffentliche Angelegenheit" (*res publica*), und die letzte Verfügungsgewalt kam dem römischen Volk zu. Augustus schaffte diese politischen Grund-

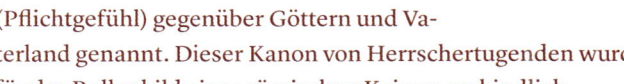

Abb. 2 Neben anderen Ehren wurde für Augustus im Januar 27 v. Chr. ein Ehrenschild (*clupeus virtutis*, auf der Münze abgekürzt CL V) beschlossen, der in der Senatskurie angebracht wurde. Auf ihm waren als hervorstechende Eigenschaften des Augustus *virtus* (Tüchtigkeit), *clementia* (Milde), *iustitia* (Gerechtigkeit) und *pietas* (Pflichtgefühl) gegenüber Göttern und Vaterland genannt. Dieser Kanon von Herrschertugenden wurde für das Rollenbild eines römischen Kaisers verbindlich.

strukturen nicht ab, sondern nutzte sie zur Etablierung einer Alleinherrschaft. Dieser Prozess vollzog sich allmählich und tastend. Einen eigentlichen Herrschertitel führte Augustus nicht. Daher wurde nach und nach der weitervererbte Name Augustus in Rom als Kaisertitel aufgefasst.

Bis zum Jahr 23 v. Chr. versuchte Augustus, den Staat durch eine dauerhafte Bekleidung des Konsulats und den Zugriff auf die „Provinzen Caesars" zu kontrollieren. Dies bedeutete jedoch, dass jährlich eine von zwei Konsulstellen von Augustus besetzt war. Für alle anderen Angehörigen der römischen Führungsschicht verschlechterten sich die Karrierechancen daher drastisch. Außerdem war ungeklärt, in welchem Verhältnis Augustus als Konsul zu seinem jeweiligen Kollegen und zu Provinzstatthaltern mit einer unabhängigen und daher prinzipiell gleichrangigen konsularischen Befehlsgewalt stand.

Verschwörungen, Skandale und Wahlunruhen in Rom zeigen, dass die Stellung des Augustus noch keineswegs gefestigt war. Die Krisen kulminierten im Jahr 23 v. Chr., als Augustus zudem ernsthaft erkrankte. Nach seiner Genesung legte er das Konsulat nieder. Dafür wurde ihm jedoch die Amtsgewalt eines Volkstribunen übertragen. Damit erhielt Augustus eine besondere Aura der Volksnähe und Unverletzlichkeit, aber auch konkrete Kompetenzen, die durch persönliche Privilegien noch ausgebaut wurden: So konnte er weiterhin Senatssitzungen einberufen und behielt Einfluss

Augustus und die Entstehung des römischen Kaisertums

auf die Tagesordnung. Ferner konnte er Gesetze in die Volksversammlung einbringen. Allerdings verlor Augustus die Kontrolle über die Wahlen zum Konsulat, da diese von den jeweils amtierenden Konsuln geleitet wurden.

Mit der Niederlegung des Konsulats wurde Augustus nach den Regeln des politischen Systems in Rom automatisch Prokonsul, d. h., er behielt eine Befehlsgewalt mit konsularischem Rang, die sich aber nur noch auf die ihm übertragenen Provinzen bezog. Diese Kommandogewalt außerhalb Roms wurde sogar noch dadurch aufgewertet, dass sie nun derjenigen der anderen Prokonsuln übergeordnet wurde. Zum ersten Mal in der römischen Geschichte existierte damit so etwas wie eine Armee mit einer auf einen einzigen Oberbefehlshaber bezogenen Kommandohierarchie.

In Rom allerdings hätte sich Augustus den Konsuln nun formal unterordnen müssen. Um dem zu entgehen, ging er zunächst in die östlichen Provinzen. Das dadurch entstandene Machtvakuum führte jedoch wieder zu Unruhen. Bei seiner Rückkehr im Jahr 19 v. Chr. konnte sich Augustus als einziger Garant für Ruhe und Sicherheit präsentieren. Es ist nicht ganz klar wie, aber im Ergebnis wurde Augustus nun zu einer Art drittem Konsul bestellt. Damit war die rechtliche Konstituierung der neuen Monarchie im Wesentlichen abgeschlossen.

Der Kaiser blieb formal ein Amtsträger des Staates, wenngleich durch die Kumulation von Kompetenzen und die Kontrolle über die Armee alle Macht in seinen Händen konzentriert war. Augustus wurden weitgehende persönliche Privilegien verliehen, wie etwa das Recht, bindende Verträge mit auswärtigen Mächten zu schließen sowie überhaupt „alle Maßnahmen, die nach seiner Ansicht im Interesse des Staates liegen und der Erhabenheit der göttlichen, menschlichen, staatlichen und privaten Dinge angemessen sind, einzuleiten und zu treffen".[1] Durch solche Rechtsakte wurde die umfassende Machtstellung des Kaisers ganz offen definiert. Es ist daher irreführend, den augusteischen Prinzipat als eine Monarchie hinter einer republikanischen Fassade zu beschreiben. Ausgenommen von dieser Verrechtlichung der Alleinherrschaft blieb allerdings ihre faktische Erblichkeit.

Die Konsensmaschine

Ein von Augustus und seinen unmittelbaren Nachfolgern häufiger genutztes Schlagwort war der *consensus universorum*, also eine allgemeine Zustimmung, auf der die Machtstellung des Kaisers angeblich beruhte. Bereits im Konflikt mit Marc Anton hatte Octavian einen Treueeid der gesamten Bevölkerung Italiens auf seine Person orchestriert. Der Historiker Tacitus stellte im Rückblick fest, dass sich das neue System durchsetzte, weil alle gesellschaftlich relevanten Gruppen mit ihm zufrieden waren.

Der Senat als Institution verlor zwar objektiv massiv an Einfluss, der soziale Status der Senatoren und ihrer Familien blieb hingegen unangetastet. Insbesondere hielt Augustus in der direkten Interaktion mit den Senatoren an der Fiktion einer sozialen Gleichrangigkeit fest. Indem die Volksversammlung noch viel drastischer an Einfluss verlor, konnte es sogar so erscheinen, dass die Stellung des Senates gestärkt wurde. Entscheidend ist ferner, dass der augusteische Senat mit dem alten republikanischen Gremium personell nicht mehr viel zu tun hatte: Die senatorische Führungsschicht hatte sich in den Bürgerkriegen zu einem erheblichen Teil selbst ausgerottet.

Die stadtrömische Bevölkerung erfreute sich intensiver Fürsorge durch den Kaiser. Dieser garantierte unter Aufwendung großer Ressourcen eine stabile Versorgung mit Wasser und Getreide inklusive der Abgabe von kostenlosen Rationen an berechtigte Bürger in der Tradition popularer Politik der Späten Republik. Augustus sorgte zudem für ein Unterhaltungsprogramm in Form von aufwendigen Spielen. Anders als Caesar zeigte sich Augustus dabei auch selbst an den Spielen interessiert und damit volkstümlich. Zahlreiche Bauprojekte erhöhten die Aufenthaltsqualität im öffentlichen Raum und schufen Verdienstmöglichkeiten für die Unterschicht.

Besonderer Fürsorge bedurfte auch das Heer, das die entscheidende Machtgrundlage darstellte. Bereits Octavian unterstrich seine besondere Nahbeziehung durch die Annahme des Titels Imperator (Befehlshaber) als Vornamen. Unter Augustus wurde die römische Armee endgültig zu einem Berufsheer, dessen Mitglieder eine gesicherte Bezahlung sowie eine gewisse Altersversorgung erwarten durften, die entweder in Form einer Landanweisung oder einer Geldzahlung erfolgte. Solange es ihm finanziell möglich war, bestritt Augustus diese Zahlungen aus seiner eigenen Kasse. Danach setzte er gegen massiven Widerstand im Senat die Einführung neuer Steuern durch, die in eine eigene Versorgungskasse für die Soldaten flossen. Damit löste er ein strukturelles Problem, an dem die Republik gescheitert war.

Schließlich konnte auch die Bevölkerung in den Provinzen dem neuen Regime gute Seiten abgewinnen, weil Augustus die schlimmsten Missbräuche der republikanischen Provinzialverwaltung abstellte. Vor allem aber begann mit Augustus in den Kerngebieten des Reiches erstmals eine länger anhaltende Friedensperiode. Das war eine Leistung, die das Römische Reich trotz seiner Entstehung in brutalen Eroberungskriegen doch als etwas Positives erscheinen ließ.

Insgesamt kann man sagen, dass sich Augustus gegenüber allen relevanten gesellschaftlichen Gruppen als paternalistischer Fürsorger präsentierte. Es war daher nur folgerichtig, dass ihm im Jahr 2 v. Chr. der Titel *pater patriae* (Vater des Vaterlandes) verliehen wurde. Solange seine Kassen durch Kriegsbeute und Gewinne aus den spanischen Minen gut gefüllt waren, funktionierte dieses System vorzüglich. Als die Mittel knapper wurden, brachen Konflikte auf, aber das Regime war inzwischen so gefestigt, dass es diese überleben konnte. Dabei half fraglos der aus der langen Regierungszeit des Augustus erwachsende Anschein von Alternativlosigkeit: Als er im Alter von 75 Jahren starb, hatten die meisten Zeitgenossen nie etwas anderes erlebt als seine Herrschaft.

Abb. 3 Relief mit Darstellung der Erdgöttin Tellus von der Ara Pacis in Rom. Die 9 v. Chr. eingeweihte Ara Pacis Augustae (Altar der Augusteischen Friedensgöttin) feiert in ihrem Bildprogramm das durch die Siege des Augustus eingeleitete neue Zeitalter des Friedens und den daraus erwachsenden materiellen Überfluss.

Höhepunkt und Grenzen der imperialen Expansion

Das Römische Reich expandierte in der ersten Hälfte der Herrschaft des Augustus so stark wie niemals zuvor und niemals danach: Neben der Eroberung Ägyptens wurde die Eroberung Spaniens abgeschlossen, auf dem Balkan die Grenze bis an die Donau vorgeschoben, die Alpen und das Alpenvorland wurden unter römische Kontrolle gebracht, schließlich auch die Provinzialisierung Germaniens bis zur Elbe in Angriff genommen. Dafür waren verschiedene Triebfedern verantwortlich: Neben der Dynamik der Bürgerkriege war das Streben nach einer Sicherung des Reiches verbunden mit weitreichenden Ansprüchen auf eine Kontrolle des strategischen Vorfelds, die leicht in neue Eroberungen mündeten. In Dichtung und offiziellen Monumenten wurden zudem regelrechte Weltherrschaftsansprüche formuliert.

Andererseits entschied sich Augustus gegen einen erneuten Partherkrieg und zog einen diplomatischen Ausgleich mit dem einzigen direkt konkurrierenden Großreich vor, wobei er allerdings aus einer Position römischer Stärke operieren konnte. Auch verkaufte er den Kompromiss als Triumph und stellte die im Jahr 20 v. Chr. erfolgte Rückgabe der in früheren Kriegen von den Parthern eroberten römischen Feldzeichen als einen Akt der Unterwerfung dar (Abb. 4). Einladungen zu einer Intervention in Britannien lehnte er aufgrund mangelnder Wirtschaftlichkeit ab.

Die Niederlage im Teutoburger Wald vereitelte im Jahr 9 n. Chr. die Provinzialisierung Germaniens. Glück im Unglück war es noch, dass ein schwerer Aufstand in Pannonien zuvor noch niedergeschlagen worden war. Spätestens diese Ereignisse führten Augustus zu der Einsicht, dass man als römischer Kaiser bei militärischen Konflikten im Fall von Niederlagen viel zu verlieren hatte, weil die Legitimation seiner Stellung darauf beruhte, dass er und nur er aufgrund seiner herausragenden Eigenschaften in der Lage war, die Sicherheit des Reiches zu gewährleisten. Andererseits hatte er durch weitere Eroberungen nicht mehr viel zu gewinnen, da er der innenpolitischen Konkurrenz, die in republikanischer Zeit die römische Expansion angetrieben hatte, entzogen war. Als Augustus starb, hinterließ er daher den Ratschlag, auf eine weitere Expansion zu verzichten.

Konservatismus und Wandel

Ein weiteres wichtiges Element in der Selbstdarstellung des Augustus war die Stilisierung als Verteidiger der etablierten sozialen Hierarchie und alt-

Abb. 4 Brustpanzer der Statue von Primaporta. Der Panzer der berühmten Statue des Augustus aus der Villa der Livia bei Primaporta zeigt die Rückgabe der von den Parthern eroberten römischen Feldzeichen an Tiberius oder Mars Ultor als kosmisches Ereignis.

römischer Werte. Entsprechend waren seine Politik und Gesetzgebung darauf ausgerichtet, die Exklusivität der politischen Führungsschicht durch die Entfernung ‚unwürdiger' Elemente und Heiratsverbote wiederherzustellen. Ausländische Kulte wurden aus dem sakralen Stadtgebiet Roms verbannt. Ehebruch wurde von einer Privatangelegenheit zwischen den Ehepartnern zu einem Straftatbestand, der zwingend gerichtlich anzuzeigen war. Eine Heiratspflicht und die erbrechtliche Bestrafung von Kinderlosigkeit bzw. die rechtliche Privilegierung von Personen mit mehreren Kindern sollten den demographischen Niedergang Italiens stoppen.

Diese konservative Selbstdarstellung darf nicht den Blick darauf verdecken, dass die Regierungszeit des Augustus in Wahrheit eine Periode beschleunigten Wandels darstellte. Die Etablierung der Alleinherrschaft des Augustus brachte es mit sich, dass auch seine Familie und sein Umfeld großen Einfluss ausüben konnten, ohne formal ein staatliches Amt auszuüben. Allerdings begrenzte Augustus die Sichtbarkeit dieser Neuerungen: Die Wohnbauten auf dem Palatin traten noch nicht als geschlossener Palast in Erscheinung. Livia übte zwar im Hintergrund Einfluss aus, wurde aber auf den Münzen der Reichsprägung nicht direkt abgebildet. Anders war es jedoch in den Provinzen, in denen die republikanischen Traditionen keine Rolle spielten. Hier bezogen die jährlich geleisteten Treueeide neben dem Kaiser selbstverständlich auch seine Familie ein.

Freigelassene des Augustus übernahmen in den kaiserlichen Provinzen öffentliche Aufgaben, vor allem in der Finanzverwaltung, und Sklaven des Augustus arbeiteten in den Büros der Provinzialverwaltung. Zudem war Augustus der größte Grundbesitzer im Reich, und die Verwaltung dieser Güter lag wiederum in der Hand von Freigelassenen und Sklaven. Dadurch entwickelte sich eine Diskrepanz zwischen dem sozialen Status dieser

DER TATENBERICHT DES VERGÖTTLICHTEN AUGUSTUS

Der von Augustus selbst abgefasste Tatenbericht liefert die offizielle Darstellung seiner Laufbahn. Augustus stellt sich darin als Retter des römischen Staates vor dem Zugriff einer korrupten Elite dar. Ferner werden seine außenpolitischen Erfolge im Sinne eines umfassenden Weltherrschaftsanspruchs glorifiziert und seine materiellen Wohltaten für das Volk der Stadt Rom betont. Außenpolitische Misserfolge und die faktisch diktatorische Machtstellung des Augustus im Inneren werden unter Vermeidung plumper Lügen geschickt verdeckt. So sagt Augustus über seine Stellung im Kapitel 34:

„In meinem sechsten und siebten Konsulat habe ich, nachdem ich die Flammen der Bürgerkriege gelöscht hatte und mit der einmütigen Zustimmung der gesamten Bevölkerung in den Besitz der staatlichen Allgewalt gelangt war, das Gemeinwesen aus meiner Machtbefugnis wieder der Ermessensfreiheit des Senats und des römischen Volkes überantwortet. [...]

Seit dieser Zeit überragte ich alle Übrigen an Autorität, an Amtsgewalt aber besaß ich nicht mehr als die anderen, die auch ich in einer Magistratur zu Kollegen hatte."

Tatsächlich ließ sich Augustus – anders als vor ihm Caesar – nicht zum Diktator ernennen, und er respektierte das republikanische Prinzip der Kollegialität von Magistraten. Dabei übergeht Augustus allerdings, dass seine überragende Machtfülle gar nicht mehr auf der Bekleidung einzelner Magistraturen beruhte, sondern auf der *Kumulation* und faktischen Entfristung zahlreicher Befugnisse und Sonderprivilegien.

Der Tatenbericht wurde in Rom auf zwei Bronzestelen vor dem Augustusmausoleum publiziert. Unsere Textüberlieferung basiert jedoch vor allem auf einer zweisprachigen Kopie, die in die Wände des Tempels der Roma und des Augustus im heutigen Ankara eingemeißelt wurde.

Personen und ihrem faktischen politischen und ökonomischen Einfluss. Auch sonst wurden Freigelassene zwar von politischen Ämtern ausgeschlossen, gleichzeitig aber über Funktionen im Kaiserkult an die lokalen Oberschichten herangeführt.

Rom entwickelte sich unter Augustus zur Weltstadt und überflügelte die hellenistischen Metropolen. Nicht nur Augustus selbst, sondern auch seine Familienangehörigen und Gefolgsleute traten als Stifter von zahlreichen öffentlichen Großbauten hervor. Dabei wurde zum einen freier Raum auf dem Marsfeld genutzt, zum anderen das Stadtzentrum um das Forum Romanum komplett umgestaltet. Am Ende der Regierungszeit des Augustus gab es dort keinen Bau mehr, der nicht durch Mitglieder der Kaiserfamilie errichtet oder renoviert worden wäre **(Abb. 5)**. Daneben befanden sich nun mit dem fertiggestellten Caesarforum und dem Augustusforum zwei komplett neue Platzanlagen mit einer klaren dynastischen Botschaft.

Der Friedenszustand im Reich führte zu einer nie dagewesenen Vernetzung durch Handelsbeziehungen, Migration und Austausch von Gedanken sowie die Ausbreitung neuer Kulte. Der unter den Vorzeichen eines konservativen ‚Romanismus' errungene Triumph des Augustus leistete somit paradoxerweise einer Entwicklung Vorschub, die bei Autoren wie Tacitus und Juvenal zu Dekadenzempfinden und Überfremdungsängsten führen sollte.

Die Nachfolgefrage und das „grausame Schicksal"

Da das Römische Reich keine Erbmonarchie war, konnte die politische Macht nur dadurch weitergegeben werden, dass der gewünschte Nachfolger bereits zu Lebzeiten als eine Art Mitherrscher aufgebaut wurde. Augustus dachte wie vor ihm Caesar selbstverständlich in dynastischen Kategorien. Da auch er jedoch keinen legitimen Sohn hatte, förderte er zunächst seinen Neffen Marcellus und verheiratete diesen mit seiner einzigen Tochter Iulia. Es ist jedoch unklar, ob er zu diesem Zeitpunkt schon an eine politische Nachfolge dachte.

Nach dem frühen Tod des Marcellus verheiratete Augustus seinen Freund Agrippa mit Iulia. Die beiden ältesten aus dieser Verbindung hervorgegangenen Söhne, Gaius und Lucius Caesar, wurden sehr früh in einer Weise gefördert, die an den Intentionen des Augustus keinen Zweifel lassen konnte. Zudem adoptierte Augustus seine Enkel noch zu Lebzeiten ihres leiblichen Vaters. Auch dieser Nachfolgeplan scheiterte jedoch: Im Jahr 4 n. Chr. waren beide Caesares tot. Die Beschlüsse des Stadtrats von Pisa über die Trauerehren für die beiden Prinzen machen deutlich, dass zu diesem Zeitpunkt eine dynastische Fortsetzung des augusteischen Regimes erwartet wurde.

Als blutsverwandter Nachfolger hätte nun nur noch der dritte Enkel Agrippa Postumus zur Verfügung gestanden. Dieser war allerdings noch sehr jung und entwickelte später Charakterzüge, die es Augustus notwendig erscheinen ließen, ihn zu enterben und in die Verbannung zu schicken. An Tiberius, dem Stiefsohn des Augustus, führte nun als Nachfolger kein Weg mehr vorbei. Doch vor seiner eigenen Adoption durch Augustus musste Tiberius selbst seinen Neffen Germanicus adoptieren, der über seine Mutter Antonia ein Großneffe des Augustus war. Zudem wurde Germanicus mit der älteren Agrippina verheiratet, einer Enkelin des Augustus. So sollte sichergestellt werden, dass letztlich doch wieder die Abstammungslinie des Augustus an die Macht kommen würde. In den letzten Jahren des Augustus war Tiberius bereits mit allen wesentlichen Kompetenzen ausgestat-

Abb. 5 Münze mit Curia Iulia. Augustus vollendete den von Caesar begonnenen Neubau der Senatskurie am Forum Romanum. Dies war mit einer grundlegenden Umstrukturierung des Areals verbunden, das in der Republik das politische Zentrum Roms gewesen war, und kann exemplarisch für die Aneignung des öffentlichen Raums durch das neue Regime stehen.

tet, auf denen die Stellung des römischen Kaisers beruhte. Als Augustus starb, stellte sich daher im Grunde keine echte Nachfolgefrage mehr, da die Amtsgewalten des Tiberius einfach fortdauerten.

Die erfolgreiche Regelung der Nachfolge hinterließ allerdings ein familiäres und psychologisches Trümmerfeld: Augustus selbst beklagte noch in seinem Testament das „grausame Schicksal", das ihm seine Enkel entrissen hatte. Die von einer dynastischen Ehe in die nächste geschobene Tochter und seine Enkelin musste er verbannen. Die Adoption seines Enkels Agrippa Postumus erwies sich als Fehler, den Augustus rückgängig machen musste – auch er wurde verbannt und letztlich beseitigt. Tiberius litt an der ihm aufgezwungenen Ehe mit Iulia ebenso wie an seiner Rolle als (Mit-)Herrscher. Die Ehe des Augustus mit Livia scheint kongenial gewesen zu sein, aber mit seiner Entscheidung, ihr immerhin ein Drittel seines Erbes zukommen zu lassen, sie testamentarisch zu adoptieren und ihr auch den Beinamen Augusta zu übertragen, beförderte er die bald eskalierenden Spannungen zwischen Livia und Tiberius.

Der Gott Augustus

Bereits vor seinem Tod war Augustus in eine sakrale Sphäre gerückt worden, so etwa durch die Verbindung seines Hauses mit dem Tempelbezirk des Apollo auf dem Palatin, den Namen Augustus selbst sowie die Umbenennung des Monats Sextilis in August. In den Stadtvierteln Roms wurden zudem Kulte installiert, in denen auch der Genius des Augustus verehrt wurde. Dies geschah in Analogie zur Verehrung des Genius des jeweiligen Familienvaters auf den Hausaltären.

In den Provinzen war Augustus darüber hinaus auch Gegenstand direkter göttlicher Verehrung. Zumal im Osten gab es eine lange Tradition hellenistischer Herrscherkulte. Es handelte sich dabei um politische Kulte, bei denen die Ausübenden meist keine Wunder erwarteten, sondern politische Wohltaten wie Friedenssicherung, Stiftungen, Steuersenkungen und dergleichen mehr. Augustus erlaubte den Provinzialen seine Verehrung, allerdings zusammen mit der Göttin Roma als Personifikation des römischen Staates.

In Rom konnte die Vergöttlichung hingegen nach dem für Caesar gefundenen Modell erst postum erfolgen. Etwa einen Monat nach seinem Tod im August 14 n. Chr. nahm der Senat Augustus in die Reihe der römischen Staatsgötter auf, nachdem Zeugen seine Himmelfahrt bestätigt hatten.

Augustus

23. September 63 v. Chr.
Geburt als C. Octavius

15. März 44 v. Chr.
Ermordung Caesars

2./7. Januar 43 v. Chr.
Verleihung eines proprätorischen *imperium*

27. November 43 v. Chr.
Triumvirat zur Wiederherstellung des Staates zusammen mit Marc Anton und M. Aemilius Lepidus

17. Januar 38 v. Chr.
Heirat mit Livia

September 36 v. Chr.
Sieg über Sex. Pompeius und Absetzung des Lepidus

2. September 31 v. Chr.
Seeschlacht von Actium

28/27 v. Chr.
‚Wiederherstellung' des Staates, Verleihung des Beinamens Augustus

23 v. Chr.
Erkrankung des Augustus, Niederlegung des Konsulats, Verleihung von tribunizischer Amtsgewalt und übergeordnetem *imperium*

Herbst 19 v. Chr.
Ausweitung des *imperium* des Augustus auf Rom und Italien, Gleichrangigkeit mit den Konsuln

17 v. Chr.
Adoption der Enkel G. und L. Caesar

4 n. Chr.
Adoption des Tiberius

September 9 n. Chr.
Schlacht im Teutoburger Wald

19. August 14 n. Chr.
Augustus stirbt in Nola

Von Ernst Baltrusch

Ein römischer Kaiser flieht nach Capri

Der ungeliebte Aussteiger Tiberius

Mit dem folgenreichsten Ereignis seiner Regierungszeit hatte Tiberius nur mittelbar etwas zu tun: der Kreuzigung Jesu durch Pontius Pilatus am 7. April 30. Die Hauptleistung des Tiberius bestand darin, eine dauerhafte Weiterführung des Prinzipats auch ohne seinen Schöpfer Augustus bewerkstelligt zu haben. Er war ein fähiger und erfolgreicher Feldherr, allerdings in einer Zeit, bevor er Kaiser wurde, und er wurde das ‚Opfer' einflussreicher Meinungsmacher. Diese machten aus ihm ein Monstrum, das, selbst moralisch verkommen, zahllose Senatoren und Ritter durch Prozesse in den Abgrund gestoßen habe. Dieses Bild wirkt bis heute nach, aber durch die moderne Althistorie geht es ihm schon viel besser.

Tiberius Claudius Nero trat erst mit 56 Jahren am 19. August 14 die Nachfolge des Augustus an und regierte bis zu seinem Tod am 16. März 37 fast 23 Jahre das Imperium Romanum. Geboren am 16. November 42 v. Chr., war er der erste Sohn Livias vor ihrer Eheschließung mit Octavian, der ihn aber erst viel später am 26. Juni 4 adoptierte; der leibliche Vater war Tiberius Claudius Nero. Die lange ‚Vorbereitungszeit' war wechselvoll, gleichermaßen geprägt von Erfolgen und Rückschlägen. Im Alter von neun Jahren hielt er bereits die Totenrede für den Vater, mit 16 wurde er Militärtribun in Spanien, mit 22 war er in offiziellem Auftrag in Armenien unterwegs, mit 26 wurde er Prätor und anschließend Statthalter in Gallien. Seine ersten großen militärischen Erfolge errang er 15 v. Chr. im Alpenfeldzug, zwei Jahre später wurde er Konsul. Rhetorisches Geschick, militärische Kompetenz, rasanter Aufstieg – war er nicht prädestiniert für die Nachfolge, mit der sich Augustus schon so lange befasste? Doch der Stiefvater wirkte unentschlossen. Andere wurden bevorzugt, das war entmutigend. Dennoch gehorchte Tiberius dem *princeps*, als dieser ihn zwang, sich im März 12 v. Chr. von seiner geliebten Frau und Mutter seines einzigen Sohnes, Vipsania Agrippa, scheiden zu lassen und anschließend seine Stiefschwester Iulia zu heiraten. Doch die betrog ihn, und als Augustus immer noch nicht seinen Stiefsohn als Nachfolger ansah, sondern seine Enkel vorzog, zog sich

Abb. 1 **Kaiser Tiberius,** Statue aus der Zeit des Claudius, jetzt im Vatikan

Der ungeliebte Aussteiger Tiberius

Tiberius nach Rhodos zurück. Erst als die Enkel frühzeitig verstarben, wurde er zum privaten und öffentlichen Erben eingesetzt: Nun erst adoptierte Augustus seinen Stiefsohn am 26. Juni 4 n. Chr. und machte ihn zum Nachfolger, der fortan Tiberius Iulius Caesar hieß; die alten Familien der Claudier und Iulier wurden damit in seiner Person formell zusammengeführt.

Gleichzeitig wurde ihm für zehn Jahre die tribunizische Gewalt verliehen, wodurch Tiberius innenpolitische Macht erhielt. Befehlsgewalt über die Soldaten verlieh ihm der Senat mit dem sogenannten *imperium proconsulare*. Es bedurfte auch dieser „Doppelstrategie": Durch die Adoption war er nur der Erbe aller „privaten" Güter des Augustus, durch die Gewaltenverleihung stellte ihn der Senat auf eine Stufe mit dem ‚ersten Mann', mit Augustus. Und so trat Tiberius von nun an auch auf. Seine Leistungsbilanz verbesserte er durch Erfolge als Feldherr in Germanien (4–6 und 10–12) und in Pannonien, dem heutigen Ungarn (6–9). Doch trotzdem wurde es richtig spannend, als Augustus am 19. August 14 in Nola starb.

Ungeschicktheiten und Missverständnisse – der Übergang

Denn es war eine ‚Premiere'! Noch nie hatte es ja einen geregelten Wechsel an der Spitze des Reiches gegeben. Augustus trat nach fast 50 Jahren ab. Was nun? Buchstäblich die ganze Welt stand vor der bangen Frage: Beugen wirklich alle maßgeblichen Gruppen im Imperium Romanum die Knie vor dem neuen Mann an der Spitze? Senatoren, Ritter, Soldaten, die römischen Bürger, die Provinzialen, selbst die abhängigen Könige – sie alle mussten irgendwie Stellung beziehen. Anschaulich beschreibt ein Augenzeuge die Anspannung, Konfusion und Angst der Zeitgenossen vor einem neuen ‚Weltkrieg': „Welch große Furcht hegten die Menschen damals, wie zitterten die Senatoren, wie verwirrt war das Volk, und welche Angst befiel die Stadt."[1] Dabei war das Testament des Augustus unmissverständlich: Tiberius, sein Sohn, war der Haupterbe zu zwei Dritteln, Livia, die Kaiserin, zu einem Drittel. Das reichte aber nicht. Tiberius hatte gelernt, dass sein Vater nach seinem Sieg im Bürgerkrieg formell alle Macht an den Senat zurückgegeben und in einem zweiten Schritt große Teile davon ebenso formell zurückerhalten hatte. Das war im Januar 27 v. Chr. gewesen. So wollte Tiberius es auch machen, der wie sein Vater die neue Ordnung als „wiederhergestellte Republik" und als eine „Mischung aus Republik und Monarchie" verstand.[2] So hat er es in seiner großen Rede anlässlich der Totenfeier zu Ehren des Augustus ausgedrückt; sie ist bei dem 200 Jahre später schreibenden griechischen Geschichtsschreiber Cassius Dio ‚wörtlich' überliefert. Tiberius definiert darin, was Prinzipat eigentlich bedeutet: Alle hätten ja gewusst, „dass die Republik (griech. Demokratie) niemals den Reichsangelegenheiten angemessen sei, sondern dass nur der Prinzipat (griech. Prostasie) eines Mannes diese erhalten könne"; deshalb habe der Senat sie auch an Augustus zurückgegeben; andernfalls hätte es neue Kriege gegeben.[3]

Tiberius macht hier den Senat zur Quelle der Macht des Augustus. Da er sich selbst aber nicht mit einer solchen Autorität ausgestattet sah wie sein Stiefvater, bot er in einer Senatssitzung eine Teilung der Macht zwischen dem Senat und Kaiser an. Das war am 17. September 14. Doch misslang dieser Versuch, den Senat zu beteiligen, komplett; er wurde als Heuchelei empfunden und geriet zur medialen Katastrophe. Auch die, die ihm gewogen waren, waren verwirrt ob dieses Zögerns, dieser vermeintlichen „Zurückweisung der Herrschaft" (*recusatio imperii*). Ein „Kommunikationsdefizit"[4] des neuen Machthabers? Jedenfalls trug solche „Bescheidenheit" (*modestia*) in dieser so entscheidenden Stunde zu seinem für alle Zeiten verkorksten Ruf als Heuchler, als Mann, der anders redet, als er es meint, bei.

Bei den anderen „maßgeblichen Sektoren"[5] im Reich war die Akzeptanz des Neuen ebenfalls gefährdet: Die Soldaten, die Provinzialen, die Klientelkönige – sie alle schwankten, wie sich bald in Germanien und Illyrien zeigen sollte; in der römischen Bürgerschaft war er ohnehin nicht beliebt, und diese Unbeliebtheit steigerte sich zu Hass am Ende seiner Regierungszeit. Er war, anders als sein Stiefvater, kein Selbstdarsteller, entzog sich den

"Medien" (auch die römische Politik war in gewisser Hinsicht eine „Mediokratie"), also dem Amphitheater, dem Zirkus, dem Stadion, war kein großer Bauherr und vernachlässigte die Öffentlichkeitsarbeit. Aber trotz aller Schwierigkeiten: Tiberius gelang etwas, was keineswegs selbstverständlich war: Er führte die neue Ordnung des Prinzipats fort und trug zur Etablierung dieser erfolgreichen Phase der römischen Geschichte maßgeblich bei.

Schwerpunkte der Herrschaft

Tiberius war ohne Zweifel der konservativste römische Kaiser. Geradezu ängstlich darauf bedacht, nicht als Alleinherrscher in Rom alles zu bestimmen und sich dadurch angreifbar zu machen, war er bestrebt, die alten republikanischen Institutionen, insbesondere den Senat und die Magistrate, in Verantwortung zu nehmen. Das misslang; zu übermächtig war dann doch die Realität der Macht. Redefreiheit und freie politische Initiative waren selbst für die Senatoren eine Fiktion, die Wirklichkeit wurde von Unsicherheit wegen der Machtverhältnisse, von Speichelleckerei bestimmt.

Doch Tiberius war unermüdlich darauf bedacht, traditionelle gesellschaftliche Normen und Wertvorstellungen zu erhalten. Davon zeugt eine Fülle von Edikten und Senatsbeschlüssen. So verbot ein inschriftlich erhaltener Senatsbeschluss aus dem Jahr 19 Senatoren und ihren Angehörigen bis zum dritten Grad, Rittern, Bürgerinnen unter 20 und Bürgern unter 25 Jahren, sich als Gladiatoren und Schauspieler zu verdingen – mit Ausnahme derjenigen, denen es Augustus oder Tiberius erlaubt hatte. Ein weiterer Senatsbeschluss enthielt das Verbot der Prostitution für bürgerliche Frauen. ‚Professionen' wie Gladiatur, Schauspielerei oder Prostitution waren finanziell einträglich. Wenn Tiberius sie verbot, so tat er das im Interesse des Senats. Es ging um die Wahrung der Standes- und Bürgerehre. Auch die Aufwendungen für die Spielveranstaltungen, Gladiatorenkämpfe und öffentlichen Gelage reduzierte er rigoros; Ehebruch beider Geschlechter verfolgte er wie schon Augustus konsequent.

Unruhe in die römische Welt brachten auch die Astrologen mit ihren düsteren Vorhersagen, sodass Tiberius diese bereits im Jahr 16 auswies. Fremde Religionsbräuche wie den Isiskult und das Judentum lehnte Tiberius ab; Juden wies er, soweit sie nicht römische Bürger waren, drei Jahre später aus.[6] Erfolg hatte diese Politik zwar nicht, aber sie belegt, wie rückwärtsgewandt Tiberius agierte, um vor allem die Senatoren zufriedenzustellen.

Vielen ging der Kaiser trotzdem nicht weit genug. Sie wollten ihn gleich zweimal, 16 und 22, zu einem Anti-Luxus-Gesetz bewegen. Worum ging es? Übereifrige Senatoren formulierten über die zuständigen Ädilen im Jahr 22 bei Tiberius einen Antrag für eine neue *lex sumptuaria* – das war politisch ganz korrekt, denn der Kaiser stand, wie erwähnt, im Ruf, ein Verfechter der „alten Sparsamkeit" zu sein, und seine Vorgänger, Caesar und Augustus, hatten solche „Luxusgesetze" eingebracht. Doch dann kam die Überraschung: Der

Abb. 2 Restitutionsmünze, herausgegeben von Kaiser Titus für seinen Vorgänger Tiberius, zu Ehren seiner Unterstützung der Städte Asiens bei dem Erdbeben des Jahres 17. Tiberius sitzt auf der *sella curulis* (also auf dem Amtssessel), hält in der Rechten eine Schale, in der Linken das Zepter, Symbol der Macht. Legende: CIVITATIBUS ASIAE RESTITUT(is) (Für die wiederhergestellten Städte Asiens)

Kaiser lehnte ab. Die Gründe dafür legte er brieflich dar, so gute Gründe offenbar, dass auch in Zukunft keine *lex sumptuaria* mehr erlassen wurde. „Etwas Größeres und Erhabeneres wird von einem Kaiser erwartet", so Tiberius; als Beispiel für das „Größere" nennt er, die Versorgung Italiens mit Getreide zu gewährleisten. Als Party-Thema sei die Luxuskritik wohl in aller Munde, aber kaum unternehme der Kaiser etwas, ertöne das Geschrei: „der Staat gehe unter" (*civitatem verti*). Alle bisherigen Schritte gegen den Luxus – auch diejenigen seines Vorgängers Augustus – seien erfolglos geblieben. Ergo: Luxus lasse sich nicht staatlich verordnet, nur freiwillig begrenzen. Luxus war jetzt in der Privatheit der einzelnen Nobiles angekommen. Und so kommt es, dass ausgerechnet unter Tiberius, diesem streng republikanischen *corrector morum*, eine gewaltige Zunahme von *conspicuous consumption* (etwa „demonstrative Verschwendung") und die Entwicklung neuer Luxusformen innerhalb der Oberschicht zu verzeichnen sind.

Reichs- und Außenpolitik

Das ureigene Feld des Tiberius war die Reichs- und Außenpolitik. Hier hatte er seine großen Erfolge vor Herrschaftsantritt eingefahren. Aber diese Erfahrungen nutzte er als Kaiser nicht zur Mehrung seines Ansehens. Die Republik war expansiv gewesen; Männer wie Scipio oder Pompeius lebten weiter, weil sie dem Reich neue Gebiete dazugewonnen hatten. Eine „wiederhergestellte Republik" war, das hatte Augustus sehr genau erkannt, dieser Tradition verpflichtet. Aber Tiberius dachte auf diesem Gebiet anders, sicher weil er gelernt hatte, dass die Kräfte des Imperiums ausgereizt waren und nicht überdehnt werden durften. Die Strukturen, die der Vorgänger etabliert hatte, wurden zwar beibehalten: Weiterhin gab es zehn Provinzen unter senatorischer Verwaltung, die übrigen (auch die hinzuerworbenen wie Cappadocia) standen unter einem *legatus Augusti pro praetore* (d. i. ein Statthalter, der dem Kaiser verantwortlich ist und proprätorischen Rang hat).

Die Militärmacht des Reiches war groß, aber doch nicht auf ‚Weltherrschaft' ausgerichtet: Acht Legionen (pro Legion ca. 5000 römische Bürger) waren am Rhein stationiert, drei Legionen in Spanien, zwei Legionen in Afrika und noch einmal zwei in Ägypten, vier Legionen in Asien, insgesamt sechs Legionen im Donauraum. Hinzu kamen mindestens in gleicher Anzahl die Hilfstruppen der Verbündeten und Unterworfenen sowie die Seestreitkräfte in Misenum und Ravenna.[7] Expansion fand jedoch unter Tiberius nicht statt, und wenn seine Generäle anders dachten, pfiff er sie zurück. Die aktuellen reichspolitischen Probleme in Gallien, Germanien, Thrakien und Armenien löste er freilich mittels seiner Legaten recht erfolgreich. Die Quellen stimmen überein, dass er sich dabei von dem angeblich von Augustus aufgetragenen Ratschlag leiten ließ, die Grenzen nicht weiter hinauszuschieben,[8] aber auch sein Realitätssinn mochte ihm dazu geraten haben. Der behutsame Umgang mit dem großen Konkurrenten im Osten, den Parthern, findet auch heute noch große Anerkennung: „Die souveräne Meisterung dieser Gefahr ist ohne Zweifel eine der erstaunlichsten außenpolitischen Leistungen des Tiberius überhaupt gewesen", so äußerte sich Karl Christ.[9] Und auch Tiberius achtete auf eine gerechte und am Recht orientierte Behandlung der Untertanen, willkürlich agierenden Beamten schleuderte Tiberius ins Gesicht: *socios audirent* (die Verbündeten sollten gehört werden, Tacitus Annalen 4,15). Und Städte, die Ansprüche anmeldeten, mussten juristisch-historische Belege vorhalten. Tiberius machte das Reich nicht größer, aber sicherer. Als 17 ein Erdbeben viele Städte Asiens in Schutt und Asche legte, bewilligte Tiberius diesen Städten eine fünfjährige Steuerfreiheit,[10] die er über Münzprägungen auch gebührend herausstellen ließ (*civitatibus Asiae restitutis*, vgl. **Abb. 2**). Ein fürsorglicher Kaiser!

Majestätsprozesse

Doch *ein* Makel verdunkelt die Erfolge – die Majestätsprozesse. Sie waren eine Neuerung mit republikanischen Wurzeln und eigentlich dazu bestimmt, dem Prinzipat eine sichere Entwicklung zu ermöglichen, nicht dazu, den aktuellen *princeps* zu erhöhen. Tiberius selbst lehnte für sich ja viele Ehrungen ab wie die Umbenennung des Monats September in Tiberius oder den „Vater-des-Vaterlands"-Titel. Der Begriff *maiestas* (Hoheit, Würde) entstammt der Republik. Die Würde des römischen Volkes und seiner Beamten sollte vor Beleidigungen geschützt werden. Das galt seit Augustus auch für die Hoheit des *princeps*. Tiberius war indes in den ersten Jahren seiner Herrschaft sehr zurückhaltend, wenn es um seine Person ging, seit 24 nahmen aber die Prozesse so zu, dass am Ende etwa 60 Fälle überliefert sind. Sie fanden vor dem Senatsgericht statt.

Angezeigt wurden als Verunglimpfung des *princeps* empfundene Fälle wie der Verkauf einer Augustus-Statue, Spottverse oder positive Darstellungen der Caesar-Mörder; Letzteres fand sich im Geschichtswerk des Cremutius Cordus, das gar verbrannt wurde. Ernsthafte Gefahren vonseiten politischer Gegner gab es für Tiberius wohl nicht. Unsere Hauptquelle für diese Prozesse ist Tacitus, der genüsslich und fast ermüdend in den ersten sechs Büchern der Annalen davon berichtet. Doch seine Berichte entlarven vor allem die Senatsaristokratie, aus deren Mitte Anzeigen und Urteile kamen. Tiberius ist zwar erkennbar bestrebt, sich zurückzuhalten, die Autonomie des Senats aufrechtzuerhalten, nimmt aber Anteil an den Verfahren, äußert dezidiert seine Meinung zu den Fällen und verschärft dadurch die politische Lage. Viele der Angeklagten kommen einer Verurteilung durch den Freitod zuvor. Tiberius erscheint hier als ein Getriebener; ein willkommenes Feld für üble Nachrede.

Störenfriede: Germanicus, Agrippina, Seian

Und üble Nachrede erfuhr der Kaiser auch auf einem anderen Terrain, der Familie. Im Grunde war Augustus schuld: Er hatte einst Tiberius gezwungen, seiner geliebten ersten Frau Vipsania Agrippina den Scheidebrief zu schicken und die selbstbewusste und unangepasste Iulia, Tochter des Augustus, zu heiraten. Dann musste Tiberius, als er von Augustus adoptiert wurde, Germanicus adoptieren, womit schon der Nach-Nachfolger auserkoren war. Germanicus war der Sohn von Tiberius' Bruder Drusus und der Nichte des Augustus,

---

MASSNAHMEN GEGEN DEN LUXUS?

Tiberius, der im Ruf „althergebrachter Sparsamkeit" stand, schreibt im Jahr 22 an den Senat. Man erwartete von ihm Maßnahmen gegen den Luxus. Doch die Antwort des Kaisers ist gegen alle Erwartung:

„Etwas Größeres, Höheres verlangt man von dem Princeps. Für richtiges Handeln nimmt jeder für seine Person das Verdienst in Anspruch, bei Fehlgriffen, an denen die Gesamtheit schuldig ist, hat immer nur der eine die Vorwürfe zu tragen. Denn was soll ich zuerst zu verhindern und auf die alte Sitte zurückzuführen versuchen? Die riesige Ausdehnung der Landhäuser? Die zahllose Dienerschaft aus allen möglichen Völkern? Das Gewicht des Silber- und Goldgeschirrs? Die Wunderwerke von Erz und auf dem Gebiet der Malerei? Die Kleidung, die bei den Männern und Frauen keinen Unterschied kennt, und jene besonderen Luxusbedürfnisse der Frauen, die Edelsteine, denen zuliebe unser Geld zu fremden oder gar feindlichen Völkern wandert?

Wohl weiß ich, dass man auch bei Gastereien und in Gesellschaften über diese Dinge Klage führt und Beschränkungen fordert. Aber wenn dann irgendjemand ein Gesetz erläßt und Strafen ankündigt, so werden die gleichen Leute schreien, dies bedeute die Aufhebung der Bürgerrechte, den Ruin der hoch angesehenen Häuser, und niemand sei mehr vor einer Anklage sicher [...]. So viele Gesetze haben unsere Vorfahren ersonnen, so viele hat der vergöttlichte Augustus erlassen, jene sind der Vergessenheit anheimgefallen, diese, was noch schändlicher ist, missachtet worden und außer Kurs gekommen und haben so den Luxus nur noch selbstsicherer gemacht [...]. Ohnehin lasten die meist ungerechten Angriffe, die ich mir im Dienste des Gemeinwesens gefallen lassen muss, schon schwer auf mir, und darum verbitte ich mir mit Recht solche, die grundlos und zwecklos sind und weder mir noch euch nützlich sein werden."

(Tacitus, Annalen 3,53 f. Übs. nach W. Sontheimer)

Der ungeliebte Aussteiger Tiberius

Abb. 3 *Damnatio memoriae.* Münze mit dem ausgelöschten Seian: Eigentlich war 31 das gemeinsame Konsulat von Tiberius und Seian, doch rechts sieht man deutlich, dass der Name des gestürzten Kollegen ausradiert ist.

Antonia, und hatte selbst mit seiner Frau Agrippina der Älteren neun Kinder. Dieser Familienzweig setzte Tiberius zeit seines Lebens zu. Auch mit seiner Mutter Livia hatte der neue *princeps* seine liebe Not, da sie als Witwe und mächtige Mitregentin des Augustus ihre Machtansprüche auch nach dessen Tod keineswegs aufgab.

Aber am gefährlichsten wurde ihm Germanicus. Er war ungleich beliebter als sein Onkel und wurde von vielen lieber als Nachfolger gesehen. Doch er blieb loyal und führte mit mehr oder weniger großem Erfolg in den Jahren 14–16 Feldzüge gegen die Germanen im rechtsrheinischen Gebiet. Tiberius berief ihn ab, gewährte ihm einen Triumph und schickte ihn auf Sondermission in den Osten. In Antiochia erkrankte und starb er im Jahr 19 auf mysteriöse Weise. In Verdacht, ihn vergiftet zu haben, gerieten bald sein Gegenspieler, der Statthalter der Provinz Syrien Cn. Calpurnius Piso und seine Frau Plancina. Die Empörung allerorten war groß, Piso nahm sich das Leben. Die Inschrift eines Senatsbeschlusses (*de Cn. Pisone patre*) vom 10. Dezember 20, gefunden 1982 in der Nähe von Sevilla in Spanien, informiert ausführlich über den Prozess und ist eines der wichtigsten Dokumente der frühen Kaiserzeit. Nachzuweisen war Piso der Mord jedoch nicht. Germanicus erhielt zahllose Ehrungen und blieb als glänzender Anti-Tiberius im kollektiven Gedächtnis. An diesem positiven Bild arbeitete auch seine Witwe, Agrippina die Ältere, eine Enkelin von Augustus. Sie hatte die Asche des verstorbenen Germanicus nach Rom gebracht und Piso und Plancina des Mordes beschuldigt. Schließlich wurde sie auf die Insel Pandataria verbannt, wo sie 33 starb. Von ihren neun Kindern mit Germanicus wurde Caligula römischer Kaiser nach Tiberius.

Die Beziehungen Agrippinas zu Tiberius hatten sich verschlechtert, auch weil Lucius Aelius Seianus, der Präfekt der kaiserlichen Leibgarde in Rom und enge Vertraute des *princeps*, den Konflikt geschürt hatte. „Große Aufgaben bedürfen großer Helfer", so interpretierte der Zeitzeuge Velleius Paterculus das Wirken Seians als im Interesse des Staates stehend.[11] Seian war jedenfalls der einzige Mensch, dem Tiberius blind vertraute; er hatte dem Kaiser einmal auf seiner Reise nach Kampanien bei einem Steinschlag das Leben gerettet. Tacitus kommentiert, dass sowohl Seians Aufstieg als auch sein Sturz Rom zum Verderben ausschlug. Denn seit 26, seit Tiberius ‚ausgestiegen' und nach Capri gezogen war, nahm Seian in Rom quasi seinen Platz ein. Er hielt ihm, der die hektische Atmosphäre in der Hauptstadt verabscheute, fünf Jahre lang den Rücken frei. Das Ende kam dann ganz plötzlich, unerwartet; nie ist es aufgeklärt worden, was 31 den abwesenden Kaiser veranlasst hatte, aktiv gegen Seian vorzugehen. Es könnte sein, dass den Anstoß die Mutter des Germanicus, Antonia minor, mit Informationen zu umstürzlerischen Plänen gegeben hat. Tiberius eröffnete brieflich im Senat ein Verfahren gegen ihn. Am 18. Oktober wurde er gefangen genommen und am selben Tag hingerichtet. Nichts hatte zu Anfang des Jahres darauf hingedeutet, im Gegenteil: Seian war Konsul gemeinsam mit Tiberius geworden. So steil der Aufstieg gewesen war, so jäh kam der Sturz; die Erinnerung an ihn wurde ausgelöscht **(Abb. 3)**. Und dieser Sturz zog sehr weite Kreise. Die Quellen berichten von vielen Anklagen und Hinrichtungen von „Freunden" Seians, vermeintlich in seine Machenschaften Eingeweihte, sogar von Kindern. Sechs Jahre regierte Tiberius nun von Capri aus ohne einen Vertrauten in Rom.

Capri, Sehnsuchtsort schon in der Antike

Im Jahr 26 hatte sich Tiberius nach Capri zurückgezogen. Nicht zum ersten Mal, denn 6 v. Chr. hatte er sich schon einmal für mehrere Jahre ins freiwillige Exil begeben, nach Rhodos. Auf Capri lebte er elf Jahre, ohne je wieder nach Rom zurückgekehrt zu sein. Warum? War die Macht Seians der Grund? Oder wollte er seine grausamen Neigungen und Lüste ungestört ausleben, wie sie genüsslich bei Sueton, seinem Biografen, beschrieben sind? Oder schämte er sich in der Öffentlichkeit Roms für seine altersbedingte Glatze, seinen Hautausschlag? Oder waren es eher die tiefen Konflikte mit seiner Mutter Livia und seiner Schwiegertochter Agrippina? So spekuliert Tacitus, der offen bekennt, dass er nichts zu den Gründen in seinen Quellen gefunden hat. Livia starb hochbetagt 29, und ihr Sohn verließ Capri nicht einmal zur Beerdigung, cancelte alle Ehrungen und missachtete ihr Testament. Seian wurde 31 hingerichtet, und Agrippina war noch mithilfe Seians auf die Insel Pandataria verbannt worden, wo sie am 18. Oktober 33 unter jämmerlichen Umständen starb. Aber Tiberius kehrte nicht mehr zurück (Abb. 4).

Tiberius starb am 16. März 37 im Alter von 77 Jahren in Misenum am Golf von Neapel. Die Umstände seines Todes werden ausführlich beschrieben. Selbst in den letzten Stunden war er noch mit politischer Arbeit beschäftigt, bevor die (unbekannte) Krankheit ihn dahinraffte. Natürlich kamen auch wieder Mordgerüchte auf, so soll der mächtige Prätorianerpräfekt Macro ihn erstickt haben, vielleicht sogar im Zusammenspiel mit Gaius „Caligula". Wie dem auch gewesen sein mag, die Freude über die Todesnachricht war riesig. Berühmt geworden ist der Ruf des Volkes: *Tiberius in Tiberim*, Tiberius in den Tiber! Er war wirklich kein Kaiser der Massen gewesen, war öffentlichkeitsscheu, sparsam mit Geschenken, liebte keine Großveranstaltungen und sorgte auch nicht für baulichen Glanz. Bestattet wurde er am 4. April 37 im Mausoleum des Augustus.

Einen klaren Nachfolger hatte Tiberius zwar, anders als Augustus, nicht benannt. Der knapp 25-jährige Gaius, Sohn der Agrippina und des Germanicus, Urenkel des Augustus, sowie Tiberius Gemellus, der 17-jährige Enkel des Tiberius, waren die Kandidaten. Gaius, als Caligula bekannt, mach-

Abb. 4 Villa Jovis, Capri, erbaut von Kaiser Tiberius, fertiggestellt im Jahr 27 v. Chr. Rekonstruktionszeichnung von Balage Balogh.

Der ungeliebte Aussteiger Tiberius

te auf Betreiben Macros das Rennen und wurde noch im März der neue *princeps* mit Zustimmung der Prätorianer und des Senats. Der Jüngling Tiberius Gemellus wurde zunächst von Gaius adoptiert, doch kaum mehr als sechs Monate später den Ambitionen des ‚Neuen' geopfert.

Die Weltgeschichte klopft an: Der Prozess Jesu

„Im 15. Jahre der Regierung des Kaisers Tiberius aber, als Pontius Pilatus Statthalter von Judäa war", da predigte Johannes der Täufer eine Taufe der Umkehr am Jordan, so steht es im Evangelium des Lukas (3,1). Das war 28/29. Und die Kreuzigung Jesu fand am Karfreitag des Jahres 30 statt. Tiberius, der Chef des Statthalters in Judäa, ist damit Teil der Heilsgeschichte, ohne einen Finger gerührt zu haben. Bei Tacitus steht: „Der Urheber dieses Namens Christus wurde, als Tiberius Kaiser war, durch den Prokurator Pontius Pilatus zum Tode verurteilt."[12] Tacitus irrte sich nur in dem einen Punkt, dass Pilatus nicht Prokurator, sondern Praefectus Iudaeae war; eine berühmte Inschrift brachte es ans Licht (**Abb. 5**).

Judäa war zu dieser Zeit der Provinz Syrien unterstellt. Vom Präfekten sind einige judenfeindliche Aktionen überliefert, die eher von seiner Unkenntnis als von Judenhass zeugen. Er verurteilte Jesus zum Kreuzestod, weil die jüdische priesterliche Elite den Unruhestifter mit der beträchtlichen Anhängerschar loswerden wollte. Tiberius tritt hier nicht in Erscheinung, dürfte aber die Entscheidung seines Beamten gebilligt haben. Die christliche Überlieferung machte seit dem 2. Jh. aus Tiberius den ersten christlichen Kaiser, der im Senat Jesus unter die Staatsgötter habe aufnehmen lassen wollen, doch lehnte das der Senat ab. Briefwechsel zwischen Tiberius und Pontius Pilatus wurden konstruiert, in denen der Kaiser seinem Statthalter Vorhaltungen machte („Nicht durftest du den Juden folgen und einen solchen Mann kreuzigen"). Der Fantasie waren keine Grenzen gesetzt, wenn es galt, die Verantwortung der Juden für den Kreuzestod herauszustellen.

Judenfeindliche Maßnahmen von Tiberius gibt es in der Tat. Sie trafen die jüdische Gemeinde in Rom im Jahr 19. Diese war seit dem 2. Jh. v. Chr. in Rom stark angewachsen. Sueton, der Biograf des Tiberius, schreibt: „Der Einführung fremder Religionsgebräuche, namentlich der ägyptischen und jüdischen Kulte, gebot er Einhalt. Er zwang die Leute, die sich zu solchem Aberglauben bekannt hatten, die zu ihrem Gottesdienst gehörigen Kleider samt allem Kultgerät zu verbrennen. Die jungen Juden ließ er als Soldaten zum Kriegsdienst ausheben und unter diesem Vorwand über die Provinzen mit ungesundem Klima verteilen. Die übrigen Angehörigen dieses Volkes und die Anhänger judaisierender Sekten wies er aus Rom aus."[13] Die

Abb. 5 Die Pilatus-Inschrift: ein Glücksfund. Die 1961 entdeckte Inschrift in Caesarea, die den Namen Pontius Pilatus und seine Funktion als Praefectus Iudaeae unter Tiberius enthält.

Maßnahme gegen die Juden ordnet sich also ein in ein grundsätzlich fremdenfeindliches Tableau von Maßnahmen zum Erhalt des ‚alten Rom', dem sich Tiberius verschrieben hatte. Den frühen Christen passte diese Politik gut in ihr Bild.

Was war Tiberius für ein Mensch?

Der Geschichtsschreiber Cassius Dio hat sich dazu dezidiert geäußert. Er stammte aus Bithynien am Schwarzen Meer und schrieb 200 Jahre nach den Ereignissen um Tiberius. In seiner „Römischen Geschichte" beginnt er die Regierungszeit des Tiberius mit einem ganzen Kapitel zur schizophrenen Psyche des Kaisers: immer anders handeln als reden, immer ängstlich darauf bedacht, nicht in seinen Täuschungsabsichten enttarnt zu werden, allen und jedem zu misstrauen. Davon sah Dio die Regierungsaktivitäten geprägt, und er stand nicht allein damit; Tacitus und Sueton, der Biograf, waren ihm bereits in dieser Sicht vorangeschritten. Zeitgenossen wie Valerius Maximus oder Velleius Paterculus, beide ebenfalls historisch arbeitende Schriftsteller, haben ein diametral entgegengesetztes Bild gezeichnet – nicht verwunderlich, denn „Meinungsfreiheit" gibt es in einer Monarchie nicht.

Wir haben also gut daran getan, die Taten und Handlungen des Tiberius als Maßstab zu nehmen, nicht die Psyche (derer man ohnehin nicht habhaft werden kann). Das Reden von Psychosen und Wahnsinn bei Kaisern ist ein besonderer Ausdruck von Kritik an den komplexen Formen des politischen und gesellschaftlichen Wandels der Prinzipatszeit.[14] Tiberius war ein gut aussehender, kräftiger, großäugiger, sehr ernster und schweigsamer Mann mit insgesamt guter Gesundheit, nicht besonders auffällig also – so beschreibt ihn Sueton. Wahrscheinlich litt er an Akne, die immer wieder plötzlich auftrat. Im höheren Alter, so vermutete Tacitus,[15] schämte er sich seines körperlichen Zustands. Er war nun gebeugt, hatte eine Glatze, und Pflaster bedeckten wegen der Pickel sein Gesicht. Deshalb mied er das Rampenlicht und verließ mit 68 Rom. Seine Statuen, Büsten und Münzbilder verraten davon natürlich nichts. Offenbar hat seine Regierungspolitik auch in Capri nicht gelitten, und insofern hat sich sein neuerdings betontes Kommunikationsdefizit nicht so sehr negativ ausgewirkt.

Insgesamt also eine unglückliche Regierung; die feinfühlige Konzeption des Prinzipats hatte Tiberius nicht in allen Teilen verstanden. Seine Leistungen aber sind beachtlich, und herausragend: die Kontinuität der Ordnung.

TIBERIUS

16. November 42 v. Chr.
Geburt in Rom, Livia Drusilla und Tiberius Claudius Nero sind die Eltern

Seit 17. Januar 38 v. Chr.
Stiefsohn Octavians

16–15 v. Chr.
legatus Augusti pro praetore in Gallien

12–9 v. Chr.
legatus Augusti pro praetore Pannonien und Dalmatien

11–2 v. Chr.
Ehe mit Iulia, Tochter des Augustus

6 v. Chr.–2 n. Chr.
Rückzug nach Rhodos

26. Juni 4
Adoption durch Augustus. Namensänderung in Tiberius Iulius Caesar

4–6
Feldherr mit *imperium proconsulare* in Germanien

6–9
Feldherr mit *imperium proconsulare* in Pannonien

9
Varusschlacht: Niederlage des Varus gegen den Cherusker Arminius

19. August 14
Tod des Augustus, Tiberius wird sein Nachfolger

19
Tod des Germanicus

27 bis zu seinem Tod
Rückzug nach Capri

29
Tod Livias

31
Hinrichtung Seians

16. März 37
Tod des Tiberius am Kap Misenum

Von Alexander Free

Vom Hoffnungsträger zum senatorischen Hassobjekt

Caligula – Urtyp eines ‚verrückten' Kaisers

Gaius (Iulius) Caesar Germanicus, genannt Caligula, lenkte die Geschicke des Römischen Reiches lediglich vier Jahre, von 37 bis 41. Diese Zeit reichte aus, um den gefeierten Sprössling des beliebten Germanicus in der Rückschau aus senatorischer Feder zum Inbegriff eines zutiefst böswilligen und skrupellosen Gewaltherrschers zu machen. Caligula stellt das Paradebeispiel für einen dem sogenannten Caesarenwahn verfallenen Autokraten dar – eine Bewertung, die sich vor allem seit der zweiten Hälfte des 19. Jh.s festigte. Dem gegenüber steht der Eindruck aus Münzen und Skulpturen, die das Bild eines jungen Mannes evozieren, dem es vor allem um die Legitimation seines Status als Kaiser und die Kontinuität mit seinen Vorgängern ging.

Caligula, Stiefelchen, wie der heute gängige Name des Gaius Caesar Germanicus lautet, erhielt diesen Beinamen bereits in frühester Kindheit. Als sechstes von insgesamt neun Kindern des Nero Claudius Drusus, genannt Germanicus, und seiner Frau Vipsania Agrippina im Jahr 12 in der in Latium gelegenen Stadt Antium geboren, verbrachte Caligula schon relativ bald nach seiner Geburt die ersten sieben Lebensjahre im Feldlager seines Vaters. Germanicus, der Großneffe des Augustus und designierte Nachfolger des Tiberius, war seit dem Jahr 13 im Besitz des Oberbefehls über die römischen Legionen am Rhein, bevor er im Jahr 18 Befehlshaber der Truppen im Osten des Reiches wurde. Die Legionäre in Germanien waren es, die seinen Sohn „Caligula" betitelten, da der Knabe zumeist in eine kleine Soldatenuniform gekleidet war und dabei kindgerechte Militärstiefel trug (Abb. 2).[1]

Caligula sollte der erste Herrscher des Römischen Reiches werden, dessen Sozialisation sich seit seiner Geburt in einem ausschließlich herrschaftlichen Umfeld abspielte. Bereits mit fünf Jahren wurde er gemeinsam mit seinen Geschwistern während eines Triumphzuges für seinen Vater gefeiert, den dieser für seine militärischen Erfolge über die Germanen erhalten hatte. Im Gefolge des

Abb. 1 **Die Büste des Caligula** aus dem 1. Jh. findet sich im Pariser Louvre.

Germanicus erlebte Caligula die große Ehrerbietung der Bewohner Kleinasiens, als ihr Tross die Provinz bei Assos an der Südwestküste der Troas erreichte **(siehe Quellenkasten)**. Auch wurde er Zeuge großer Feierlichkeiten für seinen Vater in der Weltstadt Alexandria bei Ägypten, in deren Anschluss er sogar noch die Wunder des Landes bei einer Fahrt auf dem Nil bestaunen durfte. Es war ein wahrlich herrschaftliches Leben für den jungen Knaben, das allerdings im Jahr 19 eine entscheidende Wendung nahm. Mit sieben Jahren verlor Caligula seinen Vater, der in Daphne bei Antiochia in der Provinz Syrien aus nicht völlig geklärten Gründen verstarb, jedoch wohl Opfer eines Giftanschlags geworden war.[2]

Caligula hatte den Vorteil, dass er als jüngster Sohn des Germanicus nicht im Fokus der Ränke und Intrigen am Kaiserhof wegen möglicher Nachfolgeregelungen und Herrschaftsambitionen stand. Es waren vielmehr seine beiden älteren Brüder Nero und Drusus, die nun eine besondere Aufmerksamkeit erfuhren. Zunächst noch dem Senat von Tiberius besonders anempfohlen, fielen die beiden Geschwister wie überhaupt die Familie des Germanicus auf Betreiben des Seian in Ungnade. Zuerst wurden Caligulas Mutter Agrippina und sein ältester Bruder Nero unter Hausarrest gestellt, dann in die Verbannung geschickt und einige Jahre darauf ermordet. Zwei Jahre später traf es Drusus, der vom Senat geächtet und anschließend ebenfalls getötet wurde. Im Jahr 33 fand sich Caligula schließlich als ältester überlebender Sohn des Germanicus und als Vollwaise wieder. Nur zwei Jahre nachdem er durch das Anlegen der Männertoga in das Erwachsenenalter eingetreten war, waren nur mehr er und seine drei Schwestern Agrippina, Drusilla und Livilla von der Familie des einstmals so beliebten Germanicus übrig.

Der Weg zur Thronbesteigung

Die Verhaftung seines Bruders und seiner Mutter im Jahr 29 hatte für Caligula zunächst vor allem den Umzug in das Haus seiner Urgroßmutter, der alten Kaiserinwitwe Livia, zur Folge. Als diese noch im selben Jahr verstarb, nahm sich Caligulas Großmutter Antonia seiner an, doch holte Tiberius den jungen Mann bereits im Jahr 30 zu sich nach Capri. Caligula war hier zwar den politischen Intrigen Roms entzogen, doch war auch das unmittelbare Umfeld des Tiberius ein Ort von Arglist und Niedertracht. Möchte man Sueton glauben, so vermochte Caligula es allerdings, durch eine Maske aus Stillschweigen und Unterwürfigkeit die Tücke anderer Hofmitglieder wie auch die Launen des Tiberius zu überstehen.[3] Neben dem Enkel des judäischen Königs Herodes, Marcus Iulius Agrippa, gewann er dabei vor allem das Vertrauen des Prätorianerpräfekten Macro, der Caligula letztendlich auch zum neuen Kaiser Roms machen sollte.

Tiberius selbst war in seiner Haltung gegenüber seinem potenziellen Nachfolger unbestimmt.

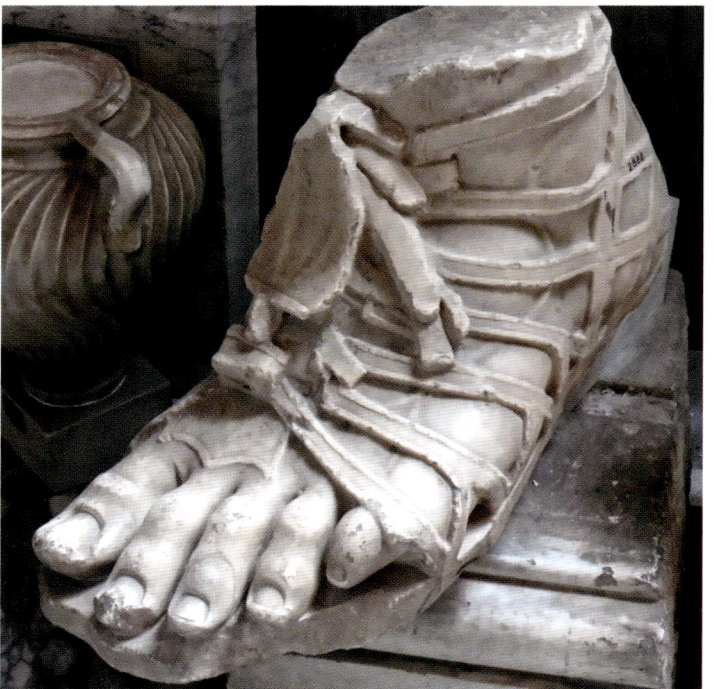

Abb. 2 Marschstiefel eines römischen Soldaten. *Caligae* waren von römischen Legionären bis zum Rang eines Centurios getragene Oberschuhe, die, aus einem Stück Leder gefertigt, den Fuß fest umschlossen und deren Sohle zum Schutz vor allzu schneller Abnutzung mit Nägeln beschlagen war.

Neben dem Sohn des Germanicus protegierte der Kaiser auch seinen Enkel, den im Verhältnis zu Caligula ca. sieben bis acht Jahre jüngeren Tiberius Gemellus, und scheint damit wohl eine Doppellösung in der Nachfolgefrage präferiert zu haben. Im Testament des alten Kaisers wurden Caligula und Tiberius Gemellus beide zu seinen Erben erklärt.[4] Macro reagierte aber schnell zugunsten Caligulas. Noch am Todestag des Tiberius, dem 16. März 37, ließ er den jungen Mann am Flottenstützpunkt in Misenum, wo der greise Tiberius verstorben war, zum Kaiser akklamieren und dessen Testament zwölf Tage später nach dem Einzug Caligulas in Rom vom Senat annullieren. Tiberius Gemellus wurde zu diesem Zeitpunkt zwar noch von Caligula adoptiert, doch bald darauf ermordet, um mögliche Herrschaftsambitionen aus dem Umfeld des neuen Kaisers einen Riegel vorzuschieben.

Abb. 3 Sesterz für Caligulas Mutter, Agrippina die Ältere. Auf der Vorderseite Porträt Agrippinas mit der Legende AGRIPPINAE MAT C CAESARIS AVGVSTI. Auf der Rückseite ein zweirädriger Wagen (*carpentum*) mit der Legende MEMORIAE AGRIPPINAE und dem Kürzel S(enatus) P(opulus)q(ue) R(omanus). Caligula veranlasste Festspiele in Gedenken an seine Mutter mit einem Wagen, der ihre Wachsmaske transportierte.

Ein verheißungsvoller Regierungsbeginn

Nach den zuletzt eher bleiernen Herrschaftsjahren des Tiberius wurde der neue Kaiser im gesamten Reich mit Beifall und Enthusiasmus empfangen. Dass nun der Sohn des populären Germanicus den Thron bestieg, versprach gute Zeiten für Rom und seine Untertanen. Und Caligula enttäuschte zunächst nicht. Der stadtrömischen Bevölkerung versicherte er sich durch Spiele und Getreidespenden. Prätorianer und Soldaten erhielten Geldgeschenke. Dem Senat signalisierte er sogleich in seiner Antrittsrede seinen Willen zur Zusammenarbeit. Die unter Tiberius ausgeuferten Majestätsprozesse wurden ausgesetzt, wegen vermeintlich politischer Umtriebe Verhaftete freigelassen und die entsprechenden Unterlagen *coram publico* verbrannt. Mit Caligula begann eine neue Zeit, die den noch jungen Kaiser aber trotzdem nicht davon abhielt, seinem verstorbenen Vorgänger Tiberius die nötige Reverenz zu erweisen, wenn er auch nicht wie Augustus vom Senat konsekriert, d. h. unter die römischen Staatsgötter aufgenommen wurde. Ein besonderes Augenmerk legte Caligula aber vor allem auf die Ehrerbietung gegenüber seinem Urgroßvater Augustus wie auch seiner engsten Familie. Er barg die Gebeine seiner verstorbenen Brüder und seiner Mutter und ließ sie ins Augustusmausoleum überführen (**Abb. 3**). Seinen Schwestern ließ er darüber hinaus zahlreiche öffentliche Ehrungen zukommen. Caligula legitimierte seine Stellung symbolisch durch die Anknüpfung an das Wirken des Augustus sowie durch die vielfältige Erinnerung an sein unmittelbares familiäres Umfeld.

Vom Kaiser zur Bestie?

Im achten Monat seiner Herrschaft, im Oktober 37, wurde der junge Kaiser von einer schweren Krankheit heimgesucht. Der jüdische Autor Philon von Alexandria sieht in diesem Ereignis einen der Schlüsselmomente in der Wandlung Caligulas vom gefeierten Hoffnungsträger zu einem sadistischen Monster.[5] Nach Caligulas Genesung wurde neben Tiberius Gemellus etwa auch sein zuvor noch engster Vertrauter Macro in einer gezielten Säuberungsaktion beseitigt. Was zunächst wie der erbarmungslose Gewaltausbruch eines willkürlichen Despoten wirkt, lässt sich aber wohl eher als ein notwendiger Akt der Herrschaftssicherung deuten. Während sein politisches Umfeld nämlich

Caligula – Urtyp eines ‚verrückten' Kaisers

im Fall seines Todes die nähere Zukunft offenbar schon mit dem Enkel des Tiberius geplant zu haben scheint, setzte Caligula für den Fall der Fälle seine Schwester Drusilla als seine privatrechtliche Erbin ein. Sie und ihr Mann Marcus Aemilius Lepidus waren damit für die höchsten Kreise der Macht in Rom prädestiniert, nicht aber Tiberius Gemellus, der dafür zusammen mit seinen Unterstützern allem Anschein nach beseitigt wurde.

Caligula blieb aber auch danach keine Ruhe vergönnt. Offenbar kam es nur wenige Monate nach seiner Genesung, zu Beginn des Jahres 39, zu einer Verschwörung aus Senatskreisen, die zu einem Wiederaufleben der Majestätsprozesse führte. Im Senat soll Caligula der versammelten römischen Aristokratie ihre Heimtücke und Verschlagenheit vorgeworfen haben, und er offenbarte, dass er sich von allen kompromittierenden Akten aus der Zeit des Tiberius, die er zu Herrschaftsbeginn noch so wirkmächtig verbrannt hatte, Kopien hatte anfertigen lassen.[6] Das Verhältnis zwischen Kaiser und Senat schien nach diesem Ereignis maßgeblich erschüttert, und es blieb nicht der einzige Schicksalsschlag, mit dem sich Caligula in diesem Jahr konfrontiert sah.

So verstarb ausgerechnet seine ihm so nahestehende Schwester Drusilla, um die er bitter trauerte und die er mit den höchsten Ehrungen inklusive ihrer Divinisierung auszeichnete **(Abb. 4)**. In der zweiten Jahreshälfte kam es darüber hinaus abermals zu einer Verschwörung, in die neben dem Oberbefehlshaber der Truppen am Oberrhein, Gnaeus Cornelius Lentulus Gaetulicus, offenbar auch der Witwer der Drusilla, Marcus Aemilius Lepidus, sowie die beiden noch lebenden Schwestern des Caligula verstrickt waren. Aus dem umbrischen Mevania brach der Kaiser sogleich in Eilmärschen nach Germanien auf und erstickte die für ihn gefährliche Situation im Keim. Gaetulicus und Lepidus fanden den Tod, Agrippina und Livilla wurden verbannt. In Rom kam es zu weiteren Säuberungen unter der Senatorenschaft. Innerhalb von nur einem Jahr war das Vertrauen zwischen dem jungen Kaiser und der Senatsaristokratie damit zutiefst zerrüttet, und diese Unstimmigkeiten mögen auch entscheidend zu der tendenziösen Berichterstattung über Caligula nach seinem Ableben beigetragen haben.

So lassen sich viele Aktionen des Herrschers wie der angebliche Wunsch, sein Lieblingspferd Incitatus zum Konsul ernennen zu wollen,[7] aufgrund der negativ gefärbten literarischen Tradition nicht mehr unzweifelhaft deuten. Dieser Umstand betrifft etwa auch den wohl noch im Jahr 39 erfolgten spektakulären Ritt des Caligula über eine ca. 5 km lange Schiffsbrücke zwischen Bauli und Puteoli im Golf von Neapel **(Abb. 5)**. Der Kaiser ließ

Abb. 4 Fragment eines großen Kameos mit der Darstellung des Caligula und der Roma. In Anlehnung an die Gemma Augustea und unter Verweis auf ägyptische Vorbilder sitzt Caligula auf einem Sphingenthron an der Seite der Roma. Mit der rechten Hand hält er in der Manier der ptolemäischen Geschwisterehepaare ein Doppelfüllhorn, seine Linke ruht auf einem Zepter. Roma hält ihren Schild auf dem Schoß und streckt ihren Zeigefinger weisend aus. Caligula trägt Trauerbart, nachdem seine Schwester Iulia Drusilla, die er als seine Erbin eingesetzt hatte, im Jahr 38 plötzlich verstorben war.

Abb. 5 Ausgrabung eines der beiden Nemi-Schiffe. Im Nemisee, ca. 30 km südöstlich von Rom, wurden in den Jahren 1929 und 1930 zwei von Caligula in Auftrag gegebene repräsentative Prunkschiffe gigantischen Ausmaßes geborgen, die nicht nur elaborierte Verzierungen, sondern auch ausgefeilte Pumpsysteme aufwiesen. Die Funde vom Nemisee legen ein beeindruckendes archäologisches Zeugnis der Vorliebe Caligulas für Schiffe und für seine extravaganten Ideen ab. 1944 wurden die Schiffe durch einen Brand vollständig zerstört. Bronzene und marmorne Einzelstücke haben sich aber erhalten.

DER TREUEID DER BEWOHNER VON ASSOS ZUM REGIERUNGSANTRITT DES CALIGULA

Unter den Konsuln Gnaeus Acerronius Proc(u)lus und Gaius Pontius Petronius Nigrinus Beschluss der Assier auf Antrag des Volkes: Da der Herrschaftsantritt des Gaius Caesar Germanicus Augustus, der von allen Menschen mit Gebet erwartet wird, gemeldet wird und da die ganze Welt in keiner Weise eine Grenze für ihre Freude findet und da jede Stadt und jedes Volk sich eilt, das Antlitz des Gottes zu schauen, da gleichsam die seligste Zeit für die Menschen bevorsteht, erging folgender Beschluss des Rates und der Römer, die bei uns als Kaufleute tätig sind, und des Volkes der Assier: „Man solle eine Gesandtschaft der vornehmsten und besten Römer und Hellenen wählen, die ihn um einen Empfang bitten, ihm Glück wünschen und ihn bitten sollen, die Stadt in der Erinnerung und Fürsorge zu behalten, so wie er es selbst unserer Stadt versprochen hat, als er mit seinem Vater Germanicus zum ersten Mal die Provinz betrat."

Schwur der Assier:
„Wir schwören bei Zeus, dem Retter, dem vergöttlichten Caesar Augustus und der einheimischen heiligen Jungfrau, dem Gaius Caesar Augustus und seinem ganzen Hause wohlgesinnt zu sein und diejenigen für unsere Freunde zu halten, die er dafür hält, die aber für unsere Feinde, die er selbst dafür hält. Wenn wir unseren Schwur halten, soll es uns gut gehen, wenn wir meineidig werden, soll das Gegenteil uns zustoßen."

(Sylloge 797. Übs. H. Freis)

Caligula – Urtyp eines ‚verrückten' Kaisers

hier auf mehreren in doppelter Reihe geankerten Lastschiffen mit Erde eine Straße aufschütten sowie Rastplätze und Unterkünfte anlegen. Dann soll er, mit dem Brustpanzer Alexanders des Großen und purpurnem Feldherrnmantel bekleidet, in einer Zeitspanne von zwei Tagen in triumphaler Manier über das Meer geritten sein, wobei er für sich und seine Soldaten auch ein gewaltiges Festgelage auf den Schiffen veranstaltet haben soll.[8] Diese beeindruckende Inszenierung herrschaftlicher Macht deuteten Kritiker Caligulas wie der Philosoph Seneca allerdings als hochmütiges Schauspiel eines orientalischen Despoten.[9]

Abb. 6 Togastatue des Caligula. Für Caligula wurde nur ein einziger maßgeblicher Porträttypus gefertigt. Dieser unterstreicht durch die seit Augustus typische Frisur mit kurzem Haar und Sichellocken über der Stirn, die zu Gruppen aus Gabeln und Zangen angeordnet sind, die Eintracht des iulisch-claudischen Hauses. Kopien dieses Kopfmodells wurden auf Statuen im gesamten Reich aufgesetzt, wie im Falle dieser Togastatue, die die zivile Rolle des Caligula als frommer Bürger betont und ebenfalls die Normkontinuität zu den vorherigen Mitgliedern des Kaiserhauses belegt.

Gerade eine solche Art der literarischen Darstellung erschwert indes auch die Beurteilung der Unternehmungen des Caligula in Gallien und Germanien, wo er beinahe ein ganzes Jahr nach der Verschwörung um Gaetulicus zwischen Herbst 39 und Ende August 40 verweilte. Offenbar konnten hier einige kleinere Siege gegen die Germanen im rechtsrheinischen Raum zwischen dem heutigen Mainz und Straßburg errungen werden. Ein Feldzug nach Britannien scheiterte allerdings und führte in der literarischen Überformung zu der Anekdote, Caligula habe seine Soldaten am Strand Muscheln auflesen lassen.[10] Wenn Tacitus dem Caligula in militärischen Angelegenheiten ein „unstetes Naturell" unterstellt, so gehört dieses Urteil noch zu den zurückhaltendsten Bewertungen über die Feldherrnkunst des jungen Kaisers.[11]

Negativ ausgelegt wurde Caligula zudem die Intensivierung seiner kultischen Verehrung durch seine Untertanen, die ihn in der Retrospektive zum ersten Kaiser macht, der sich aktiv als Gott inszeniert haben soll. Tatsächlich erfolgte die Einrichtung göttlicher Ehrungen für den Kaiser jedoch üblicherweise konsensual, sodass in diesem Fall keine Rede von einem Normbruch des Caligula sein kann. Insbesondere von jüdischer Seite wurde dem Kaiser aber seine göttliche Verehrung zur Last gelegt. Schon die Juden Alexandrias standen dem Herrscher kritisch gegenüber, nachdem er bei einer Anhörung über ihre stadtinternen Konflikte mit griechischen Alexandrinern Partei für die Gegenseite ergriffen hatte. Im Jahr 40 kam es dann fast zum Bürgerkrieg in Judäa, als der Tempel in Jerusalem beinahe zu einer Stätte des Kaiserkultes samt Statue des Caligula umfunktioniert worden wäre. Nur der frühzeitige Tod des Kaisers verhinderte wahrscheinlich den Ausbruch eines Aufstandes, wie er dann am Ende der Regierungszeit Neros erfolgen sollte.

Ende einer kurzen Herrschaft

In Rom traf Caligula wieder am Tag seines 28. Geburtstags, dem 31. August 40, ein. Ungefähr fünf Monate später, am 24. Januar 41, fiel er einem Attentat aus seinem nächsten Umfeld zum Opfer. Was war passiert? Die verschiedenen Verschwörungen scheinen sich nicht gerade positiv auf das soziale Klima innerhalb der stadtrömischen Aristokratie ausgewirkt zu haben. Offenbar kam es immer wieder zu Denunziationen, die u. a. auch Caligulas engstes Umfeld belasteten.

Nachdem seine Schwester Drusilla verstorben war und der junge Kaiser kein Glück mit seinen engsten Beratern, wie dem Prätorianerpräfekten Macro oder Marcus Aemilius Lepidus, gehabt hatte, umgab er sich mit einer neuen Riege an Vertrauten. Unter diesen nahm der Freigelassene Callistus eine hervorgehobene Rolle ein wie auch Milonia Caesonia, mit der Caligula wohl seit 39 verheiratet war und mit der er im Jahr 40 eine Tochter mit dem geschätzten Namen seiner verstorbenen Schwester Drusilla bekam. Der vor allem aus Prätorianern und Freigelassenen bestehende engste Kreis um den Kaiser mag sich infolge der verleumderischen Stimmung innerhalb der Aristokratie nicht mehr sicher gefühlt haben. Caligula hatte wiederholt bewiesen, wie kompromisslos er im Fall einer potenziellen Bedrohung seiner Machtposition handelte.

Am 24. Januar ließen sie jedenfalls ihren Schergen freie Hand. Als Caligula sich nach einer Theateraufführung auf dem Palatin zur Ruhe begeben wollte, wurde er von zwei Tribunen der Prätorianergarde, Cassius Chaerea und Cornelius Sabinus, erdolcht. In der Folge wurden auch seine Frau und seine Tochter ermordet, und für kurze Zeit herrschte tumultuarische Unruhe innerhalb Roms, an deren Ende jedoch Caligulas Onkel Claudius von den Prätorianern zum neuen Kaiser akklamiert wurde. Caligula wurde heimlich in den Lamischen Gärten auf dem Esquilin verscharrt. Noch lange Zeit raunte man, dass sein Geist dort spuke, und erst sei-

> **CALIGULA**
>
> **31. August 12**
> Geburt in Antium
>
> **29**
> Leichenrede auf Livia
>
> **Nach dem 31. August 30**
> Übersiedlung nach Capri
>
> **31**
> Empfang der Männertoga auf Capri
>
> **18. März 37**
> Erhebung zum Augustus durch den Senat
> (Tag der Herrschaftsübernahme)
>
> **28. März 37**
> Einzug in Rom
>
> **Oktober 37**
> Gefährliche Erkrankung
>
> **18./19. Oktober(?) 39**
> Aufdeckung der Verschwörung des
> Gnaeus Cornelius Lentulus Gaetulicus
>
> **40**
> Manöver in Niedergermanien
> und an der Kanalküste
>
> **24. Januar 41**
> Ermordung in Rom

ne Schwestern sorgten für eine anständige Bestattung, nachdem sie aus der Verbannung nach Rom zurückgekehrt waren.[12]

Das kurze Intermezzo von vier Jahren Herrschaft macht eine Beurteilung der politischen Wirksamkeit des Caligula schwer. Obgleich die literarische Überlieferung sein Handeln als Willkürherrschaft überzeichnet, ergibt sich der allgemeine Eindruck, der junge Kaiser habe sich in die durch seine Vorgänger vorgegebenen Normen des römischen Prinzipats einfügen wollen **(Abb. 6)**. Er scheint dabei durchaus die Ausprägung autokratischer Tendenzen forciert zu haben, scheiterte jedoch an dem adäquaten kommunikativen und sozialen Umgang mit den politisch ausschlaggebenden Gruppen. Das junge Alter des Caligula mag hierfür u. a. ein entscheidender Faktor gewesen sein. Für die Nachwelt bleibt aus diesem Grund vor allem die so wirkmächtige Überformung seiner Erinnerung, die Caligula zum Prototyp eines ‚verrückten' Kaisers macht.

Von Marco Besl

Die Tragik, Kaiser zu sein

Claudius – Gott, Herrscher, Sonderling?

Am 13. Oktober im Jahr 54 erreichte Kaiser Claudius die Himmelspforten. Nach anfänglichen Problemen beim Einlass durfte der stotternde Kaiser schließlich vor dem himmlischen Senat sein Anliegen vorbringen, selbst unter die Götter aufgenommen zu werden. Vielleicht wäre dies Claudius auch geglückt, hätte nicht Divus Augustus die Götterversammlung an all die Schandtaten erinnert, die Claudius begangen haben soll. So blieb Claudius der Himmel für immer verschlossen, ja er musste sogar als einfacher Gerichtsdiener in der Unterwelt sein Dasein fristen – so berichtet zumindest die von Seneca in neronischer Zeit verfasste Satire „Apocolocyntosis" (‚Verkürbissung'). Dass Claudius gleichzeitig offiziell als Divus, als Staatsgott, verehrt wurde, verdeutlicht die Tragik dieser Figur.

Mit seiner Satire dürfte Seneca schallendes Gelächter über den verstorbenen Claudius hervorgerufen haben. Schließlich hatte der Adoptivsohn und Nachfolger des Claudius, Kaiser Nero, seinen Vorgänger offiziell zum Gott erklären lassen und versuchte zumindest in den ersten Regierungsjahren symbolisch an seinen Vorgänger anzuknüpfen. Aber auch in späterer Zeit erinnerte man sich an lobenswerte Taten des göttlichen Claudius. Insbesondere Vespasian berief sich in diesem Sinn bei Gelegenheit auf dessen Person und Politik. Dass Claudius nicht der handlungsunfähige und trottelige Kaiser war, als den ihn Senecas „Apocolocyntosis" und die antiken Geschichtsschreiber darstellen, wird sich zeigen: Immer wieder setzte Claudius nämlich durchaus anerkennenswerte politische Akzente. Unter seiner Herrschaft entwickelte sich das System der Kaiserherrschaft weiter, und es verfestigten sich Formen, die sich auch in der Zukunft als tragfähig erweisen sollten (Abb. 2).

Nach der Ermordung Caligulas war Claudius am 24. Januar 41 von den Prätorianern, der kaiserlichen Leibgarde, zum Kaiser ausgerufen und am folgenden Tag fügsam vom Senat bestätigt worden. Wäh-

Abb. 1 **Claudius als Iupiter.** Mit dem Göttervater teilten die römischen Herrscher ihre Insignien der Macht: Wie Iupiter im Himmel droben, so regierten die Kaiser das Erdenrund. Die Marmorstatue zeigt Claudius mit dem Adler Iupiters und in der Pose des Gottes. Auf dem Kopf trägt er einen Kranz aus Eichenlaub. Dieser lässt sich einerseits als *corona civica*, als Zeichen des Bürgersinns des Claudius, verstehen, passt aber andererseits ebenso in die Iupiter-Ikonographie.

rend der 10 v. Chr. geborene Claudius unter Augustus, Tiberius und Caligula keine bedeutenden militärischen Kommandos – und auch nur weniger bedeutende zivile Ämter – innegehabt hatte, war er letzten Endes durch einen schnellen Militärstreich in das oberste Staatsamt gekommen. Zwar schon unter Augustus Mitglied der kaiserlichen Familie, war Claudius als kaiserlicher Nachfolger nie vorgesehen gewesen oder als solcher präsentiert worden – ein Umstand, der den Schriftsteller Robert Graves dazu inspirierte, Claudius in seinen bekannten Romanen zum Kommentator der julisch-claudischen Geschichte werden zu lassen (Verfilmung durch die BBC als „I, Claudius" 1976) (**Abb. 3**).

Um die Akzeptanz seiner Machtübernahme und Herrschaft zu erhöhen und angesichts seiner bislang abseitigen Rolle in der kaiserlichen Familie bemühte sich Claudius recht schnell, symbolischen Anschluss an seine Vorfahren zu suchen, und vergöttlichte in diesem Sinn noch im Januar 42 seine Großmutter Livia. Diese war weder von Tiberius noch Caligula zu einer Göttin erhoben worden. Natürlich reichte ein solcher dynastischer Anschluss nicht aus, um der eigenen Herrschaft Prestige zu verleihen, sondern im besten Fall mussten Taten folgen, die sich auch im Vergleich zu den eigenen Vorfahren sehen lassen konnten.

Außenpolitik als politisches Kapital

Der bedeutendste Erfolg der claudischen Herrschaft war zweifellos die Eroberung Britanniens, die dem Kaiser bereits 43 geglückt war. Bekanntlich hatte sich schon Caesar an die Eroberung der Insel gewagt, diese aber relativ schnell aufgegeben; und auch die nachfolgenden Caesaren hatten zwar eine Unterwerfung Britanniens geplant, diese aber nicht ernsthaft in Angriff genommen. So war die Eroberung der Insel gewissermaßen als zu erledigende Aufgabe in der Schreibtischschublade der Kaiser zurückgeblieben. Solche expansiven Vorstöße erhöhten die Sicherheit für angrenzende Regionen des Reiches und boten Zugang zu verschiedenartigen Ressourcen, wie Sklaven, Metallvorkommen oder Produktionsmöglichkeiten – wobei im Fall Britanniens möglicherweise das Vorkommen von Bodenschätzen von vornherein als gering zu veranschlagen war.

Abb. 2 Die Vergöttlichung des Claudius. Der kostbare Kameo versinnbildlicht die offizielle Vergöttlichung des Claudius nach dessen Tod. Der Senat hatte den Kaiser zu einem Gott erklärt, ein Adler trug ihn himmelwärts – so die Vorstellung der Zeitgenossen.

Wichtiger waren jedenfalls die Fähigkeiten und die Potenz des Kaisers, die mit einer solchen Eroberung zum Ausdruck gebracht werden konnten. Die militärischen Operationen, die wahrscheinlich im Hochsommer 43 begonnen hatten, kamen, zumindest der offiziellen Darstellung nach, schnell zum Erfolg: Claudius selbst war nur etwa zwei Wochen vor Ort und führte das Kommando. Die weiteren Unternehmungen überließ er seinem Feldherrn Aulus Plautius, zog sich erst in seine Geburtsstadt Lyon zurück und kehrte 44 bereits nach Rom zurück; schließlich war es gar nicht notwendig, die Unterwerfung Britanniens vor Ort zu leiten.

Mit der Eroberung der Insel war Claudius ein militärischer Erfolg geglückt, der gerade angesichts des Versagens seiner Vorgänger umso glänzender war. Gleichsam auf einen Streich machte er so das

Manko wett, dass er trotz seines Alters bislang nie als erfolgreicher Militär in Erscheinung getreten war. Besonderen Symbolwert hatte die Eroberung der Insel zudem, da sich die römischen Kaiser immer wieder als Herren über Land und Meer betiteln ließen und Claudius in diesem Kontext zu Recht und voller Stolz herausheben konnte, die römische Herrschaft über den Ozean hinweg ausgedehnt zu haben.

In einem großen Triumphzug führte Claudius 44 diesen Erfolg dem römischen Publikum vor Augen. Auch ließ er den infolge dieser Ereignisse errichteten Triumphbogen auf seinen Münzen, einem wichtigen Medium kaiserlicher Selbstdarstellung in der Antike, abbilden; denn es sollten nicht nur die politischen Eliten in Rom und die städtische Öffentlichkeit von dem Erfolg erfahren. Die Inszenierung des Claudius als Herrscher, der das Reich erweitert hatte, fand ihre Wiederholung und ihren Höhepunkt schließlich, als der Kaiser 49 das Pomerium, die sakrale Stadtgrenze Roms, erweiterte, wovon noch einige Grenzsteine Zeugnis ablegen:[1] Schließlich hatte Claudius das Imperium vergrößert, sodass es ihm zustand, auch die Grenzen der Stadt zu erweitern. Dass es Claudius insgesamt verstand, sich und seine Herrschaft zu repräsentieren, hatte er auch schon in gänzlich anderem Kontext mit der Feier von Säkularspielen im Jahr 47 bewiesen, die seiner Regierungszeit eine besondere Würde verleihen sollten.

Dass speziell die Selbstdarstellung des Claudius als siegreicher Kaiser durchaus eine gewisse Wirkung besaß, verdeutlicht neben der kaiserlichen Münzprägung nicht zuletzt ein Relief, das an der Kaiserkultstätte von Aphrodisias – immerhin am anderen Ende des Reiches – angebracht worden war und das Claudius zeigt, wie er die personifizierte Britannia unterwirft. Auch in Kyzikos wurde dem Britanniensieger ein Ehrenbogen errichtet, in Korinth ein Altar für die Victoria Britannica geweiht **(Abb. 4)**.

Auch jenseits dieses überragenden und für die Repräsentation des Claudius wesentlichen Sieges konnte der Kaiser noch manche außen- und provinzialpolitischen Erfolge verzeichnen. Besonders in Obergermanien konnte er die römische Herrschaft

Abb. 3 Claudius und die Prätorianer. Mit der Darstellung eines Lagers der Prätorianer, die Claudius zum Kaiser ausgerufen hatten, ging dieser neue Wege in der Repräsentation kaiserlicher Herrschaft. Die Darstellung auf der Goldmünze (44/45) war wohl einerseits eine Hommage an die betreffenden Soldaten, stellte aber andererseits jedem Betrachtenden deutlich die machtpolitischen Grundlagen der Herrschaft des Claudius vor Augen.

auch jenseits des Rheins ausbauen und die Provinzen Noricum und Raetien sichern. Mit der Anlage der Via Claudia Augusta, die vom Po bis zur Donau verlief, ließ er eine wichtige Verbindungsachse schaffen. Im Donau- und Balkanraum strukturierte er die Provinzaufteilung neu, und auch Judäa gliederte Claudius nach dem Tod des Klientelkönigs Agrippa I. wieder in den Reichsverband ein.

Aus Außenpolitik mache Innenpolitik

Claudius verstand es also durchaus, Außenpolitik nicht nur im Sinne der stetigen Eroberung neuer Gebiete zu betreiben, sondern auch auf Sicherung und Konsolidierung des bereits Erreichten zu setzen. Schließlich hätten die Römer niemals ein Weltreich beherrschen können, hätten sie allein auf die Mittel des militärischen Zwangs gesetzt. Neben militärischer Stärke galt es ebenso durch effiziente Verwaltung, Infrastruktur und wirtschaft-

Claudius – Gott, Herrscher, Sonderling?

lichen Austausch Gebiete zu sichern und die lokalen Eliten in das Römische Reich zu integrieren. Gegenüber dem Zwang brauchte es also ebenso Mittel der Überzeugung.

Gerade auch für die claudische Herrschaft lässt sich eine solche integrative Politik festmachen. So setzte Claudius die Verleihung des Bürgerrechts an Provinzbewohner der oberen Schicht wohl gezielt als Mittel der Integration ein. Auf einen derartig ‚freizügigen' Umgang mit dem Bürgerrecht spielte auch Seneca in seiner *Apocolocyntosis* an und zog jene gekonnt ins Lächerliche.[2] Ganz vergessen hatte Seneca dabei wohl, dass seine Familie selbst nicht aus Rom oder Italien, sondern aus Spanien stammte, er selbst also von einer integrativen Provinzpolitik der Vergangenheit profitierte. In einer Inschrift ist sogar das Plädoyer des Claudius für eine bewusst integrative Reichspolitik überliefert: In der erhaltenen Senatsrede begründet Claudius sein Ansinnen, führenden Männern der *Tres Galliae*, der Provinzen Lugdunensis, Aquitania und Belgica, den Zugang zu senatorischen Ämtern zu erleichtern. Diese hatten den Kaiser darum ersucht, die formale Senatszugehörigkeit zu erlangen, um sich auf senatorische Wahlämter bewerben zu können. Der Kaiser reagierte auf dieses Ansinnen mit Wohlwollen und legte in seiner Senatsrede ausführlich die Motive seines Handelns dar. Letztlich aus reinem Zufall ist diese Rede erhalten geblieben, die Teil des offiziellen Senatsbeschlusses gewesen ist. Sie gibt aber einen interessanten Einblick, wie Claudius seine reichsintegrative Politik als Teil einer guten römischen und kaiserlichen Tradition verstand, die er selbst noch verstärken wollte (s. Quellenkasten).

Claudius legte in seinen Ausführungen dar, dass Rom in seiner republikanischen Geschichte stets verschiedenste Ämter gekannt und eingeführt habe, um den Problemen der Gegenwart zu trotzen. Nicht hätte man an Altem sklavisch festgehalten, sondern je passende Lösungen für die Probleme und Herausforderungen auf dem Weg zur Weltherrschaft gesucht. So sei es nur folgerichtig gewesen, dass Augustus und Tiberius die Besten aus den römischen Kolonien in den Senat eingelassen hätten, schließlich brauche Rom die fähigsten und bewährtesten Männer. Gerade die Gallier hätte dabei ausgezeichnet, dass sie Drusus, den Vater des Claudius, bei der Unterwerfung Germaniens unterstützt und den Frieden gehalten hätten. Ob sich in dieser historischen Argumentation das persönliche Interesse des Claudius für Geschichte und Bildungsgüter widerspiegelt,[3] sei dahingestellt.

Mit großem Pathos unterstützte Claudius die Bitte der gallischen Gesandtschaft. Auch wenn dieser – ebenso wenig wie jeder andere Kaiser – kaum eine aktive, auf dem Schreibtisch entworfene Politik verfolgte, sondern auf konkrete Frage- und Problemstellungen reagierte, zeigt sich im Ganzen zumindest eine konsistente politische Idee, die sein Han-

Abb. 4 Der Britanniensieger. Der Erfolg in Britannien war für Claudius ein wichtiger Moment seiner Herrschaft. In Aphrodisias in der heutigen Türkei findet sich ein Relief, das die Unterwerfung der personifizierten Britannia durch den Kaiser zeigt. So wurde der Sieg des Claudius über Britannien, seine über den Ozean hinweg reichende Sieghaftigkeit, für jeden Betrachter sichtbar.

deln jeweils leitete: Um das Römische Reich mit all seinen Provinzen auf Dauer stabil zu halten, mussten möglichst alle Provinzen und Reichsteile in das politische System Roms einbezogen werden.

Die Innenpolitik, das Kaiserhaus und die Grenzen des Akzeptablen

Einen solchen Ansatz kluger Verwaltung bewies Claudius auch in anderen Bereichen. So kümmerte er sich verstärkt um die Rechtspflege. Er verbesserte die Wasser- und Lebensmittelversorgung in Rom, indem er die Errichtung eines neuen Hafens in Ostia initiierte und neue Wasserleitungen, die Aqua Claudia und den Anio Novus, erbaute. Mit der Einführung von Militärdiplomen, kleinen Bronzetäfelchen, verbesserte er wohl das Verfahren, altgedienten Mitgliedern der Hilfstruppen das römische Bürgerrecht zu verleihen: Als Beleg für ihren neuen Rechtsstatus konnten die ehemaligen Soldaten nun solche Diplome mit sich führen und vorweisen. Auch schuf Claudius neue prokuratorische Ämter und förderte gezielt die Laufbahn von Rittern – ein Mittel, das gleichermaßen Perspektiven für provinziale Eliten wie für Angehörige des *ordo equester* in der Stadt Rom bot.

All dies war sicherlich nicht Ergebnis eines großen strategischen Planens, eines Masterplanes des Claudius, zeigt aber sehr wohl, dass Claudius dem gerecht werden konnte, was landläufig unter den Begriff guter Herrschaft fällt. Claudius verstand es, in dem sich entwickelnden und zunehmend institutionalisierenden System der Kaiserherrschaft mitzugehen und Schritt zu halten. Unter diesen Gesichtspunkt fällt insbesondere die forcierte Etablierung eines kaiserlichen Hofes durch Claudius: Einerseits war in einem solchen Hofgefüge der Zugang der Aristokraten zum Kaiser im Rahmen bestimmter Abläufe, wie den morgendlichen Begrüßungen oder den Gastmählern, strukturiert und reglementiert. Zum kaiserlichen Hof zu gehören, war für die Mitglieder der politischen Elite von höchster Bedeutung, bestimmte die Gunst des Kaisers schließlich auch das eigene politische Fortkommen – eingeschlossen freilich des Missbehagens derjenigen Senatoren und Rittern, die es nicht in diesen ‚inner circle' schafften.

Andererseits verfügte ein solcher Hof über einen Verwaltungs- und Personalstab, der bestimmte Aufgaben in routinierten Abläufen übernahm. Dieser Personenstab konstituierte sich dabei aus dem persönlichen Umfeld des Kaisers und war von der sozialrechtlichen Hierarchie Roms, an deren Spitze die Senatoren, gefolgt von den Rittern, standen, unabhängig. Besonders die kaiserlichen Freigelassenen, also die ehemaligen Sklaven, erfüllten wichtige Funktionen in der kaiserlichen Verwaltung des Hofes – ein Umstand, der bereits vor Claudius bestand, von diesem aber verfestigt und verstärkt in organisierte Formen gegossen wurde.

Ausschnitt aus der Rede des Claudius über die Zulassung führender Männer aus Gallien in den Senat

Sicherlich führte man einen neuen Brauch ein, als der vergöttlichte Augustus, mein Großonkel, und mein Onkel Tiberius Caesar den Willen äußerten, die gesamte „Blüte" der Kolonien und Municipien von überall her, d. h. die besten und wohlhabenden Männer, sollte in dieser Kurie einen Sitz haben. Wie? Ist uns nicht ein Senator aus Italien lieber als einer aus den Provinzen? [...] Aber meiner Ansicht nach darf man nicht einmal Provinzialen zurückweisen, sofern sie nur das Ansehen der Kurie erhöhen können. [...] Freilich, ein wenig zaghaft, versammelte Väter, bin ich über die euch gewohnten, bekannten Grenzen der Provinzen hinweggeschritten, aber jetzt muss ich entschieden die Sache der Gallia Comata vertreten. Wenn jemand bei ihr auf den Umstand schaut, dass ihre Bevölkerung dem vergöttlichten Iulius in einem zehnjährigen Krieg zu schaffen machte, dann möge er zugleich ihre hundertjährige unerschütterliche Treue dem entgegenstellen und ihren Gehorsam, der in vielen Krisen von uns mehr als erprobt worden ist.

(Corpus Inscriptionum Latinarum 13, 01668. Übs. H. Freis)

Claudius – Gott, Herrscher, Sonderling?

Zog Claudius in diesem Sinne nur die Konsequenzen aus einer historischen Entwicklung, so wurde ihm dies postum vonseiten der Geschichtsschreiber zum Vorwurf gemacht. Antike Geschichtsschreibung war dabei nie aus einem rein wissenschaftlich-nüchternen Interesse betrieben worden, sondern die Historiker wollten mit ihren Darstellungen ihren vorrangig senatorischen Standpunkt artikulieren und so Politik betreiben. Personen wie Tacitus, Sueton oder Cassius Dio stellten Claudius gern als Kaiser dar, der durch seine Freigelassenen, sprich sein Hofpersonal, und seine Frauen leicht manipulierbar gewesen sei, und disqualifizierten damit eine Entwicklung, die Personen jenseits von traditionellen Standesgrenzen politischen Einfluss bescherte.

Wie die antiken Historiker betonen, sei Claudius vielfach seinem eigenen Hof hilflos ausgeliefert gewesen: Neben der Abhängigkeit von seinem eigenen Personal sei er vor allem durch seine Ehefrauen Messalina, die Claudius 48 ermorden ließ, und Agrippina, die Mutter Neros, manipuliert worden. Besonders präsent blieb dabei im Gedächtnis, wie Agrippina Claudius hinsichtlich der Regelung der kaiserlichen Nachfolge dominiert haben soll. Im Jahr 49 hatte Claudius Agrippina zur Frau genommen und im Februar des Jahres darauf Nero offiziell als seinen Sohn adoptiert. Damit eröffnete sich die Frage, ob der leibliche Sohn mit dem Namen Britannicus, sein Adoptivsohn Nero oder beide in Art einer Doppellösung als Nachfolger vorgesehen sein sollten (Abb. 5).

Recht schnell wurde dann deutlich, dass der Sohn Agrippinas als Nachfolger im Kaiseramt vorgesehen war und Britannicus gleichsam auf die Reservebank rückte. Verschiedentlich war Nero bei öffentlichen Auftritten in den Vordergrund gestellt worden. Ihm wurde bereits mit 13 Jahren die *toga virilis* (das Gewand des erwachsenen römischen Bürgers) verliehen, die Befugnisse eines *imperium proconsulare* (statthalterische Amtsgewalt) zuerkannt und der Titel *princeps iuventutis* (Anführer der Jungmannschaft) verliehen. Speziell auch in der Reichsprägung wurden ab 51 Gold- und Silbermünzen geprägt, die Nero und seine bereits erreichten Würden zeigten. So wollte man die Potenziale des vorgesehenen Nachfolgers illustrieren – ein probates Mittel, zu dem man bereits in der Vergangenheit immer wieder gegriffen hatte. Der leibliche Sohn Britannicus findet sich hingegen in der imperialen Münzprägung überhaupt nicht mehr. Die Nachfolgefrage schien also bereits in den fünfziger Jahren recht eindeutig beantwortet zu sein, eine letztgültige Klärung fand sie, als Nero recht unmittelbar nach seinem Herrschaftsantritt seinen Adoptivbruder ermorden ließ (Abb. 6).

Dass die Geschichtsschreiber die politische Unselbstständigkeit und Unfähigkeit des Claudius gerade im Fall der Nachfolgeregelung erkannten, mag nicht zuletzt auch an dem Umstand liegen, dass sich der Nachfolger Nero schnell als wirklicher Tyrann entpuppte. Ebenso misogyne Motive, die eine politisch selbstständig agierende Frau wie

Abb. 5 Dynastie in kostbarem Stein: die Gemma Claudia. Wie schon die Kaiser vor ihm stellte Claudius in seiner ganzen Herrschaftszeit sein dynastisches Kapital heraus. Auf der linken Seite ist Claudius mit seiner vierten Gemahlin Agrippina der Jüngeren zu sehen, die er 49 heiratete. Ihnen stehen die Eltern der neuen Ehefrau des Claudius gegenüber: Germanicus, der zudem der Bruder des Claudius war, und Agrippina die Ältere.

Agrippina nur mit Argwohn betrachteten, spielten sicherlich eine Rolle.

Eine gewisse Handlungsunfähigkeit, wie sie die antiken Historiker Claudius bescheinigten, spiegelt sich auch in den Berichten über dessen letzten Lebensakt wider: Recht einhellig wird der Tod des Kaisers am 13. Oktober 54 auf einen Giftanschlag der Agrippina zurückgeführt, schließlich hätte Claudius bedauert, seinen leiblichen Sohn Britannicus von der Nachfolge ausgeschlossen und Nero den Vorzug gegeben zu haben.[4] Innerhalb dieses Narrativs – die tatsächlichen Umstände werden sich nie klären lassen – war es also wiederum Agrippina, die das politische Geschehen bestimmte, des Claudius klägliches Aufbäumen führte lediglich zu seinem eigenen Tod.

Versuch einer Bilanz – Fähigkeiten trotz persönlicher Hürden

Was ist also von dem unselbstständigen, trottligen Kaiser zu halten? Dass neue institutionelle Verfestigungen und der Ausbau eines Hofsystems auf Widerstand bei den alten Eliten stießen, überrascht wenig. Kaum sollten wir beispielsweise aber die negative Bewertung der Freigelassenen, die sich bei den Historikern findet, unkritisch übernehmen. Schließlich stellte nicht nur die Aristokratie ‚Fachpersonal' für Organisation und Verwaltung bereit, sondern im Kreis des kaiserlichen Hauses konnten sich ebenso hoch spezialisierte (und zudem loyale) Mitarbeiter finden. Außerdem betrieb Claudius wohl keine gezielt antisenatorische Politik, sondern betonte bei verschiedenen Gelegenheiten selbstverständlich die Würde des Senats.

Auch konnte Claudius durchaus Erfolge in der Außenpolitik und der Verwaltung des Weltreichs verzeichnen. Woher also dieser Spott der Überlieferung? Abgesehen von Augustus selbst zeigten sich die antiken Geschichtsschreiber mit keinem der julisch-claudischen Kaiser zufrieden.

Bei Claudius hatten es diese Eliten besonders leicht, seine Persönlichkeit zu demontieren und seine Leistungen, von denen einige sicher nicht deren Geschmack trafen, einige durchaus akzeptabel waren, in den Hintergrund treten zu lassen. Seneca demonstriert dies in seiner *Apocolocyntosis* ganz deutlich: Besonders beißend und bösartig wird sein Spott, da er immer wieder auf körperliche Einschränkungen und das Stottern des Claudius, der es kaum schaffte, sich im Himmel vorzustellen, anspielt. Immer wieder macht Seneca deutlich, wie sehr jener doch dem Ideal der Götter widerspreche. Solche körperlichen Beeinträchtigungen waren in der nicht zimperlichen Muskelgesellschaft Roms freilich ein Anlass, dessen Fähigkeiten als Kaiser in Abrede zu stellen. Dass Claudius aber trotz persönlicher Bürden sich vielfach als vernünftiger Herrscher gerierte, verdeutlicht die Tragik seiner Gestalt.

Abb. 6 Werbung für den Nachfolger. Während Claudius seinen leiblichen Sohn Britannicus in der Nachfolgeregelung hintanstellte, präsentierte er seinen Adoptivsohn Nero als den zukunftsverheißenden Nachfolger im Kaiseramt. So zeigt die Goldmünze (50/54) auf der Vorderseite den Kaiser und auf der Rückseite den noch nicht einmal zwanzigjährigen Nero.

CLAUDIUS

1. August 10 v. Chr.
Geburt in Lugdunum

24. Januar 41
Erhebung zum Kaiser durch die Prätorianer

25. Januar 41
Anerkennung durch den Senat als neuer Kaiser

43
Eroberung Britanniens

47
Feier der Säkularspiele

25. Februar 50
Adoption Neros

13. Oktober 54
Tod und Erhebung zum Divus Claudius

Von Saskia Kerschbaum

Der Kaiser, der besser Schauspieler geworden wäre

Nero auf der falschen Bühne

Über kaum einen Kaiser sind die antiken Autoren gehässiger hergefallen als über Nero. Ein Muttermörder und Tyrann, singend im Anblick des brennenden Roms, kaltblütig bei der Ermordung seiner Gegner. Doch wie gelingt es uns, hinter die Fassade des wahnsinnigen Wagenlenkers zu blicken? Lässt sich ein unvoreingenommenes Bild von Neros Herrschaft zeichnen? Nero mochte sein Leben so gelebt haben, als hätte er es auf einer Bühne verbracht. Doch ganz so eindimensional, wie die Quellen sie beschreiben, war seine Herrschaftszeit nicht, im Gegenteil: Hätte er einen Weg gefunden, sich mit den Senatoren darauf zu einigen, wie sich ein Kaiser zu inszenieren hatte, wäre er vielleicht als großer Bauherr, großzügiger Spender und innovativer Künstler in Erinnerung geblieben. Es lohnt sich ein Blick hinter die Kulissen.

Das Leben des jungen Nero glich vielleicht nicht von Anfang an einer Bühne, doch gab es darin schon früh eine dominante Strippenzieherin: seine Mutter Agrippina. Sie war die Schwester des ermordeten Kaisers Caligula, in direkter Abstammung eine Urenkelin des Augustus und ab 49 auch die Ehefrau des amtierenden Kaisers Claudius. Agrippina war ebenso schön wie ruchlos, und sie verfolgte mit beeindruckendem Ehrgeiz ein einziges Ziel: Ihr Sohn Nero sollte Kaiser werden. Innerhalb kurzer Zeit wurde der gerade einmal 12-jährige Lucius Domitius Ahenobarbus – so der Geburtsname des späteren Kaisers – mit Octavia verlobt, der Tochter des Claudius. Ein Jahr nach der prunkvollen Hochzeit zwischen Onkel und Nichte, am 25. Februar 50, adoptierte Claudius Agrippinas Sohn, der sich von nun an Nero Claudius Drusus Germanicus Caesar nennen durfte (Abb. 1). Der junge Nero wurde mit zahlreichen Ti-

Abb. 1 Statue Neros als Jugendlicher. Das Amulett um den Hals der Statue zeigt, dass Nero zum Zeitpunkt der Aufstellung noch ein Jugendlicher war. Kaiser Claudius adoptierte den 13-Jährigen bereits ein Jahr nach der Heirat mit Agrippina und machte Nero damit zum offiziellen Thronfolger – noch vor dem jüngeren leiblichen Kaisersohn Britannicus. Sein voller Name lautete nun Nero Claudius Drusus Germanicus Caesar.

Nero auf der falschen Bühne

teln und Ehren überhäuft und durfte bereits mit 14 Jahren seine erste Rede im Senat halten – tatkräftig unterstützt vom berühmten stoischen Philosophen Seneca, dem Erzieher des Prinzen.

Kaiser Claudius hatte bereits einen Sohn aus erster Ehe, Britannicus, und merkte erst zu spät, wie sehr er in Agrippinas Intrigen verstrickt war. Noch bevor er Britannicus fördern konnte, starb der Kaiser am 13. Oktober 54 an einem Pilzgericht – ob Agrippina es vergiftet hatte, wie eigentlich alle antiken Autoren munkelten?

Der Machtübergang verlief wie ein gut einstudiertes Bühnenstück. Der 17-jährige Nero wurde vom Senat und von der Prätorianergarde ohne Widerstand akzeptiert, und der junge Kaiser machte gleich deutlich, wem die Ehre dafür galt: Die erste Losung für seine Garde lautete *Optima Mater*, „die beste Mutter".

Agrippina hatte es also geschafft, sie hatte ihren Sohn auf den Thron gehoben (Abb. 2). Doch wollte Nero überhaupt Kaiser sein? Er zeigte wenig Anstalten, aktiv in die Regierungsgeschäfte eingreifen zu wollen, sondern ging lieber seinen künstlerischen Neigungen nach. Gesteuert wurde das politische Tagesgeschäft wohl zu großen Teilen von Agrippina, Seneca und dem Prätorianerpräfekten Burrus. Wo Nero öffentlich auftrat, da tat er es mit staatsmännischer Würde, Großzügigkeit und Bescheidenheit, sodass der spätere Kaiser Trajan die ersten fünf Jahre in der Regierungszeit Neros als vorbildlichen und goldenen Abschnitt der römischen Geschichte bezeichnete.

Doch Agrippinas Einfluss auf Nero schwand rasch, insbesondere als er sich der Freigelassenen Acte zuwandte. Agrippina setzte alles daran, diese unstandesgemäße Beziehung zu beenden, doch Nero ließ sich nicht mehr kontrollieren: Er verbannte seine Mutter in die Villa der Großmutter Antonia, nahm ihr die Leibwache und entfernte ihr Bildnis von den Münzen. Agrippina war politisch kaltgestellt. Doch das Exil genügte Nero nicht: Seine Mutter sollte sterben. Nach zahlreichen Giftanschlägen und einem Schiffsunglück fand schließlich der Dolch eines Soldaten im Jahr 59 sein Ziel. Nero hatte sich aus seinem goldenen Käfig befreit, eine Tatsache, die er sofort durch die stilistisch radikalen Porträts seiner Münzen kundtat. Was würde er als Nächstes tun?

Abb. 2 Kaisermacherin Agrippina. Dieses Marmorrelief aus der antiken Stadt Aphrodisias (Türkei) zeigt, wie Agrippina ihren Sohn Nero mit einem Lorbeerkranz krönt, und verbildlicht damit den Machtanspruch der Kaiserinmutter. Nero trägt eine militärische Rüstung, zu seinen Füßen liegt ein Helm, Agrippina hält in der linken Hand ein Füllhorn als Zeichen von Glück und Überfluss. Agrippina dominierte das öffentliche Bild auch in anderen Medien, wie zum Beispiel den Münzen.

Der singende Kaiser auf der großen Bühne

Mit 22 Jahren war Nero endlich frei, seinen Leidenschaften zu frönen: Neben der Teilnahme an Wagenrennen (Abb. 3) war dies vor allem die Begeisterung für das Bühnenschauspiel. Nero verfolgte diese Karriere mit großer Ernsthaftigkeit. Er ließ seine Stimme von berühmten Kitharaspielern schulen, achtete auf seine Ernährung, trug Bleiplatten auf der Brust zur Stärkung seiner Muskulatur. Bis zu seinem ersten Auftritt als Schauspieler sollte jedoch noch einige Zeit vergehen – Nero war sich also des Risikos wohl bewusst. Mochten seine Auftritte als Dichter und Kitharaspieler noch mit seinem Amt vereinbar sein, da sie als standesgemäß galten, so wurde das Bühnenschauspiel insbesondere von der Aristokratie als unpassend und peinlich empfunden.

Erst im Jahr 65 war es dann so weit: Nero bot der begeisterten Bevölkerung von Rom während der zweiten Neronia (nach Nero benannten Spielen) ein breites Repertoire an Rollen, darunter ironischerweise Orest den Muttermörder oder, eher pikant, die Kanake in Geburtswehen. Vielleicht anlässlich dieses Ereignisses ließ Nero sogar eine eigene Münzserie mit dem Gott Apollon als Lyraspieler prägen (Abb. 4). Schon antike Quellen nahmen an, dass der Gott die Gesichtszüge des jungen Kaisers trug.

Seine Liebe insbesondere zum griechischen Schauspiel konnte Nero jedoch nur an einem logischen Ort wahrhaftig ausleben: in Griechenland, der Wiege von Tragödien und Komödien. 1808 Preise soll Nero während der Jahre 66/67 auf verschiedenen Spielen entgegengenommen haben, darunter Lorbeerkränze in den Wettkampfzentren Delphi und Olympia. Sorgsam inszenierter Höhepunkt der Reise war die berühmte Freiheitserklärung für Griechenland: Im Theater von Korinth befreite der Kaiser die Provinz von allen Steuerabgaben und der römischen Rechtsprechung.

Im Jahr 67 kehrte Nero im prunkvollen Triumphwagen nach Rom zurück – statt einer militärischen Beute präsentierte er seine Preise: Kränze und Tafeln mit den Namen der Künstler, die er bezwungen hatte. Sprechchöre bejubelten laut seinen

Abb. 3 Nero als siegreicher Wagenlenker. Ein spätantiker Kameo aus dem 5. Jh. zeigt Nero als siegreichen Wagenlenker in Frontalansicht. Auf dem Kopf trägt der Kaiser eine Strahlenkrone in Anlehnung an den Sonnengott, in seiner rechten Hand hält er die sogenannte *mappa circensis*, mit der die Kaiser die Spiele im Zirkus eröffneten, in der linken Hand ein adlergekröntes Zepter. Die Inschrift besagt: Nero gewinnt. Der Kameo macht deutlich, dass man noch 400 Jahre später die Vorlieben des Kaisers kannte und wohl auch respektierte.

Abb. 4 Nero als Kitharaspieler. Dieser As aus den Jahren 64/65 gehört zu den spannendsten Bronzeprägungen des Kaisers. Auf der Rückseite ist der Gott Apollon mit der Kithara zu sehen, doch konnte man wohl schon in der Antike annehmen, dass sich hinter dem musizierenden Gott der Kaiser selbst verbarg. So spottete etwa Sueton: „Unser Herrscher spannt die Saiten der Leier wie der Parther den Bogen." (Nero 39) Die Münzserie wurde wahrscheinlich anlässlich von Spielen geprägt, die der Kaiser in Rom stiftete.

Nero auf der falschen Bühne

‚Triumph': "Heil dir, Olympiasieger! [...] Heil Nero, unserem Apollo! [...] Göttliche Stimme! Selig, die sie hören dürfen!"

Der brutale Tyrann gegen den Senat

So prunkvoll die Rückkehr nach Rom inszeniert worden war, sie war nicht ganz freiwillig, denn in der Hauptstadt brodelte es. Sosehr die Bevölkerung den Künstlerkaiser auch schätzen mochte, so sehr war Nero bei den Senatoren inzwischen verhasst. Im Jahr 67 waren nicht mehr allzu viele Gegner überhaupt noch am Leben, doch die wenigen übrigen trachteten dem Kaiser nach dem Leben. Wie hatte es so weit kommen können?

In jungen Jahren war Nero vor allem auf seine Sicherheit bedacht. Alle anderen Blutsverwandten des Dynastiegründers Augustus, also potenzielle Thronrivalen, starben, darunter Claudius' leiblicher Sohn Britannicus und seine Tochter Octavia. Schon im Jahr 62 setzte Nero die *maiestas*-Klagen, also Anklagen wegen Hochverrats, wieder in

Kraft. Von nun an konnte man wegen Beleidigung des Kaisers wieder mit dem Tod bestraft werden.

Die Senatoren ertrugen Neros Extravaganzen und Erniedrigungen – etwa die Pflicht zur Teilnahme an den aus ihrer Sicht peinlichen Darbietungen – noch einige Jahre mit Fassung. Doch die altehrwürdige Aristokratie verlor zunehmend an Einfluss. Nach dem Tod des Burrus und dem Rückzug Senecas geriet Nero zunehmend in die Fänge seiner Prätorianerpräfekten. Der schlimmste unter ihnen muss Ofonius Tigellinus gewesen sein, ein Mann niedriger Herkunft, der in die Ermordung von Neros erster Frau Octavia ebenso verwickelt war wie in die Jagd und Hinrichtung von mehreren Senatoren. Tigellinus war nicht die einzige Person mit einem etwas anrüchigen sozialen Hintergrund, die sich nun um den Kaiser tummelte – die altgedienten Eliten im *inner circle* Neros wurden herausgedrängt.

Die Stimmung in den senatorischen Kreisen wurde zunehmend feindseliger und gipfelte im Jahr 65 in der Pisonischen Verschwörung. Ein breiter Verschwörerkreis aus Senatoren, Soldaten der Prätorianergarde und Freigelassenen wollte Nero ermorden und den Adeligen C. Calpurnius Piso zum neuen Kaiser erheben. Der Anschlag auf Nero scheiterte durch Verrat. Der Zorn des Kaisers, der die zunehmende Abneigung der Senatoren ohnehin schon gespürt hatte, kannte keine Grenzen: In Rom wurde der Ausnahmezustand ausgerufen, mindestens 19 Männer und Frauen mussten sterben, unter ihnen Neros alter und sicher unschuldiger Lehrer Seneca. Nero wütete noch mindestens ein Jahr in den Reihen der Senatoren, bis er sich sicher genug fühlte, um nach Griechenland aufzubrechen.

Die Gründe für die Verschwörung liegen heute im Dunkeln, doch sehr wahrscheinlich befeuerte Neros unstandesgemäßes Verhalten die Ressentiments. Noch dazu war kurz vorher halb Rom abgebrannt. Das Feuer verschlang mindestens drei zentrale Stadtteile und wütete sechs Tage lang, Tausende Menschen wurden obdachlos. Und Nero? Der Kaiser hielt sich 60 km entfernt von Rom auf und leistete erst tatkräftige Unterstützung, als sein Palast von den Flammen bedroht war. Die Öffentlichkeit verzieh ihm dies nicht, bald machten

Abb. 5 Die Fackeln des Nero. Nach dem Brand Roms ließ Nero die Christen in mit Pech getränkte Tierhäute stecken und anzünden, ein Ereignis, das noch im 19. Jh. die Fantasie der Maler beflügelte. Nero war nach dem Brand in Zugzwang geraten, denn es waren Gerüchte laut geworden, dass er oder sein Prätorianerpräfekt Tigellinus Rom angezündet hätten, um Bauplatz für den neuen Kaiserpalast zu schaffen. Die Christen waren der ideale Sündenbock, denn es handelte sich um eine wenig beliebte Minderheit.

Abb. 6 Speisesaal der Domus Aurea. Das Oktogon bildete das Zentrum des Hauptgebäudes der Domus Aurea, des neuen Kaiserpalastes von Nero. Der Saal war mit kostbarem Marmor verkleidet, in der Kuppel war ein drehbarer Sternenhimmel zu sehen. Nero begann mit dem Bau der innovativen Anlage im Jahr 68, da nach dem Brand in Rom Baugelände im Stadtkern frei geworden war. Der Palast wurde nach seinem Tod in Teilen abgerissen und nicht weiter als Wohntrakt genutzt.

Gerüchte die Runde, der Kaiser habe den Brand selbst legen lassen, um vor realistischer Kulisse den Untergang Troias zu besingen. Es musste also ein Schuldiger gefunden werden, und Nero fand diese Schuldigen in den Christen (**Abb. 5**): Sie wurden zur Strafe in Pech getränkt und als lebendige Fackeln verbrannt.

Als wolle er die Gerüchte im wahrsten Sinne des Wortes befeuern, nutzte Nero den frei gewordenen Raum für den Bau seines berühmten Palastes: der Domus Aurea, des Goldenen Hauses (**Abb. 6**). Dank Sueton haben wir eine detaillierte, wenn auch übertriebene Beschreibung überliefert: „Auch ein künstlicher Teich befand sich innerhalb dieser Anlagen, der wie ein Meer ringsum von Bauten umgeben war, die Städte darstellen sollten [...] Die Innenräume des Palastes waren alle vergoldet und mit Edelsteinen und Perlmutt verziert. Die Speisesäle hatten mit Elfenbeinschnitzereien verzierte Kassettendecken, deren Täfelung verschiebbar war, damit man Blüten auf die Gäste herabregnen lassen konnte." Die weitläufige Palastanlage war nicht nur architektonisch, sondern auch künstlerisch ein innovatives Meisterwerk, das in Teilen für die Bürgerinnen und Bürger von Rom zugänglich war. Wäre die Domus Aurea fertiggestellt worden, hätte sie zu den fortschrittlichsten Gebäuden des Imperiums gezählt. Der Bau überlebte seinen Baumeister jedoch nicht.

DER UNRÜHMLICHE TOD DES NERO

Schließlich, während all seine Gefährten ihn drängten, sich so schnell wie möglich vor den ihm drohenden Demütigungen zu retten, befahl er ihnen, in seiner Gegenwart ein Grab zu schaufeln, das der Größe seiner eigenen Person entsprach, jedes Stückchen Marmor zu sammeln, das sie finden konnten, und gleichzeitig Wasser und Holz zu bringen, um seinen Leichnam zu entsorgen. Während all diese Dinge getan wurden, weinte er und sagte immer wieder: „Was für ein Künstler, den die Welt verliert!" [...] Bald bat er Sporus, zu jammern und zu klagen, und flehte jemanden an, ihm zu helfen, sich das Leben zu nehmen [...] Da waren die Reiter zur Stelle, die den Befehl hatten, ihn lebendig abzuführen. Als er sie hörte, zitterte er: „Horch, jetzt dringt das Getrampel schnellfüßiger Kutscher an mein Ohr!" [Anm.: Im Originaltext ist dieser Satz griechisch, da Nero hier die „Ilias" des Homer zitiert, Ilias 10,535] und stieß sich mithilfe seines Privatsekretärs Epaphroditus einen Dolch in die Kehle.

(Sueton, Nero 49. Eigene Übs.)

Der Kaiser ist tot – lang lebe der Kaiser

Im Jahr 68 waren Neros Tage gezählt. Der Aufstand begann mit dem Abfall des C. Iulius Vindex, dem Statthalter in Gallien. Der Aufstand des Vindex konnte überraschenderweise niedergeschlagen werden, und lange Zeit sah es eigentlich gut für Nero aus. In Spanien gab es noch Ser. Sulpicius Galba, einen 73-jährigen Senator aus altem Adel, der jegliche Konfrontation mit Nero lange Zeit vermieden hatte. Im Zuge des Aufstands von Vindex war jedoch der Schatten des Verrats auf ihn gefallen – genug für den zunehmend paranoiden Kaiser, ihm die Attentäter zu schicken. Galba ließ sich von seinen Truppen zum Imperator ausrufen, tat darüber hinaus jedoch nicht viel. Ein einziger Befehl Neros an die loyalen Truppen in Oberitalien hätte das Schreckgespenst der Rebellion wahrscheinlich vertrieben. In Rom verlor Nero jedoch zunehmend die Nerven. Er war nie eine Führungspersönlichkeit gewesen, und nun war niemand mehr übrig, der ihn unterstützen konnte. Statt militärische Entscheidungen zu treffen, führte er seinem Kriegsrat sein neues Stück auf der Wasserorgel vor.

Neros letzte Verbündete fielen nun endgültig von ihm ab. Sein Prätorianerpräfekt Nymphidius Sabinus verhandelte bereits mit dem Senat und hetzte die anderen Prätorianer gegen Nero auf. Am 9. Juni 68 erhob der Senat Galba zum *princeps* und verurteilte Nero zum Tod. Derart in die Enge getrieben, blieb Nero nur noch die Flucht. Mit den wenigen Getreuen, die ihm geblieben waren, floh er bei Nacht und Nebel aus der Stadt. Der Freigelassene Phaon bot ihm Schutz in seiner Villa an, doch es dauerte nicht lange, bis ihn die Prätorianergarde aufgespürt hatte. Nun gab es für Nero keinen Ausweg mehr: Sein Freigelassener Epaphroditus hielt schließlich den Dolch, den sich der Kaiser in den Hals stieß (s. **Quellenkasten**). Neros Asche wurde nicht im Augustusmausoleum beigesetzt, sondern im Familiengrab der Domitii. Seine alte Geliebte Acte bezahlte das Begräbnis, eine geringe Summe von 200 000 Sesterzen.

Nero war also tot – oder doch nicht? Das Chaos seiner letzten Stunden befeuerte die Gerüchteküche, und nicht wenige hatten für den singenden Bühnenkaiser Sympathien übrig. Nur wenige Jahre später trat der erste der sogenannten falschen Nerones in Kleinasien auf und scharte einige Leute um sich. So sehr Nero mit der konservativen Führungsschicht Roms gebrochen hatte, so beliebt war er im einfachen Volk – nicht zuletzt in Griechenland. Und ein Merkmal hatten all die falschen Nerones gemeinsam: Sie waren zumeist hervorragende Musiker und Schauspieler. Eine Eigenschaft, die der Kaiser sicher gut geheißen hätte.

NERO

15. Dezember 37
Geburt von Nero unter dem Namen Lucius Domitius Ahenobarbus

49
Claudius heiratet seine Nichte Agrippina, die Mutter Neros; Nero wird mit Octavia, der Tochter des Claudius, verlobt

25. Februar 50
Kaiser Claudius adoptiert Nero

13. Oktober 54
Tod des Claudius; Nero wird zum Kaiser ernannt

23. März 59
Nero lässt seine Mutter Agrippina in ihrer Villa ermorden

62
Das Maiestas-Gesetz (Hochverratsgesetz) wird wieder in Kraft gesetzt; in der Folge sterben viele hochrangige Senatoren

18./19. Juli 64
Brand in Rom; Hinrichtung von Christen als angebliche Brandstifter; Baubeginn der Domus Aurea

65
Pisonische Verschwörung

28. November 67
Nero „befreit" Griechenland als Höhepunkt seiner Griechenlandreise, auf der er an verschiedenen griechischen Festspielen teilnimmt

9. Juni 68
Tod des Nero auf der Flucht

Monika Bernett

Kriegsheld, Zerstörer
des Jerusalemer Tempels
und als Kaiser ein Wohltäter

Titus – der Sohn eines Kaisers lernt zu herrschen

Auf Vespasian folgte im Jahr 79 sein Sohn Titus. Dieser war acht Jahre lang dessen rechte Hand in Rom gewesen und hatte davor drei Jahre mit ihm im Jüdischen Krieg (66 – 74) gekämpft. In Titus' kurzer Herrschaft kam es zu drei Naturkatastrophen, darunter der große Vesuvausbruch. Er starb im September 81 mitten in den Wiederaufbaumaßnahmen. In der römischen Geschichtsschreibung gilt Titus als ‚guter Kaiser', weil er Senatoren politisch nicht verfolgte und Wohltäter in der Not war. In der jüdischen Erinnerung ist Titus einer der größten Feinde: Zerstörer des Jerusalemer Tempels und grausamer Sieger im Aufstand gegen Rom. Schwer einzuordnen in diesem Kontext ist seine jahrelange Beziehung zur jüdischen Königin Berenike.

Als Titus am 24. Juni 79 vom Senat zum neuen *princeps* ernannt wurde, war es das erste Mal seit Augustus, dass ein leiblicher Sohn seinem Vater in der Kaiserwürde nachfolgte. Die Flavische Dynastie (69 – 96), von der man deshalb spricht, weil nach der kurzen Herrschaft des Titus Vespasians zweiter Sohn Domitian im Jahr 81 nachfolgte, stellt damit allein schon einen Sonderfall in der römischen Kaisergeschichte dar. Eine Überraschung ist aber auch der Aufstieg des Dynastiebegründers Vespasian (geb. 9), der erste Kaiser, der keiner alten konsularischen Familie entstammte und als Erster in der Familie im Jahr 51 Konsul wurde.

Abb. 1 Überlebensgroße Panzerstatue des Titus aus der sogenannten Basilika in Herculaneum. Am Haar sieht man noch Spuren der rötlichen Fassung. Titus war erst wenige Monate Kaiser, als die Stadt beim Vesuvausbruch unterging. Das Porträt muss deshalb als der erste offizielle Bildnistyp gelten.

Titus – der Sohn eines Kaisers lernt zu herrschen

Danach geriet die Karriere ins Stocken. Eine Provinz (Africa) erhielt er erst 63/64 zur Verwaltung. Kurzzeitig fiel er bei Nero sogar in Ungnade. Wie kam es, dass so ein Mann Kaiser wurde und eine Dynastie begründete?

Der Jüdische Krieg als Karrieresprung für die Flavische Familie

Im Herbst 66 gehörte Vespasian zum Gefolge Neros auf dessen Griechenlandtournee. Nero war aufgebrochen, obwohl ihn Nachrichten von Unruhen in Judäa erreicht hatten. Diese hatten im Mai 66 begonnen und konnten seitdem weder vom Prokurator Florus noch vom Klientelkönig Agrippa II. beruhigt werden. Eine in Jerusalem stationierte römische Einheit war sogar niedergemacht worden. Als auch noch die militärische Intervention des Statthalters Syrias, Cestius Gallus, peinlich scheiterte, kam es zur Kehrtwende.

Nero ernannte Ende 66 einen neuen Statthalter für Syria, Gaius Licinius Mucianus. Die Aufgabe, den Aufstand niederzuschlagen, erhielt überraschenderweise Vespasian. Nero ging es im Winter 66/67 wohl vor allem darum, einen Mann zu berufen, der keinen nennenswerten Einfluss bei den Legionen hatte und ihm so nicht gefährlich würde. Gleichwohl muss er ihn als tüchtig und befähigt für die Aufgabe angesehen haben.

Vespasian machte seinen 27-jährigen Sohn Titus zum Kommandeur einer seiner drei Legionen. Dass der junge, hochgebildete Titus, gerade einmal Quästor gewesen und militärisch wenig erfahren, gegen alle Regeln diesen Posten erhielt, mag zeigen, dass Vespasian diesen Moment als große Chance begriff, an der er auch seinen Sohn teilhaben lassen wollte.

Titus war bislang Militärtribun gewesen (61–63). Danach hatte er sich seiner Karriere und Vernetzung in Rom gewidmet. Nach dem raschen Tod seiner ersten Frau hatte er erneut geheiratet. Vermutlich entstammte dieser Ehe auch eine Tochter. Im Jahr 65, inmitten der politischen Wirren der Pisonischen Verschwörung gegen Nero, hatte er die Quästur bekleidet und wurde dadurch Mitglied im Senat. Von seiner zweiten Frau aus altadliger Familie trennte er sich wieder, da deren Verwandtschaft als verstrickt in die Verschwörung galt. Das Kommando seines Vaters bedeutete für Titus eine willkommene Befreiung aus unwägbaren Verhältnissen an Neros Hof.

Vespasian und Titus im Jüdischen Krieg bis zum „Vierkaiserjahr"

Vespasian ging im Jüdischen Krieg strategisch planvoll vor. Es ging ihm zunächst darum, von Norden her Kontrolle über judäisches Gebiet zu erhalten und Aufständische nach Jerusalem hineinzudrängen, wo man sie dann aufgrund eigener massiver Truppenstärke besiegen konnte.

Bis Sommer 68 war Judäa bis auf das stark gesicherte Jerusalem und einige Festungen im Süden (Masada, Herodium) unter römischer Kontrolle. Es war kaum zu nennenswerten Herausforderungen oder kritischen Situationen gekommen. Titus hatte sich in allen Aufgaben bewährt und stand gut mit der Truppe. Den Priester Flavius Josephus, den man bei Jotapata in Galiläa gefangen genommen hatte, führte man mit sich, da er in der Stunde seiner Not Vater und Sohn die Kaiserherrschaft prophezeit hatte.[1] Man wüsste gerne, welchen Eindruck dies auf die beiden gemacht hatte und welche Rolle Josephus seitdem bei ihnen im Feldherrnzelt spielte.

Das Vierkaiserjahr 68/69 und Vespasians Kaisererhebung im Juli 69 – Titus als politischer Akteur

Anfang Juni 68 bereitete Vespasian den finalen Angriff auf Jerusalem vor, wohin sich viele Aufständische geflüchtet hatten. Da erreichte ihn die Nachricht vom erzwungenen Selbstmord Neros (9. Juni 68) und dem neuen Kaiser Galba. Vespasian stellte alle Kriegshandlungen ein und wartete auf neue Anweisungen. Titus sollte diese persönlich einholen und dem neuen Kaiser die Loyalität des Heers übermitteln.

In Korinth erreichte Titus die Nachricht, dass Galba im Januar in Straßenkämpfen gegen den Usurpator Otho ermordet worden war und sich

Abb. 2 **Modell des Tempelkomplexes und der Stadt Jerusalem** zur Zeit des Jüdischen Aufstands. Im Hintergrund auf der rechten Seite die zwei Stadtmauern, die die römische Armee unter Titus als Erstes überwand. Rechts am Tempelkomplex die Festung Antonia, die mit einigen Mühen erobert und auf das Niveau der Tempelplattform niedergelegt wurde.

zeitgleich ein weiterer Usurpator, Vitellius, gestützt auf die Legionen am Rhein und in Britannien, zum Kaiser hatte ausrufen lassen. Titus begab sich zurück nach Judäa.

Es kam zu Abstimmungen zwischen Vespasian, dem syrischen Statthalter Mucianus und Tiberius Iulius Alexander, Präfekt von Ägypten. Tacitus schreibt den Impuls dazu den Legionen der drei Akteure zu, die sich nicht unter die Herrschaft der Rheinarmeen des Vitellius begeben wollten.[2] Die offenkundig gewordene Methode, dass Legionen einen Kaiser „machen" konnten, führte zu einer sorgfältig orchestrierten Kaisererhebung Vespasians Anfang Juli 69. Abgesehen von seiner Beliebtheit bei den Legionen, war die Wahl wohl auch auf ihn gefallen, weil er mit dem jungen, beliebten Titus an seiner Seite und dem 19-jährigen Sohn Domitian vor Ort in Rom die Aussicht bot, die Kämpfe um den Kaiserthron in dynastischer Hinsicht zu beruhigen.[3]

Die Verbündeten verteilten Strategien und Aufgaben neu, die darauf zielten, Vespasian in Rom als neuen Kaiser zu etablieren, Vitellius zu besiegen und auch einen Erfolg über die aufständischen Juden zu präsentieren. Vespasian sollte zunächst in Ägypten die Fäden in der Hand halten, vor allem wegen der Getreidelieferungen an die eigenen Truppen, und, wenn die Lage sicher sei, nach Rom kommen. Noch im Juli 69 wurden die Getreidelieferungen nach Rom eingestellt, um dort eine Versorgungskrise zu initiieren. Mucianus sollte mit ca. 20 000 Mann gen Italien und Rom ziehen und sich gegen Vitellius durchsetzen. Dies gelang, mit einigen Wendungen, bis Dezember 69. Der Senat stattete Vespasian daraufhin in Abwesenheit am 22. Dezember 69 durch die berühmte *lex de imperio Vespasiani* auf Lebenszeit mit den Vollmachten aus, wie sie für einen Kaiser üblich geworden waren. Man erkannte seine Verfügungen im Osten an und designierte ihn und Titus zu Konsuln des Jahres 70, Domitian zum Prätor.

Im Frühjahr 70 trennten sich Vater und Sohn in Ägypten. Titus sollte die Belagerung Jerusalems durchführen. Vespasian brach mit vielen Zwischenstationen Richtung Rom auf. Als er Ende September 70 in Rom eintraf, zog er schon mit der Nachricht ein, dass Titus Jerusalem erobert, den Tempel (**Abb. 2**) zerstört und den Aufstand beendet hatte.

Die Eroberung Jerusalems im Sommer 70

Titus war mit einer starken Militärmacht von Norden her angerückt. Kurz vor dem Pessachfest Mitte April begann man mit der Belagerung. Der Zeitpunkt war kein Zufall. Angesichts der vielen Pilger würde die Lage für die Kämpfer, die sich in der Stadt gesammelt hatten, schwer überschaubar. Im Falle einer Einschließung würde zudem das Versorgungsproblem schnell akut.

Die gewaltige Übermacht an Belagerungstechnik und Truppen ließ die Eroberung Jerusalems nur zu einer Frage der Zeit werden. Eine gewisse Herausforderung bot, nachdem der erste und zweite Mauerring im Norden relativ rasch gefallen waren, die Eroberung des Tempelbezirks und der Festung Antonia, die mit der hohen Tempelplattform verbunden war. Letztlich setzten sich die Römer durch, indem sie zunächst die Antonia eroberten und ihre Mauern bis zum Niveau des Tempelbezirks niederlegten. Dessen Einnahme dauert nur noch drei Tage (8.–10. August 70).

Die Zerstörung des Jerusalemer Tempels

So, wie die Einnahme des Tempelbezirks bei Josephus geschildert wird, kann sie sich nicht abgespielt haben. Es gibt zu viele widersprüchliche Abläufe und für römisches Vorgehen bei Belagerungen nicht plausible Prozesse. Im Kriegsrat, am Vortag der Tempelzerstörung, setzte sich Titus angeblich mit der Meinung durch, dass der Tempel zu verschonen sei.[4] Gleichwohl muss Josephus erklären, wie es zum Tempelbrand gekommen ist und wie Titus und sein Stab aus dem brennenden „Allerheiligsten" die zentralen Kultgegenstände bergen konnten, die auch auf dem berühmten Beuterelief des Titusbogens (Abb. 3) in Rom abgebildet sind: Menora, Schaubrottisch mit Geräten, Trompeten.

Abb. 3 Beuterelief vom südlichen Durchgang des Titusbogens. Ob die römische Öffentlichkeit die Präsentation der hochheiligen jüdischen Kultgeräte – Schaubrottisch mit Ritualgefäßen, siebenarmiger Leuchter, Trompeten, Torarolle (Pentateuch), die Purpurvorhänge des Allerheiligsten – auch als so bedeutsam empfand, ist nicht bekannt.

Die Lösung bei Josephus sind Zufall und Insubordination, beides kein Ruhmesblatt für die Disziplin von Titus' Truppe: Ein einzelner Soldat soll aus Wut über eine Gegenattacke von Juden im Innenhof des Tempels Befehl einen Brandsatz ins Tempelinnere geworfen haben. Als Titus den Befehl gegeben habe zu löschen, sei dieser nicht ausgeführt worden.

Bei Sulpicius Severus hat sich eine Passage erhalten, in der der Kriegsrat vor dem 10. August genau anders abläuft: Hier ist Titus mit anderen der Meinung, dass der Tempel zerstört werden müsse.[5] Diese Position von Titus wirkt plausibler. Es ist die konsequente Fortsetzung der oben beschriebenen Strategie Vespasians. Genauso konsequent ist es, dass man auf Titus' Befehl den Tempel wie auch seine Festungsmauern nach der Eroberung völlig zerstörte,[6] um Juden einen zentralen Sammlungsort ihres religiösen und kulturellen Denkens zu nehmen.

Über Josephus' Gründe für diese Darstellung ist schon viel diskutiert worden. Eine Erklärung sieht darin eine Art Liebesdienerei gegenüber den Flaviern, denen er seine Rettung, nachdem er als Rebell von ihnen in Galiläa gefangen genommen worden war, dankte. Ein anderer Erklärungsansatz geht vom geschichtstheologischen Konzept des Josephus aus, der die Römer als Werkzeug Gottes gegen die frevlerischen Aufständischen sah, wogegen Titus nichts vermocht habe.

Als Titus nach seiner Sieges- und Inspektionstour durch Syria (Herbst/Winter 70/71) auf dem Weg nach Ägypten in Jerusalem haltmachte, um das Zerstörungswerk zu besichtigen, soll er laut Josephus das Schicksal der Stadt beklagt haben, eine Episode, die Titus aus den oben genannten Gründen entlasten soll. Nach einem Aufenthalt in Ägypten machte sich Titus auf den Rückweg nach Rom. Dort waren Stimmen der Kritik laut geworden, dass sich der Sieger über Jerusalem monatelang kostspielig und ausgiebig feiern ließ.

Rückkehr nach Rom und Triumph

Titus gerierte sich nun in Bescheidenheit und wählte ein Handelsschiff, das ihn ohne viel Aufsehen auf italischen Boden brachte. Seinen gro-

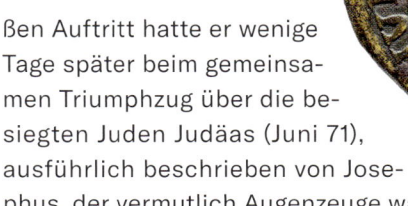

Abb. 4 *Iudaea capta*-Münze (Judäa erobert). Sesterz aus dem Jahr 72 (unter Vespasian). Auf der Vorderseite Titus als bekränzter Sieger, auf der Rückseite mit Speer und Stichwaffe, den Fuß auf einem Helm. Unter der Palme sitzt eine trauernde Frau, die das besiegte Judäa symbolisiert.

ßen Auftritt hatte er wenige Tage später beim gemeinsamen Triumphzug über die besiegten Juden Judäas (Juni 71), ausführlich beschrieben von Josephus, der vermutlich Augenzeuge war.[7]

Es müssen dabei ungeheure Mengen an Edelmetallen und Wertgegenständen präsentiert worden sein. Die Zurschaustellung speziell der Zerstörung des jüdischen Tempelkults war den Flaviern so wichtig, dass Domitian dies auf dem sogenannten Beuterelief des Titusbogens **(s. Abb. 3)**, postum für den Bruder bald nach dessen Tod errichtet, markant herausstrich. In diese Linie passt es auch, dass eine Flut an *Iudaea capta*-Münzen **(Abb. 4)**, die noch im Jahr 70 und dann über 25 Jahre lang emittiert wurden, die Erinnerung an diesen Sieg wachhalten sollte, eine Art Fundierungsmythos der Flavier. Kein Sieg über Feinde ist je vorher und nachher mit einer solchen Vielzahl von Emissionen präsent gehalten worden. Ein Triumphbogen für Titus in der Südostkurve des Circus Maximus, im Jahr 80 noch zu dessen Lebzeiten auf Senatsbeschluss eingeweiht, rühmte, dass Titus das Volk der Judäer „gezähmt" (*gentem Iudaeorum domuit*) und endlich auch die Stadt, nach vielen vergeblichen Versuchen anderer, zerstört habe.[8]

Auch beim *amphiteatrum Flavium*, der heute Kolosseum genannten Arena, wurde in den Bauinschriften betont, dass es aus der Beute Judäas errichtet wurde.[9] Die Öffentlichkeit Roms erhielt somit in dieser Gegend nicht nur eine Art ganzjährigen Freizeitpark mit Thermen, künstlichem See, Parks und Säulengängen, sondern als ‚Highlight' eine Massenarena für die beliebten Gladiatorenkämpfe und Tierhetzen, finanziert aus der Beute des Jüdischen Kriegs.

Politischer Alltag in Rom – rechte Hand des Vaters 71–79

Nach dem Triumphzug begann der politische Alltag für Titus in Rom. Noch 71 übernahm er das Amt des Prätorianerpräfekten, das ihm alle Macht gab, die Verhältnisse in Rom unter Kontrolle zu halten, insbesondere die Eliten (Senatoren, Ritter) auf ihre Loyalität hin zu überwachen. Siebenmal waren Vater und Sohn gemeinsam ordentliche Konsuln. Im Jahr 73/74 übten sie zusammen die Zensur aus, um den Senat neu zu bestücken. Einige Gegner wurden noch aus dem Rumpfsenat (angeblich nur 200 Senatoren) entfernt. Aufgefüllt wurde mit Anhängern – ein Novum – vor allem aus den Provinzen des Ostens, aber auch aus Gallien und Spanien, wo Vespasians Verbündete herkamen. Dass man durch diese Machttechnik die Provinzen besser an das politische Zentrum Rom anband, war ein willkommener Nebeneffekt, den die Nachfolger übernahmen.

Mit diesem Netzwerk gelang es, Titus als Nachfolger präsent zu halten, eine Haltung, die nicht unumstritten unter den Senatoren war, da das Vierkaiserjahr gezeigt hatte, dass die Nachfolge auch nicht aus der Dynastie heraus erfolgen musste. Aber Vespasian ließ keinen Zweifel daran, dass es zu Titus keine Alternative gab. „Mein Sohn *wird* an meine Stelle treten und sonst *niemand*!", soll er laut Cassius Dio nach einer schwierigen Senatssitzung kurz und knapp kommentiert haben.[10]

Titus' permanente Anwesenheit in Rom und sein Agieren als rechte Hand für die unfeineren Maßnahmen der Machtsicherung führten allerdings nicht dazu, dass er sich als Nachfolger mit prestigereichen Taten (Siegen, Eroberungen, Bauten) beliebt machen konnte. Die von den Quellen überlieferten Vorwürfe sahen in ihm schon einen zweiten Nero kommen. Sie werfen ihm, vor allem als Prätorianerpräfekt, Unbeherrschtheit, raschen Griff zur Gewalt und Bestechlichkeit vor. Außerhalb des Amts ist von übertriebenem Aufwand, exzessiven Gastmählern, sexueller Devianz die Rede – und von der ungewöhnlichen Leidenschaft für die jüdische Königin Berenike, der er angeblich die Ehe versprochen hatte.

Die Beziehung zu Berenike

Titus lernte Berenike wohl im Sommer 67 kennen, während einer Kampfpause der Kampagne in Galiläa. König Agrippa II., Verbündeter der Römer, hatte Vespasian und Titus nach Caesarea Philippi eingeladen. Dort lebte auch Agrippas Schwester Berenike, nach drei Ehen wieder unverheiratet und 39 Jahre alt. Vermutlich hat hier die langjährige Liaison begonnen.

Ob sich beide zwischen Titus' Abreise nach Judäa im Sommer 71 und Berenikes Übersiedlung nach Rom im Jahr 75 noch einmal gesehen haben, wissen wir nicht. Berenike mag sich einen Statusgewinn versprochen haben, als sie, sicher nicht ungebeten, nach Rom kam. Ob dazu ein Eheversprechen gehörte, wie Sueton schreibt, ist unwahrscheinlich. Dazu blieb Berenike zu lange, ohne

---

TITUS ALS RECHTE HAND VESPASIANS IN ROM

Er verfuhr in dieser Stellung [i.e. als Prätorianerpräfekt] ziemlich autoritär und gewalttätig. Außer Grausamkeit warf man ihm auch übertriebenen Aufwand vor; denn er dehnte die Trinkgelage mit den unersättlichsten seiner Freunde bis Mitternacht aus. Nicht weniger warf man ihm (sexuelle) Leidenschaft vor, weil er sich mit erwachsenen Sklavenlieblingen und Kastrierten umgab, genauso wie man ihm die beispiellose Liebe zur Königin Berenike vorwarf, der er, wie man allgemein sagte, sogar die Ehe versprochen hatte. Auch der Habsucht beschuldigte man ihn, weil bekannt war, dass er mit den richterlichen Entscheidungen seines Vaters Handel trieb und Bestechungen annahm. Kurz und gut, man glaubte und sprach es auch ganz offen aus, dass er ein zweiter Nero sei.

(Sueton, Titus 6f. Eigene Übs.)

dass es zur Hochzeit kam. Sie lebte nun „offiziell" mit dem zukünftigen Kaiser im Palast und zeigte sich öffentlich mit ihm. Das ungleiche Paar hatte aber den zunehmenden Druck der stadtrömischen Öffentlichkeit auszuhalten. Es kam zu Kritik und Spottgesängen im Theater. Titus reagierte mit drakonischen Strafen.

Vespasian gab seinem Sohn letztlich den eindringlichen Rat, dass Berenike Rom verlassen müsse, weil die Liaison Titus wie auch die Dynastie diskreditiere. Kurz vor oder nach Vespasians (natürlichem) Tod hat Berenike die Stadt verlassen. Ob das Paar auf Zeit spielte, lässt sich nicht sagen, da sich die Katastrophen in Titus' kurzem Prinzipat überschlugen und für Glück dieser Art kein Raum mehr gewesen sein dürfte.

Titus' Prinzipat – eine Kette von Katastrophen nach verheißungsvollem Beginn

Titus übernahm mit 39 Jahren die Kaiserherrschaft und legte überraschend neue, gute Eigenschaften an den Tag. Von den Quellen hervorgehoben werden generell Titus' neue Milde, Besonnenheit und Selbstbeherrschung.[11] Er galt nun als sparsam und generierte Einnahmen, legte aber auch Nähe zum Volk, Großzügigkeit und Hilfsbereitschaft an den Tag, was sich vor allem auf die Unterstützung nach dem Vesuvausbruch (Herbst 79) und dem großen Brand von Rom (80), aber auch auf die monatelangen Einweihungsfeiern des Kolosseums (Sommer 80) beziehen dürfte. Die äußeren Ereignisse ließen Titus vielleicht gar nicht viel Spielraum, sich anders als selbstbeherrscht, großzügig und um das Wohl aller besorgt zu präsentieren. In manchen Details wird aber sichtbar, dass Titus seine Herrschaft anders als Vespasian akzentuierte. Dies betrifft vor allem die Gestaltung der Beziehungen zu den Senatoren.

Für jeden Kaiser war die Gestaltung der Beziehungen zur Senatselite eine prägende Herausforderung, und bei Titus trug sein Verhalten hier einen Großteil zur positiven Würdigung bei. Er gestaltete ein friedliches Verhältnis zum Senat und schwor bei Herrschaftsantritt, niemals einen Senator töten zu lassen – was er durchhielt. Überführte Verschwörer, die vom Senat zum Tode verurteilt waren, begnadigte er in einem Fall (s. noch die Nachwirkung in Mozarts „La clemenza di Tito"). Anklagen wegen Majestätsbeleidigung ließ er nicht zu und ging gegen Denunzianten vor. Zusätzlich pflegte er neue Formen formaler Freundschaft mit den Senatoren. Er lud, anders als sein Vater, größere Kreise in regelmäßigen Abständen (statt täglich) zum Gastmahl. Gegeneinladungen oder Geschenke von ihnen nahm er nicht an.

Der Vesuvausbruch

Im Spätsommer 79 brach der Vesuv in ungeahnter Heftigkeit aus. Mehrere Tage zuvor hatte es stärkere Erschütterungen gegeben, die man als Teil normaler seismischer Aktivitäten dieser Gegend gedeutet hatte. Sie gehörten aber zum Vorstadium einer „Plinianischen Eruption", wie man diese stärkste Art eines Ausbruchs nach Plinius dem Jüngeren nennt.[12]

Eine blühende, dicht besiedelte und landwirtschaftlich intensiv genutzte Region 15 km im südlichen Umkreis des Vesuvs war danach verwüstet. Die Städte Herculaneum, Pompeji und Stabiae sowie die Villensiedlung Oplontis lagen unter einer bis zu 20 m dicken Schicht aus Asche und Lava. Insgesamt schätzt man die Anzahl der Todesopfer auf bis zu 5000. Hilfe tat not.

Titus begab sich für längere Zeit in die Region und setzte eine Kommission ein, die den Wiederaufbau Kampaniens organisieren sollten. Zudem ordnete er an, dass Land und Besitz derer, die ohne Erben verstorben waren, an überlebende Opfer zu vergeben seien. Zusätzlich wies er weitere Mittel an, aus dem Fiskus wie auch aus seinem kaiserlichen Vermögen. Ca. 12 Jahre später pries Statius die Region um Neapolis als wiedererstarkt.

Weitere Katastrophen

Mitten in der Bewältigung des Vesuvausbruchs kam es in Rom zu einer schweren Seuche, die Cassius Dio als langfristige Nachwirkung der von Asche und giftigen Gasen des Vesuvs erfüllten Luft sah.

Abb. 5 Pompeji. Blick über die Ruinen des Forums zum Vesuv. Beim Ausbruch im Herbst 79 wurde der Gipfel weggesprengt. Es entstand die Caldera, ein riesiger Krater, in dem sich der heutige Vesuvkegel befindet.

Im Jahr 80, als Titus sich immer noch oder wieder in Kampanien aufhielt, gab es einen tagelangen Großbrand in Rom. Bedeutsame Bauten vor allem aus der Augustuszeit auf dem Marsfeld sowie der Tempelbezirk des Iupiter Capitolinus, der im Bürgerkrieg 69/70 schon einmal niedergebrannt war, wurden schwer zerstört. Titus reagierte wieder energisch und beauftragte eine weitere Kommission. Für die Ausstattung der Gebäude und Tempel stellte er Kunstwerke und übrige wertvolle Objekte aus seinem Privatbesitz zur Verfügung. Der Neubau des Jupitertempels war Ende 80 schon so weit gediehen, dass man Gelübde für seine Einweihung aussprach.

Was das Freizeitareal auf dem Marsfeld (Theater, Thermen, Parks, Schwimmbäder) anging, wurde sicher vieles wiederhergerichtet. Aber es entstand unter den Flaviern ein zweiter Schwerpunkt für das Freizeitvergnügen des Volks von Rom und seine Bedürfnisse: zwischen dem östlichen Bereich des Forums und dem Areal der *Domus Aurea*. Das neue Friedensforum bot Schatten, Entspannung und Kunstwerke. Titus errichtete bei Neros Palast Thermen. Er vollendete das riesige Amphitheater, begonnen von seinem Vater, indem er den dritten Rang fertigstellte und einen vierten Rang noch draufsetzte. So fanden ca. 50 000 Leute Platz. Es blieb das größte je errichtete Amphitheater der römischen Welt.

Im Frühsommer 80 wurde es mit einem hunderttägigen aufwendigen Spektakel eingeweiht **(Abb. 6)**. Titus ließ, wie er es schon für seine Theaterbesuche eingeführt hatte, Unmengen von kleinen, mit Zeichen versehenen Holzbällen unters einfache Volk werfen, deren Zeichen Gaben bedeuteten, die man sich abholen konnte: Cassius Dio listet Essbares, Kleidung, Silber- oder Goldgefäße, Pferde, Tragtiere, Vieh und Sklaven auf.

Die Art der Einweihung des Amphitheaters steht in Zusammenhang mit den Katastrophen, die sich seit Titus' Herrschaftsantritt aneinandergereiht hatten. Die Spiele sollten, neben Ablenkung und Aufheiterung, auch konkrete Unterstützung für die einfache Masse der Besucher bringen.

Das Ende

Titus hatte nach der Einweihung des Amphitheaters noch gut ein Jahr zu leben. Er wurde mitten aus vielen Aktivitäten gerissen: Wiederaufbau Kampaniens und Roms, Renovierung zweier Wasserleitungen in Rom, Tempelbau für den vergöttlichten Vater auf dem Forum Romanum, Palastneubau auf der Osthälfte des Palatins, der allerdings erst unter seinem Bruder Domitian große Form annahm.

Im Reich war bis zu seinem Tod alles im Wesentlichen ruhig geblieben: Tacitus' Schwiegervater Agricola dehnte die Grenze der Provinz Britannien gen Norden aus. Die Neuordnung der Groß-Provinz Kappadokien und somit der Grenze zu den Parthern wurde durch ein Straßenbauprogramm unterstützt. In Ägypten wurde eine Landreform durchgeführt, die abwesende Großgrundbesitzer enteignete und das Land an neue Pächter vor Ort ausgab, um die Produktivität zu steigern.

Als Titus am 13. September überraschend an einem Fieber starb, waren Trauer und postume Wertschätzung groß. Sueton nennt ihn *amor ac deliciae generis humanae*, „Liebe und Wonne des ganzen Menschengeschlechts". Er wurde umgehend konsekriert. Ein Teil seines Nachruhms war sicher der Art und Weise geschuldet, wie sein Bruder Domitian seinen bald verhassten Prinzipat gestaltete. Man darf aber nicht unterschlagen, dass die jüdisch-rabbinische Geschichtsschreibung Titus nahezu verfluchte.

Als Kaiser hat sich Titus in den Krisen, die Rom damals trafen, bewährt. Er hatte dafür mit und unter seinem Vater eine lange Entwicklung durchlaufen. Sein Bruder Domitian zog aus eigenem Erleben dieser Zeit andere Schlüsse und führte die Flavische Dynastie an ein totes Ende, da er Machttechniken des Vaters und des Bruders ins Extrem übersteigerte.

Vespasian und Titus konnten Rom und das Reich in einer schweren Krisenzeit stabilisieren. Rom wurde in der Flavischen Epoche mit einem neuen Verwaltungs- und Hofkomplex auf dem Palatin und mit Stätten des Massenvergnügens für das Volk rund ums neue Amphitheater erst zur Hauptstadt einer wiederbefestigten Kaiserherrschaft.

Abb. 6 Sesterz zur Einweihung des *amphitheatrum Flavium* im Jahr 80. Titus sitzt mit Palmzweig auf einem römischen Amtsstuhl, um ihn herum sind Waffen. Die Szenerie verweist wohl darauf, dass die neue Vergnügungsstätte aus den Siegeseinnahmen des Jüdischen Kriegs finanziert war.

TITUS

30. Dezember 39
Geburt des Titus

67
Legionslegat des Vaters Vespasian im Jüdischen Krieg; Liaison mit Königin Berenike

Juli/August 69
Ausrufung Vespasians zum Kaiser durch Legionen im Osten

März–September 70
Belagerung und Einnahme Jerusalems durch Titus; Zerstörung des Tempels

Juni 71
Rückkehr nach Rom und Triumph mit Vespasian; danach Prätorianerpräfekt und rechte Hand des Vaters

23. Juni 79
Titus Kaiser

Herbst 79
Ausbruch des Vesuvs

80
Seuche, Brand in Rom; Einweihung des *amphitheatrum Flavium* (mod. Kolosseum)

13. September 81
Tod

Von Bernhard Woytek

Der „beste" aller Kaiser?

Traian – Optimus Princeps

„Glücklicher als Augustus, besser als Traian!"[1] Noch im 4. Jh. war es üblich, neue Kaiser im Senat mit diesen Worten zu akklamieren. Damit wünschte man ihnen bewusst schier Unmögliches: Traian war nämlich bereits wenige Jahre nach seinem Regierungsantritt staatlicherseits als „der beste *princeps*" gefeiert worden. Ab dem Jahr 114 führte er „*Optimus*" – in quasireligiöser Anlehnung an den obersten Gott, Iuppiter Optimus Maximus – sogar in seinem offiziellen Namensformular. Traian eroberte in blutigen Kriegen Dakien und vergrößerte das Reich dauerhaft um zwei Provinzen, sein großer Feldzug gegen die Parther endete für das Imperium aber beinahe in einer Katastrophe und kostete den Kaiser selbst das Leben. Dieses bittere Ende vermochte das Bild Traians als Inbegriff römischer Kaisertugend jedoch nicht zu zerstören.

Wie ein Wunder ragt die Traianssäule, aus gleißendem Carrara-Marmor gehauen, fast 40 m hoch in den römischen Himmel. Seit mehr als 1900 Jahren nicht wegzudenken aus dem Stadtbild des römischen Zentrums, niemals ganz von Erde bedeckt, wirkt sie auf heutige Betrachter, die am Säulenfuß stehen, wie aus der Zeit gefallen. Dieses berühmteste Symbol der traianischen Herrschaft ist viel mehr als ein Erhabenheit ausstrahlendes Monument, es ist auch eine unvergleichliche historische Quelle, trägt es doch einen der längsten erhaltenen Bildberichte des Altertums, nämlich zu Traians Dakerkriegen. Das spiralförmige Reliefband wirkt fast so, als ob man eine enorme Buchrolle, die eine Unzahl von Zeichnungen enthält, aufgerollt und von unten um die Säule gewickelt hätte. Auf dem fast 200 m langen Relief, das einst teilweise koloriert gewesen zu sein scheint, sieht man Tausende Figuren – mehr als 2600 hat die Wissenschaft gezählt – und ist ganz unwillkürlich versucht, die Geschichte der Siege des Kaisers im heutigen

Abb. 1 Die Büste Traians zeigt den Kaiser mit dem Feldherrnmantel, der von einer Rundfibel zusammengehalten wird, über der linken Schulter und mit einem Schwertband über der nackten Brust. Büsten dieser Art im sogenannten Dezennalientypus, der nach dem Ersten Dakerkrieg geschaffen wurde, überhöhen Traian als Sieger in heroischer Weise und entsprechen keineswegs seinem realen Auftreten in der Öffentlichkeit.

Traian – Optimus Princeps

Rumänien nachzuvollziehen, die hier in chronologischer Folge, von unten beginnend, erzählt wird. Doch an der Säule stehend, scheitert man schon nach wenigen Windungen, und je weiter sich der Blick nach oben vorzutasten versucht, desto mehr verliert er sich, und am Ende bleibt nur der Eindruck der Überwältigung (Abb. 2–3).

Die heute frei stehende Säule war ursprünglich von mehreren Gebäuden des Traiansforums umgeben, von denen aus man die kunstvoll und mit viel Liebe zum Detail gestalteten Reliefs viel besser betrachten konnte als wir Modernen. Die Säule wurde am 12. Mai 113 eingeweiht, an einem geschichtsträchtigen Tag. Es war der 115. Jahrestag der Einweihung des Tempels des rächenden Mars Ultor auf dem Augustusforum. In diesem wurden die 53 v. Chr. in der Schlacht bei Carrhae von den Legionen des Marcus Licinius Crassus schmachvoll an die Parther, den römischen Erzfeind, verlorenen Feldzeichen aufbewahrt, die Augustus Jahrzehnte später auf diplomatischem Wege zurückgewonnen hatte. Traians Botschaft durch die Wahl des Tages der Säulenweihung war deutlich: Mit der Dedikation des monumentalen Siegeszeichens seiner Dakertriumphe wurde zugleich ein neuer Krieg gegen die Parther angekündigt. Die fast gänzlich erhaltene Inschrift an der Basis der Säule[2] teilt mit, dass diese dem Kaiser von Senat und Volk von Rom gewidmet war, und nennt ihren prosaischen Primärzweck. Ihre Höhe sollte veranschaulichen, wie hoch die Geländeerhebung war, die von den römischen Ingenieuren abgetragen werden musste, um Platz für das neue Kaiserforum zu schaffen.

Von einer viel wichtigeren Funktion dieses exquisit gestalteten ‚Höhenmessers' konnte in der Inschrift freilich noch nichts zu lesen sein: Die Säule sollte einst das Grabmal des Kaisers werden. Nach Traians bemerkenswertem Triumph *post mortem* über die Parther – dem einzigen je von einem toten Kaiser gefeierten Siegeszug – wurde seine Asche in einer goldenen Urne in der Säulenbasis bestattet, also innerhalb der sakralen Stadtgrenzen Roms, was einen Tabubruch darstellte und keinem anderen Kaiser zuteilwurde.[3] Dasselbe Privileg verschaffte Traians Nachfolger Hadrian auch Plotina, der Gattin des Kaisers, deren Aschenurne im Jahr 123 ebenfalls in der Säule bestattet wurde: ein letztes Symbol für die wichtige Rolle Plotinas und der anderen Frauen des Kaiserhauses unter Traian und Hadrian (Abb. 4).

Die Traianssäule inspirierte in den folgenden Jahrzehnten und Jahrhunderten die Errichtung vieler ähnlicher Ehren- und Siegessäulen, mit denen sich spätere Herrscher de-

Abb. 2 Traianssäule. Der Sockel der Säule zeigt auf drei Seiten dakische und andere ‚barbarische' Militärausrüstung, was beim Betrachter den Eindruck erweckt, als ob die Säule aus einem Haufen auf dem Schlachtfeld erbeuteter Feindeswaffen (*congeries armorum*) in den Himmel wachse. An der Frontseite halten zwei Victorien die Tafel mit der Weiheinschrift über dem Eingangstor der Säule. Diese ist innen hohl und über eine Wendeltreppe mit 185 Stufen bis auf die obere Plattform begehbar.

monstrativ in die traianische Tradition stellten. Das bekannteste Beispiel dafür ist wohl die Marc-Aurel-Säule auf der Piazza Colonna in Rom – die Traianssäule blieb freilich in ihrer Wirkung unerreicht.

Warum Traian? Der erste Adoptivkaiser

Wie kam es aber dazu, dass sich römische und oströmische Kaiser jahrhundertelang an Traian maßen – und an ihm gemessen wurden? Mit der Adoption Traians durch seinen kinderlosen Amtsvorgänger, den alten Senator und Kurzzeitkaiser Nerva (96–98), beginnt im Jahr 97 die sogenannte Epoche der Adoptivkaiser. Sie wurde seit den Forschungen Edward Gibbons (1737–1794) oft als ein ‚goldenes Zeitalter' der Menschheitsgeschichte angesehen. Gibbon schrieb: „If a man were called to fix the period in the history of the world, during which the condition of the human race was most happy and prosperous, he would, without hesitation, name that which elapsed from the death of Domitian to the accession of Commodus."[4] Man kultivierte lange Zeit die Vorstellung, dass im 2. Jh. kinderlose römische Kaiser wohlüberlegt und mit sicherer Hand jeweils den bestgeeigneten Nachfolger selbst auswählten und ihn adoptierten, um auf diese Weise eine reibungslose Regierungsübergabe und glückliche Zukunft für das Reich sicherzustellen. Die aktuelle althistorische Forschung hat diese Vorstellung jedoch schon für den Beginn der Epoche der Adoptivkaiser überzeugend als reine Fiktion entlarvt.

Marcus Ulpius Traianus war der Sohn eines gleichnamigen Senators, der aus Italica in der Provinz Baetica in Spanien stammte. Dieser war ein loyaler Gefolgsmann des Kaisers Vespasian, der ihn in den Patrizierstand erhob. Als Legat der Provinz Syrien kämpfte *Traianus pater* erfolgreich gegen die Parther und wurde dafür mit den Triumphalornamenten ausgezeichnet; den Höhepunkt seiner Karriere bildete sein Prokonsulat in der Provinz Asia. Der Sohn überflügelte seinen Vater, der es nur zum Suffektkonsulat gebracht hatte, karrieretechnisch bereits im Jahr 91, als er das ordentliche Konsulat bekleidete. Der spätere Kaiser war unter Domitian (81–96) ganz offenkundig ein an-

Abb. 3 Detail des Reliefs der Traianssäule. In der ersten offenen Feldschlacht des Ersten Dakerkriegs, wahrscheinlich zu identifizieren mit der Schlacht beim dakischen Lager von Tapae im Jahre 101, erscheint im Getümmel ein Infanterist der Auxiliartruppen des römischen Heeres. Der Mann trägt einen Helm mit Wangenklappen, ein lang herabhängendes Halstuch (*focale*) sowie einen Kettenpanzer, der an den Ärmeln und um die Hüften in Zacken ausläuft. In der Rechten hält er sein gezücktes Schwert, mit den Zähnen trägt er den abgeschlagenen Kopf eines bärtigen dakischen Feindes an den Haaren.

gepasster Senator, der sich militärisch kaum spezifisch hervorgetan hatte. Unter Nerva (96–98) finden wir ihn dann jedoch überraschend als *legatus Augusti pro praetore* der Provinz Obergermanien, der mit drei Legionen und großen Hilfstruppenverbänden insgesamt mehr als 35 000 Mann befehligte und damit eine Schlüsselrolle im Poker um Nervas Nachfolge spielte.

Wie auf der Basis von Detailforschungen zur Personengeschichte der Elite der Periode nachgewiesen wurde, kam Traian offenbar durch den dramatischen Coup einer Gruppe von Senatoren in diese einflussreiche Position und schlussend-

Abb. 4 Abformung einer Sardonyx-Gemme mit den Profilporträts des belorbeerten Traian und seiner Frau Plotina (hier links); gegenüber seine Schwester Marciana und deren Tochter Matidia. Kaiser Traian war kinderlos. In Abwesenheit eines Thronfolgers spielten die überaus einflussreichen Frauen des Kaiserhauses in der Repräsentation der traianisch-hadrianischen Zeit eine tragende Rolle. In den Jahren ab 112 wurden etwa im Namen jeder einzelnen der drei auf dieser Gemme dargestellten *Augustae* auch Münzen ausgegeben – dergleichen war bis dahin nie vorgekommen. Für Traians Schwester Marciana, die im August 112 verstarb und sofort divinisiert wurde, prägte man sowohl vor als auch nach ihrer Konsekration. Deren Tochter Matidia firmierte in ihrem Namensformular dann als Tochter einer Vergöttlichten: Traian konstruierte also eine göttliche Dynastie.

waren, in aller Ruhe, göttlicher Inspiration folgend, vornahm, wie uns die Propaganda im *Panegyricus* des jüngeren Plinius, einer adulatorischen Lobrede auf Traian, glauben machen will. Die Adoption Traians war vielmehr eine Handlung, die von Nerva unter Druck, in einer höchst spannungsgeladenen innenpolitischen Situation gesetzt wurde, in der das Römische Reich wohl haarscharf an einem Bürgerkrieg vorbeischrammte. Doch die protraianischen Strategen hatten sehr solide gearbeitet, und Traian, der neue Adoptivsohn Nervas, stand mit seinen Heeren in der Italien zunächst liegenden Militärprovinz, was die Situation stabilisiert zu haben scheint. Von Nigrinus ging ab diesem Zeitpunkt wohl keine Gefahr für Traian mehr aus.

Warum die Wahl Nervas auf Traian fiel bzw. warum Traian eine beachtliche Gruppe von Unterstützern unter den Senatoren um sich scharen konnte, die Nerva entsprechend beeinflusst haben mögen, entzieht sich letztlich unserer Kenntnis. Die Quellen lassen nicht erkennen, worauf sie sich in ihrer Entscheidung zugunsten Traians im Detail stützten. Dass sie eine gute Wahl getroffen hatten, weil der neue Kaiser – erster Nicht-Italiker auf dem Kaiserthron – wichtige Qualitäten besaß, die ihn zur Herrschaft befähigten, sollte sich jedoch in den folgenden Jahren zeigen. Dazu zählte auch die Bereitschaft zur Brutalität, wenn sie ihm unumgänglich schien: Nach dem Tod Nervas beorderte Traian umgehend den Prätorianerpräfekten Casperius Aelianus und andere führende Prätorianer, die Cornelius Nigrinus als neuen Kaiser favorisiert hatten, unter einem Vorwand zu sich nach Germanien und ließ sie liquidieren.[5] Nicht für alle Menschen waren die ersten Monate des Zeitalters der Adoptivkaiser also „happy and prosperous".

Germanicus, Dacicus, Parthicus – der Kriegsherr

Traian sollte insgesamt ca. 19 ½ Jahre über das Imperium Romanum herrschen – länger als alle Kaiser seit Tiberius (14–37). Etwa die Hälfte seiner Regierungszeit verbrachte er freilich fern von Rom auf

lich auf den Thron. Ein Zirkel um Sex. Iulius Frontinus, L. Iulius Ursus und L. Licinius Sura hatte es sich zum Ziel gesetzt zu verhindern, dass M. Cornelius Nigrinus, der wichtigste General Domitians, der seit Ende 92 syrischer Statthalter war, Nerva nachfolgte.

Es ist unklar, ob Nerva in die Planungen der Gruppe um Frontinus und Ursus eng eingebunden war oder von ihnen vielleicht vor fast vollendete Tatsachen gestellt wurde. Jedenfalls ist auszuschließen, dass Nerva im Oktober 97 die Adoption Traians, mit der die Verleihung der tribunizischen Amtsgewalt an diesen und die Designation zum Caesar und Nachfolger im Kaiseramt verbunden militärischen Inspektionsreisen und Kampagnen: Rom war immer mehr „dort, wo der Kaiser ist", wie es im 3. Jh. Herodian ausdrücken sollte.[6] Gleich nach seinem Herrschaftsantritt in Köln begab sich Traian nicht etwa sofort in die Reichshauptstadt, sondern verbrachte im Hinblick auf einen von Anfang an geplanten Kriegszug gegen Dakien beinahe zwei Jahre in den nördlichen Grenzprovinzen an Rhein und Donau. Einem nur knapp eineinhalbjährigen Aufenthalt in Rom folgte die nächste Abwesenheit: Vom Frühjahr 101 bis ins Spätjahr 102 führte er den Ersten Dakerkrieg; vom Frühjahr 105 bis ins Jahr 107 war er für den Zweiten Dakerkrieg und die darauffolgende Provinzialisierung des Landes vor Ort. Daran schloss sich der mit etwa sechs Jahren längste kontinuierliche Aufenthalt Traians in Rom und Italien als Kaiser an. Wohl bereits Mitte 113 begann dann aber schon das Abenteuer des Partherkriegs, von dem der Herrscher nicht lebend in die Hauptstadt zurückkehren sollte. Seine letzten etwa vier Lebensjahre verbrachte Traian hauptsächlich in Syrien – sein Hauptquartier Antiochia am Orontes wurde zeitweise zur inoffiziellen Reichshauptstadt –, in Armenien und dem Zweistromland, bevor er im August 117 in Kilikien starb.

Traian war der erste *princeps* überhaupt, der mehrere Siegernamen (*cognomina ex virtute*) kumulierte und nicht weniger als drei in sein Namensformular aufnehmen konnte. Den Siegerbeinamen *Germanicus* übernahm er gemeinsam mit seinem Adoptivvater bereits vor seiner Alleinherrschaft – gleichsam als Startkapital und ohne eigene militärische Leistung. Nach dem Friedensschluss im Ersten Dakerkrieg durfte er sich dazu noch *Dacicus* nennen und ab Anfang 116 auch *Parthicus* (**Abb. 5**). Letzterer Titel hatte für römische Ohren aufgrund der jahrhundertelangen Rivalität zwischen dem Imperium und dem Arsakidenreich einen besonderen Klang, und er sollte auf besondere Weise mit Traian verbunden bleiben. Traian wurde nach seinem Tod nämlich außergewöhnlicherweise als *Divus Traianus Parthicus* vergöttlicht. Er feierte insgesamt drei Triumphe wie bereits Augustus: zwei über die Daker, jeweils nach den beiden Kriegen, und – in unerhörter Weise – den bereits erwähnten postumen *triumphus Parthicus*, bei dem eine Statue des toten Herrschers in der Triumphalquadriga über der Urne mit seiner Asche stand.[7] Dieser makaber anmutende Siegeszug wurde ihm wegen der anfänglich erfolgreichen militärischen Operationen in Mesopotamien und der Einnahme der westlichen Hauptstadt der Parther zugestanden (**Abb. 6**).

Der plakativen dauerhaften Verbindung Traians mit dem Namen des Parthersiegers haftet aber aus moderner Sicht durchaus auch etwas Paradoxes an, war Traian doch letztendlich an den Arsakiden gescheitert. Die von ihm vorschnell provinzialisierten Teile des parthischen Machtbereichs, etwa Armenia und Mesopotamia, deren Angliederung an das Reich die Münzstätte Rom auf Sesterzen feierte,[8] mussten die Römer rasch wieder räumen, als zur Zeit der arsakidischen Gegenoffensive auch noch ein Aufstand der Juden losbrach, der, vom Zweistromland ausgehend, Ägypten, Syrien

Abb. 5 Aureus des Traian mit der Siegesmeldung „Parthien erobert". Die Vorderseite dieses im Jahr 116 in Rom geprägten Goldstücks zeigt uns Traians Büste im Lorbeerkranz und in Militärkleidung, mit Feldherrnmantel über dem Brustpanzer. Die im Dativ stehende Umschrift nennt seinen Namen mit allen drei Sieger-*cognomina*, wobei der jüngst erworbene *Parthicus*-Name als Einziger nicht abgekürzt ist: IMP CAES NER TRAIAN OPTIM AVG GER DAC PARTHICO. Auf der Rückseite sitzen zwei parthische Gefangene mit ihren Bogen (in Bogentaschen) trauernd unter einem Siegesmal mit parthischen Waffen zur (voreiligen) Meldung PARTHIA CAPTA.

Traian – Optimus Princeps

Abb. 6 Aureus des Hadrian mit Darstellung des postumen parthischen Triumphs des Traian. Auf dieser 117/118 in Rom hergestellten Goldmünze ist die Büste des kurz zuvor divinisierten Traian, nunmehr Adoptivvater des Hadrian, von seinem ungewöhnlichen Namen im Dedikationsdativ begleitet: DIVO TRAIANO PARTH(ico). Die Rückseite zeigt seinen TRIVMPHVS PARTHICVS. Man glaubt einen Mann mit Triumphalzepter und Lorbeerzweig in einer reich geschmückten Triumphalquadriga nach rechts fahren zu sehen; in der Epitome de Caesaribus (13,11) lesen wir jedoch, dass es eine Statue (*imago*) des bereits eingeäscherten Kaisers Traian war.

und Zypern erfasste. Die modernen historischen Weltkarten, die die genannten Gebiete für Traians Regierungszeit einzeichnen und für letztere die „größte Ausdehnung" des Römischen Reichs vermerken, verkünden zwar nicht die Unwahrheit, geben aber gewissermaßen nur einen historischen Schnappschuss wieder.

Doch was letztendlich zählte, war die dauerhafte Vergrößerung des Reichsterritoriums um die neuen Provinzen Arabia (entstanden durch Eingliederung des Nabatäerreiches) und vor allem Dacia. Traian, der vor seinem Amtsantritt persönlich kaum soldatischen Ruhm geerntet hatte, sah sich bei seinem Regierungsbeginn vor der Notwendigkeit, seine militärischen Fähigkeiten unter Beweis zu stellen. Der dakische Kriegsschauplatz bot sich dafür an, hatte der letzte Flavierkaiser Domitian doch im Jahr 89 einen Kompromissfrieden mit dem Dakerkönig Decebalus geschlossen, der als römischer Vasallenkönig eingesetzt wurde. In der Folge konsolidierte dieser dann seine Machtposition und versammelte alle Stammesverbände nördlich der unteren Donau hinter sich, sodass er zum mächtigen Gegenspieler Roms wurde. Seine Unterwerfung durch Traian sowie die Provinzialisierung – und darauf folgende Romanisierung – Dakiens beeinflussten den Verlauf der europäischen Geschichte in entscheidender Weise.

Mit der Einrichtung neuer Provinzen verwirklichte Traian das altrömische Ideal der Mehrung des Reichs, das auch in der Kaiserzeit verbindlich geblieben war.[9] Sie legte die Basis für die Wahrnehmung Traians als Roms größter Kriegsherr auf dem Kaiserthron und für seine Verehrung als „bester" aller Kaiser, die nach dem ersten Dakertriumph erstmals propagiert wurde. Durch seine Erfolge ermutigt, ging Traian mit der parthischen Kampagne am Ende seiner Herrschaft dann jedoch unkalkulierbare Risiken ein; schon Cassius Dio machte „Ruhmsucht" als wahren Grund für diesen Kriegszug aus, der schließlich das Ende des Kaisers bedeutete.[10]

„Aggressive Baulust"? Traians Rom

Traian veränderte nicht nur das Reich insgesamt nachhaltig, er veränderte auch die Topographie von dessen Hauptstadt grundlegend. Die *columna Traiani* ist dabei nur die ‚Spitze des Marmorberges', den Traian im Zentrum Roms hinterließ. Werner Eck, der sich wie nur wenige um die Erforschung der traianischen Periode verdient gemacht hat, attestierte dem Kaiser einmal eine „aggressive Baulust".[11] Und in der Tat waren Bauinschriften mit Traians Namen so zahlreich, dass schon Kaiser Constantinus – übrigens ein großer Verehrer Traians – ihn angeblich als „Wandflechte" (*herba parietaria*) bezeichnete.[12] Dieses wenig schmeichelhafte Scherzwort wird verständlich, wenn man weiß, dass Traian seine Inschriften nicht nur auf neue Bauten setzte, sondern selbstbewusst auch auf solche, die er lediglich hatte umbauen lassen.[13]

Die Evidenz der kaiserlichen Münzprägung bestätigt eindeutig den hohen Stellenwert, den die öffentliche Bautätigkeit für die Ideologie der traianischen Periode besaß. Abgesehen von Heiligtümern und zwei Bogenmonumenten – durchaus traditionellen Motiven der numismatischen Architekturdarstellung in Rom –, finden wir unter Traian nämlich auch ganz außergewöhnliche Architekturbilder im Münzrund. Zu nennen ist zunächst die intensive Kommemoration der Traianssäule auf den zeitgenössischen Münzen, aber auch mehrerer anderer Elemente des spektakulären, aus der Dakerbeute erbauten Forumskomplexes, der die römische Innenstadt transformierte und noch im Jahr 357, als Kaiser Constantius II. Rom besuchte, aufgrund seiner Dimensionen und Ausstattung als „einzigartig unter der Sonne" und „sogar nach Meinung der Götter wundervoll" galt.[14] Ab 112 sah man auf Geldstücken etwa eine Monumentalfassade des Forums, die Basilica Ulpia sowie die mächtige Reiterstatue Traians, die auf dem gewaltigen Platz vor der Basilika stand. Die Traiansmärkte, eines der wichtigen infrastrukturellen Bauprojekte des Kaisers gleich nebenan, eigneten sich hingegen nicht zur Darstellung im kleinen Münzrund.

Die numismatische Würdigung der Forumsbauten ist jedoch im Kontext vieler anderer traianischer Münztypen mit neu errichteten Bauwerken zu beurteilen. Die Münzstätte verewigte am Anfang der Periode des fünften Konsulats den von Traian spektakulär umgebauten Circus Maximus und dessen Eröffnung durch den Kaiser, weiters eine stadtrömische Brücke (oft als Donaubrücke des Apollodor von Damascus missinterpretiert), die neue Wasserleitung Aqva Traiana, die im Jahre 109 gemeinsam mit Traians imposanter Thermenanlage auf dem Oppius eingeweiht wurde, sowie die Via Traiana von Benevent nach Brindisi. Besondere Er-

TRAIAN IM ‚ORIGINALTON'

Der römische Senator Plinius der Jüngere wurde von Traian im Jahr 111 als außerordentlicher *legatus Augusti pro praetore* mit Sondervollmachten in die Provinz Bithynia et Pontus in Kleinasien gesandt, um administrative und finanzielle Missstände zu beseitigen. Das zehnte Buch der plinianischen Korrespondenz wird durch den Briefwechsel zwischen Plinius und Traian aus dieser Zeit gebildet, in dem auch viele Briefe des Kaisers selbst erhalten sind. Sie geben uns die einzigartige Gelegenheit, direkte Äußerungen Traians zu lesen.

In 10,82,1 teilt Traian eine Leitlinie seines Handelns als *princeps* mit, die eine Spitze gegen Domitian enthielt: „Du kennst meinen Grundsatz sehr gut, nicht durch Furcht und Schrecken bei den Menschen oder durch Prozesse wegen Majestätsbeleidigung meinem Namen Achtung zu verschaffen."

In dem berühmtesten Brief der Sammlung (10,97) weist der Kaiser Plinius an, dass mit Christen in der Provinz zwar streng umgegangen werden müsse, dass aber für Ungerechtigkeit kein Platz sei. Er sagt dabei ausdrücklich, dass in der „traianischen Zeit" (*nostrum saeculum*) anonyme Anzeigen nicht toleriert werden dürfen. Wir fassen hier das Bewusstsein und die Betonung der Begründung einer neuen Epoche durch den Kaiser, in Absetzung speziell von Domitian:

„Du hast, mein Secundus, bei der Untersuchung der Fälle derer, die bei dir als Christen angezeigt wurden, die Verfahrensweise befolgt, die notwendig war. Denn etwas allgemein Gültiges, das gleichsam einen festen Rahmen bietet, kann nicht festgelegt werden. Nach ihnen fahnden soll man nicht. Wenn sie angezeigt und überführt werden, müssen sie bestraft werden, jedoch so, dass, wer leugnet, Christ zu sein, und dies durch eine entsprechende Handlung beweist, nämlich durch die Anrufung unserer Götter, wegen seiner Reue Verzeihung erhält, selbst wenn er für die Vergangenheit verdächtig bleibt. Anonym vorgelegte Klageschriften dürfen bei keiner Straftat Platz haben, denn das wäre ein schlechtes Beispiel und passt nicht zu unserer Zeit."

Traian – Optimus Princeps

währung verdienen schließlich Sesterze der Periode 112–114, die den eindrucksvollen neuen Traianshafen mit hexagonalem Hafenbecken, der neben dem claudisch-neronischen Hafen von Ostia errichtet worden war, zur Legende PORTVM TRAIANI aus der Vogelperspektive zeigen.

In Traians Bauten fassen wir nicht nur ein zentrales Element seiner herrscherlichen Fürsorge für Rom, Italien und das Reich, sondern zugleich auch seiner kaiserlichen Selbstdarstellung. Diejenigen unter den Einwohnern des Imperium, die die wichtigsten seiner Bauten nicht im Original zu Gesicht bekamen, konnten sie auf den Münzen betrachten. Die Botschaft lautete: Traian sorgt durch seine Bautätigkeit für Rom und die Römer und gestaltet deren Lebenswelt neu (Abb. 7).

Abb. 7 Sesterz des Traian mit dem Bild des *Circus Maximus*. Das ist die früheste Münzabbildung des *Circus Maximus*, die Traians erstes großes Bauprojekt in Rom dokumentiert. Er renovierte den Zirkus und ließ ihn um 5000 Plätze erweitern. Außer der neu errichteten Front des Gebäudes erkennt man u. a. den Tempel des Sol im Hintergrund sowie eine detaillierte Darstellung der Monumente auf der Mittelachse des Zirkus: zentral der Obelisk, links und rechts davon eine Statue der Cybele, ein Rundenzähler mit Delphinen sowie die Wendesäulen. Diese im Jahr 103/104, nach dem Ersten Dakerkrieg, geprägten Stücke gehören zu den ersten Münzen mit der klassischen traianischen Rückseitenlegende SPQR OPTIMO PRINCIPI.

SPQR OPTIMO PRINCIPI – die Konstruktion des Bildes eines idealen Herrschers

Wir besitzen kaum ausführliche antike literarische Quellen zu Traians Regierung, die diese kritisch würdigen. Das moderne Bild des Herrschers wurde daher über viele Jahrhunderte beinahe exklusiv von Zeugnissen bestimmt, die von der traianischen Regierung selbst und ihrem Umfeld geschaffen bzw. in Auftrag gegeben wurden und daher vermitteln, wie der Kaiser und seine Zeit gesehen werden wollten bzw. sollten. Zu nennen sind hier etwa der *Panegyricus* von Plinius dem Jüngeren auf Traian, die suggestiven Bilder der traianischen Reichsmünzprägung oder die Reliefs der Traianssäule, auf denen der Kaiser selbst 58-mal erscheint – aber kein einziger toter römischer Legionär, wogegen sich die Leichen dakischer Krieger auf den Schlachtfeldern türmen.

Traian selbst und seine Entourage schufen die ‚Optimus-Ideologie' gemeinsam mit der Fiktion, dass die Adoption Traians als des „Besten", der sogar „den Göttern ganz ähnlich" war, dem greisen Nerva von *Iuppiter Optimus Maximus* selbst eingegeben worden sei, ja dass Traian geradezu ein göttlich eingesetzter Herrscher war.[15] Sie taten das deshalb, weil Traians kinderloser Adoptivvater Nerva nur über geringe *auctoritas* verfügte und Traian selbst im Jahr 97 eben keine dynastische oder militärische Legitimation zur Thronfolge besaß. Als Versuch einer Kompensation des letzteren Mankos erklärt sich die Überbetonung des militärischen Aspekts in der Herrschaftsdarstellung Traians. Neben der kaiserlichen Sieghaftigkeit ruhte der traianische Prinzipat aber auch maßgeblich auf der Säule der Ideologie des *civilis princeps*: Der Gottgleiche ließ sich als „Bürger-Kaiser" inszenieren, der vor allem den Senatoren auf Augenhöhe begegnete und dem Senat brieflich nach Herrschaftsantritt programmatisch versicherte, er werde keinen Senator hinrichten lassen,[16] woran er sich auch hielt. Damit erschuf man eine Lichtgestalt, die sich von dem zum Finsterling geschminkten Domitian deutlich abheben sollte – obwohl etwa die traianische Ideologie des ‚Gottesgnadentums' ja direkt aus der domitianischen Selbstdarstellung entwickelt war.

Die Regierung Traians war also faszinierend wie auch in sich widersprüchlich, und sie war zweifellos eine Wendezeit. Gibbon betrachtete in einer wenig zitierten Passage der Einleitung seines Werks das Zeitalter Traians und der Antonine als die Periode, in der das Römerreich „began to verge towards its decline".[17] Der Archäologe Karl Lehmann-Hartleben bezeichnete im Titel seiner wegweisenden Untersuchung die Traianssäule als „Ein römisches Kunstwerk am Beginn der Spätantike". Ein Aspekt des numismatischen Befundes weckt ähnliche Gedanken. Zwischen den Jahren 103/104 und dem Jahr 114, als Traian *Optimus* schließlich offiziell in sein Namensformular aufnahm, trugen beinahe alle Gold-, Silber- und Buntmetallprägungen der Münzstätte Rom, die stets das Porträt und die Titulatur des Kaisers auf der Vorderseite zeigten, die standardisierte Rückseitenlegende SPQR OPTIMO PRINC(IPI): „Der Senat und das Volk von Rom dem besten Princeps". Die Bezeichnung „*Optimus Princeps*" bereitete den Boden für *Optimus* als Namensbestandteil.

Solch eine Gleichschaltung der Münzumschriften mit einem einzigen ‚Slogan', über alle Metalle und Münzwerte hinweg und über einen beträchtlichen Zeitraum von etwa zehn Jahren, hatte es in Rom jedoch seit republikanischen Zeiten nicht mehr gegeben. Damals sah man auf den Münzrückseiten freilich nur den Namen von Stadt und Staat: ROMA. Traians Münzprägung weist in diesem Punkt vielmehr auf das späte 3. und 4. Jh. voraus, als die Vielfalt der Legenden auf römischen Münzen spürbar schwand und die Autoritäten sich auf die Einschärfung von reichsweit standardisierten Parolen wie „Dem Schutzgeist des römischen Volkes" (GENIO POPVLI ROMANI), „Ruhm des Heeres" (GLORIA EXERCITVS) oder „Wiederherstellung glücklicher Zeiten" (FELicium TEMPorum REPARATIO) konzentrierten. Unter Traian drehte sich hingegen alles um den angeblich „besten Princeps".

TRAIAN

18. September 53
Geburt des Marcus Ulpius Traianus, wohl in Rom

27. (?) Oktober 97
Adoption (*in absentia*) durch Nerva; Ernennung zum Caesar; Verleihung der *tribunicia potestas*

28. Januar 98
Regierungsantritt (*dies imperii*) nach Nervas Tod, Ernennung zum Augustus und zum *pontifex maximus*

101–102
Erster Dakerkrieg; Ende Dezember 102 erster Triumph über die Daker

105–106
Zweiter Dakerkrieg; Provinzialisierung von Dakien

106
Annexion des nabatäischen Königreichs als Provinz Arabia

107
Zweiter Triumph über die Daker (26. Mai oder 25. Juni)

29. August 112
Tod von Traians Schwester Marciana, die als *Diva Marciana* vergöttlicht wurde. Begründung einer göttlichen Familiendynastie: auch der bereits früher verstorbene leibliche Vater des Kaisers wurde, vielleicht 113, als *Divus Pater Traianus* konsekriert

Sommer (?) 113
Aufbruch in den Partherkrieg

Frühjahr 114
Traian in Armenien, Einziehung des Landes als römische Provinz, dann Aufnahme von *Optimus* in das Namensformular

115
Militärische Operationen in Nordmesopotamien, Schaffung der Provinz *Mesopotamia*

116/117
Parthische Gegenoffensive, Aufstandsbewegungen in den besetzten Gebieten. Verlust der Kontrolle über die neuen Territorien, Erkrankung Traians

Anfang August 117
Tod in Selinus (Kilikien). Auf dem Totenbett angebliche Adoption Hadrians und dessen Ernennung zum Caesar

Von Hartwin Brandt

Bei den römischen Senatoren verhasst, von den Athenern verehrt

Der reisende Philhellene Hadrian

Publius Aelius Hadrianus, wie sein Vorgänger Traian aus dem südspanischen Italica stammend, gehört zu den römischen Kaisern mit den längsten Regierungszeiten: Von August 117 bis zum Juli 138, also fast 21 Jahre lang, amtierte er als *princeps*, und mehr als die Hälfte dieses langen Zeitraums verbrachte er reisend außerhalb Roms und Italiens. Wie war das unter den damaligen Infrastrukturbedingungen möglich? Wie ließ sich unter derartigen Voraussetzungen regieren, wie konnte der Kaiser Akzeptanz und Loyalität bei den maßgeblichen Gruppen (Senat, Ritterschaft, Militär, provinziale Eliten) herstellen und erhalten? Antworten ermöglichen vor allem Münzen, Inschriften und archäologische Denkmäler. Denn sie bieten Einblicke in die kommunikativen Aktivitäten Hadrians.

Abb. 1 **Porträtbüste Hadrians.** Die heute im British Museum, London, bewahrte Marmorbüste stammt aus der Villa Hadriana (Tibur, beim heutigen Tivoli, etwa 30 km nordöstlich von Rom), der monumentalen Kaiservilla Hadrians. Mit der nahezu glatten Stirn und den über Stirn und Schläfen aufgerollten Haaren gehört das Porträt zu den früheren Bildnistypen Hadrians. Neu in der Kaiserikonographie ist der – hier noch recht kurz gehaltene – Bart: „Der Bart, den er ins Kaiserbildnis übernahm, blieb von nun an lange Standard […], mal als modischer, mal als militärischer oder als klassisch-griechischer Zug lesbares Zeichen" (von den Hoff 2011, 27).

Hadrian, im Jahr 76 in die Familie der Aelii hineingeboren, hatte Glück im Unglück: Nach dem frühen Tod seines Vaters (im Jahr 85 oder Anfang des Jahres 86), der es in einer kurzen senatorischen Laufbahn nur bis zur Prätur geschafft hatte, zeichnete für seinen Lebensweg vor allem sein Verwandter und Vormund Traian verantwortlich, der spätere Kaiser. Schon früh entdeckte und kultivierte Hadrian seine Neigungen zur griechischen Sprache, Literatur und Kultur, und in den 90er Jahren begann er in Rom eine von Traian beförderte senatorische Karriere, deren erstes militärisches Amt ihn als Militärtribun nach Aquincum (Budapest) führte. Weitere Stationen seines Aufstiegs vermerkt eine im Dionysos-Theater in Athen erhaltene Inschrift aus dem Jahr 112/13, welche auf dem Sockel einer Basis, die einst eine Statue Hadrians trug, eingemeißelt worden ist.[1] Die Bürgerschaft von Athen hatte nämlich dem bekennenden Griechenfreund das ehrenvolle Amt des Archon, des höchsten athenischen Magistraten, angeboten, und Hadrian reiste nach Athen, um die (mit keinen praktischen Verpflichtungen verbundene) Ehrung persönlich entgegenzunehmen. Am Anfang des Inschriftentextes, den der höchste Gerichtshof (Areopag), der Rat und der athenische Demos (Volksversammlung) in Auftrag gegeben hatten, steht das höchste bis dato von Hadrian (im Jahr 108) bekleidete Amt: das Suffektkonsulat, also das ‚Nachrückerkonsulat‘, das üblicherweise alle zwei Monate neu vergeben wurde, um möglichst vielen Senatoren das Erreichen dieser Ehrenstellung zu ermöglichen.

Abb. 2 Bildnis der Sabina. Die aus späthadrianischer Zeit stammende Büste der Sabina zeigt sie mit Diadem und einer besonderen, gescheitelten, nach hinten fallenden Frisur, was Assoziationen mit einer Göttin (Diana?) evoziert.

Familienbande (1)

In ebendiesem Jahr 112, in welchem Hadrian sich in Athen aufhielt, avancierte seine Ehefrau Vibia Sabina (Abb. 2), eine Großnichte Traians, die er im Jahr 100 geheiratet hatte, zur Verwandten einer Göttin. Denn Sabinas Großmutter, Traians Schwester Marciana, starb im Jahr 112 und wurde zur Göttin (Diva Marciana) erhoben, und Sabinas Mutter, die (ältere) Matidia, erhielt am gleichen Tag (29. August) den Titel einer Augusta. Hadrian verfügte fortan über das für seinen weiteren Aufstieg notwendige ‚dynastische Kapital‘.

Großen Anteil an diesem familiär grundierten Aufstieg Hadrians dürfte schließlich auch Traians Gattin Pompeia Plotina gehabt haben. Plotina, ebenfalls entfernt verwandt mit Hadrian, scheint diesen bereits als Knaben in jenen Jahren, die Traian als Legionslegat fern von Rom verbrachte, in ihre Obhut genommen und später auch die Heirat mit Sabina maßgeblich befördert zu haben. Der letzte entscheidende Schritt, um Hadrian definitiv als voraussichtlichen Nachfolger Traians auszuweisen, fehlte jedoch noch: die Adoption durch Traian. Doch auch in diesem Fall sollte sich Plotina als tatkräftige Helferin ihres Schützlings erweisen.

Eine nachträglich arrangierte Adoption?

Die exakten Hintergründe und Details der (tatsächlichen oder nur nachträglich postulierten?) Adoption Hadrians durch Traian sind nicht mehr zu ermitteln. Dies liegt auch in der schwierigen Überlieferungssituation begründet. Denn neben dem entsprechenden, nur noch in byzantinischen Exzerpten verfügbaren Abschnitt der „Römischen Geschichte" von Cassius Dio[2] aus dem frühen 3. Jh. steht – abgesehen von dürren Geschichtsabrissen aus dem 4. Jh. (Aurelius Victor, Eutrop, Epitome de Caesaribus) – eigentlich nur noch die Biografie Hadrians in der häufig unzuverlässigen, wohl um das Jahr 400 verfassten „Historia Augusta" zur Verfügung, zumal die Autobiografie Hadrians nahezu komplett verloren ist; mit relativer Sicherheit ist ihr nur ein Papyrusfragment[3] zuzuweisen.

Während Cassius Dio behauptet, dass Traian nicht mehr die Adoption Hadrians vollzogen habe und sein Tod einige Tage lang geheim gehalten worden sei, um die Dinge im Sinne Hadrians zu regeln, suggeriert die „Historia Augusta"[4] zumindest die Existenz eines Schriftstücks, um die Legitimität der Adoption Hadrians zu unterstreichen. Ob es dieses schriftliche Dokument gegeben hat, bleibt unklar – tatsächlich scheint der Sohnesstatus Hadrians jedoch nicht ernsthaft angezweifelt worden zu sein. Daher konnte Hadrian am 9. Juli 118, aus dem Osten zurückgekehrt, als anerkannter neuer *princeps* seine Ankunft in Rom in großem Stil inszenieren; die alsbald erfolgte, mutmaßlich schon im August 117 von Hadrian brieflich beim Senat beantragte Konsekration Traians machte den neuen *princeps* zugleich zum Sohn eines Gottes (*divi filius*) und sollte ihm zusätzliches Ansehen verleihen (Abb. 3).

Abb. 3 **In Rom hergestellter Denar.** Dieser sehr frühe, bereits aus dem Jahr 117 stammende Bildtypus hadrianischer Reichsemissionen ist prominent geprägt worden. Er zeigt auf der Vorderseite die Büste Hadrians mit Lorbeerkranz nach rechts mit einer mehrere Ehren- und Siegestitel umfassenden Titulatur (im Dativ): „OPT(imo) GER(manico) DAC(ico)". Alle diese (von Traian übernommenen) Siegestitel, auch jenen des „Parthicus", lehnte Hadrian alsbald ab: Ausdruck seiner (vermeintlichen) Bescheidenheit und der Absetzung von der traianischen Eroberungspolitik. – Die Rückseite zeigt Traian und Hadrian, beide jeweils mit der Rechten den Globus haltend, das Zeichen der (von Traian an Hadrian übertragenen) Weltherrschaft der Römer, sowie jeweils in der Linken eine Schriftrolle.

Senatorenmörder?

Dennoch standen Hadrians Anfänge als Kaiser unter keinem guten Stern. Vier einflussreiche Konsulare aus dem Umkreis von Traian (Avidius Nigrinus, Lusius Quietus, Publilius Celsus und Cornelius Palma) wurden hingerichtet unter dem Vorwand, eine Verschwörung gegen Hadrian geplant zu haben. Der Prätorianerpräfekt Acilius Attianus, vor Jahren neben Traian zum Vormund des Knaben Hadrian bestellt und offenbar ein treuer Freund der Aelii, besorgte das schnelle Verfahren gegen die potenziellen Opponenten Hadrians und deren rasch vollzogene Exekution. Hadrian wies nach seiner Ankunft in Rom im Senat jegliche Beteiligung an diesen Vorgängen von sich, schob die gesamte Schuld auf Attianus und erklärte angeblich unter Eid, keinen Senator ohne Beschluss des Senatsgerichts jemals der Todesstrafe zu unterziehen. Sehr fraglich ist, ob es Hadrian auf diese Weise und durch künftige senatsfreundliche Maßnahmen gelungen ist, die Wogen dauerhaft zu glätten und für eine unkomplizierte Kommunikation mit den Senatoren zu sorgen. Dies zeigte sich spätestens nach seinem Tod im Sommer 138, als der Senat vom Adoptivsohn und Nachfolger des *princeps*, Antoninus Pius, nur mit Mühe davon abgehalten werden konnte, eine *damnatio memoriae* zu beschließen, also die beabsichtigte Tilgung Hadrians aus der kollektiven Erinnerung (womit u. a. die Zerstörung von Statuen Hadrians und die Rasur von Inschriften verbunden gewesen wären).

In den ersten knapp drei Jahren nach seiner Rückkehr nach Rom versuchte Hadrian, sich und seinem Regierungshandeln ein neues, eigenständiges Profil zu geben, um die gewünschte, möglichst reichsweite Akzeptanz seines Prinzipats zu erreichen. Konkret wird dies zunächst in seinem neuen Kaiserporträt sichtbar (Abb. 1): Die Einführung des Bartes in die Kaiserikonographie, zugleich eine Hommage an die griechische Bildungstradition, markiert eine Zäsur, die auch mit Blick auf die außen- und militärpolitische Strategie zu konstatieren ist. Denn Hadrian vollzog einen deutlichen Bruch mit der expansionistischen Politik seines

Vorgängers: Im Osten wurden von Traian besetzte Gebiete geräumt und mit den Parthern bestehende Konflikte (die sich vor allem um die Besetzung des armenischen Königsthrons drehten) beigelegt, im Donauraum erzielte Hadrian (mit regelmäßigen ‚Beschwichtigungszahlungen' erkaufte) Vereinbarungen mit den Roxolanen, und in Dakien wurden einzelne Regionen aufgegeben, immerhin aber auch einige militärische Erfolge erzielt. Innenpolitisch erwies Hadrian demonstrativ seinem Vorgänger gegenüber Ehrerbietung (*pietas*), ließ seine Asche im Sockel der Traianssäule auf dem Traiansforum beisetzen, errichtete einen neuen Tempel für den divinisierten Adoptivvater, schüttete Geldbeträge an Bevölkerung und Soldaten aus, verordnete einen umfassenden Schuldenerlass und lehnte alsbald die von ihm zunächst akzeptierten Siegestitel – Germanicus, Dacicus, Parthicus – ab.

Reisen

Ab dem Jahr 121 begab er sich auf Reisen, die ihn nach anfänglichen Stationen im Westen (Gallien, Britannien, Germanien und Spanien) durch das gesamte Imperium Romanum führten, mit Schwerpunkten in Griechenland und Kleinasien. Diese Reisen erfüllten zwar durchaus militärisch-strategische Zwecke – so wurde etwa der Hadrianswall in Britannien begonnen –, dienten aber vor allem auch administrativen und kommunikativen Erfordernissen. Hadrian pflegte nämlich Kontakte zu provinzialen und lokalen Eliten, empfing Ehrungen, traf Entscheidungen, gründete Städte und verlieh Privilegien – Vorgänge, die durch Inschriften und Münzen reich dokumentiert sind und die Bedeutung der kaiserlichen Bemühungen um reichsweite Bekanntheit und die Herstellung von Loyalität unterstreichen. Herrschaft durch Präsenz wird hier als ein zentrales Mittel der Regierungspraxis deutlich, illustriert durch eine vielsagende Anekdote, die Cassius Dio berichtet: „Einmal gab Hadrian einer Frau, als sie ihn beim Vorübergehen auf einer Reise um etwas bat, zuerst den Bescheid: ‚Ich habe keine Zeit!' Als sie dann aber laut schrie: ‚Dann lass' das Herrschen sein!', wandte er sich zu ihr und lieh ihr sein Ohr."[5] Sollte sich dies so nicht zugetragen haben, so ist es doch zumindest gut erfunden.

Die Wintermonate verbrachte Hadrian, wenn möglich, gern in Athen – so etwa die Winter 124/25 und 128/29 sowie 131/32. Dort war einer seiner Hauptansprechpartner der ältere Ti. Claudius Herodes Atticus, Mitglied des römischen Senats im prätorischen Rang und Vater des namensgleichen Sohnes, der zu einem der reichsten Reichsbewohner und bedeutendsten Stifter und Wohltäter in der Antoninenzeit avancieren sollte. Dass Hadrian in Athen besonders viele Bauprojekte gestiftet hat, bezeugt vor allem sein Zeitgenosse Pausanias, der eine ausführliche Beschreibung Griechenlands verfasst hat, mit besonderem Augenmerk auf den Denkmälern.

Rechnet man zu dem Katalog des Pausanias weitere, von ihm nicht verzeichnete Bauten hinzu – wie etwa den Hadriansbogen – so ergibt sich der klare Befund, dass der Bauherr Hadrian, abgesehen von Rom, an kaum einem anderen Ort so präsent war wie in Athen.

Besondere Aufmerksamkeit bereits bei den antiken Zeitgenossen fand die Ägyptenreise Hadri-

DER BAUHERR HADRIAN

Bevor man ins Heiligtum des olympischen Zeus eintritt – der römische Kaiser Hadrian weihte den Tempel und das sehenswerte Kultbild, dem an Größe außer den Kolossen in Rhodos und Rom die sonstigen Kultbilder gleichermaßen nachstehen und das aus Elfenbein und Gold gemacht und im Hinblick auf seine Größe gut gearbeitet ist –, stehen dort zwei Statuen Hadrians aus thasischem Marmor und zwei aus ägyptischem Stein, und andere aus Bronze stehen vor den Säulen [...] Hadrian baute den Athenern unter anderem einen Tempel der Hera und des Zeus Panhellenios und ein gemeinsames Heiligtum für alle Götter, das Großartigste aber sind hundert Säulen aus phrygischem Marmor, und die Wände sind ebenso gebaut wie die Säulenhallen. Und hier sind Gebäude mit vergoldetem Dach und aus Alabaster und dazu mit Statuen und Gemälden geschmückt, in denen Bücher aufbewahrt werden. Es gibt auch ein Gymnasion, das nach Hadrian heißt, auch dieses mit hundert Säulen aus den Steinbrüchen Afrikas.

(Pausanias 1,18,6–9. Übs. E. Meyer)

ans im Sommer und Herbst des Jahres 130. Denn während einer Nilfahrt verlor sein junger Reisebegleiter, der etwa zwanzigjährige Antinoos, mit dem ihn mutmaßlich eine Liebesbeziehung verband, sein Leben. Über die Hintergründe dieses Todes wurde viel gerätselt: War es ein Unfall oder ein Selbstopfer für Hadrian? Oder steckte vielleicht ein Mordkomplott dahinter? Bis heute gibt es keine eindeutige Antwort auf diese Fragen. Auch ist unklar, seit wann der aus Bithynien stammende Antinoos zum engeren Umfeld Hadrians gehört hat, doch die geradezu überbordenden Ehren, mit denen Hadrian den gleich nach dessen Tod vergöttlichten und mit eigenen Sakralbauten in das römische Pantheon integrierten Antinoos überhäufte, zeugen von der herausragenden Bedeutung, die Hadrian dem Jüngling zumaß. Dafür sprechen auch zahlreiche erhaltene, wohl sämtlich postum entstandene Bildnisse des Antinoos, die ihn als göttliches Wesen zeigen. Zentrum der neuen Antinoos-Verehrung war die von Hadrian zu Ehren des Toten an der Unfallstelle neu gegründete Stadt Antinoopolis in Ägypten, wo der divinisierte Jüngling als Hauptgott und Osiris-Antinoos das Kultgeschehen dominierte (Abb. 4).

Regieren

Auch während seiner Reisen hat Hadrian, wie wir etwa inschriftlich erhaltenen Konstitutionen und in später entstandenen Rechtssammlungen bewahrten Anordnungen des *princeps* entnehmen können, das Regierungshandeln nicht vernachlässigt. Zu seiner Reisebegleitung gehörten daher stets auch Angehörige der Zivilverwaltung, welche Korrespondenzen erledigten, Edikte ausfertigten, administrative Maßnahmen aller Art vorbereiteten und die Abhaltung von Gerichtssitzungen ermöglichten. So wurde vor der Ägyptenreise im Sommer 130 in Judäa an der Stelle der heiligen Stadt Jerusalem die hadrianische Kolonie Aelia Capitolina gegründet. Dies dürfte die ohnehin bestehenden antirömischen Ressentiments in Judäa zweifellos erheblich angeheizt und den Ausbruch des großen Bar-Kochba-Aufstands der Jahre 132–136 begünstigt haben.

Ein Jahr vor dieser Maßnahme, im Jahr 129, hatte Hadrian in der Provinz Asia ein Edikt erlassen, mit dem er negativen Auswirkungen seiner Reisetätigkeit entgegenzuwirken suchte. Denn ihn hatten Klagen von Provinzialen darüber erreicht, dass diese als Anwohner der von Durchzügen betroffenen Regionen von Versorgungs- und Unterbringungskosten in ungebührlicher Form belastet wurden. Überhaupt intendierte Hadrian Straffungen, Vereinfachungen und eine größere Wirksamkeit der Regierungspraxis. So schuf er eine ständige Bittschriftenkanzlei, welche für die Bearbeitung und Beantwortung eingereichter Eingaben (*libelli*) zuständig war und entscheidende Bedeutung für die Kommunikation zwischen Reichszentrale und Reichsbewohnern besaß.

Für Nordafrika erließ Hadrian grundlegende Vorschriften für die erwünschte Kultivierung bislang nicht genutzten Brachlandes, und die Nutzung der lusitanischen Silberbergwerke im heutigen Portugal suchte

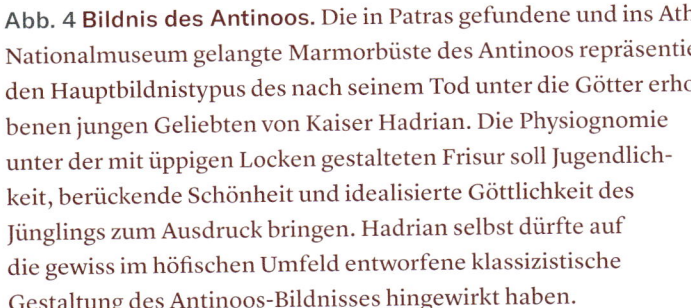

Abb. 4 **Bildnis des Antinoos.** Die in Patras gefundene und ins Athener Nationalmuseum gelangte Marmorbüste des Antinoos repräsentiert den Hauptbildnistypus des nach seinem Tod unter die Götter erhobenen jungen Geliebten von Kaiser Hadrian. Die Physiognomie unter der mit üppigen Locken gestalteten Frisur soll Jugendlichkeit, berückende Schönheit und idealisierte Göttlichkeit des Jünglings zum Ausdruck bringen. Hadrian selbst dürfte auf die gewiss im höfischen Umfeld entworfene klassizistische Gestaltung des Antinoos-Bildnisses hingewirkt haben.

er ebenfalls zu verbessern. Mit dem sogenannten ewigen Edikt (*edictum perpetuum*) Hadrians endete die traditionelle Vielfalt magistratischer Rechtsregeln der Prätoren, indem nun allgemein gültige Verfahrensregeln durch kaiserliche Festlegung fixiert wurden. Führende Rechtsgelehrte des früheren 2. Jh.s – wie Salvius Iulianus oder Neratius Priscus – gehörten zum Umfeld des Kaisers und dürften auf seine Rechtstätigkeit eingewirkt haben. Gericht hielt der Kaiser, wo immer es ihm geboten erschien, in Rom selbst „einmal im Palast, dann auf dem Forum, im Pantheon oder sonst an verschiedenen Orten".[6]

Das Pantheon (Abb. 5) gehört zu einem monumentalen Bauprogramm Hadrians, welches in Rom sichtbare Spuren hinterlassen hat. Zu einem großen Teil bestanden die Aktivitäten in Restaurationen von Bauwerken aus der Zeit des Augustus, in dessen direkte Nachfolge sich Hadrian programmatisch stellte – u. a. auch durch den Bau eines eigenen Mausoleums (der heute als „Engelsburg" bekannten, späteren Residenz von Päpsten). Daneben ließ er zahlreiche (zum Teil nicht mehr erhaltene und nicht immer exakt lokalisierbare) Tempel errichten, wie etwa für die divinisierte Plotina, seine ebenfalls vergöttlichte Schwiegermutter Matidia und natürlich für *Divus Traianus*. Ebenfalls auf Hadrian geht der damals größte stadtrömische Sakralbau zurück, der auf einem ca. 100 mal 145 m großen Podium entstandene Venus-und-Roma-Tempel, dessen Cella allein mehr als 76 m lang und fast 50 m breit war. Die Dedikation des heiligen Bezirks erfolgte an einem symbolträchtigen Tag: am 21. April 121, dem ‚Geburtstag' Roms (*natalis urbis*), womit Hadrian sich zu einem ‚Neugründer' Roms stilisierte, nicht anders als auf nun ausgegebenen neuen Reichsmünzen, auf denen der *Romulus conditor* (Romulus der Gründer) erscheint, der mythische Gründer Roms.

Abb. 5 Pantheon in Rom. Das ursprünglich von Agrippa auf dem Marsfeld errichtete Pantheon, in dem die Gesamtheit der Gottheiten verehrt wurde, ist in hadrianischer Zeit vollkommen erneuert worden. Es besteht aus einer großen Vorhalle mit Giebel und Säulenfront sowie anschließendem Rundbau, dessen Kuppel „wahrscheinlich über einer Holzverschalung in einem Stück aus *opus caementicium*, dem Vorläufer des heutigen Beton, gegossen und anschließend innen mit Kassetten verkleidet worden" ist (H. Knell). Eingebunden in eine säulenumstandene Hofarchitektur, erinnert die monumentale Gesamtanlage an die Kaiserfora des 1. Jh.s.

Familienbande (2)

War bislang weitgehend von Hadrian als zivilem Herrscher die Rede gewesen, so sollte dies nicht darüber hinwegtäuschen, dass Hadrian durchaus ein um militärische Effizienz und militärische Ausstrahlung bemühter *princeps* gewesen ist. Davon zeugen nicht nur zahlreiche erhaltene Panzerstatuen Hadrians, sondern etwa auch seine inschriftlich erhaltene Ansprache vor Soldaten im Legionslager des nordafrikanischen Lambaesis (im heutigen Algerien). Zwar hat er die sehr stark auf militärische Expeditionen ausgerichtete Politik

Abb. 6 Die in Rom im Jahr 138 geprägte Goldmünze zeigt auf der Vorderseite die nach rechts gewandte Büste der Diva Augusta Sabina. Auf der Rückseite, mit der Legende „consecratio", sieht man, wie ein Adler die auf ihm reitende Sabina himmelaufwärts trägt.

Traians nicht weiterverfolgt, aber er setzte sehr wohl auf militärische Stärke und sichere Reichsgrenzen. Verlustreiche Kriege hat Hadrian nicht führen müssen, und die letzten fünf Lebensjahre verbrachte er ohne größere Reisen weitgehend in Rom und in seiner mehr als 77 Hektar umfassenden gewaltigen Villa in Tivoli (Tibur).

Am 10. Juli 138 starb Hadrian – anders als viele seiner Vorgänger – eines natürlichen Todes. Mehrere in den Götterhimmel aufgestiegene Verwandte hat er überlebt: seine Förderin Pompeia Plotina, die im Jahr 123 starb und zur Diva Plotina avancierte; seine 119 verstorbene Schwiegermutter, die Diva Matidia Augusta, und schließlich auch seine kurz vor ihm (wohl 136 oder 137) gestorbene Ehefrau Vibia Sabina Augusta, die konsekriert und im neuen Hadriansmausoleum (der heutigen Engelsburg) in Rom bestattet wurde (Abb. 6).

Die Nachfolge auf dem Kaiserthron hatte Hadrian, der keinen leiblichen Sohn besaß, geregelt: Im Jahr 136 hatte er den gerade zum ordentlichen Konsulat gelangten L. Ceionius Commodus adoptiert, der, etwa 35 Jahre alt, als L. Aelius Caesar nun als erster Anwärter auf die Übernahme des Prinzipats nach dem Tod Hadrians zu gelten hatte. Allerdings starb Aelius Caesar bereits am 1. Januar 138, und so wurde eine erneute Adoptionsregelung notwendig. Die Wahl des inzwischen schwerkranken Hadrian fiel nun auf T. Aurelius Fulvus Boionius (Arrius) Antoninus, der als Antoninus Pius sogar noch länger als sein Adoptivvater Hadrian regieren sollte, nämlich 23 Jahre lang.

HADRIAN

24. Januar 76
Geburt in Italica (Spanien)

100
Hochzeit mit Vibia Sabina

Mai 108
Suffektkonsulat

117
Statthalter der Provinz Syrien

7. (?) August 117
Tod Traians in Kilikien

9. August 117
Hadrian erhält die Adoptionsnachricht

11. August 117
Hadrian zum Kaiser in Antiochia erhoben (= *dies imperii*; Tag des Herrschaftsantritts)

9. Juli 118
Ankunft in Rom

121–125
erste große Reise

128–Anfang 133
zweite große Reise

132–136
Bar-Kochba-Aufstand

25. Februar 138
Adoption des Antoninus Pius

10. Juli 138
Tod Hadrians in der Nähe von Baiae; Bestattung im Mausoleum Hadriani

Von Christoph Michels

Ein phlegmatischer
Hauptstadtkaiser und
23 Jahre Langeweile?

Antoninus Pius – ein Garant für Stabilität

Antoninus Pius war eine lange und durchaus erfolgreiche Herrschaft vergönnt. Dass er trotzdem zu den unbekannteren Kaisern gehört, liegt wohl auch daran, dass er umgeben ist von auf den ersten Blick wesentlich interessanteren Herrschern: dem Feldherrn Traian, dem Exzentriker Hadrian, dem ‚Philosophenkaiser' Marc Aurel und dessen missratenem Sohn Commodus. Unser heutiges Bild ist jedoch auf eine spezifische Quellenlage zurückzuführen. Viel ist verloren, und das, was sich erhalten hat, evoziert ein eher ‚langweiliges' Bild – sowohl, was das Reich betrifft, als auch dessen Herrscher, der Italia im Gegensatz zu seinen Vorgängern und Nachfolgern nie verließ. Doch wurde in seiner Zeit nicht nur das Imperium gesichert und zum Teil erweitert, auch im Reichszentrum gelang es Pius, Stabilität zu wahren.

Dass Titus Aurelius Fulvus Boionius (Arrius) Antoninus im Jahr 138 im fortgeschrittenen Alter von bereits 51 Jahren an die Herrschaft kommen und dann für 23 Jahre das Römische Reich auf dem Gipfel seiner Stabilität und Prosperität regieren sollte, war wenige Jahre zuvor keineswegs abzusehen gewesen. Hadrian hatte wie seine Vorgänger Nerva und Traian keine Söhne gezeugt. Erst spät – und gezwungen durch eine schwere Erkrankung – regelte er seine Nachfolge ebenso wie seine Vorgänger durch Adoption. Zunächst wurde 136 der eher farblose Lucius Ceinoius Commodus als Aelius Caesar adoptiert. Als dieser, gerade Mitte dreißig, überraschend am 1. Januar 138 starb, musste unverzüglich eine neue Lösung her.[1]

Abb. 1 Das Porträt des Antoninus ist trotz individueller Züge demjenigen des Hadrian nah und verkündet somit Kontinuität. Eine durchaus nicht unübliche Distanzierung vom Vorgänger über das Bildnis fand nicht statt. Der Herrscher zeigt sich vielmehr als beständig, zuverlässig und berechenbar. Dazu trägt bei, dass es kein Altersporträt des Pius gibt. Ähnlich den Göttern scheint er so außerhalb der Zeit zu stehen.

Antoninus Pius – ein Garant für Stabilität

Hadrian entschied sich mit Antoninus wiederum für einen eher blassen Kandidaten, dessen senatorische Karriere vor der Ernennung zum Caesar kaum als außergewöhnlich bezeichnet werden kann. Seine Familie hatte wohl seit zwei Generationen senatorischen Rang und stammte aus dem gallischen Nemausus. Verfügte seine Familie bereits über beträchtliche Reichtümer, so bedeutete seine Hochzeit mit Annia Galeria Faustina (Faustina maior), Tochter des bedeutenden Marcus Annius Verus, Großvater des zukünftigen Kaisers Marc Aurel, eine Aufwertung seiner Stellung. Dass er ein angeheirateter Onkel Marc Aurels war, ist dann auch möglicherweise der Hauptgrund für seine spätere Adoption gewesen, denn seine Leistungen können ihn kaum empfohlen haben, bedeutete sein Prokonsulat in Asia 135/136 doch den Höhepunkt seiner Karriere. Als kundiger Administrator hatte sich Antoninus indes auch gegenüber dem Kaiser bewiesen und war daher des Öfteren Mitglied des kaiserlichen Rats.[2] Hadrian wählte dann eine echt augusteische Lösung, indem er die Nachfolge auf zwei Generationen hin regelte. Sie ist im Adoptionsrelief des sogenannten Parthermonuments von Ephesos bildlich dargestellt (**Abb. 2**).

Antoninus wurde Hadrians Adoptivsohn und Caesar und hatte seinerseits Marc Aurel sowie Lucius Verus, den Sohn des Aelius Caesar, zu adoptieren. Antoninus war dabei vermutlich als Übergangslösung für die Zeit gedacht, bis der wohl eigentlich von Hadrian favorisierte Marc Aurel das notwendige Alter erreicht hatte.[3] Rätselhaft bleibt indes die Adoption des Lucius. Antoninus verlobte jedenfalls seine leibliche Tochter Faustina (minor) mit dem Adoptivsohn Marc Aurel und machte nur diesen nach seinem Herrschaftsantritt zum Caesar.

Obgleich Hadrian im Zuge seiner Nachfolgeregelungen potenzielle Konkurrenten ausgeschaltet hatte, bedeutete die Wahl eines wenig spektakulären Nachfolgers, dass dieser zumindest zu Beginn seiner Herrschaft ein Akzeptanzdefizit hatte; dies beeinflusste maßgeblich die weitere Ausgestaltung seines Prinzipats und bot zudem die Grundlage für wohl zwei Usurpationsversuche in den 140er Jahren.

Abb. 2 Adoptionsplatte des sogenannten Parthermonuments aus Ephesos. Die Funktion des Monuments ist nach wie vor umstritten. Das bislang in die Herrschaftszeit von Marcus und Lucius datierte Denkmal entstand aber wohl eher in den Anfangsjahren der Regierung des Pius und vermittelt uns eine provinziale Perspektive auf den Kaiser und die römische Herrschaft. Auf der hier abgebildeten Reliefplatte ist die Nachfolgeordnung vom Februar 138 dargestellt: Hadrian (rechts) adoptierte Antoninus (Mitte links), der seinerseits den 16-jährigen Marc Aurel (links) und den gerade siebenjährigen Lucius Verus (vorn Mitte) adoptierte. Über die Deutung dieser Szene ist viel diskutiert worden; klare Hauptfigur ist jedoch Antoninus Pius.

EIN IMPERIUM DER BRIEFE AUF DEM GIPFEL SEINER MACHT

10. [...] Euer Besitz fällt zusammen mit dem Weg der Sonne, und es ist nur euer Land, das sie auf ihrer Bahn bescheint. [...] Ihr regiert auch nicht innerhalb festgelegter Grenzen, noch bestimmt ein anderer, wie weit ihr herrschen dürft. Das Meer, das sich in der Mitte des Erdkreises wie ein Gürtel ausdehnt, bildet zugleich die Mitte eures Reiches. [...] 31. Alles wird auf Befehl und auf bloßen Wink hin ausgeführt, leichter, als wenn man eine Saite anschlägt, und wenn etwas geschehen soll, genügt es, einen Beschluss zu fassen, und es ist getan. Die Statthalter, die zu den Städten und Völkern ausgesandt werden, haben allesamt Herrschergewalt über die, welche ihnen unterstehen. Was sie aber selbst angeht und ihr Verhältnis untereinander, so gehören sie alle in gleicher Weise zu den Beherrschten. Daher könnte man auch sagen, sie unterscheiden sich darin von den Beherrschten, dass sie zuerst zeigen, wie man sich beherrschen lassen soll. Eine so große Furcht ist sämtlichen Menschen eingeflößt vor dem großen „Archon" und „Prytanen" des ganzen Reiches (*also dem römischen Kaiser*). [...] 33. Deshalb hat er es nicht nötig, mühsame Reisen durch das ganze Reich zu unternehmen, bald bei diesen, bald bei jenen Völkern zu erscheinen und die einzelnen Fälle zu regeln, wenn er ihr Land betritt. Er kann es sich leisten zu bleiben, wo er ist, und den ganzen Erdkreis mit schriftlichen Befehlen zu regieren. Sie sind kaum abgefasst, da treffen sie auch schon ein, als seien sie von Flügeln getragen. [...] 70. An Kriege, auch ob es sie jemals gegeben hat, glaubt man nicht mehr, allein Erzählungen darüber werden von den meisten wie Mythen aufgenommen. [...] 81. Über den äußersten Ring des Erdkreises hinaus legtet ihr ganz ähnlich wie bei der Umwallung einer Stadt noch eine weitere Grenzlinie an, die beweglicher und leichter zu bewachen ist. Dort führet ihr Befestigungsanlagen auf und erbauet Grenzstädte, jede in einem anderen Gebiet.

(Aelius Aristides or. 26K ('Auf Rom') 10,31,33,70,81 Übs. R. Klein)

Der zufällige *princeps*, ein erster Konflikt und eine Ehrung mit Folgen

Dass Antoninus dann nach dem Tod Hadrians im Juli 138 zum *princeps* T. Aelius Hadrianus Antoninus Augustus wurde, ergab sich letztlich aus Ereignissen, auf die er selbst nur bedingt Einfluss gehabt hatte. Obwohl Hadrian noch für seine Erben den Weg geebnet hatte, wurde sein schon durch die Verwerfungen zu Beginn seiner Regierung belastetes Verhältnis zum Senat durch die letzten Maßnahmen weiter vergiftet. Gerade der Umstand, dass dabei erneut Senatoren ums Leben kamen, bedeutete nicht nur einen Bruch mit deren Anhängerschaft, sondern verstieß ganz grundsätzlich gegen die Regeln des Umgangs zwischen *princeps* und Senatsaristokratie. Für Antoninus sollte dies zu einer frühen Krise führen, denn der Senat ging in der Frage um die Vergöttlichung Hadrians zunächst auf Konfrontationskurs.

Die Chronologie der Ereignisse ist im Einzelnen nicht zu rekonstruieren. Offenbar mündeten die Spannungen in eine Senatssitzung, in der Antoninus in einer emotionalen Rede den Senat umstimmen konnte.[4] In der Frage zurückzustecken, war offenbar keine Option, denn dies hätte gleich zu Beginn seine Autorität grundsätzlich untergraben. Was zum Desaster hätte werden können, stellt sich im Nachhinein als Glücksfall für seine Autorität heraus, denn der neue *princeps* agierte hier wohl äußerst souverän und erzielte einen Ausgleich mit der Senatsaristokratie, zu der er selbst jahrzehntelang gehört hatte.

Eine direkte Folge der Lösung des Konflikts war dann offenbar die Verleihung des Titels Pius durch den Senat (vergleichbar mit dem *Optimus*-Titel Traians). Antoninus hatte *pietas* (d. h. so viel wie Pflichtgefühl) sowohl gegenüber dem Adoptivvater als auch gegenüber dem Senat bewiesen. In den kommenden Jahren sollte die Ausgestaltung dieses Themas in ganz unterschiedlichen

Bereichen eine quasi ‚globale' Qualität für Antoninus Pius gewinnen. Der Anfangskrise kommt aber auch deswegen besondere Bedeutung zu, da durch sie für die kommenden Jahrzehnte der von beiderseitigem Respekt geprägte Ton in der Kommunikation zwischen dem Senat und dem *civilis princeps* (bürgernaher Prinzeps) gesetzt worden war.

Der Adoptivkaiser als Vater einer Dynastie

Zeigte sich Antoninus Pius in der Anfangskrise wie auch in den kommenden Jahrzehnten als Inbegriff des *civilis princeps*-Ideals und erfüllte er im Wesentlichen die Erwartungen sowohl der Elite als auch der breiteren Schichten Stadtroms an einen ‚guten' Kaiser (offenbar selbst bei der Niederschlagung von zwei Usurpationsversuchen), so darf dies nicht von der grundsätzlich autokratischen Natur der monarchischen Herrschaft ablenken. Marc Aurel bringt es in seinen „Selbstbetrachtungen" auf den Punkt, wenn er „den ganzen Hofstaat des Hadrian, den ganzen Hof des Antoninus, den des Philipp, des Alexander, des Kroisos!" in eine bemerkenswerte Reihe stellt. „Denn all jene Szenen waren im Grunde ganz dieselben wie heute; nur die Schauspieler waren andere."[5]

Gleichermaßen darf die moderne Klassifizierung des Antoninus als „Adoptivkaiser" nicht den Blick auf die zutiefst dynastische Repräsentation und Herrschaftsgestaltung dieses *princeps* verstellen. Das zeigt sich in der Vorbereitung des jungen Caesars Marc Aurel zur Herrschaft und in der Herausstellung seiner Ehe mit der Kaisertochter Faustina minor (145) sowie der daraus hervorgegangenen Kinder (der jüngere Lucius Verus wurde anscheinend an die Seite gedrängt). Es wird aber auch in einem letztlich zufällig zustande gekommenen Ereignis deutlich. Pius' Gemahlin Faustina maior verstarb bereits im Oktober 140 und wurde danach in außergewöhnlichem Maße als *diva* (formell zur Gottheit Erhobene) geehrt. Über Pius' gesamte Herrschaft hinweg wurden in großem Umfang Münzen in ihrem Namen geprägt (Abb. 3).

Eng damit verbunden war ein innovatives Thema der Repräsentation, die vorbildliche Kaiserehe, in der sich wiederum die *pietas* des Herrschers manifestierte. Gerade am Thema der Kaiserehe lässt sich auch zeigen, dass Herrschaftshandeln und Herrschaftsrepräsentation eng miteinander verbunden sein konnten. Denn wurde die kaiserliche Ehe (auch nach dem Tod der Faustina) in Monumenten herausgestellt, so ist mit der einhergehenden Betonung der rechtmäßigen Ehe wohl ebenso zu verbinden, dass Pius mit einer lange Zeit geübten Praxis bei der Verleihung des römischen Bürgerrechts an Soldaten der Hilfstruppen nach Ableistung ihrer Dienstzeit brach. Unter seinen Vorgängern hatten diejenigen Kinder, die während des Dienstes geboren worden und daher aufgrund des Eheverbots für Soldaten illegitim waren, ebenfalls die *civitas Romana* erhalten. Pius beendete dies spätestens im November 140; möglicherweise weil die einhergehende nachträgliche Anerkennung eheähnlicher Verbindungen während der Dienstzeit der Soldaten im Widerspruch zur propagierten Ideologie stand.

Ein traditionsbewusster, sparsamer und statischer Kaiser?

Pius, der während seiner gesamten Regierungszeit Italien nicht ein einziges Mal verließ, erscheint uns gerade im Vergleich zu seinem energischen Vorgänger, der sich sein Reich auf ausgedehnten Reisen erschloss, als unbeweglich – im Raum und im Denken. Weder teilte er den Philhellenismus seines Vorgängers, noch betrieb er eine engagierte Baupolitik in Rom. Vielmehr verstand er es offenbar, die durch Hadrian strapazierten Finanzen zu sanieren; Cassius Dio zufolge hinterließ er der Staatskasse gar einen Überschuss von 675 Millionen Denaren. Kaiser Julian machte sich Jahrhunderte später über Pius' Geiz (griech. *smikrologia*) lustig.[6] Sein Verzicht auf kostspielige Reisen, mit denen sich Hadrian zudem der Verfügbarkeit im Reichszentrum entzogen hatte, bedeutete allerdings keine Vernachlässigung der Provinzen; gerade in Notsituationen stellte Pius für viele Städte Mittel bereit. Das große Summen verschlingende Gesandtschaftswesen der griechischen Städte schränkte er indes ein. Briefe sollten das Kommunikationsmittel der Wahl sein, und wie sehr das Imperium

Abb. 3 Prägung im Namen der *diva* Faustina maior. Die Münzprägungen für Faustina in allen Nominalen gehen nicht nur auf ihre konkrete Vergöttlichung ein. Vielmehr zeigen sie ein weites Themenspektrum. So wird etwa, wie bei diesem Aureus, die *pietas Augusti*, die Pflichttreue ihres kaiserlichen Gemahls, angesprochen.

in dieser Zeit darauf basierte, reflektiert der Redner Aelius Aristides in idealisierter Weise (s. Quellenkasten).

Der *princeps* kontrollierte das Reich über seine Statthalter, zu denen er kontinuierlich brieflichen Kontakt hatte. Er konnte es sich – zumindest im Moment – leisten, im Reichszentrum Italia zu verbleiben. Die Dominanz des italischen Kernlands wurde von Pius hervorgehoben. Er schaffte eine verwaltungstechnische Neuerung seines Vorgängers wieder ab: vier *legati* für die Administration Italias, zu denen Pius einst selbst gehört hatte.[7] Diese Institution hatte Italia allzu sehr als Provinz erscheinen lassen. Dessen Vorrang wurde nun auf Münzen klargestellt.

Auch zeigte Pius sich als Wohltäter zahlreicher Städte Italias, wofür er gar als *restitutor Italiae* (Wiederhersteller Italiens) geehrt wurde.[8] Altitalische, mythische Motive begegnen vielfach auf Münzen. Möglicherweise wurde damit das 147/148 gefeierte 900. Gründungsjubiläum der Stadt Rom vorbereitet. Vielleicht sind diese religiösen Motive aber auch als Ausdruck eines Traditionalismus zu sehen, der generell ein Charakteristikum von Pius' Herrschaft gewesen zu sein scheint.

An den Grenzen nichts Neues?

Auf Basis der erhaltenen Quellen (am wichtigsten ist die Vita des Antoninus Pius in der „Historia Augusta", einer spätantiken Sammlung von Kaiserbiografien) lässt sich keine kontinuierliche Geschichte von Pius' Herrschaft schreiben. Dies gilt erst recht für die Provinzialgeschichte, rangierte doch das, was an den Grenzen des Reiches passierte, häufig unterhalb der Aufmerksamkeitsschwelle der aus der Elite stammenden Autoren. Durch die erhaltenen literarischen Quellen wird daher das irreführende Bild einer mehr oder weniger ereignislosen Friedenszeit evoziert. Das passt zu antiken Parallelisierungen des Antoninus Pius mit dem altrömischen König Numa Pompilius, an den man sich als Friedensherrscher und als Begründer der römischen Religion erinnerte.[9] Angesichts der großen Herausforderungen der nächsten Generation in den Kriegen gegen Parther und Germanen erschien das Ausbleiben großräumiger Aktionen in der Zeit des Pius gar als fatales Versäumnis eines phlegmatischen Hauptstadtkaisers. Die Einbeziehung neuer Quellenbefunde hat jedoch gezeigt, dass es während seiner Herrschaft an nahezu allen Grenzen zu kriegerischen Auseinandersetzungen kam. Diese gewannen aber nie reichsbedrohende Qualität. Wurde Antoninus gerade an Rhein und Donau (wo es unter Marc Aurel zu den Markomannenkriegen kommen sollte) Inaktivität vorgeworfen, so ist diese Kritik insofern nicht berechtigt, als sie von langfristiger strategischer Planung der Römer ausgeht. Dies dürfte allerdings anachronistisch sein.

Aelius Aristides entwirft in seiner Romrede (s. **Quellenkasten auf S. 93**) das Bild eines unangefochtenen Imperiums. Das zeugt zwar von der Stabilität des Reiches, vermittelt aber ein schiefes Bild der Lage, da die Prosperität Ergebnis ständiger Wachsamkeit und Kämpfe an den Grenzen war. Über das schwer zu datierende, aber offenbar über Jahre intensiv geführte *bellum Mauricum* wissen wir so gut wie nichts. Wenn überhaupt, dann ist ein Medaillon (**Abb. 4**) auf die Beendigung der Kämpfe und die damit erreichte Sicherung der Kornversorgung Roms zu beziehen. Dessen Botschaft war klar: Alles ist unter Kontrolle – dank des Kaisers. Das Fehlen großer Eroberungszüge im Stile eines Traian darf somit nicht mit Untätigkeit gleichgesetzt werden.

Dass auch ein Kaiser wie Pius, der im Vergleich etwa zu Traian wenig an militärischem Ruhm interessiert war (das fiel bereits in der Antike auf), doch nicht vollständig auf diesen verzichten konnte, zeigte sich bereits zu Regierungsbeginn. Denn schon kurz nach seinem Herrschaftsantritt traf Pius die Entscheidung, den erst wenige Jahre zuvor fertiggestellten Hadrianswall aufzugeben und die britannische Grenzbefestigung etwa 150 km nach Norden zu verlegen. Anlass der Militäroperationen waren offenbar Unruhen in Britannien. Auf deren Niederschlagung folgte jedoch eine Expansion, die allein dadurch nicht gerechtfertigt scheint. Man hat dies nun häufig mit strategischen oder ökonomischen Erwägungen erklären wollen, doch kann das besonders aufgrund des recht schnellen Rückzugs von der neuen Anlage Anfang der 160er Jahre nicht überzeugen.

Zentral für die Interpretation dieser Unternehmung sind vielmehr die angesprochene unsichere Anfangszeit von Pius' Herrschaft, sein fehlender militärischer Ruhm und die Kritik der Oberschicht an der passiven Außenpolitik Hadrians. Ziel des Britannienfeldzugs war daher wohl die mit ihm errungene Ausrufung zum Imperator, die römischen Kaisern bei Erfolgen ihrer Armeen gebührte. Als Parallele kann man Claudius anführen. Unter schwierigen Bedingungen und annähernd im gleichen Alter wie Pius an die Macht gekommen, hatte er fast genau einhundert Jahre zuvor innerbritannische Konflikte zum Anlass genommen, durch einen Eroberungskrieg dauernden Ruhm zu gewinnen. Für diese Deutung spricht, dass Pius' Britanniensieg Niederschlag in der Münzprägung fand (**Abb. 5**).

Der Vergleich mit Claudius offenbart jedoch auch deutliche Unterschiede. So war dieser zum Abschluss des Feldzugs selbst nach Britannien gereist und hatte dadurch sichergestellt, dass er in Rom einen Triumph feiern konnte – mit dazugehörigem Triumphbogen. Pius verzichtete darauf und ließ den Feldzug von einem seiner Legaten führen. Kam Claudius zudem schließlich auf 27 imperatorische Akklamationen, eine bis Constantin einmalige Zahl, so begnügte sich Pius trotz mehrerer weiterer Konflikte während seiner Herrschaft mit der zweiten Akklamation. Sie reichte offenbar aus, um früh mit Hadrian gleichziehen zu können. Durch die Gebietserweiterung entsprach Pius außerdem einem wichtigen Rollenverständnis römischer *principes* und grenzte sich zudem von der Politik des unbeliebten Vorgängers ab.

Zuviel Käse, ein sanfter Tod und eine einmalige Nachfolgelösung

Am 7. März 161 starb Antoninus Pius nach kurzer Krankheit in seiner Villa im italischen Lorium. Übermäßiger Genuss von Alpenkäse einige Tage zuvor soll zum rapiden Gesundheitsverfall des 74-jährigen Kaisers geführt haben,[10] der wegen seines hohen Alters auf Tafeln aus Lindenholz, die ihm um die Brust geschnürt wurden, angewiesen war, um aufrecht gehen zu können.[11] Auf dem Totenbett soll er einzig „den Königen" gegrollt haben.[12] Die Nachfolge war seit Langem geklärt. Marc Aurel war als Caesar zwanzig Jahre auf die Herrschaft vorbereitet worden – so intensiv wie kein an-

Abb. 4 Antoninus Pius sitzt auf einer *sella curulis* nach links (Medaillon, 153/154). Er wird von der hinter ihm stehenden Victoria mit der Rechten bekränzt und empfängt von Ceres (?) einen Strauß aus Getreideähren und Mohn. Ein nicht näher identifizierter Sieg – der natürlich dem Kaiser als Oberbefehlshaber aller Armeen zu verdanken ist – hat die Getreideversorgung sichergestellt. Möglicherweise bezieht sich die Prägung auf das Ende der Kämpfe in Nordafrika.

Abb. 5 **Sesterz von 142/143**, dem Jahr, in dem die Operationen in Britannien abgeschlossen wurden. Dargestellt ist auf der Rückseite die nach links schreitende Victoria mit einem mit BRI|TAN beschriebenen Schild in der Rechten (Victoria Britannica!). Die Legende IMPERATOR II hebt die Ausrufung zum siegreichen Feldherrn hervor.

derer Kaiser. Pius empfahl ihn dementsprechend seinen engsten Beratern und gab – überaus passend – die Parole *aequanimitas* (Gleichmut) für die Wache aus, bevor er verschied. Dass Marc Aurel *princeps* wurde, war wenig überraschend; dass er aber Lucius Verus in einem beispiellosen Akt zum Mitherrscher nehmen sollte, mag nicht wenige verblüfft haben. Denn vorbereitet worden war dies nicht. Zwei Monate zuvor, am 1. Januar 161, hatten zwar beide Adoptivsöhne das ordentliche Konsulat angetreten. Doch nichts weist darauf, dass Lucius zuvor als zweiter Augustus vorbereitet worden wäre. Wie viel Anteil Pius an Marc Aurels Entscheidung hatte, bleibt denn auch fraglich.

Antoninus Pius ist von der modernen Forschung (im Gegensatz zur gänzlich positiven antiken Überlieferung) sehr unterschiedlich bewertet worden. In gewisser Weise dem Kaiser Julian folgend, der Antoninus in einer selbst verfassten Satire als „Kümmelspalter" verspottete,[13] wurde Pius oft als ideenloser Verwalter gefasst, dessen pedantische Unbeweglichkeit im Bereich der Außenpolitik geradezu fahrlässige Züge angenommen habe. Von diesen früheren Bewertungen hat sich die jüngere Forschung indes entfernt. Die Prinzipatsordnung war ebenso wenig ein Selbstläufer, wie das Reich 23 Jahre ohne einen kompetenten Herrscher dahingleiten konnte. Verwerfungen unter anderen Herrschern zeigen es: Stabilität war keine Selbstverständlichkeit, sondern Ergebnis konstanter Kommunikation auf unterschiedlichsten Ebenen. Auch in der Aufrechterhaltung der Ordnung ist somit eine nicht geringe Leistung des Antoninus Pius zu sehen, dessen Herrschaft als ein goldenes Zeitalter der römischen Geschichte in Erinnerung blieb.

ANTONINUS PIUS

19. Sept. 86
Geburt des Titus Aurelius Fulvus Boionius (Arrius) Antoninus in Lanuvium (Italia)

136
Kaiser Hadrian adoptiert Lucius Ceionius Commodus (er wird dadurch zu Lucius Aelius Caesar)

1. Januar 138
Tod des Aelius Caesar

25. Februar 138
Neue Nachfolgeordnung: Hadrian adoptiert Antoninus unter der Voraussetzung, dass er seinerseits zwei Söhne adoptiert: die späteren Kaiser Marc Aurel und Lucius Verus

10. Juli 138
Tod Hadrians, Herrschaftsantritt des Antoninus

ca. 139–142
Britannienfeldzug unter Quintus Lollius Urbicus

Ende Oktober 140
Tod von Pius' Gemahlin Faustina maior; Konsekrationsbeschluss am gleichen Tag

142
Antoninus zum zweiten Mal zum Imperator ausgerufen; Baubeginn am Antoninuswall in Britannien

150–156(?)
Bellum Mauricum

155(?)
Romrede des Aelius Aristides

7. März 161
Tod des Pius, Bestattung im Mausoleum Hadriani

Von Alexander Demandt

Die Lichtgestalt unter den römischen Kaisern

Der Philosophenkaiser Marc Aurel

Marc Aurelius Antoninus – in den Quellen heißt er „Marcus", er selbst nannte sich „Antoninus" – ist der uns wohl am besten bekannte römische Kaiser. Wir besitzen mehrere antike Biografien über ihn, Jugendbriefe über ihn und an ihn, Hunderte von Gesetzen und wie üblich Münzen, Inschriften und Bildnisse. Seine philosophischen Tagebücher *Eis heauton*, die griechischen „Selbstbetrachtungen", im Feld geschrieben, sind ein Katechismus der Humanität, eine Perle der Weltliteratur. Über keinen Kaiser haben Mit- und Nachwelt so einhellig positiv geurteilt und ihn als Vorbild eines Herrschers empfunden.

„Wer war Marc Aurel?" Die Frage ist falsch gestellt. Sie muss heißen: „Wer war er nicht?" Er war kein Neuerer wie Caesar und Augustus, wie Diocletian und Constantin der Große, auch kein Eroberer wie Traian und Septimius Severus, kein bloßer Friedenskaiser wie Titus, Hadrian und Antoninus Pius. Vielmehr hat er während der schwersten Bedrängnis des Reiches unter Verzicht auf die Annehmlichkeiten des Hoflebens zehn Jahre lang an der Front gestanden, weitaus länger als irgendein Kaiser vor oder nach ihm, in ununterbrochener Pflichterfüllung dem Reich gedient und als stoischer Philosoph mit Milde, Umsicht und Gerechtigkeit regiert.

Jugend und Bildung

Marc Aurel, am 26. April 121 unter Hadrian in Rom geboren, stammt aus der plebejischen Nobilität, einer Familie, die nach Spanien ausgewandert war und in der frühen Kaiserzeit nach Rom zurückkehrte. Er wurde zweimal adoptiert, hatte somit nacheinander drei Väter, er wechselte dreimal seinen Namen und war sowohl mit Hadrian als auch mit Antoninus Pius versippt. Alle sogenannten Adoptivkaiser waren irgendwie verwandt.

Hadrian war von dem Knaben Marcus angetan und förderte ihn durch Erhebung in den Ritterstand und durch Aufnahme unter die Springpries-

Abb. 1 Büste Marc Aurels. Von Marc Aurel gibt es Porträts – zumeist aus Marmor – seit seiner Jugend, sie zeigen vier Altersstufen.

Der Philosophenkaiser Marc Aurel

ter, die Salier, benannt nach ihrer Tanzprozession Anfang März.

Als Pius 138 Kaiser geworden war, verlobte er seine Tochter, die jüngere Faustina, mit Marcus. Er war somit Adoptivsohn und Schwiegersohn des Kaisers. Marcus wohnte fortan im Palast auf dem Palatin, wurde in die Regierungstätigkeit eingeführt und durch Ämter und Ehren dem römischen Volk präsentiert. Nicht ganz leicht fand er sich mit dieser Rolle ab. Seine Liebe galt den Büchern und der Bildung. Er genoss eine sorgfältige Erziehung. Wir kennen 18 Lehrer. Theater und Zirkus mied er, Gladiatorenkämpfe verabscheute er. Früh zeigte er asketische Neigungen zur Genügsamkeit und Selbstbeherrschung, zu den Idealen der stoischen Philosophie.

Im Jahr 1815 fanden sich in Mailand 388 Seiten des lateinischen Briefwechsels zwischen Marcus und seinem Rhetoriklehrer Fronto. Sie sind sehr persönlich und gefühlvoll gehalten. Es geht um körperliche und seelische Befindlichkeit, um Schulaufgaben und Sprachprobleme, um Rhetorik und Philosophie, nie um Politik. Themen sind das herzliche Verhältnis Marc Aurels zu seinem „Mütterchen" Lucilla, die Sorge um Frontos kränkelnde Tochter Gratia, die Beziehungen zu Zeitgenossen und der Tageslauf. Köstlich beschreibt Marcus, wie er auf dem Ritt über Land mit Pius, von Hirten unerkannt, tätlich angegriffen wurde, dann, wie sie auf einem der Landgüter ein ausgelassenes Weinlesefest feiern, wie sie auf die Wildschweinjagd gehen, nichts erlegen, aber für die überstandenen Strapazen eigentlich – ironisch – einen Triumph verdienen. Als der zwanzigjährige Marcus sich stärker der Philosophie als der Rhetorik zuwandte, hat er seinen alten Lehrer enttäuscht. Doch die Belastung wurde überstanden.

Mit 24 Jahren heiratete Marcus die etwa 16-jährige Kaisertochter Faustina. Sie schenkte sechs Töchtern und sieben Söhnen das Leben, was die Münzen der Welt verkündeten. Nur vier Töchter überlebten den Vater sowie ein Sohn, der fatale Commodus. Marcus bedenkt seine Frau mit zärtlichen Worten, sie lebte zuletzt bei ihm im Lager an der Donau und begleitete ihn 175 nach Ägypten. Sie starb 176 in Kleinasien und erhielt als Kaiserin alle Totenehren. Was die römischen Lästerzungen von ihren Ehebrüchen erzählen, gehört in das noch zu schreibende Buch über die Gerüchteküche Rom.

Das Zweikaisertum

Als Pius 161 gestorben war, vollzog sich der Herrschaftswechsel reibungslos. Marcus besaß bereits alle kaiserlichen Rechte und Würden außer dem Amt des Oberpriesters. Spiele und Spenden feierten das Ereignis. Dann tat Marcus einen Schritt, der ohne Beispiel in der Geschichte war. Er erhob seinen Adoptivbruder Lucius Verus zum Mitkaiser. Ein dauerhafter Doppelprinzipat von zwei nicht blutsverwandten Kaisern gab es nur noch einmal in der Tetrarchie Diocletians. Normalerweise stritten Brüder um die Alleinherrschaft. Zwischen Marcus und Lucius aber herrschte Einvernehmen. Von Lucius heißt es, er habe sich weder durch Leistung noch durch Laster hervorgetan. Er liebte Wagenrennen und schöne Frauen. Caracalla hat seinen Bruder und Mitkaiser Geta 211 erstochen.

Der Herrschaftswechsel im Jahr 161 bedeutet einen Einschnitt in der äußeren Geschichte Roms. Gab es noch unter Pius einen Gebietszuwachs – in Britannien –, so geriet das Reich nun mit einem Mal allenthalben in die Defensive. Es begann im Osten. Die Friedensverhandlungen zwischen Pius und den Parthern waren gescheitert. Auf die Nachricht vom Tode des Pius griffen sie an zwei Fronten an. Im Norden, nahe dem späteren Erzurum, vernichteten ihre Bogenschützen eine Legion, in Syrien schlugen ihre Panzerreiter den römischen Statthalter in die Flucht.

Während Marcus in Rom gegen eine Überschwemmung durch den Tiber arbeitete, ging Lucius 162 an die Front im Osten. Selbst ohne Kriegserfahrung, überließ er das Feld seinen Generälen. Die Sicherung der Euphratgrenze unternahm Avidius Cassius. Er schlug die Parther bei der Grenzstadt Dura Europos, überschritt den Strom, sicherte die römische Herrschaft über Edessa, das heutige Urfa, und trieb den Partherkönig über den Tigris. Cassius zerstörte 165 die vertragsbrüchige Großstadt Seleucia nahe dem heutigen Bagdad, doch infizierte sich dort die Armee mit einer verheerenden Seuche. Die „Pest des Galen", benannt nach dem berühmtesten römischen Arzt, verbreitete sich nach der Rückkehr der Truppen im Osten des Reiches, wütete selbst in Rom und forderte Tausende von Menschenleben.

Die Germanenkriege

Im Jahr 164 hatte Lucius in Ephesos Marc Aurels Tochter Lucilla geheiratet, während in Antiochia seine Geliebte Pantheia, die schönste und begabteste Frau ihrer Zeit, lebte. Pantheia erscheint auch später noch bei Lucius Verus in Rom. Hier feierte er 166 mit Marcus seinen Triumph über die Parther. Die Ostfront war fortan stabil, aber im Westen brodelte es. In Britannien und Südspanien gab es Einfälle ins Reich, und die gesamte Nordfront geriet in Bewegung, nachdem wesentliche Truppenteile zum Partherkrieg abgezogen worden waren. Wir hören von einer „Verschwörung" von 21 Stämmen vom Niederrhein bis zum Donaudelta. Trier erhielt eine Mauer und die Porta Nigra **(Abb. 2)**.

Hauptgegner waren die swebischen Markomannen und Quaden nördlich des Donauknies, dazu kamen südlich im Ungarischen die sarmatischen Jazygen und in Dakien an der Donaumündung die Kostoboken. Alle diese Stämme waren im Zuge der großen Völkerverschiebung von Norden nach Süden und von Ost nach West erst wenige Generationen zuvor eingewandert und standen selbst unter dem Druck von Nachrückern, den sie nun ans Reich weitergaben. Die Völkerwanderung kündigte sich an.

Den Anfang machten die Chatten. Schon im Jahr 162 zogen sie aus Niederhessen südwärts und erschienen im obergermanischen Decumatland. Gleichzeitig drängten die Donaugermanen ins Reich. Die römischen Grenzwachen verhandelten und setzten auf Zeit. Dann aber erfuhren die Germanen, wie sehr die römischen Abwehrkräfte durch die Pest geschwächt waren. Nun gab es kein Halten mehr. Im Winter 166 erfolgte der große Einbruch. Die Donau war damals noch nicht kanalisiert, das Bett war breiter und flacher. Das Wasser strömte langsamer und fror leichter zu. Wenn dann die Donauflotte festlag, ka-

Abb. 2 Porta Nigra. Das Nordtor des von Marc Aurel ummauerten Trier, im Januar 2018 dendrochronologisch datiert auf 170, ist zeit- und stilgleich mit dem Lagertor in Regensburg.

men die Germanen über das Eis. Anders als die Römer kämpften sie auch im Winter.

Die Vorhut bildeten 6000 – solche Zahlen übertreiben – Langobarden von der Niederelbe mit ihren Bundesgenossen. Sie plünderten Pannonien, wurden aber geschlagen. Der mit ihnen verbündete Markomannenkönig Ballomar erhielt mit zehn Vertretern anderer Stämme einen Frieden und kehrte über die Donau zurück. Unterdes aber überquerten einige tausend Chatten die Donau und die Alpen und fielen in Italien ein. Ihnen traten Pompeianus und Pertinax, die beiden Generäle Marc Aurels, entgegen und zwangen die Germanen zum Rückzug. Unter den Gefallenen fand man Frauen in Rüstung.

Der erste Angriff der Markomannen ist verbunden mit der krausen Geschichte vom Löwenopfer, das die Römer auf Geheiß des Wundermannes Alexandros von Abonuteichos an der Donau bringen sollten. Das geschah, doch der Sieg blieb aus, denn die Markomannen brachten den Römern einen Verlust von 20 000 Mann auf Reichsboden bei. Dann erschienen sie in Italien, eroberten Opitergium, nördlich vom späteren Venedig, und belagerten Aquileia. Der ihnen entgegengeschickte Prätorianerpräfekt war geschlagen worden und gefallen.

In Rom erzeugte der Markomannenschreck eine Panik, Barbaren in Italien! Während zugleich die Seuche eine Unzahl von Opfern forderte, rief Marcus die Götter zu Hilfe. Von überallher holte er Priester fremder Kulte, vollzog alle von ihm erwarteten Reinigungszeremonien in Rom und zelebrierte sieben Tage lang Lectisternien, Götterbewirtungen. Ein Prophet verkündete den Weltuntergang im Feuerregen, *finis mundi*. Verspätet ging Marcus mit Lucius Verus 168 an die Donau. Es wurde der schwerste Krieg gegen einen äußeren Feind seit Hannibal, vermerkt Eutrop. Die Marcusvita spricht von dem längsten Krieg seit Menschengedenken: 19 Jahre, länger als der Zweite Punische Krieg.

Beim Anmarsch der Kaiser zogen sich die Germanen beutebeladen zurück, ja sie töteten ihre Anführer und suchten Frieden. Die Quaden baten gar nach dem Tod ihres Königs um einen neuen von Kaisers Gnaden. Antirömische und prorömische Haltung wechselten bei ihnen wie das Wetter. Die Kaiser überquerten die Iulischen Alpen, sorgten für alles, was zum Schutz von Italien und Illyricum erforderlich war, und kehrten dann um ins Winterquartier Aquileia. Im Januar 169 traten sie die Rückreise nach Rom an. Dabei verstarb Lucius im Reisewagen neben Marcus.

Im Sommer 169 rüstete Marcus in Rom zum Gegenschlag. Das Geld wurde knapp. Nun griff er wieder zu einer unerhörten Maßnahme. Zugunsten der Kriegskasse ließ er die Kronjuwelen versteigern. Konnte er die Senatoren, die das Geld hatten, die Preziosen zu kaufen, nicht wie andere Kaiser mit einer kriegsbedingten Sondersteuer belasten? Marcus schonte, ja hofierte den Senat. Zwei neue Legionen wurden aufgestellt. Das reichte nicht. Die allgemeine Wehrpflicht war ausgesetzt. Marcus bewaffnete Sklaven und Gladiatoren und nahm sie mit ins Feld, Letzteres zum Kummer des Volkes. Man klagte und spottete, Marcus wolle die Gladiatoren zu Philosophen machen.

Vor allem aber heuerte Marcus bei den Germanen Söldner an, zu Tausenden. Sie dienten jedem, der sie bezahlte, sie vergossen lieber Blut als Schweiß. Schon Caesar hatte germanische Reiter angeworben, das blieb üblich. So auch die Landzuweisung. Seit Augustus waren immer wieder Germanen, zuweilen ganze Stämme, im Reich angesiedelt worden. Auch Marcus tat dies in großem Umfang; Markomannen, die in Ravenna Unruhe stifteten, wurde allerdings wieder über die Donau abgeschoben. Schließlich versuchten Marcus sowie mehrere Vorgänger und Nachfolger, die Germanen jenseits der Grenzen mit Jahrgeldern stillzustellen. Das Geld floss dann über die römischen Märkte ins Reich zurück. Die insgesamt sieben Friedensschlüsse währten immer nur Monate.

Es gab weitere Niederlagen der Römer in den Jahren 170 und 171. Die Markomannen schlugen den

---

AUS DEN „SELBSTBETRACHTUNGEN"

Hüte dich, selbst gegen Unmenschen leidenschaftlich zu handeln, wie Unmenschen gegen Menschen tun!

(Marc Aurel, Wege zu sich selbst VII 65. Übs. C. Cleß)

Gardepräfekten Macrinius Vindex. Der Statthalter von Dakien fiel im Kampf gegen Germanen und sarmatische Jazygen aus der Theißebene. Marcus finden wir damals in Carnuntum. Die Anwesenheit des Kaisers an der Donau machte Eindruck. Mehrere Germanenstämme schickten Gesandtschaften. Sie erbaten und erhielten Frieden (Abb. 3).

Die Quaden boten Pferde und Vieh und versprachen, 13 000 Gefangene freizulassen und später die übrigen. Bei jedem Friedensschluss mit Germanen forderte Rom zuallererst die Freigabe der Gefangenen, die bis in die Spätantike als Fremd- und Facharbeiter die germanischen Männer für den Kriegsdienst freistellten.

In jenen Jahren brodelte es ebenso in Dakien und Mösien, in Britannien, Spanien und Ägypten. In der Theißebene machten die Jazygen mit den Quaden, ihren Nachbarn im Norden, gemeinsame Sache. Es kam zu einem Kampf auf dem Eis der Donau. Die Jazygen baten um Frieden, den Marcus aber verweigerte. Mit den Barbaren gab es nur vorübergehend Waffenstillstand. Die Quaden hatten nicht alle Gefangenen ausgeliefert, sondern nur solche, die man zu keiner Arbeit brauchen und auch nicht verkaufen konnte. Bei der Herausgabe der Gefangenen wurden ihre Familien zurückbehalten in der Hoffnung, dass die Ausgelieferten ins Barbaricum zurückkehren würden. Sie lebten bei den Germanen offenbar in erträglichen Verhältnissen. Jedenfalls mussten sie keine Steuern zahlen und keinen verhassten Kriegsdienst leisten.

Allzu friedfertige Könige wurden von den Germanen durch Kriegsherren ersetzt. Die Quaden hatten ihren romtreuen König Furtius verjagt und den kriegswilligen Ariogaisos erhoben. Marcus erkannte ihn nicht an und misstraute auch dem Friedensangebot, 50 000 Gefangene freizugeben. Vielmehr versprach er dem, der ihm den Kopf des Ariogaisos bringe, fünfhundert Goldstücke, für den lebenden aber setzte er tausend aus. Nachdem er dann für diese Summe den Quaden ihren neuen König abgekauft hatte, verbannte er ihn nicht auf die wasserlose Strafinsel Gyaros, sondern nach Alexandria.

Das Regenwunder

Das markanteste Ereignis während der Germanenkriege war das Regenwunder im Quadenland, heute in der westlichen Slowakei. Die Quaden waren

Abb. 3 Marc Aurel im Eichenwald. Von dem Triumphbogen von 176 stammt diese Tafel, heute im Konservatorenpalast Rom. Marcus begnadigt besiegte Germanen. Neben dem Kaiser sein Gardepräfekt Pompeianus

Der Philosophenkaiser Marc Aurel

Abb. 4 Das Regenwunder. Relief auf der Marcussäule in Rom. Die von den Quaden bedrängten Römer werden 172 durch einen Sturzregen vor dem Verdursten bewahrt.

wiederholt über die Donau gekommen und hatten das Hinterland von Wien geplündert. Daher setzte der Kaiser 172 zum Gegenschlag an, drang weit ins Barbarenland vor, doch ein Teil des Heeres geriet in einen Hinterhalt. Das Geschehen sehen wir auf der Marcussäule auf der Piazza Colonna in Rom **(Abb. 4)**.

Sie zeigt in mäßiger Höhe eine ungewöhnliche Szene. Über Legionären, die Barbaren in langen Hosen niederkämpfen, breitet ein riesiger geflügelter Dämon seine Arme aus, von denen ein Vorhang von Regensträhnen herabströmt. Daneben stehen Soldaten, die den Rundschild über den Kopf halten. Die Römer, Schild an Schild stehend, sind von einer Unzahl Quaden eingeschlossen. Sie sind von Hitze und Durst ermattet, denn der Zugang zum Wasser ist ihnen versperrt. Da gibt es einen erlösenden Platzregen, die Römer trinken, sie sammeln das Wasser in ihren Helmen und Schilden und tränken auch ihre Pferde. Das nutzen die Barbaren zum Angriff, aber Hagel und Blitze fahren auf sie nieder, der Regen – o Wunder! – nährt das Feuer unter den Barbaren, als wäre es Öl, während es die Römer verschont. Sie siegen.

Das Ereignis wurde sofort mit weiteren Legenden ausgestaltet. Wir hören vom Eingriff des Wettergottes in den Kampf, der wohlsortiert allein die Quaden mit Blitz und Hagel vernichtet, aber die Römer im Handgemenge ausspart. Das hilfreiche Unwetter konnte schon Marcus nicht als bloßen Zufall stehen lassen. Der Kaiser sprach in seinem Brief an den Senat von einer Rettung „nicht ohne Gott", ohne den zuständigen Wettergott Iupiter zu benennen. Es wurde behauptet, der ägyptische „Magier" Arnuphis habe den Hermes Aërios bezaubert, den Regen zu senden. Auch astrologisch beschlagene „Chaldäer und Magier" werden genannt, deren Zauberkünste den Sieg herbeigeführt hätten.

Die Kirchenväter behaupten, die Christen im Heer seien betend vor dem Feinde auf die Knie gefallen, was diese verblüfft habe, ehe sie dann von Gott durch Sturm und Blitz in die Flucht gejagt wurden. Die zwölfte Legion habe zur Erinnerung daran den Beinamen Fulminata, die „Blitze schleudernde", erhalten. Den Beinamen Fulminata trägt sie aber schon seit Augustus. Die Verbindung der Legion mit dem Regenwunder ist unhistorisch, so wie die Anwesenheit von Christen im Heer. Tertullian behauptet, er selbst habe den Brief des „verehrungswürdigen Kaisers" an den Senat gelesen, in dem dieser das Verdienst an dem rettenden Unwetter dem Gebet der Christen zugewiesen habe. Ein solches Falsifikat war mithin unter den Christen verbreitet. Das Regenwunder besiegelte den Erfolg des Feldzugs. Vermutlich damals weihte der Senat dem Kaiser das Reiterdenkmal auf dem Kapitol (Abb. 5).

Die letzten turbulenten Jahre

Nach dem Sieg kehrte Marcus nach Carnuntum zurück und gewährte den Quaden mal wieder einen Frieden. Er forderte außer den Gefangenen die Räumung der Uferzone und regelte den Handelsverkehr. Trotzdem gingen die Einfälle weiter. Die Kastelle in Regensburg, Salzburg und Wien wurden niedergebrannt, die Chatten erschienen wieder in Italien, die Mauren in Spanien und die Chauken in Belgien. Im Nildelta drohten die rebellischen Rinderhirten Alexandria einzunehmen, und in Dakien gingen die Goldbergwerke verloren. Mit den sarmatischen Jazygen gab es einen Waffenstillstand, denn in Syrien drohte ein Bürgerkrieg.

Marcus war dauernd kränklich. Anfang 175 kam das Gerücht nach Syrien, er sei gestorben. Er hatte seinen Sohn Commodus auf die Nachfolge vorbereitet, doch das missfiel Avidius Cassius, damals Befehlshaber der syrischen Legionen. Er ließ sich zum Kaiser ausrufen. Dann erfuhr er, dass Marcus lebte. Beide Seiten rüsteten, da wurde Cassius von seinen eigenen Leuten erschlagen. Dennoch zog Marcus nach Osten, besuchte Alexandria und diskutierte mit den Philosophen. Über Smyrna und Athen kehrte er nach Rom zurück, wo er im Dezember 176 seinen zweiten Triumph feierte, nun mit Commodus, der auf dem Relief im Konservatorenpalast später ausgemeißelt wurde. Erneute Angriffe der Jazygen nötigten Marcus 178 wieder zu einer Strafaktion.

Als er wieder in Sirmium war, baten die Stämme abermals um Frieden, der ihnen gewährt wurde.

Abb. 5 Das Reiterdenkmal. Der „Caballus" auf dem Capitolsplatz ist das einzige überirdisch erhaltene Reiterdenkmal der Antike. Es galt als „Constantin der Große" und wurde erst im 15. Jh. identifiziert.

Sodann ging Marcus nach Wien und vergrößerte das Lager in Regensburg. Mehrere tausend Sweben übernahm Marcus ins Reich (Abb. 6).

Der Gardepräfekt Paternus erzielte einen weiteren Sieg über die wiederum vertragsbrüchigen Quaden. Ihren Plan, zu den Semnonen in Böhmen auszuwandern, vereitelte Marcus. Er hatte bereits feste Stützpunkte in ihrem Land angelegt, wie wenn er dort eine Provinz errichten wollte. Es gibt eine Felsinschrift in Trentschin in der Slowakei, 120 km nördlich der Donau, von einem Winterlager unter Marc Aurel. Man hat seinen Okkupationsplan zu Recht als unsinnig bezeichnet und darum zu Unrecht bezweifelt, aber eine unsinnige Politik muss nicht unhistorisch sein.

Am 17. März 180 verstarb Marcus, 56 Jahre alt, in Wien im Beisein seines Sohnes. Dieser richtete die Leichenfeier aus und brachte die Asche nach Rom ins Mausoleum Hadrians. Ohne Probleme übernahm er die Herrschaft. Die sofort wieder aufsässigen Germanen wurden nochmals bekriegt, doch zog Commodus alle Vorposten über die Donau zurück und übernahm nochmals 13 000 Söldner. Im Oktober triumphierte er. An der Donau herrschte für zwei Generationen Ruhe, ehe um 250 der zweite Germanensturm einsetzte. Er führte zur Landnahme nördlich der oberen Donau.

Die Innenpolitik

Die Innenpolitik Marc Aurels ist belastet mit der „Christenverfolgung". Seit Traian mussten Christen, die aufgrund einer persönlichen Anzeige vor Gericht kamen, die Verweigerung des Kaiseropfers mit dem Leben büßen. Eine staatliche Verfolgung wurde ausdrücklich untersagt und fand auch unter Marc Aurel nicht statt. In Rom wurde 167 der Kirchenvater Justin mit vier anderen angeklagten Christen hingerichtet. Als der Richter den Angeklagten überreden wollte, das Opfer zu bringen, versuchte umgekehrt Justin, den Richter zu bekehren. Und auf dessen Frage, „Glaubst du wirklich, nach dem Tod in den Himmel zu kommen?", antwortete der: „Das glaube ich nicht, das weiß ich." Der römischen Gemeinde und ihrem Bischof geschah nichts. Einen großen Prozess gab es 177 in Lugdunum (Lyon), wo die Massen gegen die Christen hetzten. 48 von ihnen, die das Kaiseropfer verweigerten, wurden den Zirkusbestien ausgeliefert. Die Gemeinde blieb auch dort verschont. Marcus monierte das „theatralische" Sterben der Christen.

Als Richter wird Marcus für seine Sorgfalt, Geduld und Milde gerühmt. Als sein verehrter Lehrer Herodes Atticus angeklagt wurde, seinen immensen Reichtum in Athen politisch zu missbrauchen, und Marcus den Klägern recht gab, da erging sich der Redner in harten Majestätsbeleidigungen im Angesicht des Kaisers. Das empörte den Gardepräfekten. Er fragte Herodes, ob er lebensmüde sei. Aber Marcus winkte ab. Man solle den alten Herrn ausreden lassen. Marcus ertrug es gelassen.

Die über 350 von ihm erhaltenen Gesetze zeichnen sich durch ihre humane Tendenz aus. Das betrifft insbesondere den Schutz und die Freilas-

Abb. 6 Hinrichtung von Germanen. Relief der Marcussäule. Bestraft werden abtrünnige Quaden durch Landsleute im römischen Dienst. Friedensbrecher ließ Marcus durch treue Landsleute hinrichten.

Abb. 7 **Fünfzig-Cent-Münze.** Die Erstausgabe der italienischen Euro-Münze zeigt die Reiterstatue des Kaisers auf dem Capitolsplatz in Rom, gestaltet 1564 von Michelangelo. Hier sah man den Nabel der Welt.

sung von Sklaven. Marcus sorgte für Straßen und Städte, zumal nach den Erdbeben im Osten. Er schuf Lehrstühle für Philosophie und Rhetorik in Athen, legte in Italien Stiftungen auf für kinderreiche Familien und kontrollierte das Bankwesen. Die Öffnung der Personalpolitik für neue Schichten, die Bildung größerer Kommandobezirke und die umfangreiche Anwerbung und Ansiedlung von Germanen weisen voraus auf die Spätantike. Die oft getadelte Bestimmung des Commodus zum Nachfolger folgte dem unvermeidlichen dynastischen Prinzip. Jede andere Wahl hätte zum Bürgerkrieg geführt.

Marcus nahm auch die mit dem Kaiseramt verbundenen religiösen Pflichten ernst, am Staats- und Kaiserkult änderte er nichts. Das war Sache des Rituals, nicht des Glaubens. Marcus selbst spricht von Gott nur unpersönlich, die Olympier spielen in seinem Denken keine Rolle. Er war Pantheist. Das zeigen die genannten „Selbstbetrachtungen". Es sind 487 Aphorismen, beginnend mit einer Danksagung an Eltern und Lehrer. Nach den Werken von Seneca und Epiktet bietet Marcus das dritte Dokument der römischen Stoa.

Die Welt ist für Marcus ein harmonisches Ganzes, in dem alles seinen Platz hat, durchwaltet vom göttlichen Geist, der auch in jedem Menschen schlummert. Alles ist ewig im Wandel und wiederholt sich unter anderen Vorzeichen. Marcus ermahnt sich, heiter und gelassen seine Pflicht zu erfüllen, das Unabänderliche hinzunehmen und alle Mitmenschen als solche zu achten, auch Barbaren und Feinde. Alle äußeren Güter sollen ihm selbst unwesentlich sein, anderen Menschen aber zukommen. Der Tod ist nie zu fürchten, das Stoffliche zerfällt wieder, das Geistige löst sich auf in die Weltseele, die formende Kraft der Natur.

Zustimmung und Bewunderung fand Marc Aurel zu allen Zeiten, selbst bei den Christen. Seine „Selbstbetrachtungen" sind in zwölf Sprachen übersetzt. Sie waren immer im Handel, hochgeschätzt, namentlich in der Aufklärung bei Montesquieu und Friedrich dem Großen, dann bei Historikern wie Edward Gibbon und Jacob Burckhardt und im 20. Jh. bei Albert Schweitzer und Helmut Schmidt. Man kann mit seiner Philosophie leben. 1794 schrieb Johann Gottfried Herder: „Wenn Mark Antonin im Verborgenen mit seinem Herzen spricht, redet er auch mit dem meinigen."

MARC AUREL

26. April 121
Geburt in Rom

25. Februar 138
Adoption durch Antoninus Pius

7. März 161
Kaiser. Lucius Verus Mitkaiser

12. Dezember 166
Parthertriumph mit Lucius Verus. Beginn der Germanenkriege

Januar 169
Tod des Lucius Verus

172
Regenwunder im Quadenland

175
Erhebung des Avidius Cassius

25. Dezember 176
Germanentriumph mit Commodus

177
Christenprozess in Lyon

17. März 180
Tod in Wien. Commodus Nachfolger

Von Stephan Lücke

Kaiser, Gott und Gladiator

Commodus – der verhasste Kaiser

Die Darstellung der Herrschaft des Commodus durch die Geschichtsschreiber lässt kaum ein gutes Haar an ihm. Positive Eigenschaften findet man in den historiographischen Quellen nur wenige. Durchweg wird er als verrückter, unsympathischer Autokrat skizziert, dessen früher gewaltsamer Tod gleichermaßen logische wie auch verdiente Konsequenz seiner durch und durch als anstößig empfundenen Herrschaft gewesen sei. In der Tat scheint Commodus gerade gegen Ende seiner Herrschaftszeit mehr und mehr gegen die überkommenen Konventionen verstoßen zu haben. Besonders augenfällig wird dies durch seine Selbstinszenierung als ‚römischer Hercules' und seine Auftritte als Gladiator in der Arena.

Am letzten Tag des Jahres 192 fällt Lucius Aurelius Commodus nach gut zehnjähriger Alleinherrschaft und mit gerade einmal 31 Jahren einem Attentat zum Opfer. Die Details der Ermordung lassen sich nicht mit letzter Gewissheit fassen. Klar scheint nur, dass es sich um eine Palastintrige gehandelt hat, bei der u. a. Marcia, eine Mätresse des Commodus, eine zentrale Rolle gespielt hat. Angeblich wird Commodus in der Vectilianischen Villa auf dem Caelius, die er dem Palast auf dem Palatin vorzog, von einem Athleten namens Narcissus im Bad erwürgt, nachdem ein Gift, das man ihm ins Essen gegeben hatte, nicht die gewünschte Wirkung erzielt hatte.[1] Heimlich schmuggelt man seine Leiche aus der Villa.[2]

Die Trauer unter den Eliten des Römischen Reichs war nicht besonders groß. Die Quellen berichten von einem regelrechten Zorn auf den zuletzt als Tyrannen empfundenen Herrscher. In den erzählenden Quellen lesen wir Passagen mit den übelsten Verwünschungen des toten Kaisers. Man möge in sein Kinn einen Haken schlagen und den Leichnam damit zum Tiber schleifen.[3] Dort würde

Abb. 1 Büste des Commodus, die ihn als Verkörperung des Hercules Romanus zeigt. Der Oberkörper des Kaisers wird getragen von einem filigranen Unterbau aus zwei Füllhörnern und einem sogenannten Peltaschild, der ikonographisch den Amazonen zugeordnet ist. Die bemerkenswerte Qualität des Werks markiert einen Höhepunkt der römischen Bildhauerkunst, der für Jahrhunderte unerreicht bleiben sollte.

Commodus – der verhasste Kaiser

man ihn dann in den Fluss werfen, der den Leichnam schließlich ins Meer spülen würde. Die Erinnerung an Commodus sollte aus dem kollektiven Gedächtnis getilgt werden (*damnatio memoriae*), man entfernte seinen Namen aus den Inschriften, sein Konterfei wurde aus Staatsreliefs herausgeschlagen.

Kindheit und Jugend

Dass Commodus einmal so enden würde, war weder bei Herrschaftsantritt und noch weniger während seiner Jugend absehbar gewesen. Commodus ist der bis dato erste Kaiser gewesen, dem die Kaiserwürde gleichsam in die Wiege gelegt wurde (man sagt, er sei „im Purpur geboren"), da sein Vater Marc Aurel kurz vor der Geburt des Commodus, am 31. August 161 auf einem Landgut bei Lanuvium südlich von Rom, schon Kaiser geworden war. Commodus hatte einen bereits im Alter von vier Jahren verstorbenen Zwillingsbruder (Fulvus Antoninus) sowie zahlreiche weitere Geschwister.

Commodus wurde von Marc Aurel schon sehr früh systematisch als sein Nachfolger aufgebaut. Das erste klare Signal in diese Richtung erfolgte im Jahr 166, als Commodus, damals gerade einmal fünf Jahre alt, zusammen mit seinem jüngeren Bruder Annius Verus (162–169) zum Caesar ernannt wurde.[4] Möglicherweise hat Marc Aurel sich in diesem Moment eine spätere gemeinsame kollegiale Herrschaft der beiden Brüder vorgestellt, wie er selbst sie gemeinsam mit seinem Adoptivbruder Lucius Verus bis zu dessen unerwartetem Tod im Jahr 169 praktizierte (sogenanntes Doppelprinzipat). Der entsprechende Plan wurde jedoch durch den frühen Tod des Annius Verus zunichtegemacht, ein Ersatz für den Verstorbenen wurde entweder nicht gesucht oder nicht gefunden.

Nach dem Tod des Bruders wurde Commodus immer deutlicher in den Mittelpunkt einer im Kern dynastischen Politik gerückt. Im Jahr 175/176 durfte er, wie ein regierender Kaiser, ein *congiarium* durchführen (**Abb. 2**). Durch solche von den Kaisern von Zeit zu Zeit durchgeführte Geldspenden wollten sie sich die stadtrömische Bevölkerung gewogen machen.

Im Sommer des Jahres 175 begleitete er – Commodus war gerade einmal 14 Jahre alt – seinen Vater auf einen Feldzug gegen die Germanen und Sarmaten, im Dezember des Folgejahres feierten Vater und Sohn einen Triumph, bei dem sie auf dem Weg zum Capitol nebeneinander in der Quadriga standen. Dieses Ereignis wurde in einem Relief dargestellt, das Commodus neben seinem Vater in der Quadriga während des Triumphzugs zeigte; nach dem Tod des Commodus wurde seine Figur aus dem Relief herausgeschlagen.

Im Jahr 177 wurde Commodus zum Augustus erhoben, ein weiterer konsequenter Schritt in Richtung Nachfolge seines Vaters. Im selben Jahr war er zum ersten Mal Konsul, und es beginnt die Zählung seiner tribunizischen Amtsgewalt. Marc Aurel ließ seinen Sohn von den angesehensten Lehrern unterrichten, die er teils aus fernen Gegenden eigens nach Rom kommen ließ. Man darf davon ausgehen, dass er sich seinen Sohn und Nachfolger als ebenso besonnenen und ethisch gefestigten Herrscher vorgestellt und gewünscht hat, wie er selbst einer gewesen ist. Mit knapp 17 Jahren, im Jahr 178, wurde Commodus mit Bruttia Crispi-

Abb. 2 Goldmünze aus dem Jahr 175/176. Die Vorderseite zeigt den jugendlichen Commodus. Auf der Rückseite ist ein *congiarium*, die Verteilung von Geld an die Bevölkerung, dargestellt. Commodus sitzt auf einer *sella curulis* auf einem Podium und überwacht den Vorgang. Links von ihm ist Liberalitas zu sehen, die Personifikation der Freigebigkeit, ein Füllhorn und einen Abacus haltend.

na vermählt. Die Ehe sollte kinderlos bleiben. Crispina fiel schon nach wenigen Jahren in Ungnade und wurde beseitigt (Abb. 3).

Im Grunde waren die Verhältnisse also klar und die Nachfolge gut geregelt, als Marc Aurel am 17. März 180 überraschend im Feldlager an der Germanenfront verstarb. Entsprechend ging die Nachfolge widerstandslos und geräuschfrei auf den zu dieser Zeit noch nicht einmal 19 Jahre alten Commodus über.

Herrschaftsantritt und Rückzug ins Privatleben

Während bis zur Machtübernahme alles – sieht man vom frühen Tod des Annius Verus ab – nach Plan verlaufen zu sein scheint, gerieten nun die Dinge nach und nach aus den Fugen. Commodus hatte offenkundig große Probleme, die Rolle auszufüllen, die ihm bestimmt war. Dabei mögen sein jugendliches Alter und eine damit möglicherweise verbundene Unreife oder auch tatsächliche charakterliche Schwächen eine Rolle gespielt haben – vielleicht auch eine Kombination aus beidem. Es ist anzunehmen, dass Commodus anfänglich noch stark unter dem Einfluss seiner Erzieher und Berater stand. Dies konnte ihn nach außen hin als fremdbestimmt und schwach erscheinen lassen und ehrgeizige Figuren der zweiten Reihe ermuntert haben, aus dem Schatten zu treten.

Die ersten ein, zwei Jahre der Regierungszeit des Commodus verliefen jedoch noch ohne größere politische Erschütterungen. Dies änderte sich schlagartig im Jahr 181, als ein Mordanschlag auf Commodus verübt wurde, in den offenbar auch seine Schwester Lucilla sowie Teile des Senats verwickelt waren.[5] Die sich anschließende Rache- und Säuberungsaktion, die zahlreiche ranghohe und einflussreiche Persönlichkeiten das Leben oder zumindest Vermögen und Einfluss kostete, hatte verschiedene Konsequenzen: Commodus' Verhältnis zum Senat war dauerhaft beschädigt, er selbst zog sich weitgehend aus dem politischen Tagesgeschäft zurück und überließ dies nun noch konsequenter als zuvor ehrgeizigen und teils zwielichtigen Figuren aus seinem Umfeld. Im Zuge der

Abb. 3 Porträts der Bruttia Crispina. Die Identifizierung der Skulptur aus dem Thermenmuseum in Rom erfolgte über den Vergleich der Frisur mit den Darstellungen auf Münzen.

Säuberungsaktionen eignete sich Commodus auch eine palastartige Villa vor den Toren Roms an, die zuvor zwei reichen Brüdern aus dem Geschlecht der Quintilier gehört hatte. Diese Villa wurde in der Folgezeit ein bevorzugter Aufenthaltsort des Commodus, dort frönte er primär seinen persönlichen Vergnügungen. In der physischen Entfernung vom Zentrum der Macht kann man einen äußeren Ausdruck der inneren Distanzierung von seiner politischen Kernaufgabe sehen (Abb. 4).

Die Zeit zwischen 181/182 und 190 wurde geprägt von den Aktivitäten und Ambitionen der politischen Sachwalter, die hauptsächlich aus dem Kreis des Ritterstands oder auch der Freigelassenen stammten. Darunter befanden sich teils schillernde Figuren, denen es häufig weniger um die ordentliche Verwaltung des Staatswesens als vielmehr um persönliche Bereicherung und Steigerung der eigenen Macht ging. Im Hintergrund liefen In-

Abb. 4 Die Reste der Villa der Quintilier vor den Toren Roms an der Via Appia. Nach Beseitigung der ursprünglichen Besitzer im Kontext der Lucilla-Verschwörung eignete sich Commodus das weitläufige Anwesen an und residierte bevorzugt hier.

trigen, die die Hauptakteure bisweilen auch den Kopf kosteten. Trotz seines Rückzugs ins Privatleben konnte Commodus sich nicht vollkommen der politischen Verantwortung entziehen. Mehrfach geriet er in den Fokus von Unmut, für den eigentlich seine Sachwalter verantwortlich waren. Im Jahr 185 kamen unzufriedene Soldaten aus Britannien zu ihm und beschwerten sich über den Prätorianerpräfekten Tigidius Perennis, der zu dieser Zeit die Regierungsgeschäfte führte und den sie für ihre Probleme verantwortlich machten. Commodus ließ den Perennis kurzerhand beseitigen. Anstatt nun selbst die Zügel in die Hand zu nehmen, übertrug er die Regierungsgeschäfte dem Cleander, einem ehemaligen Sklaven. Im Jahr 189 oder 190 zog dann wütende stadtrömische Bevölkerung hinaus zu Commodus in seiner Vorstadtvilla, um sich über Missstände in der Getreideversorgung zu beschweren, die sie Cleander anlasteten. Commodus reagierte ähnlich wie im Fall des Perennis: Er ließ Cleander fallen und opferte ihn der aufgebrachten Menge.

Spätestens jetzt dürfte allen, die im Ränkespiel im erweiterten Machtzirkel um Commodus aktiv waren, klar geworden sein, dass auf die Protektion des Kaisers wenig Verlass war. Dies muss seine Position stark geschwächt haben, echte Loyalität dürfte bestenfalls die große Ausnahme gewesen sein.

Nunmehr, Anfang der 190er Jahre, entwickelte Commodus vollends die Züge und Eigenheiten, die sein Bild aus der modernen, populären Perspektive prägen: das eines dem Wahnsinn nahen Exzentrikers, der mit nahezu allen bis dahin überkommenen Konventionen des Herrscherideals gebrochen hat.

Der Kaiser als Gladiator und Wagenlenker …

Commodus sehnte sich nach Anerkennung und Bewunderung. Um diese zu erreichen, gab sich der Kaiser volksnah und trat als Gladiator in der Arena oder als Wagenlenker im Zirkus auf. In der Arena maß er sich im Kampf mit anderen Gladiatoren oder metzelte Dutzende, wenn nicht Hunderte wilder Tiere nieder. Man stelle sich die jubelnden Massen vor, wenn dem Kaiser ein großartiger

Streich gelang und er den Gegner, sei es Mensch, sei es Tier, in den Staub sinken ließ. Die Verhältnisse können durchaus mit Phänomenen der modernen Gesellschaft verglichen werden: Die Helden in Arena oder Stadion von damals waren die Spitzensportler von heute, die bisweilen den Status von Popstars einnehmen können.

Es ist nicht vorstellbar, dass Commodus allen seinen Gegnern in der Arena stets überlegen war – auch wenn die Quellen berichten, dass er eine durchaus stattliche Erscheinung gewesen sei.[6] Seine Kämpfe müssen demnach, zumindest in einigen Fällen, irgendwie manipuliert gewesen sein, was den Zuschauern schwerlich verborgen geblieben sein kann. Cassius Dio, selbst Senator und Zeitzeuge, berichtet jedenfalls von einer gewissen Peinlichkeit der Auftritte des Kaisers:[7] Angeblich sei der Senator Claudius Pompeianus, offenbar entgegen dem kaiserlichen Befehl, nicht in die Arena gekommen, weil er lieber getötet werden wollte, als dem würdelosen Treiben des Commodus zuzusehen.[8] Der einfachen Bevölkerung hingegen wird die burschikose Kraftmeierei des Kaisers sicherlich gefallen haben – dass Cassius Dio das Gegenteil behauptet, passt schlicht in sein Konzept.

... und als Gott

Nicht nur als siegreicher ‚Sportler' inszenierte Commodus sich, er näherte die eigene Person auch unverhohlen der Sphäre der Göttlichkeit an. Das Phänomen der Assoziation des Kaisers mit einer Gottheit, das letztlich auf die hellenistischen Könige zurückgeht, ist an sich nicht neu. Bereits Commodus' Vorgänger haben sich mit allseits bekannten Götterattributen darstellen lassen. Nero, Traian und Antoninus Pius etwa sind auf Münzen mit der sogenannten Aegis zu sehen, einer Art magischem Kleidungsstück, das ikonographisch mit Minerva/Athena assoziiert war, regelmäßig erscheinen sie, ebenfalls auf Münzen, mit dem Strahlenkranz des Sonnengotts, und auch Commodus ließ sich u. a. als Gott Sol darstellen. Ein bemerkenswertes Medaillon aus dem Jahr 187 zeigt ihn in einem Doppelporträt, das ihn in die Nähe des Gottes Ianus rückt **(Abb. 5)**.

Anders als die Kaiser vor ihm begnügte Commodus sich jedoch nicht damit, Statuen oder Büsten von sich mit Götterattributen abbilden zu lassen. Er trat vielmehr gleichsam als Inkarnation der Gottheiten in der Öffentlichkeit auf. Es heißt, Commodus sei wie Merkur mit einem Heroldsstab in die Arena gekommen,[9] Löwenfell und Keule, die bekanntesten Attribute des Hercules, wurden auf der Straße vor ihm hergetragen, in der Arena wurden sie auf einen vergoldeten Stuhl gelegt.

Gerade die Identifizierung mit Hercules spielte in Commodus' Selbstdarstellung eine zentrale Rolle – was gut zu den Auftritten als Gladiator passt: Hercules ist der prototypische Muskelmann, und genau so wollte Commodus offenbar gesehen werden. Die Quellen überliefern, dass er sich offiziell als ‚römischer Hercules' bezeichnete.[10] Über die Münzprägung erreichte diese Botschaft einen Großteil der Bevölkerung im Römischen Reich: Auf den Rückseiten von Münzen, die ab 191 geprägt wurden, erscheinen Darstellungen des Hercules mit der Umschrift HERCVLES ROMANVS, die Vorderseiten zeigen jeweils den Kopf des Kaisers. Bei einer Kolossalstatue des Sol ließ er den Kopf durch den seinen ersetzen und deutete die Figur durch die Anbringung einer Keule und eines Löwen in Hercules um.

Geradezu spektakulär ist eine Büste, die sich heute in den Kapitolinischen Museen in Rom befindet und die den Kaiser als Hercules zeigt (vgl. **Abb. 1**). Man sieht das bärtige Haupt des Com-

Abb. 5 Medaillon aus dem Jahr 187. Die Vorderseite zeigt ein Doppelporträt nach Art der Ianus-Darstellungen. Das nach rechts blickende Gesicht trägt die Züge des Commodus. Der linke Kopf dürfte der des Gottes Ianus sein, jedoch ist auch die Deutung als Hercules nicht ausgeschlossen. Allein die Art der Darstellung rückt Commodus in die Sphäre der Göttlichkeit.

Commodus – der verhasste Kaiser

Abb. 6 Das Commodus-Hercules-Porträt war ursprünglich Teil einer Figurengruppe. Die Büste des Kaisers war links und rechts flankiert von zwei Meereswesen (Tritonen), von denen jedoch jeweils nur Torso und Kopf erhalten sind. Möglicherweise hielten die Meereswesen einen Gegenstand, der die zentrale Büste hervorgehoben hat, wie etwa ein wehendes Gewand, vorstellbar wäre aber z. B. auch eine Muschel.

modus, über dem das Fell des nemeischen Löwen dargestellt ist. In seiner Linken hält Commodus-Hercules die goldenen Äpfel der Hesperiden, die Hercules nur hatte rauben können, weil er anstelle des Riesen Atlas für eine Weile dessen Aufgabe übernommen hatte, das Himmelsgewölbe zu tragen – möglicherweise eine Anspielung auf angeblich übermenschliche Kräfte des Kaisers. In seiner Rechten hält er die charakteristische Keule. Die kniende Amazone links unten hatte ursprünglich ein heute verlorenes Pendant auf der rechten Seite. Die beiden Figuren verweisen auf den Sieg des Hercules über die Amazonen und deren Königin Hippolyte. Leider ist unklar, ob die Büste für die Öffentlichkeit zugänglich war oder in einem privaten Umfeld stand. Fest steht hingegen, dass sie Teil einer Figurengruppe war und von zwei Meereswesen flankiert wurde, die ebenfalls, allerdings nur fragmentarisch, erhalten sind **(Abb. 6)**. Reste von Vergoldung belegen, dass sowohl die Büste als auch die flankierenden Figuren ursprünglich mit Blattgold überzogen waren.

Anmaßung und Überheblichkeit

Commodus versuchte, dem römischen Staat und dessen Gesellschaft in ganz besonderer Weise seinen Stempel aufzudrücken. Man kann darin eine Form der Aneignung, zumindest aber eine Anmaßung sehen. Was man heute als ‚Commodianismus' bezeichnet, begann vermutlich anlässlich seines Geburtstags im Jahr 191 mit der Umbennung seiner Geburtsstadt Lanuvium in „Colonia Lanuvina Aureliana Commodiana". In der Folge wurde zahlreichen Institutionen, etwa Städten oder Gremien, der Beiname „Commodiana" gegeben. Betroffen waren u. a. der Senat und die Legionen, die Stadt Rom erhielt den offiziellen Namen „Colonia Lucia Aurelia Nova Commodiana".

Eine von Cassius Dio beschriebene Figurengruppe, die eine goldene Statue des Commodus zusammen mit einer Kuh und einem Stier zeigte, ist sehr wahrscheinlich als eine Stadtgründungsszene zu verstehen.[11] Traditionsgemäß wurde bei der Gründung einer Stadt mit einem von einer Kuh

IN COMMODUS' NAMEN

Er befahl jedenfalls, dass Rom selbst als „Commodiana" bezeichnet werde, und auch die Legionen sollten „Commodiana" heißen und ebenso der Tag, an dem dies beschlossen worden war. Sich selbst aber gab er zahllose Beinamen, darunter auch den des Hercules. Rom aber bezeichnete er als „unsterbliche, glückselige Kolonie des Erdkreises" [und freilich wollte er, dass es als eine Gründung von ihm selbst erscheine]. Und es gab für ihn [= von ihm] eine goldene Statue von tausend Pfund mit einem Stier und einer Kuh, und schließlich wurden auch alle Monate nach ihm benannt, sodass sie folgendermaßen aufgezählt wurden: Amazonius, Invictus, Felix, Pius, Lucius, Aelius, Aurelius, Commodus, Augustus, Herculeus, Romanus, Exsuperatorius.

(Cassius Dio, 73,15. Eigene Übs.)

und einem Stier gezogenen Pflug eine Ackerfurche gezogen, die den Verlauf der künftigen Stadtmauer markierte. Genauso hatte es Romulus bei der mythischen Gründung von Rom gemacht. Die erwähnte Figurengruppe, die sich auch auf Münzen des Commodus findet, wo durch die Beischrift HERC(ules) ROM(anus) COND(itor) (römischer Hercules, der Gründer) kein Zweifel an der erwarteten Deutung der Szene gelassen wird, stellt Commodus gleichsam auf eine Ebene mit Romulus. Die propagierte ‚Neugründung' steht wohl im Zusammenhang mit einem Großbrand im Jahr 192, dem letzten Regierungsjahr des Commodus, bei dem große Teile von Rom zerstört wurden.

In die gleiche Kategorie und auch ungefähr in die gleiche Zeit wie die Umbenennung Roms nach seinem Namen fällt auch die Neubenennung der Monate, die Commodus gegen Ende seines Lebens einführte (s. Quellenkasten).

Commodus gehört sicher zu den schillerndsten Erscheinungen in der Galerie der römischen Kaiser. Das negative Bild, das wir von ihm haben, stammt vor allem aus den literarischen Quellen, deren Autoren ihm überwiegend ablehnend gegenüberstanden. Die Exzesse seiner Herrschaft sind dabei ein Phänomen vor allem seiner letzten beiden Lebensjahre. Die damals einsetzende Selbstinszenierung als übermenschliches, göttliches Wesen könnte, ausgelöst durch die Revolten im Kontext des Sturzes des Cleander, ein Zeichen von Unsicherheit sein und den Versuch des Commodus darstellen, seine Person zu entrücken und dadurch seinen Gegnern unangreifbar zu erscheinen. Scharf ist der Kontrast zur Persönlichkeit seines Vaters Marc Aurel, der als Philosophenkaiser in die Geschichte eingegangen ist. Es mag sein, dass Commodus das intellektuelle Wesen und Ansehen seines Vaters als Bürde empfunden hat, und es ist wenig überraschend, dass umgekehrt auch die Machtelite des Römischen Reiches, namentlich die Senatsaristokratie, dem bei Herrschaftsantritt unreifen Jüngling ausgesprochen skeptisch gegenübergestanden zu haben scheint. Das unglückliche Zusammentreffen mehrerer ungünstiger Faktoren – das jugendliche Alter beim Tod des Vaters, charakterliche Schwächen, wirtschaftliche und finanzielle Probleme – mag bereits früh eine Eigendynamik in Gang gesetzt haben, die schließlich in einer Art Wahnsinn mündete, die mit dem des berüchtigten Nero verglichen werden kann. Die Ermordung des Commodus durch Intriganten aus seinem engsten Umfeld konnte von der zeit seiner Herrschaft von ihm tyrannisierten Senatsaristokratie nur als Befreiung empfunden werden.

COMMODUS

31.8.161
Geburt des Commodus bei Lanuvium südlich von Rom

166
Erhebung zum Caesar (präsumptiver Nachfolger)

175/176
Feldzug gegen Germanen und Sarmaten, gemeinsam mit Marc Aurel Reise in den Osten des Reichs

23.12.176
Gemeinsamer Triumph Marc Aurels und Commodus' über die Germanen und Sarmaten

177, vor Juni
Erhebung zum Augustus

Mitte 178
Heirat mit Bruttia Crispina

17.3.180
Tod des Marc Aurel und Erhebung Commodus' zum Kaiser

181
Verschwörung und Hinrichtung von Commodus' Schwester Lucilla

185
Revolte britannischer Soldaten; Sturz des Prätorianerpräfekten Perennis

186/187
Aufstand des Maternus („Bellum desertorum"), Mordanschlag auf Commodus

189
Sturz des Prätorianerpräfekten Cleander

192
Großbrand in Rom; Neugründung Roms („Colonia Commodiana")

31.12.192
Ermordung des Commodus, *damnatio memoriae*

Von Achim Lichtenberger

„Bleibt einträchtig, bereichert die Soldaten und schert euch um all das andere den Teufel!"

Septimius Severus – ein Kaiser an der Wende zum 3. Jh.

Nach der Ermordung des Commodus kam es im Römischen Reich zu mehrjährigen Auseinandersetzungen um den Kaiserthron. Siegreich war schließlich Septimius Severus, dem es gelang, eine neue Dynastie zu etablieren. Er stammte aus Nordafrika und war mit einer Syrerin, Iulia Domna, verheiratet. Von nun an kamen römische Kaiser immer häufiger aus den Provinzen. An der Wende zum 3. Jh. vollzog sich so eine tiefgreifende Veränderung, obschon Septimius Severus selbst weiterhin das Amt als römischer Kaiser traditionell ausübte. Er verließ sich auf das Militär und konsolidierte das Römische Reich. Der Konkurrenzkampf seiner Söhne machte ihn indes nicht glücklich.

Am 11. April 146 erblickte der zukünftige römische Kaiser Septimius Severus in der nordafrikanischen Hafenstadt Leptis Magna das Licht der Welt. Sein Vater Publius Septimius Geta war ein römischer Ritter aus einer wohlhabenden Familie, und er benannte seinen Sohn nach dessen Großvater. Der Großvater wiederum war, als Leptis Magna unter Kaiser Traian eine römische Colonia wurde, einer der ersten Oberbeamten des römischen Gemeinwesens. Es ist unklar, ob die Familie des Septimius Severus einst aus Italien nach Nordafrika zugewandert war oder ob sie aus der ursprünglich punischen, lokalen Oberschicht stammte. Schon der Großvater des Septimius Severus scheint aber als Italiker wahrgenommen worden zu sein, wie der Dichter Statius überliefert.[1]

Abb. 1 Porträt des Kaisers Septimius Severus mit langem Bart und lockigem Haupthaar. Nach der Selbstadoption als Sohn des Marc Aurel glich Septimius Severus sein Haar dem des „neuen Vaters" an.

Leptis Magna, eine römische Stadt in Afrika

Leptis Magna war eine Hafenstadt im römischen Tripolitanien (heute Libyen). Gegründet wurde sie im Zuge der phönizischen Kolonisation vielleicht schon im 8. Jh. v. Chr. durch das phönizische Tyros. Leptis Magna hat sich bis in die römische Kaiserzeit hinein dieses punische Erbe bewahrt, Inschriften in neopunischer Sprache sind gut belegt, und auch die beiden wichtigsten Stadtgötter Hercules und Liber Pater (Bacchus) sind ursprünglich alte Götter aus dem phönizischen Mutterland. Die Stadt war nicht nur als Handelsstützpunkt an der Mittelmeerküste von großer Bedeutung, sondern insbesondere als Produktionsort von Olivenöl, das im Hinterland der Stadt hergestellt wurde. Der Reichtum der Stadt und der elitären Familien basierte auf der Landwirtschaft. Unter Kaiser Traian wurde die Stadt eine römische Colonia, was mit erheblichen rechtlichen Privilegien verbunden war. Unter Septimius Severus erhielt die Stadt auch noch das *ius Italicum*, welches Abgabenbefreiung nach sich zog. Im 2. Jh. n. Chr. machte Leptis Magna eine dynamische Entwicklung durch, es wurden die typischen Bauwerke einer römischen Stadt errichtet, wie Säulenstraßen, Basiliken, Theater, Tempel und weitere öffentliche Bauten, darunter einer der größten Häfen des Mittelmeerraums (Abb. 2).

Einen besonderen urbanistischen Schub erfuhr die Stadt dabei in der Zeit der Herrschaft des Septimius Severus, wobei es unklar bleibt, ob dieser auf eine spezielle Bevorzugung der Heimatstadt durch den Kaiser zurückzuführen ist oder ob es

Abb. 2 Septimius Severus wurde in Leptis Magna im heutigen Libyen geboren und wuchs dort auf. Er stammte aus einer wohlhabenden lokalen Familie. Ansicht des Hafens und Leuchtturms von Leptis Magna.

nicht schlicht Ausdruck des Wohlstands der Provinzstadt in dieser Zeit ist. Zwar besuchte Septimius Severus als Kaiser die Stadt und prägte in Rom auch Münzen, die seine heimatlichen Stadtgötter abbildeten, doch kann nicht unbedingt eine außergewöhnliche Bevorzugung seiner Heimatstadt durch den Kaiser nachgezeichnet werden. Eine solche Privilegierung wäre auch durchaus nicht ratsam gewesen, denn der römische Kaiser war der Kaiser in Rom, und eine übertriebene Förderung einer Stadt, die auf die provinzielle Herkunft des Kaisers verwiesen hätte, wäre der römischen Öffentlichkeit im 2. Jh. n. Chr. schwer zu verkaufen gewesen. Wie schwer eine solche afrikanische Identität zu vermitteln gewesen wäre, zeigen spätere Zeugnisse der Literatur, in denen Septimius Severus ein afrikanischer Akzent und schwarze Hautfarbe abwertend zugesprochen werden.[2]

Cursus honorum

Septimius Severus verbrachte seine Jugend in Leptis Magna, doch strebte er nach einer senatorischen Karriere. Mit 17 Jahren ging er nach Rom und wurde von Marc Aurel in den Senat aufgenommen. Nachdem er das Alter von 25 Jahren erreicht hatte, konnte er eine Quästur übernehmen und wurde 171 oder 172 nach Sardinien geschickt. Im Anschluss daran war er 173/174 *legatus proconsulis* in der Provinz Africa. Seine Karriere lief weiter stetig nach oben, er ging zurück nach Rom und wurde dort 174 Volkstribun und schließlich 178 Prätor. Im Anschluss daran war er Richter in Spanien, bevor er um 182/183 zum Kommandanten der IV. Skythischen Legion in Syrien ernannt wurde. Seine Karriere setzte sich konsequent fort, so wurde Septimius Severus Provinzstatthalter der Gallia Lugdunensis, wo er 186–189 dieses Amt innehatte. Es folgten Statthalterämter 189/190 in Sizilien und schließlich 191–193 in Pannonia Superioris. In der Zwischenzeit war er auch noch zu Studien in Athen, und 190 war er Konsul in Rom. Als Septimius Severus sich schließlich in den Wirren nach der Ermordung des Kaisers Commodus zum Kaiser erhob, hatte er eine vorbildliche Verwaltungs- und Militärkarriere im Imperium Romanum durchlaufen.

Die Heirat mit Iulia Domna 185 oder 187, die aus einer syrischen Priesterdynastie in Emesa stammte, und die Geburt der gemeinsamen Söhne Caracalla 186 und Geta 189 sollten den Grundstein zu einer Dynastie legen, welche die Herrschaft des neuen Kaisers sichern sollte.

Erhebung und Bürgerkrieg

Am 31. Dezember 192 wurde Kaiser Commodus ermordet, und auf ihn folgte der bereits betagte Kaiser P. Helvius Pertinax, der jedoch bereits nach wenigen Monaten ebenfalls ermordet wurde, worauf Didius Julianus am 28. März 193 zum Kaiser erhoben wurde. Doch auch diese Erhebung sollte nicht von Dauer sein, denn am 9. April setzten die pannonischen Legionen Septimius Severus in Carnuntum auf den Kaiserthron. Ungefähr gleichzeitig wurde in Syrien von den dortigen Legionen Pescennius Niger und in Britannien Clodius Albinus zum Kaiser ausgerufen. So gab es für kurze Zeit vier Konkurrenten um den Kaiserthron. Zunächst war Didius Iulianus der vom Senat in Rom akzeptierte Kaiser, und Septimius Severus wurde zum Staatsfeind erklärt, doch zog Septimius Severus sofort über die Alpen nach Rom, und noch bevor er die Stadt erreicht hatte, wurde Didius Julianus abgesetzt, ermordet und Septimius Severus am 1. Juni vom Senat als Kaiser anerkannt. Geschickt ging Septimius Severus daraufhin ein Bündnis mit Clodius Albinus ein, machte ihn zu seinem Caesar und konnte dann gegen Pescennius Niger vorgehen, der 194 geschlagen und getötet wurde. Doch Septimius Severus dachte gar nicht daran, Clodius Albinus zu seinem Koregenten zu machen. Als Septimius Severus 195 seinen ältesten Sohn Caracalla zum Caesar machte und der Senat Clodius Albinus zum Staatsfeind ausrief, erhob sich dieser ebenfalls zum Kaiser, und es kam erneut zum Bürgerkrieg, den Septimius Severus 197 für sich entscheiden konnte, worauf es zu Säuberungen im Senat kam, denen zahlreiche Anhänger des Clodius Albinus zum Opfer fielen. Im selben Jahr machte Septimius Severus Caracalla zum Augustus und Geta zum Caesar, womit konsequent ein Weg zur Dynastie beschritten wurde.

Septimius Severus – ein Kaiser an der Wende zum 3. Jh.

Abb. 3 Bogen des Septimius Severus am Forum Romanum in Rom. Die Reliefs zeigten Schlachtenszenen des Feldzugs gegen die Parther. In der Inschrift wird ausgeführt, dass der Senat und das römische Volk den Bogen für Septimius Severus und Caracalla errichtet haben, „für die Rettung der Republik und die Erweiterung des Herrschaftsbereichs des römischen Volkes und für ihre außerordentlichen Leistungen in der Heimat und in der Fremde".

Die neuen Antoninen

Als Septimius Severus 193 zum Kaiser gemacht wurde und das Bündnis mit Clodius Albinus einging, nahm er den Namen Pertinax an und knüpfte damit explizit an den vorangegangenen Kaiser an. In seinem Porträt aus dieser Zeit mit dem kompakten Vollbart orientierte er sich sichtbar am Bildnis des Pertinax. Doch 195 vollzog er eine dramatische Wende. Mit der Ernennung seines Sohns Caracalla zum Caesar verkündete Septimius Severus, dass er von Marc Aurel adoptiert sei. Nicht nur wurde er damit zum Sohn des vergöttlichten Marc Aurel, sondern zugleich auch zum Bruder des Commodus, den er sofort konsekrieren ließ. Caracalla, der eigentlich als Lucius Septimius Bassianus geboren war, erhielt nun den Namen Marcus Aurelius Antoninus, also den Namen, den Marc Aurel als Kaiser getragen hatte.

Diese Selbstadoption in die Familie des Mark Aurel war nicht nur ein Affront gegenüber Clodius Albinus, sondern es war auch ein geschickter Weg, dynastische Legitimation von den Antoninen zu erhalten und dabei selbst eine eigene severische Dynastie zu kreieren. Um diesen Anschluss an die Antoninen zu markieren, nahm Septimius Severus nun auch den Namen Pius an, womit nicht nur auf Antoninus Pius und Marc Aurel Bezug genommen, sondern zugleich auch das pietätvolle

Verhalten gegenüber der neu gewonnen Familie unterstrichen wurde, wozu auch die Konsekration des Commodus gehörte.

Anscheinend wurde aber auch Spott über die Selbstadoption geäußert. So berichtet Cassius Dio von dem Statthalter Pollienius Auspex, der ein großer Spötter seiner Zeit gewesen sein muss: „Als der Kaiser in die Familie des Marcus aufgenommen wurde, sagte Auspex: ‚Ich beglückwünsche dich, mein Caesar, daß du einen Vater gefunden hast', womit er andeuten wollte, daß Severus die Zeit zuvor infolge seiner bescheidenen Herkunft keinen Vater besessen habe."[3]

Die weiteren Anknüpfungen an die Antoninen durch Septimius Severus und seine Familie waren vielfältig. Auch hier ist wieder das Kaiserporträt aufschlussreich. Nach der Selbstadoption ist zu beobachten, dass das Kaiserporträt einen immer längeren und zotteligeren Bart aufweist, einen Bart, wie er von Marc Aurel bekannt ist (Abb. 1). Septimius Severus suchte also bewusst eine Angleichung an seinen neuen Vater. Ähnliches lässt sich zunächst auch für die Prinzen nachzeichnen. Caracalla und Geta wurden häufig porträtiert, und ihre Bildnisse finden sich auf Münzen, in der Rundplastik und in anderen Bildmedien. Dabei ist es auffällig, dass die Prinzen ähnlich wie die Prinzen der Antoninen als schöngelockte und gesittete Jugendliche in unterschiedlichen Altersstufen gezeigt werden. Der Anschluss an die antoninischen Prinzenbildnisse ist evident und unterstreicht, wie Septimius Severus für seine Familie die Anknüpfung an die Antoninen suchte. Und auch für Iulia Domna sind solche antoninischen Übernahmen in der Selbstdarstellung belegt, so durfte sie sich mit dem Titel *Mater Castrorum* (Mutter des Heerlagers) schmücken, ein ungewöhnlicher Titel, der ihre besondere Beziehung zum Heerlager ausdrückte. Dieser Titel ist vorher nur für Faustina II., die Frau Marc Aurels, belegt und diente der dynastischen Einbindung der Kaiserfrauen.

Nach ihrem Tod wurden Septimius Severus, Caracalla und Iulia Domna in Rom im Hadriansmausoleum, der heutigen Engelsburg, bestattet. Dies war die traditionelle Begräbnisstätte der Antoninen.

Parthicus Maximus

Septimius Severus war wie alle römischen Kaiser darauf angewiesen, sich gut mit dem Militär zu stellen, womit einherging, dass er permanent militärische Sieghaftigkeit demonstrieren und die Außengrenzen sichern musste. Auch der Titel *Mater Castrorum* für die Kaiserin unterstreicht, wie sehr die gute Beziehung zum Militär alle Bereiche der kaiserlichen Herrschaft durchdrang. Wie sehr sich die römischen Kaiser auf das Militär stützen mussten, zeigen auch die letzten Worte des Kaisers zu seinen Söhnen: „Bleibt einträchtig, bereichert die Soldaten und schert euch um all das andere den Teufel!" (s. Quellenkasten)

Gelegenheit für militärische Erfolge boten die Angriffe der Parther 197 auf römisches Gebiet. Die

LETZTE WORTE

Als [...] die Kaledonier sich dem Aufstand der Mäaten angeschlossen hatten, traf Severus Vorbereitungen, um persönlich gegen sie ins Feld zu ziehen. Doch während er damit beschäftigt war, machte die Krankheit am 4. Februar seinem Leben ein Ende, wobei auch Antoninus [„Caracalla"] irgendwie mitgeholfen haben soll. Vor seinem Hinscheiden jedenfalls äußerte sich der Herrscher, wie berichtet, folgendermaßen zu seinen Söhnen – ich will die Worte genau wiedergeben, ohne jede Ausschmückung –: „Bleibt einträchtig, bereichert die Soldaten und schert euch um all das andere den Teufel!" Dann wurde seine Leiche in militärischer Kleidung auf einen Scheiterhaufen gelegt, und die Soldaten wie die Söhne ehrten sie durch einen Rundlauf. Was die Gaben der Soldaten anbelangte, so warf jeder von den Anwesenden, der ein passendes Stück zur Hand hatte, dieses darauf, und die Söhne entzündeten das Feuer. Die Gebeine wurden dann in eine Urne aus rotem Stein gelegt, nach Rom gebracht und hier im Grabmal der Antonine [„Hadriansmausoleum"] beigesetzt. Wie es heißt, habe Severus kurz vor seinem Ende die Urne kommen lassen und soll, nachdem er sie befühlt, bemerkt haben: „Du wirst einen Mann aufnehmen, den die ganze Welt nicht zu fassen vermochte."

(Cassius Dio 77,15,2–4. Übs. O. Veh)

Septimius Severus – ein Kaiser an der Wende zum 3. Jh.

Abb. 4 Denar der Plautilla. Auf der Rückseite stehen Caracalla und Plautilla, das neue kaiserliche Traumpaar, einträchtig zusammen und reichen sich die Hand. Die Zukunft der Dynastie scheint gesichert (Concordia Aeterna), doch das Glück währt nicht lange.

Parther waren der traditionelle Erzfeind Roms im Osten, und der Kaiser musste reagieren. Nachdem Septimius Severus seinen Widersacher Clodius Albinus besiegt hatte, hob er drei neue Legionen aus und marschierte in Mesopotamien ein. Schnell eroberte er Ctesiphon am Tigris im heutigen Irak, die Hauptstadt des Partherreichs. Daraufhin nahm er 198 den Titel *Parthicus Maximus* an. Doch ihm gelang nicht alles: Septimius Severus scheiterte zweimal an der Eroberung der legendären Wüstenstadt Hatra, und so wurden die Parther zwar besiegt, aber wieder einmal nicht unterworfen. Septimius Severus blieb im östlichen Mittelmeerraum, reiste nach Ägypten und Syrien und kehrte erst 202 nach Rom zurück. Ein Jahr später wurde Septimius Severus und seinen Söhnen ein gewaltiges Bogenmonument, ein sogenannter Triumphbogen, in Rom auf dem Forum Romanum am Aufgang zum Kapitol errichtet **(Abb. 3)**. Der Bogen trug einst eine Quadriga mit dem Kaiser und seinen Söhnen. Diese ist heute verloren, doch ist der Reliefschmuck des Bogens bis heute gut erhalten und zeigt in einer lebensnahen Schilderung entscheidende Episoden der Partherkriege, so die Eroberung von Ctesiphon am Tigris.

Feiern und Familiensorgen

Die Jahre von 202 bis 208 verbrachte Septimius Severus mit Ausnahme einer kurzen Reise nach Afrika in Rom. In diesen Jahren versuchte er, die Herrschaft seiner neuen Dynastie zu festigen. 202 feierte er sein zehnjähriges Regierungsjubiläum, die Decennalia, die breit in der stadtrömischen Münzprägung propagiert wurden. Anlässlich der Decennalia wurden aufwendige Festspiele und Tierhetzen veranstaltet, die nachhaltigen Eindruck in der Öffentlichkeit hinterließen. Um die Stabilität der Dynastie zu unterstreichen, wurde im selben Jahr Caracalla mit Plautilla, der Tochter des mächtigen Gardepräfekten Fulvius Plautianus, verheiratet. Die stadtrömische Münzprägung feierte das Traumpaar **(Abb. 4)**. Plautianus stammte auch aus Leptis Magna und war ein enger Vertrauter und Jugendfreund des Kaisers. Septimius Severus wollte sich damit auch der Loyalität der Prätorianergarde versichern, und Plautianus gelangte zu großem Einfluss in Rom, galt sogar neben Septimius Severus und Caracalla als dritter Herrscher, dem zahlreiche Ehren in Rom zuteilwurden. Für Caracalla wurde er so zur Bedrohung, und er bezichtigte Plautianus eines Komplotts gegen den Kaiser und ließ ihn 205 ermorden. Plautilla wurde verbannt und später schließlich ermordet.

Doch dieses familiäre Unglück war zunächst nicht absehbar. Im Jahr 204 richtete Septimius Severus in Rom die Säkularfeiern aus. Nach Augustus und Domitian war er der dritte Kaiser, der den Beginn eines neuen, 110-jährigen Saeculum ankündigen konnte. Zutiefst altehrwürdige religiöse Rituale mit Opfern und tagelangen Feierlichkeiten begleiteten dieses Schauspiel. Eigentlich sind Iupiter und Iuno die zentralen Gottheiten der Säkularspiele, doch unter Septimius Severus ist zumindest auch Bacchus in die Rituale integriert, was vielleicht darauf hindeutet, dass Septimius Severus einen (oder beide) der heimatlichen Götter von Leptis Magna religiös überhöhen wollte. Dieser Lokalpatriotismus mag dazu gedient haben, die neue severische Dynastie zu feiern. Denn sowohl in Statuengruppen, die in verschiedenen römischen Städten rund um das Mittelmeer aufgestellt wurden, als auch in der

„Bleibt einträchtig, bereichert die Soldaten und schert euch um all das andere den Teufel!"

Münzprägung und anderen Medien kommt es zu einer breiten Inszenierung der kaiserlichen Familie (Abb. 5), die scheinbar einträchtig dem Wohle und der Ewigkeit des Imperium Romanum dient. Doch hinter der Fassade kommt es zu einem beispiellosen Konkurrenzkampf zwischen den beiden Brüdern Caracalla und Geta.

Doch trotz dieser familiären Schwierigkeiten gelang es Septimius Severus, das Imperium Romanum zu konsolidieren. Das Reich entwickelte eine ausgesprochene Prosperität, die Stadt Rom wurde nach dem verheerenden Brand zum Ende der Regierung des Commodus wiederaufgebaut und mit aufwendigen Bauten wie dem Septizonium, einer Prachtfassade mit den Planetengöttern, verschönert und die Reichsverwaltung gestärkt. Die severische Zeit ist eine Blütezeit der römischen Jurisprudenz, Juristen wie Aemilius Papinianus und Domitius Ulpianus waren Provinziale, die unter Septimius Severus wirkten und römisches Recht für Jahrhunderte systematisierten.

Abb. 5 Ein Prachtkameo mit Porträts von Septimius Severus und Iulia Domna rechts und Caracalla und Geta links. Die kaiserliche Familie wurde einträchtig präsentiert, Strahlenkrone und Ägis dienen der göttlichen Überhöhung, eine neue Dynastie wird etabliert. Die Ägis ist eigentlich ein Attribut Iupiters, und die Strahlenkrone gehört Sol, hat sich aber bereits in der frühen Kaiserzeit als Attribut des vergöttlichten Kaisers herausgebildet.

Ein römischer Robin Hood bedroht den Kaiser

Eine Bedrohung ganz spezieller Art, die den Kaiser in Italien herausforderte, war der Räuberhauptmann Bulla Felix, ein römischer Robin Hood. Bei Cassius Dio hören wir ausführlich von seinen Umtrieben.[4] Bulla Felix hatte 600 Räuber um sich geschart und konnte 206/207 Teile Italiens zwischen Rom und Brindisi unsicher machen. Er hatte Anhänger unter entlaufenen Sklaven, Freigelassenen und genoss offensichtlich Rückhalt in der Bevölkerung. Die römischen Sicherheitskräfte wurden seiner und seiner Räuber zunächst nicht habhaft. Einem Centurio, den Bulla Felix gefangen genommen hatte, gab er mit auf den Weg: „Melde deinen Gebietern: Ihr sollt euren Sklaven genug zu essen geben, damit sie nicht zu Räubern werden!" Eine solche „Gesetzlosigkeit" bedrohte die Autorität des Kaisers, und so machte er die Angelegenheit zur Chefsache, schickte einen Tribun seiner Leibwache mit Reiterei aus, und durch Verrat der Geliebten des Bulla Felix gelang es tatsächlich, ihn festzunehmen. Er wurde hingerichtet, die Räuberbande aufgelöst und zerstreut.

Tod auf der Insel

Die letzten Lebensjahre verbrachte Septimius Severus mit Caracalla und Geta in Britannien. 208 brach er zu einem Feldzug gegen die im heutigen Schottland lebenden Kaledonier und Mäaten auf. Angeblich soll er diesen Feldzug auch begonnen haben, um seine beiden zerstrittenen Söhne aus Rom zu entfernen und durch Krieg auf andere Gedanken zu bringen. Doch das realpolitische Ziel dürfte gewesen sein, ganz Britannien unter römische Herrschaft zu bringen. Nachdem unter Antoninus Pius die Grenze vom Hadrianswall zum Antoninuswall nach Norden verschoben worden war, diese aber bereits 182 wieder aufgegeben werden musste, wollte Septimius Severus nun das Werk vollenden und die ganze Insel unterwerfen. Die Mäaten siedelten im Gebiet des Hadrianswalls und die Kaledonier nördlich davon. Cassius Dio berichtet von den unsäglichen Schwierigkeiten, die dieser Feldzug in unwirtlichem Land mit sich brachte, er berichtet von den zahlreichen gefallenen Römern und davon, wie sich der schon kranke und geschwächte Kaiser trotzdem daran beteiligte und bei dem Feldzug auf einem Bett getragen wurde.[5] So erreichte er sogar das äußerste Ende der Insel. Die Römer konnten die Kaledonier unterwerfen und mit einem Vertrag dazu bringen, einen nicht geringen Teil ihres Gebiets abzutreten. Septimius Severus kehre wieder jenseits des Walls in die römische Provinz zurück und nahm den Titel *Britannicus Maximus* an. Doch sofort erhoben sich die Mäaten und Kaledonier wieder. Bevor Septimius Severus zu einem weiteren Feldzug aufbrechen konnte, verstarb er am 4. Februar 211 in Eburacum, dem heutigen York **(Abb. 6)**. Dort fanden dann auch die Leichenspiele und die Verbrennung statt, und die Asche des Kaisers wurde nach Rom in das Hadriansmausoleum überführt. Septimius Severus wurde als Divus Severus konsekriert und unter die Staatsgötter erhoben.

Septimius Severus wird immer wieder als afrikanischer Kaiser mit einer syrischen Frau darge-

---

SEPTIMIUS SEVERUS

11. April 146
Geburt in Leptis Magna

185 oder 187
Hochzeit mit Iulia Domna

4. April 186
Geburt des Sohnes Caracalla

7. März 189
Geburt des Sohnes Geta

9. April 193
Erhebung zum Augustus in Carnuntum

194
Sieg über Pescennius Niger

195
Bekanntgabe der Adoption durch Marc Aurel

197
Sieg über Clodius Albinus

197–198
Partherkrieg

April 202
Decennalienfeier in Rom

203
Besuch in Afrika

204
Säkularfeier in Rom

22. Januar 205
Sturz des Gardepräfekten Plautianus

208
Aufbruch nach Britannien

4. Februar 211
Gestorben in Eburacum (York)

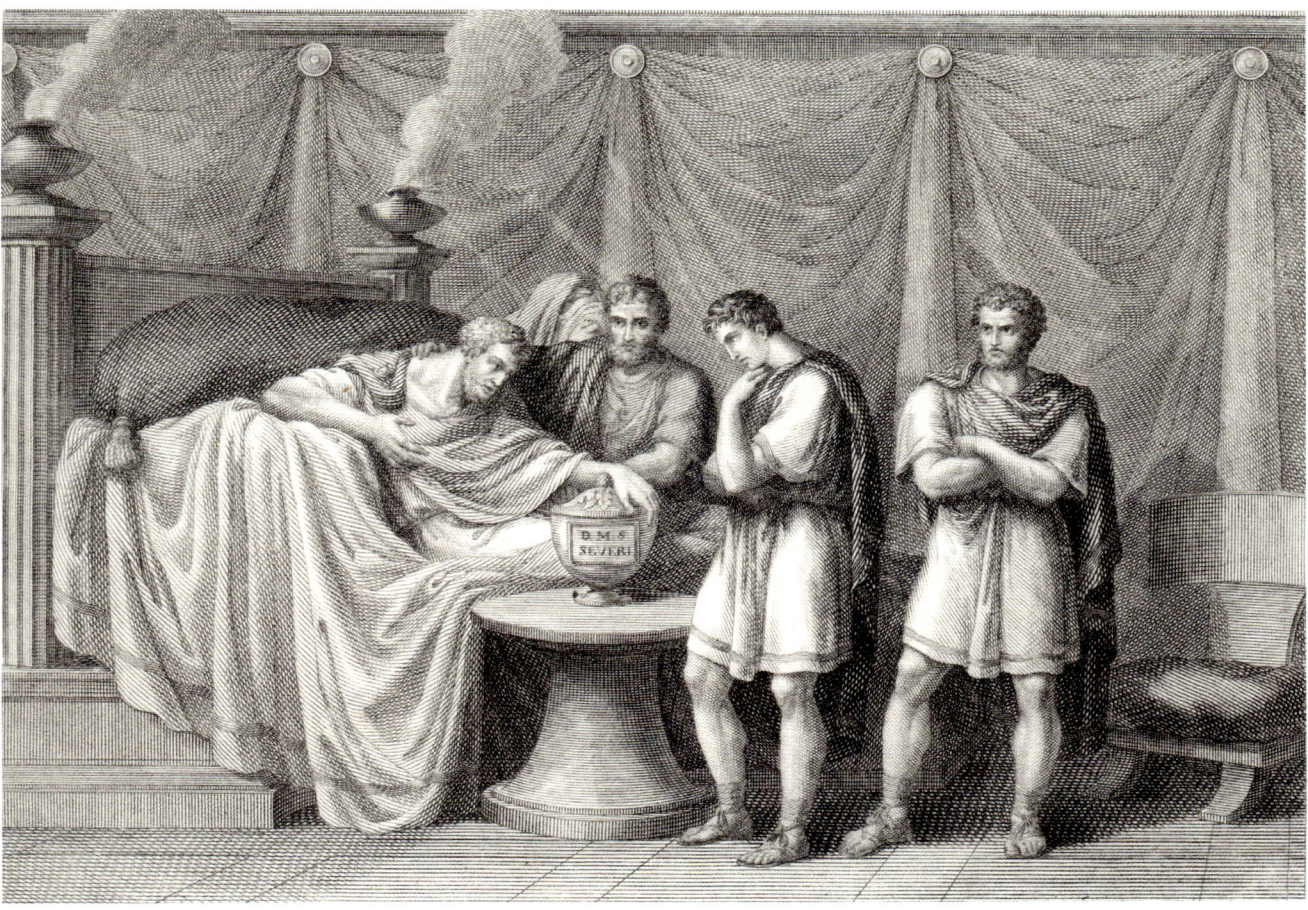

Abb. 6 Septimius Severus auf dem Sterbebett, über die für ihn vorgesehene Urne sinnierend, bei ihm Geta (trauernd) und Caracalla (Böses im Schilde führend). Radierung von G. Mochetti (1810)

stellt, und in der Tat ist er ein Kaiser, bei dem der nordafrikanische Hintergrund durchaus zu fassen ist, ohne dass er ‚unrömisch' wäre. Zudem steht er an einem Punkt in der Geschichte der römischen Kaiserzeit, an dem die provinzialen Eliten immer stärker in römische Führungsämter drängen. Im 3. Jh. kamen zahlreiche Kaiser aus den Provinzen. Gleichwohl handelte und präsentierte sich Septimius Severus als traditioneller römischer Kaiser, erfüllte die Erwartungen der Bevölkerung und des Militärs. Seine Anknüpfung an die antoninische Familie sowie die Schaffung einer eigenen Dynastie zeigen den traditionell römischen Charakter seines Kaisertums. In einer Langzeitperspektive steht Septimius Severus somit in vielerlei Hinsicht janusgleich am Wendepunkt zum 3. Jh.: Er fügt sich in eine ältere Tradition ein und verweist zugleich bereits auf die Zeit der Soldatenkaiser.

Von Gregor Berghammer

Mit dem Bruder verfeindet, von den Soldaten verehrt

Caracalla – der Vater der Soldaten

Marcus Aurelius Severus Antoninus mit dem Spitznamen Caracalla lenkte als Alleinherrscher die Geschicke des Reiches von Ende 211 bis 217. Während der zeitgenössische Geschichtsschreiber und Senator Cassius Dio ihn als geisteskranken Schlächter und raffgierigen Despoten zeichnete und damit die Überlieferung maßgeblich prägte, urteilte der spätantike Historiker Aurelius Victor, dass Caracalla das römische Gemeinwesen auf den Höhepunkt seiner Geschichte geführt habe. Wer hat recht? Zum Bild von Caracallas Herrschaft gehören der gewaltsame Tod seines jüngeren Bruders und Mitherrschers Geta, Hinrichtungen und ein gespanntes Verhältnis zum Senat, aber auch eine umfassende Amnestie, der Erlass, der dem Großteil der freien Reichsbevölkerung das römische Bürgerrecht verlieh, sowie die Liebe seiner Soldaten bis weit über seinen Tod hinaus.

Caracalla wurde am 4. April 188 in Lugdunum (Lyon) als Septimius Bassianus geboren. Sein Vater Septimius Severus residierte dort gerade als Statthalter. Niemand hätte damals voraussehen können, dass dieses Neugeborene dereinst Kaiser werden würde. Doch in den Bürgerkriegen von 193–197 setzte sich Septimius Severus durch und errang die Herrschaft. Um sich zu legitimieren, knüpfte er an die Kaiser seit Nerva an und erklärte sich zum Bruder des Commodus, sodass sein ältester Sohn den Namen seines neuen Großvaters erhielt: Marcus Aurelius Antoninus. Zugleich wurde Caracalla als zukünftiger Nachfolger aufgebaut und schließlich sogar schon zum Augustus erhoben. Sein Herrschaftsantritt an der Seite seines Vaters wurde am 28. Januar 198 in der eroberten parthischen Kapitale Ctesiphon am Tigris gefeiert. Obzwar sich die römischen Truppen alsbald wieder von dort zurückzogen, blieb Caracal-

Abb. 1 Caracallas Porträt als Alleinherrscher. Die Drehung des Hauptes und die angespannte Miene verleihen dem Bildnis kämpferische Dynamik und charakterisieren den Kaiser als energischen Krieger.

Caracalla – der Vater der Soldaten

Abb. 2 Unter Caracalla geprägter Sesterz mit dem Bild Iulia Domnas. Auch nach dem gewaltsamen Tod ihres jüngeren Sohnes erfüllte die beliebte Kaiserinmutter eine wichtige repräsentative Rolle. Die Rückseite zeigt Vestalinnen beim Opfer vor dem Vestatempel. Religion nahm breiten Raum in Caracallas Selbstdarstellung ein. Als Vestalinnen der Unkeuschheit bezichtigt wurden, wurde daher eine Untersuchung anberaumt, die mit vier Schuldsprüchen endete: Eine Frau beging Selbstmord, drei wurden nach altem Ritus lebendig begraben.

las Interesse an den Verhältnissen im Orient bestehen. Dazu trug auch eine sich wohl schon früh entwickelnde Faszination und Bewunderung für Alexander den Großen bei.

Auf Wunsch seines Vaters heiratete er 202 Plautilla, die Tochter des mächtigen Prätorianerpräfekten Plautianus, obwohl ihm sowohl seine Braut als auch sein Schwiegervater zutiefst zuwider waren. Die unglückliche Ehe währte jedoch nicht lange. Anfang 205 bezichtigte Septimius Severus seinen Prätorianerpräfekten, ein Attentat vorzubereiten, und ließ ihn töten. Caracallas Ehe wurde geschieden und Plautilla nach Lipari verbannt. Vermutlich war Plautianus einer Kabale zum Opfer gefallen. Doch Dios Spekulation, der junge Kaiser hätte diese eingefädelt und dabei seinen arglosen Vater zum Narren gehalten, überzeugt nicht.[1] Der damals noch nicht einmal 17-Jährige wäre schwerlich imstande gewesen, ein solches Komplott hinter dem Rücken seines Vaters zuwege zu bringen. Es war sicherlich der alte Kaiser selbst, der Plautianus' Sturz in Szene setzte, auch wenn sein Sohn möglicherweise in die Ränke seines Vaters eingeweiht war.

Der Bruderzwist

Als ein erheblich größeres Problem für Caracalla als seine ungeliebte Gattin erwies sich sein nur wenig jüngerer Bruder Geta. Der stand zwar in der Rangfolge noch deutlich hinter ihm zurück. Doch war er keineswegs willens, sich mit dem Vorrang des Älteren abzufinden. Eine erbitterte Rivalität zwischen den Brüdern entbrannte, die sich zusehends verschärfte. Währenddessen plante Septimius Severus, mit einem großen Militärschlag den Norden Britanniens zu befrieden. Zugleich bot ihm dies die Gelegenheit, seine Söhne mit dem Kriegshandwerk vertraut zu machen und ihren Rückhalt bei der Truppe zu stärken. Auf dem Feldzug tat sich Caracalla allerdings wesentlich mehr hervor als sein Bruder, sodass ihm sein Vater schließlich sogar die alleinige Leitung der Militäroperationen anvertraute. Trotzdem erhielt nun auch Geta den Rang eines Augustus. Im kaiserlichen Hauptquartier brodelte es. Als der alte Kaiser am 4. Februar 211 in Eburacum (York) verstarb, hinterließ er ein Pulverfass.

Caracalla beendete die Kampagne und entledigte sich sogleich einiger störender Personen. So ließ er etwa seine verbannte Ex-Frau liquidieren. Andere wurden aus dem kaiserlichen Dienst entlassen. Nachdem die beiden Brüder nach Rom zurückgekehrt waren, eskalierte der Konflikt zwischen ihnen, bis sich beide in der Karnevalsschwüle der Saturnalien im Dezember gegenseitig vorwarfen, dem jeweils anderen nach dem Leben zu trachten. Da versuchte ihre Mutter Iulia Domna zu vermitteln **(Abb. 2)**. Man vereinbarte eine persönliche Aussprache in ihren Gemächern. Was bei diesem Treffen wirklich geschah, ist ungewiss. Klar ist nur, dass Geta dabei von Hauptleuten der Prätorianergarde getötet wurde. Caracalla selbst behauptete, sein Bruder habe das Gespräch nutzen wollen, um ihn zu ermorden, doch treue Gardeoffiziere hätten dies verhindert. Cassius Dio argwöhnte hingegen, Caracalla habe Geta eine Falle gestellt, um ihn zu beseitigen.[2] Die Wahrheit wird sich nicht mehr ergründen lassen.

Als sein Bruder tot war, eilte Caracalla trotz der abendlichen Stunde ins Prätorianerlager und verbreitete auf dem Weg, dass er nur knapp einem Anschlag seines Bruders entronnen und sein Leben in Gefahr sei. In der Gardekaserne empfahl er sich den Männern als den guten Kameraden und wackeren Soldaten, als den sie ihn bereits in Britannien kennengelernt hatten, und versprach ihnen für ihre unverbrüchliche Treue ein Geldgeschenk und eine Solderhöhung. Nachdem er sich so der Unterstützung der Prätorianer versichert hatte, verbrachte er den Rest der Nacht im Schutz der Kasernenmauern.

Am nächsten Morgen berief er den Senat ein. Er betrat ihn mit einer großen Leibwache und mit einer für alle sichtbaren Rüstung unter dem Gewand, um die Gefahr zu demonstrieren, in der er schwebte oder vorgab zu schweben. Ansonsten beließ er es aber bei knappen Erklärungen. Nichtsdestoweniger erklärten die Senatoren Geta zum Staatsfeind und verfemten sein Andenken. Am Ende der Sitzung verkündete Caracalla indes noch eine umfassende Amnestie. Nicht nur aus politischen Gründen verbannte Senatoren durften heimkehren, sondern sogar zur Strafarbeit verurteilte Sklaven wurden begnadigt. Auf diese Weise suchte der Kaiser ein positives Zeichen zu setzen und zu zeigen, dass das, was nun anstand, nicht seinem Charakter, sondern der Staatsräson geschuldet war.

Denn nun machte sich Caracalla daran, alle Anhänger Getas auszuschalten, die ihm gefährlich schienen. Vornehmlich Höflinge und Gardisten aus dem Umfeld seines Bruders gerieten ins Visier, aber auch einzelne Senatoren wurden denunziert und hingerichtet. Das Ausmaß der Säuberungen war in Wahrheit jedoch weit geringer, als uns die Erzählungen der antiken Geschichtsschreiber glauben machen wollen. So findet sich bei Dio etwa die aberwitzige Zahl von 20 000 Gardesoldaten und kaiserlichen Freigelassenen, die sogleich im Palast hingerichtet worden seien,[3] was der vollständigen Auslöschung der Prätorianergarde und des kaiserlichen Hofstaats in Rom gleichgekommen wäre.

Zudem zeichnete Caracalla wohl auch nicht für alle Opfer verantwortlich. Denn er verlor offenbar zeitweise die Kontrolle über die mit den Exekutionen beauftragten Prätorianer. Selbst an seinen Mentor, den Senator Fabius Cilo, den der junge Kaiser in der Öffentlichkeit „Vater" zu nennen

Abb. 3 Rekonstruktionszeichnung der Caracalla-Thermen, des gewaltigsten Monuments für Caracallas Freigebigkeit gegenüber dem römischen Volk.

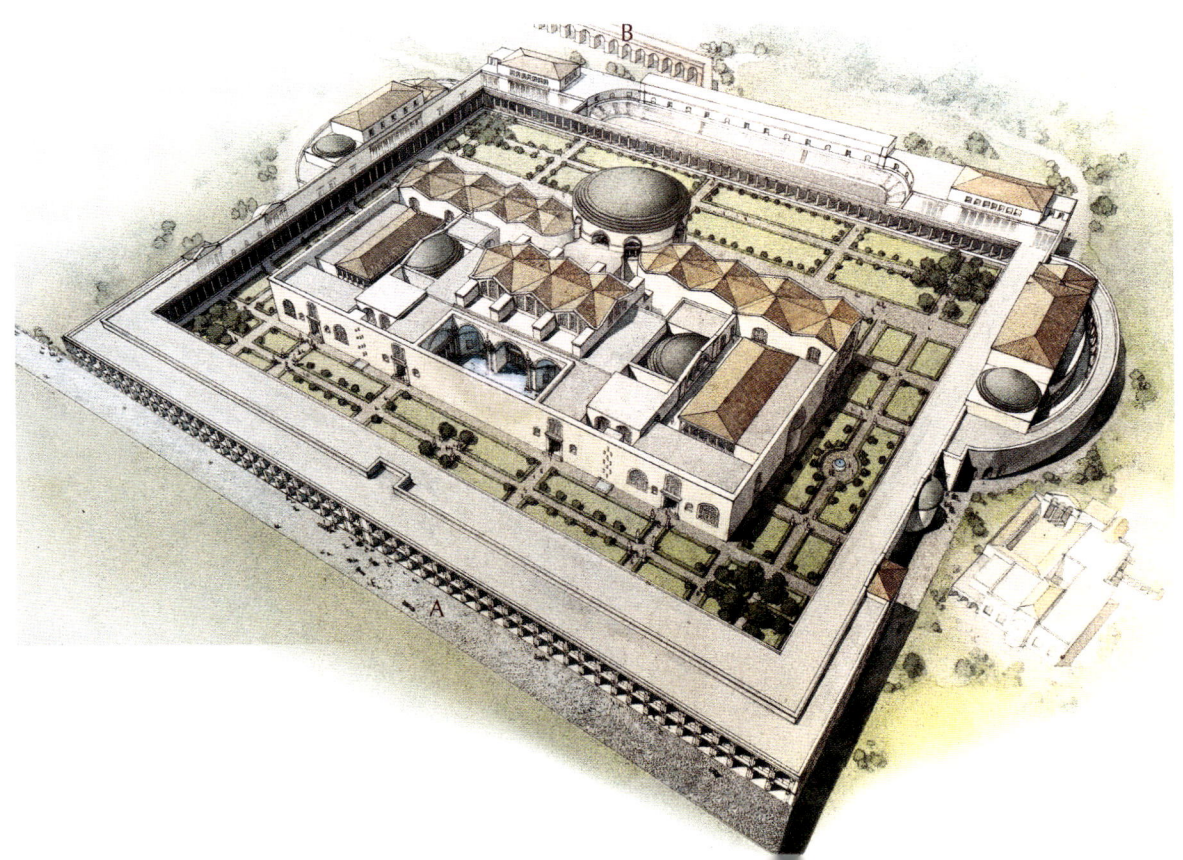

Caracalla – der Vater der Soldaten

Abb. 4 Doppeldenar (sog. Antoninian) Caracallas. Um Silber einzusparen, führte Caracalla einen neuen Zwickel ein, der zwar zwei Denare wert war, aber nur den Silbergehalt von 1,5 Denaren aufwies. Der zweifache Wert wird durch die Strahlenkrone anstelle des Lorbeerkranzes auf dem Haupt des Kaisers angezeigt.

pflegte, vergriffen sie sich. Sie zerrten ihn aus seinem Bad auf die Straße, plünderten sein Haus und misshandelten ihn. Caracalla konnte gerade noch Schlimmeres verhüten, indem er den Soldaten entgegenstürzte, Cilo mit seinem Soldatenmantel bedeckte und ihnen mit lauter Stimme Einhalt gebot. Danach ließ er die Missetäter exekutieren. Trotzdem behauptet Cassius Dio, Caracalla hätte den Soldaten davor selbst den Befehl gegeben, Cilo zu ermorden.[4] Doch das ist absurd. Schwerlich hätte irgendetwas Caracalla dazu bewegen können, einen Exekutionsbefehl, den er für notwendig erachtete, zu widerrufen und sich den sehr berechtigten Hass der Prätorianer zuzuziehen, wenn er ihre Kameraden für die versuchte Ausführung seines eigenen Befehls mit dem Tod bestraft hätte.

Rückgewinnung von Ansehen und Autorität

Zwar gelang es Caracalla rasch, die Situation wieder in den Griff zu bekommen, aber sein Ansehen hatte schwer gelitten. Mit seiner Amnestie hatte er bereits versucht, dem entgegenzuwirken. Auf dem Gebiet des Rechtswesens vermochte er auch weiterhin zu punkten. Entgegen der Polemik der Historiographie belegen nämlich die juristischen Quellen wie z. B. die große Zahl erhaltener Rechtsbescheide von ihm, dass er seinen Obliegenheiten im Rechtswesen gewissenhaft nachkam. Entsprechend gern berufen sich die römischen Juristen daher auch später noch auf Caracalla bzw. den „göttlichsten Antoninus den Großen"[5], wie er auch respektvoll von ihnen genannt wurde. Zudem suchte der Kaiser die Bevölkerung des Reiches an sich zu binden, indem er den meisten freien Bewohnern seines Reiches das römische Bürgerrecht verlieh. Dies „göttliche Geschenk" – so eine zeitgenössische Bezeichnung – wird noch von Augustinus als höchst dankenswert und menschlich gepriesen.[6]

Caracalla musste sich auch im materiellen Sinne freigebig zeigen, um seinem Ansehen wieder aufzuhelfen. Deswegen wurde allen voran die gesamte römische Armee in die Solderhöhung miteinbezogen. Dass die Unterstützung und Loyalität des Militärs Grundbedingung des Kaisertums waren, hatte Caracalla genau erkannt und handelte dementsprechend. Aber dabei beließ er es nicht. So beglückte er das Volk von Rom nicht nur mit Geldgeschenken und großartigen neuen Thermen (Abb. 3), sondern auch mit Mänteln, was ihm seinen Spitznamen einbrachte. Er ließ nämlich die *caracalla*, einen keltischen Kapuzenmantel, den er auch selbst zu tragen pflegte, in großen Mengen in Gallien herstellen, nach Rom liefern und dort verteilen. Das Volk dankte es ihm, indem es ihn Caracalla nannte und den Mantel Antoninsgewand.

So effektiv Freigebigkeit als politisches Mittel auch war, sie kostete viel Geld. Deshalb musste Caracalla Wege finden, um seine Ausgaben zu finanzieren. Dies gelang ihm auch. Er hinterließ bei seinem Tod gut gefüllte Schatzkammern, wie selbst Cassius Dio einräumt.[7] Um das zu erreichen, hatte er die Freilassungs- und die Erbschaftssteuer erhöht und den Verwandtenkreis eingeschränkt, in dem steuerfrei vererbt werden konnte. Vor allem aber hatte er den Edelmetallgehalt in der Münzprägung reduziert. Mittlerweile herrscht unter Historikern die Ansicht vor, dass dies keinen Währungsverfall verursachte und die Preisentwicklung im Römischen Reich nicht negativ beeinflusste. Dennoch boten diese Eingriffe in die Münzprägung Cassius Dio Anlass für die Behauptung, Caracallas Silbermünzen wären aus Blei mit Silberüberzug und seine Goldmünzen aus Kupfer mit Goldüberzug gewesen (Abb. 4).[8] Diese handgreifliche Lüge zeigt, wie weit sich der antike Geschichtsschreiber in seiner Erzählung von der Realität entfernte.

Nichtsdestoweniger belegt Dios Darstellung, dass sich Caracalla den Unwillen vieler Senatoren zuzog, und dies vor allem durch seine Finanzpolitik. Denn zu den an sich schon ärgerlichen Steuererhöhungen kam noch hinzu, dass er sich auch bei anderen Abgaben wie etwa der Versorgung von Marschverbänden nicht scheute, Senatoren zur Kasse zu bitten. Das war an sich nicht ungerecht, musste aber viele Senatoren gegen ihn aufbringen. Die Hinrichtung einzelner Senatoren, die gestiegene Furcht vor Denunzianten, ein bisweilen zu wenig respektvoller Umgang und ein autokratischer Regierungsstil taten ihr Übriges dazu, dass es mit Caracallas Beziehungen zum Senat nicht zum Besten stand, auch wenn er durchaus einige Senatoren zu seinen engeren Freunden zählte und Dios Zorn nicht pauschal auf den ganzen Stand übertragen werden sollte.

Bei anderen gesellschaftlichen Gruppen hatte Caracalla mehr Erfolg, sie für sich gewinnen. Das gelang ihm nicht zuletzt durch eine facettenreiche Selbstdarstellung, in der seine Frömmigkeit nicht weniger betont wurde als seine militärische Tüchtigkeit. Doch diese galt es auch unter Beweis zu stellen. Denn um sich die Loyalität sowohl der Zivilbevölkerung als auch der Armee zu erhalten, war kaum etwas so dienlich wie militärische Erfolge.

Feldherr und Soldat

Deshalb verließ Caracalla bereits 212 Rom, um einen Feldzug gegen die Germanen zu führen. Offenbar hatte die Einwanderung elbgermanischer Gruppen ins Maingebiet eine Entwicklung in Gang gesetzt, die zur Entstehung des neuen und aggressiven Stammesverbands der Alamannen führte, die zum ersten Mal im Zusammenhang mit Caracallas Germanenfeldzug Erwähnung finden. Der Kaiser ging kein Risiko ein und ließ eine gewaltige Streitmacht aufmarschieren, die im Sommer 213

Abb. 5 **Ehrenbogen zu Volubilis in Mauretanien.** Er wurde von den Bürgern der Stadt zu Ehren Caracallas „einzigartiger, neuartiger und alle früheren Kaiser übertreffender Nachsicht allen gegenüber" erbaut (Inscriptions antiques du Maroc II 390), ein Beispiel von vielen, die belegen, dass ein Gutteil der Bevölkerung offenbar eine gänzlich andere Meinung von Caracalla hatte als Cassius Dio. Gerade den Bewohnern Mauretaniens bewies Caracalla auch, dass er kein alle Menschen bis aufs Blut auspressender Despot war, indem er den dortigen Provinzen sämtliche Steuerschulden erließ.

Caracalla – der Vater der Soldaten

losschlug. Am 11. August traten daher die Priester der Arvalbruderschaft auf dem Kapitol zusammen und opferten, „weil unser Herr, der erhabenste und fromme Imperator M. Aurellius Antoninus Augustus, Pontifex maximus, im Begriff steht, über den Limes Raetiens in die Barbarenlande einzumarschieren, um die Feinde auszurotten, auf

VORGEHEN GEGEN DISZIPLINPROBLEME

Imperator Caesar M. Aurelius Antoninus Pius Augustus, größter Sieger über Parther und Briten, den Einwohnern von Takina vertreten durch die Aurelii Andronicus und Hilarianus.

Mein Prokurator und Freigelassener wird seine ganze Fürsorge darauf richten, dass die Soldaten weder vorzeitig unter dem Vorwand, dies für die erlauchten Prokonsuln zu tun, ausziehen und euch belästigen noch die Städte verlassen und die Felder verwüsten. Denselben werdet ihr auch zu eurer Seite haben, damit ihr die nach Meilen bemessene Bezahlung für eure Wagen erhaltet und euch die Ochsen zur rechten Zeit ohne jegliche Gewinnsucht zurückgegeben werden.

(Supplementum Epigraphicum Graecum XXXVII 1186. Eigene Übs.)

dass dieses Unternehmen für ihn ein erfolgreiches und glückliches Ende nehme".[9] Dieses Ende kam schnell. Trotz erbitterten Widerstands hatten die Germanen gegen die Übermacht der römischen Kriegsmaschinerie keine Chance. Bereits nach einigen Wochen konnte im Reich der Sieg über die Germanen gefeiert werden und Caracalla den Siegertitel *Germanicus maximus* annehmen. Im Anschluss an den Feldzug führte der Kaiser Verhandlungen mit vielen germanischen Völkerschaften und schloss mit ihnen vorteilhafte Abkommen. Die Sicherheitsordnung, die Caracalla in Germanien hinterließ, war in der Tat so stabil, dass sie trotz der Schwäche seiner Nachfolger den Provinzen an Rhein und oberer Donau zwanzig Jahre Frieden bescherte.

Caracalla bewährte sich aber nicht nur als Imperator, sondern auch als Soldat. Er war sich nämlich nicht zu fein dafür, gemeinsam mit seinen Soldaten zu marschieren und bei jeder anstehenden Arbeit selbst mit Hand anzulegen. Er verzichtete im Feld auf Bäder und frische Kleidung und begnügte sich stets mit der Verpflegungsration eines gemeinen Soldaten. Auf diese Weise erfüllte er nicht nur ein altes Feldherrnideal, sondern gewann auch die Zuneigung und Bewunderung seiner Männer. Es hatte durchaus seine Berechtigung, dass man ihm kurz vor seinem Tod auf einem Meilenstein den ungewöhnlichen Ehrennamen „Vater der Soldaten" beilegte.[10] Als wahrer römischer „Vater" forderte er von seinen Soldaten aber auch Gehorsam und Disziplin ein, ja er sprach in einem Rechtsbescheid sogar von der „Disziplin meiner Zeiten" als einem allgemeinen Leitbild seiner Regierung.[11] Auch wenn die Realität diesem Ideal manches Mal nicht gerecht geworden ist, so ist Caracalla kein allgemeiner Verfall der Manneszucht im römischen Heer anzulasten.

Nachdem Caracalla von einer schweren Erkrankung genesen war, die schwerlich, wie Cassius Dio fantasierte, durch germanische Hexerei verursacht worden war,[12] richtete sich sein Blick gen Osten. Bei den Parthern war nämlich nach dem Tod des Großkönigs Vologaeses ein Erbfolgekrieg zwischen dessen Söhnen Vologaeses und Artabanus ausgebrochen. Dem Kaiser schien dies eine günstige Gelegenheit, um die römische Position im Osten zu stärken. Darüber hinaus erforderten auch Wirren in Armenien eine Reaktion Roms. Darum zog Caracalla an der Donau entlang in die östlichen Provinzen, wobei er durch eine kleinere Militäroperation für die Sicherheit der Reichsgrenzen an der unteren Donau Sorge trug.

Im Osten angekommen, befahl der Kaiser zuerst eine Militärintervention in Armenien. Er selbst begab sich hingegen nach Alexandria. Dort war es nämlich zu einem Aufruhr gekommen, dessen genaue Ursachen unklar sind. Womöglich stand er aber in Zusammenhang mit kaiserlichen Rüstungsanstrengungen. Jedenfalls zeigten weder die Ankunft des Kaisers und seiner Truppen vor der Stadt noch exemplarische Exekutionen Wirkung. Nicht einmal als Caracalla seine Soldaten in die Stadt einmarschieren ließ und eine allgemeine

Ausgangssperre verhängte, ließen sich die Aufrührer davon einschüchtern. Also wurde die Stadt durch den Einsatz brutaler Waffengewalt befriedet, ein Mittel, zu dem die Römer gegenüber der unruhigen Stadt damals allerdings nicht zum ersten Mal griffen.

Nun wandte sich Caracalla den Parthern zu. Dio zufolge habe er Artabanus um die Hand seiner Tochter gebeten. Als dieser ihn jedoch zurückgewiesen habe, habe er ihn mit Krieg überzogen.[13] Doch diese Geschichte, die Caracallas Partherkrieg nach römischen Maßstäben diskreditiert, ist wenig glaubwürdig. Wahrscheinlicher ist, dass sich der Bruder des Artabanus, Vologaeses, der sich zuvor mit dem Kaiser ins Benehmen gesetzt und ihm einen armenischen Prinzen ausgeliefert hatte, dem römischen Schutz unterstellt hatte, um römische Militärhilfe zu erhalten. Caracalla forderte daher von Artabanus vermutlich, weitere Aggressionen gegen seinen Bruder zu unterlassen und seine Tochter als Geisel zu stellen. Nachdem dies abgelehnt worden war, erklärte er Artabanus den Krieg.

Jedenfalls marschierte Caracalla 216 in der Adiabene ein, eroberte Arbela (Erbil) und zwang die Streitkräfte des Artabanus zum Rückzug hinter den Zagros. Er sah jedoch davon ab, ihnen nachzusetzen. Stattdessen zog er sich wieder in die römische Provinz zurück und erwartete in dieser Verteidigungsposition den parthischen Gegenangriff. Diesen sollte er jedoch nicht mehr erleben. Denn als er am 8. April 217 auf der Straße von Edessa (Urfa) nach Carrhae (Harran) vom Pferd stieg, um auszutreten, wurde er von einem Gardisten erstochen, der aufgrund einer verweigerten Beförderung einen persönlichen Groll gegen ihn hegte.

Nichtsdestoweniger waren es gerade die Soldaten, die Caracalla bitterlich betrauerten, und dies umso mehr, je mehr sich der vormalige Prätorianerpräfekt Macrinus, den sie an seiner statt zum Kaiser ausriefen und der wahrscheinlich zu Unrecht verdächtigt wurde, der Drahtzieher hinter dem Attentat gewesen zu sein, als Fehlbesetzung entpuppte und für sie untragbar wurde. Doch genoss Caracalla am Ende nicht allein bei den Truppen ein so hohes Ansehen, dass er schließlich als Divus Antoninus Magnus unter die Götter versetzt wurde und allein schon die Lüge, sein Sohn zu sein, genügte, damit die beiden unbedarften Söhne seiner Cousinen auf den Kaiserthron gelangten und sich dort bis 235 halten konnten.

Caracallas Herrschaft mag nicht der Höhepunkt der römischen Geschichte gewesen sein, wie Aurelius Victor urteilte,[14] aber noch weniger war sie die Tyrannei eines Psychopathen, als die sie Cassius Dio dargestellt hat. Blickt man nämlich hinter den finstern Schleier, den Dios Erzählung über Caracalla gelegt hat, lässt sich eine zwar wenig zimperliche, zuweilen skrupellose, recht autokratische, aber gleichwohl durchaus fähige Herrscherpersönlichkeit erkennen.

CARACALLA

4. April 188
Geburt in Ludgunum

28. Januar 198
Tag der Erhebung zum Augustus (*dies imperii*)

April 202
Hochzeit mit Plautilla

Januar 205
Sturz seines Schwiegervaters Plautianus und Scheidung

208–211
Kampagne in Britannien

Dezember 211
Gewaltsamer Tod seines Bruders Geta

212
Bürgerrechtserlass

Sommer 213
Feldzug gegen die Germanen im Maingebiet

214/215
Reise in den Osten des Reiches, dabei kleinere Militäroperation an der unteren Donau und Besuch mehrerer Städte in Kleinasien

Winter 215/16
Aufenthalt in Alexandria

216
Feldzug gegen die Parther in Adiabene

8. April 217
Ermordung auf der Straße nach Carrhae

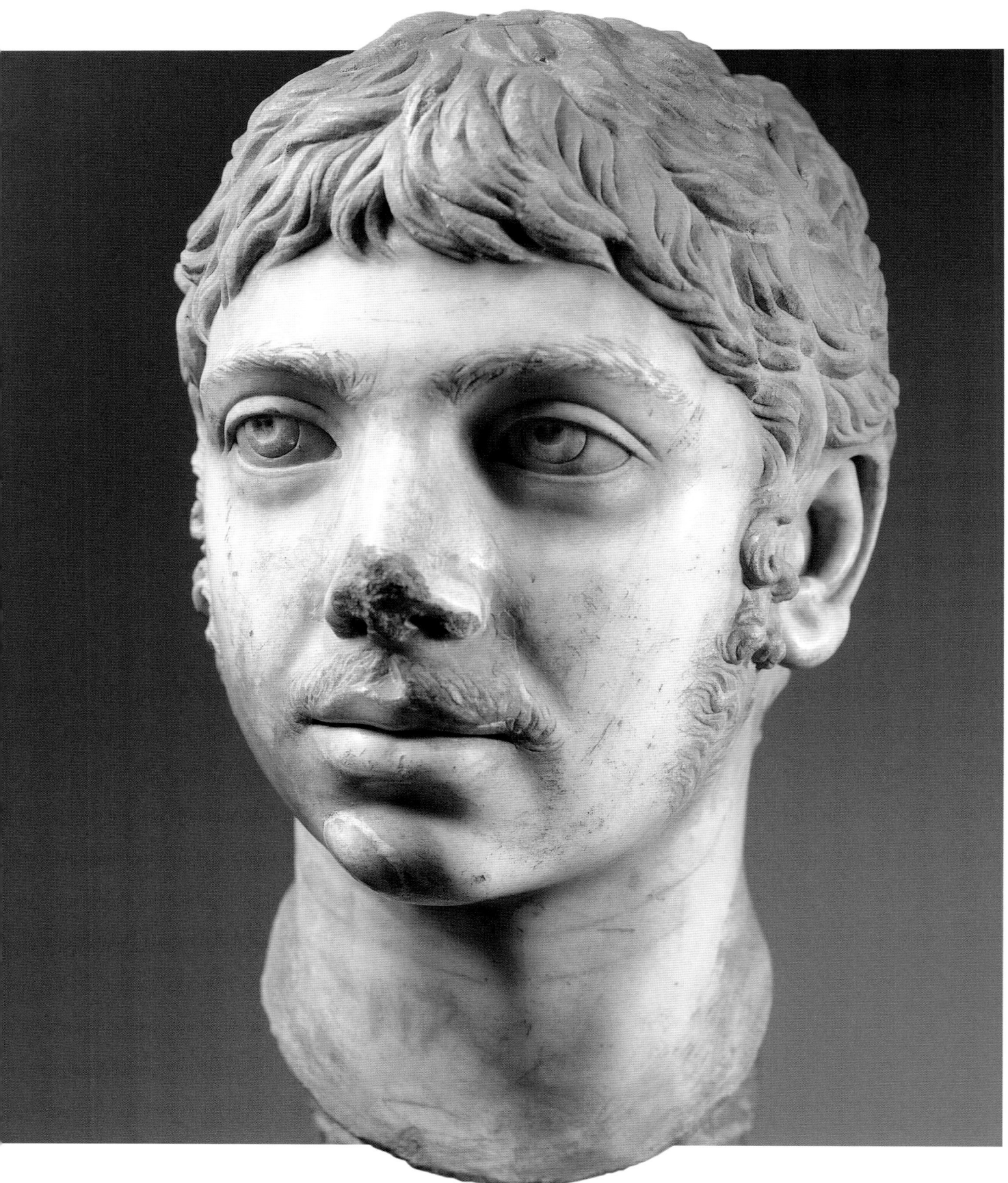

Von Klaus Altmayer

Ein syrischer Sonnengott als oberste Gottheit im Römischen Reich

Roms skandalöser Teenagerkaiser Elagabal

Der junge Kaiser Marcus Aurelius Antoninus, der von Juni 218 bis März 222 regierte, gilt als eine der schillerndsten und bizarrsten Persönlichkeiten auf dem römischen Kaiserthron. Besser bekannt ist er unter dem Namen Elagabal, den ihm die Geschichtsschreibung postum verliehen hat. Die literarischen Quellen schildern die Regierung dieses Skandalkaisers, der im Alter von vierzehn Jahren in Syrien zum Herrscher ausgerufen wurde, ausgesprochen negativ. So bemühen die antiken Autoren sämtliche Tyrannen- und Luxustopoi und zeichnen das Bild eines perversen und lasterhaften Despoten, dessen kurze Regierungszeit von sexuellen Ausschweifungen, willkürlichen Hinrichtungen, Günstlingswirtschaft, maßloser Verschwendungssucht und religiösem Fanatismus geprägt gewesen sei.

Im Sommer des Jahres 219 wurde die Bevölkerung der Stadt Rom Zeuge eines seltsamen und bemerkenswerten Schauspiels. Ein fünfzehnjähriger Jüngling führte eine große Prozession durch die Straßen der Stadt. Im Mittelpunkt dieser Prozession stand ein prächtiger zweirädriger Wagen, der von vier weißen Pferden gezogen wurde, die mit goldenem Zaumzeug geschmückt waren. Auf diesem Wagen befand sich kein Götterbild in menschlicher Gestalt, wie man dies in der antiken Mittelmeerwelt gewohnt war, sondern ein großer schwarzer Felsblock, auf dem ein Adler abgebildet war. Neben und hinter dem Wagen wurden schirmartige Kultstangen getragen. Der Jüngling selbst führte die Zügel der Pferde. Dabei ging er

Abb. 1 Büste Elagabals aus den Kapitolinischen Museen in Rom. Das Bildnis zeigt den Kaiser als jungen Mann mit vollem Gesicht, üppigen Lippen, halblangen Haarsträhnen und einem jugendlichen Bartflaum auf der Oberlippe und den Wangen.

Abb. 2 Doppeldenar (sog. Antoninian) Elagabals. Bei der Ankunft des Kaisers in Rom im Jahr 219 wurden besondere Münzen geprägt, auf denen der Wagen mit dem Kultstein des Sonnengottes von Emesa und dem darauf befindlichen Adler in Frontalansicht dargestellt ist. Die Quadriga wird von zwei kultischen Sonnenschirmen flankiert. Davor steht Elagabal und hält die Zügel der Pferde. Die Abbildung entspricht der Schilderung Herodians von einer späteren Prozession, die der Kaiser zu Ehren seines Gottes veranstaltete.

rückwärts, den Blick unablässig auf den Stein gerichtet. Begleitet wurde er von fremdartig wirkenden Priestern und zahlreichem Kultpersonal.

Bei dem Jüngling handelte es sich um keinen Geringeren als den neuen Kaiser Elagabal, der gut ein Jahr zuvor von den Legionen in Syrien zum Augustus erhoben worden war und nun seinen Einzug in Rom hielt. Bei festlichen Anlässen wurde vom Kaiser üblicherweise erwartet, dass er in der reich verzierten Toga des römischen Triumphators (*trabea triumphalis*) in Erscheinung trat. Doch Elagabal trug höchstwahrscheinlich die orientalische Kleidung eines syrischen Priesters, was von der Bevölkerung zumindest als ungewöhnlich und von der senatorischen Oberschicht als anstößig betrachtet wurde. So kann man sich den Quellen zufolge die Ankunft des Kaisers und seines Gottes in der Hauptstadt vorstellen.[1]

Der Sonnengott von Emesa

Der Fels oder Kultstein, der hier vom Kaiser durch die Straßen Roms geführt wurde, war das Kultbild des Sonnengottes aus dem syrischen Emesa (heute Homs), das *Baetyl* genannt wurde. Und der Name *Elagabal* ist die latinisierte Namensform dieser Gottheit (*deus Sol Elagabalus*). Der Kaiser erhielt den Namen des von ihm verehrten Gottes erst in späterer Zeit. Bei dem Missfallen, das der junge Kaiser während seiner kurzen Herrschaft hervorrief, wurde er von seinen Zeitgenossen hinter vorgehaltener Hand mit Schimpfnamen wie „der Assyrer", „Sardanapalus" oder „Tiberinus" bedacht.[2] Die Bezeichnungen „der Assyrer" und „Sardanapalus" bezogen sich auf das orientalische Erscheinungsbild des Kaisers, und „Tiberinus" nannte man ihn nach seinem Tod, weil man seine Leiche in den Tiber geworfen hatte. Die vehemente Verehrung des Sonnengottes aus Emesa durch den Kaiser hat man in der Vergangenheit oftmals auf seine syrische Herkunft zurückgeführt. Richtig ist zwar, dass seine Familie mütterlicherseits aus Emesa stammte und dort vermutlich schon seit Generationen den Oberpriester des Sonnengottes stellte. Doch sprechen alle Indizien dafür, dass der spätere Kaiser in der Nähe von Rom geboren wurde und eine für die römische Oberschicht typische Erziehung genossen hat. Sein Vater Sextus Varius Marcellus war ein wichtiger Funktionsträger Caracallas und wurde in der italischen Stadt Velletri in der Nähe Roms bestattet.[3] Seine Mutter Iulia Mamaea war die Tochter von Iulia Maesa, der Schwester der Kaiserin Iulia Domna. Wie die Quellen berichten, lebte Iulia Maesa mit ihren Töchtern und Enkeln am Kaiserhof oder begleitete die Kaiserfamilie auf ihren Reisen.[4] Elagabal gehörte somit zum direkten Umfeld der kaiserlichen Familie.

Potenzieller Thronfolger

Nach der Ermordung Getas waren Elagabal und sein jüngerer Cousin, der spätere Kaiser Severus Alexander, die nächsten männlichen Verwandten Caracallas. Da Caracalla kinderlos war, dürfte man am Kaiserhof den jungen Elagabal als potenziellen Nachfolger betrachtet haben. Als Caracalla im Jahr 214 zu einer Reise in den Osten des Reiches aufbrach, befand sich auch Elagabal in seinem Gefolge. Gesichert ist seine Anwesenheit bei einem Besuch Caracallas in der Stadt Thyatira, dem heutigen Akhisar in der Türkei. Während Caracalla im Jahr 216 vom syrischen Antiochia aus zum Feldzug gegen die Parther aufbrach, blieben der Hof, die kaiserliche Familie und die Kanzlei in der Stadt zurück. Dort überraschte sie im April 216 die Nachricht von der Ermordung Caracallas. Macrinus, den man als Initiator der Ermordung Caracallas betrachtete, wurde als einer der beiden Prätorianerpräfekten von den in Mesopotamien stehenden Truppen zum Kaiser ausgerufen. Er stellte sich in die Tradition der Severer und verschonte die kaiserliche Familie. Es war aber keineswegs sicher, dass dies so bleiben würde. Mit der Erlaubnis des neuen Machthabers kehrte Iulia Maesa mit ihren Töchtern und Enkeln nach Emesa zurück, wo die Familie offenbar über beträchtliche Besitztümer verfügte.[5]

Oberpriester des Sonnengottes von Emesa

Dort übernahm Elagabal trotz seines jugendlichen Alters wohl auf Betreiben seiner Großmutter das Oberpriesteramt des Sonnengottes von Emesa, des *deus Sol Elagabalus*. Das Priesteramt hatte zunächst die Funktion eines politischen Asyls, da befürchtet wurde, Macrinus könnte Elagabal als möglichen Konkurrenten um die Kaiserwürde doch noch nach dem Leben trachten.[6] Ihre syrischen Wurzeln und die Verbundenheit zur heimischen Götterwelt verleumdete die Familie Elagabals keineswegs. Wahrscheinlich hatten Iulia Domna und ihre syrische Verwandtschaft den Kult des *deus Sol Elagabalus* mit nach Rom gebracht. Es existierte ein Tempel im Stadtteil Trastevere, und der Großvater des Kaisers ließ zu Ehren des Gottes mindestens eine Inschrift setzen. Somit hatte Elagabal sicherlich frühzeitig Kontakt zu den Riten und Kultpraktiken, die ein integraler Bestandteil dieses Kultes waren. Dazu gehörten unter anderem orgiastische Opferrituale und ekstatische Tänze, die Elagabal, nachdem er das Oberpriesteramt übernommen hatte, anscheinend schon recht bald perfekt beherrschte. Glaubt man Herodian, dann war der anmutige junge Oberpriester bei diesen kultischen Zeremonien eine Art Publikumsmagnet und die neue Hauptattraktion des Heiligtums von Emesa.[7]

Militärputsch gegen den regierenden Kaiser

Im Gegensatz zur außerordentlichen Beliebtheit Caracallas genoss Macrinus bei den Truppen nur geringes Ansehen. Diesen Umstand machte sich Iulia Maesa zunutze und wiegelte mit Geld und der Unterstützung ihrer Gefolgschaft die in der Nähe von Emesa stehenden Legionen zum Putsch gegen Macrinus auf. Um den Herrschaftsanspruch ihres Enkels zu bekräftigen, wurde Elagabal kurzerhand als Sohn Caracallas ausgegeben. Am 16. Mai 218 brachte man den Teenager in das nächstgelegene Legionslager, wo ihn die Soldaten zum Kaiser ausriefen. Macrinus weilte währenddessen in Antiochia und mobilisierte sämtliche verfügbaren Streitkräfte gegen die Putschisten. Am 8. Juni 218 kam es kurz vor Antiochia zur Schlacht. Die Truppen des Macrinus hatten ihren Gegner schon in die Flucht geschlagen, als der erst vierzehnjährige Kaiser unter dem Einfluss einer Gottheit, wie es bei Cassius Dio heißt, die Fliehenden persönlich zum Stehen brachte und so den Sieg herbeiführte.[8]

Abb. 3 **Rekonstruktionszeichnung des Elagabaliums.** Der stadtrömische Haupttempel des emesenischen Sonnengottes (*deus Sol Elagabalus*) lag auf dem Palatin direkt neben dem Kaiserpalast. Einen zweiten Tempel soll es bei den kaiserlichen Gärten am Stadtrand gegeben haben. Severus Alexander schickte später den Baetyl mitsamt der dazugehörenden Priesterschaft nach Syrien zurück und weihte den Tempel auf dem Palatin dem rächenden Iupiter (*Iuppiter Ultor*). Die spärlichen Überreste finden sich heute auf der Vigna Barberini bei der Kirche San Sebastiano al Palatino.

Auf dem Weg nach Rom

In der Antike war es allgemein üblich, einen überraschenden militärischen Erfolg oder eine entscheidende Wendung im Kampfgeschehen dem Wirken göttlicher Mächte zuzuschreiben. So verwundert es nicht, dass der junge Kaiser seine Errettung aus der Lebensgefahr und den Sieg in der Schlacht höchstwahrscheinlich dem Sonnengott von Emesa zuschrieb, dessen Oberpriester er war. Kurze Zeit nach der Schlacht wurden Goldmünzen geprägt, auf denen der Sonnengott als Schlachtenhelfer (*Propugnator*) des Kaisers bezeichnet wird. Auch erhielt der Sonnengott von Emesa wenige Zeit später das Epitheton „unbesiegbar" (*deus Sol invictus Elagabalus*). Als Bewahrer des Kaisers musste man dieser Gottheit eine besondere Verehrung zukommen lassen. Hierin bewies Elagabal schon bald eine bemerkenswerte Eigenwilligkeit, indem er sein Amt als Oberpriester über die Kaiserwürde und den Sonnengott von Emesa über Iupiter stellte. Kurz nach der Schlacht von Antiochia ließ er den Baetyl aus Emesa zu sich bringen und führte ihn in einer pompösen Prozession auf einem Wagen durch Kleinasien. Diese Prozession fand ihren Niederschlag in der lokalen Münzprägung der Städte Syriens und Kleinasiens.

Der Kaiser als oberster Priester

Nach einem Zwischenaufenthalt in Nicomedia in Kleinasien – dort soll er in einem Wutanfall seinen Mentor Gannys ermordet haben – erreichte der Kaiser im Sommer 219 Rom, wo sich seine Ankunft ungefähr so wie eingangs beschrieben abgespielt haben wird. Durch die Überführung des Kultsteins wurde das Zentrum der Verehrung des emesenischen Sonnengottes von Emesa nach Rom verlegt. Der Baetyl wurde in einem monumentalen Tempel **(Abb. 3)** beim Kaiserpalast auf dem Palatin untergebracht. Neben diesem Haupttempel existierte noch ein zweiter Tempel, der sich vermutlich bei einem kaiserlichen Villenkomplex in der Nähe der heutigen Kirche Santa Croce am Rand der Stadt befand. Bei einem der Feste zu Ehren der Gottheit wurde alljährlich im Hochsommer der Baetyl vom Haupttempel auf dem Palatin in das Vorstadtheiligtum überführt.[9] Vom römischen Senat ließ sich Elagabal ganz offiziell den Titel des Oberpriesters seines Gottes verleihen (*sacerdos amplissimus dei Solis Invicti Elagabali*). Dieser Titel wurde fortan Teil seiner kaiserlichen Titulatur. Und angeblich musste diese Gottheit nun bei allen staatlichen Opferzeremonien an erster Stelle genannt werden.

Priesterehe und Götterhochzeit

Höchstwahrscheinlich auf Initiative seiner Großmutter Iulia Maesa wurde für den jungen Kaiser eine Ehe mit einer römischen Aristokratin arrangiert. Elagabal verstieß seine erste Gattin aber schon bald wegen eines angeblichen körperlichen Makels. Als Oberpriester des höchsten Gottes war er der Überzeugung, dass als ebenbürtige Gemahlin nur eine Priesterin infrage komme. Deshalb verfiel er auf die aberwitzige Idee, die oberste Vestalin Aquilia Severa zu heiraten. Da die Vestalinnen zur Jungfräulichkeit verpflichtet waren, wurde dies von den Zeitgenossen als Skandal und unerhörtes Sakrileg aufgefasst.[10] Der öffentliche Protest und der Druck aus seiner direkten Umgebung müssen so massiv gewesen sein, dass sich Elagabal schon ein halbes Jahr später von der Vestalin scheiden lassen musste. Angeblich soll er sich für diesen Religionsfrevel sogar öffentlich entschuldigt haben. Doch nach einem kurzen Intermezzo mit einer dritten Gemahlin heiratete der eigensinnige Kaiser Aquilia Severa ein zweites Mal. Parallel zur Priesterehe des Kaisers wurde auch der emesenische Sonnengott mit der Himmelsgöttin Dea Caelestis vermählt. Für diese Götterhochzeit ließ der Priesterkaiser eigens das berühmte Kultbild der Göttin aus Karthago holen. Die Vermählung der obersten Gottheiten sollte ihre Entsprechung in der Ehe des Kaisers mit der vornehmsten Priesterin Roms finden.

Ausschweifungen, Luxus und Günstlingswirtschaft

Von diesen Eheschließungen abgesehen, unterstellen die Quellen dem Kaiser hauptsächlich homoerotische Neigungen. Sein Erscheinungsbild sei

betont feminin gewesen, und er habe sich prostituiert, um sich Männern hinzugeben. Einen Wagenlenker namens Hierocles habe er öffentlich als seinen Gemahl bezeichnet. Ein anderer kaiserlicher Favorit sei ein Athlet mit besonders großen Genitalien gewesen. Im kaiserlichen Palast soll er ein öffentliches Bad eingerichtet haben, um dort mit gut bestückten männlichen Geschlechtspartnern anbandeln zu können. Er habe sogar beabsichtigt, sich einer Geschlechtsumwandlung zu unterziehen. Außerordentlich sei auch die Verschwendungssucht des Kaisers gewesen. Besonders hervorgehoben werden Tafelluxus **(Abb. 4)** sowie eine Vorliebe für kostbare Duftessenzen und Edelsteine. Sein Sexualverhalten könnte allenfalls noch in Zusammenhang mit orientalischen Kultritualen erklärt werden. Da aber sexuelle Ausschweifungen und Verschwendungssucht zur typischen Charakterisierung des schlechten Kaisers gehörten, dürften zahlreiche Angaben zum Privatleben Elagabals weitgehend frei erfunden sein. Auch der Vorwurf der Günstlingswirtschaft scheint unbegründet zu sein.

Abb. 4 Die Rosen des Heliogabalus. Wie die „Historia Augusta" – eine Quelle, deren Glaubwürdigkeit teilweise jedoch recht gering einzuschätzen ist – berichtet, habe Elagabal beim Mahl auf seine Tischgäste vermittels einer beweglichen Decke Unmengen von Rosen regnen lassen, unter denen schließlich einige der Gäste erstickt seien. Auf dieses Motiv greift das Ölbild „The Roses of Heliogabalus" des Historienmalers Lawrence Alma-Tadema aus dem Jahr 1888 zurück.

Wer regierte wirklich?

Es dürfte sich beinahe von selbst verstehen, dass der junge Elagabal über keinerlei politische Erfahrung verfügte. Wie jedoch ein Blick auf die Administration des Reiches zur Zeit Elagabals zeigt, wurden die wichtigsten Staatsämter an bewährte Militärs, Juristen und Verwaltungsleute vergeben. Dies lässt darauf schließen, dass die Regierungsaufgaben von einem kompetenten Beraterkreis hinter dem Kaiser wahrgenommen wurden. Das waren höchstwahrscheinlich Iulia Maesa und ebenjener Personen-

Abb. 5 Goldmünze (Aureus) Elagabals. Auf den Münzporträts Elagabals erscheint ab dem Jahr 220 ein seltsames Horn am kaiserlichen Lorbeerkranz. Die Bezeichnung „Horn" basiert auf der ursprünglichen Annahme, dies seien Tierhörner, wie sie als göttliches Attribut vereinzelt auf den Münzen der hellenistischen Könige dargestellt wurden. Der Interpretation von Elke Krengel zufolge handelt es sich jedoch offenbar um einen stilisierten Stierpenis. Wenn dies zutrifft, hatte dieser vermutlich die Bedeutung eines Fruchtbarkeitssymbols und war somit Ausdruck männlicher Zeugungskraft. Für die stadtrömische Bevölkerung jedoch muss die Vorstellung eines Kaisers mit dem Geschlechtsteil eines Stiers auf der Stirn ein völlig abstruser Gedanke gewesen sein.

Amt des Stadtpräfekten von Rom (*praefectus urbi*). Auch Elagabals Mentor Gannys übte anfangs wohl maßgeblichen Einfluss aus. Er war der Lebensgefährte von Elagabals Mutter, zog aber dann in Nicomedia offenbar den Jähzorn des Kaisers auf sich.

Es lassen sich noch mehrere Personen ausfindig machen, die als Berater hinter dem Kaiser agierten und in deren Händen die eigentliche Regierung des Reiches lag. Der Verdacht liegt nahe, dass dieser Beraterkreis um Iulia Maesa den unerfahrenen, aber eigenwilligen und beratungsresistenten Kaiser massiv darin bestärkte, sich auf seine Rolle als Oberpriester zu konzentrieren, um ihn so ganz bewusst und wahrscheinlich mit den besten Absichten von den eigentlichen Regierungsgeschäften fernzuhalten.

kreis, der ihn an die Macht gebracht hatte. Dazu gehörte Publius Valerius Comazon. Er hatte sich als Legionsbefehlshaber schon früh dem Putsch gegen Macrinus angeschlossen, wurde mit dem Konsulat belohnt und bekleidete danach dreimal das

Akzeptanzverlust und Untergang

Durch seine wiederholten Verstöße gegen altehrwürdige religiöse Traditionen, durch die skanda-

DIE (ANGEBLICHEN) KULTRITUALE ZU EHREN DES EMESINISCHEN SONNENGOTTES

Jeweils am Morgen trat er (*Elagabal*) auf, schlachtete ganze Hektakomben von Stieren und eine große Menge Schafe, die er auf die Altäre legte, und er häufte vielfältiges Räucherwerk dazu; er goss zahlreiche Amphoren des ältesten und besten Weins vor den Altären aus, sodass Ströme von Wein und Blut vermischt dahinflossen. An den Altären führte er unter vielfältigen Klängen von Musikinstrumenten Kulttänze auf, und Tänzerinnen seiner Heimat tanzten mit ihm zusammen, liefen um die Altäre herum und trugen Zimbeln und Tympana in den Händen. Ringsum standen der gesamte Senat und die Ritter als Zuschauer wie im Theater. Die Eingeweide der Opfertiere schleppten und die Rauchopfer in goldenen Gefäßen schwenkten über ihren Köpfen nicht etwa irgendwelche Opferdiener oder Menschen geringen Standes, sondern die Kommandanten der Prätorianer und die Männer in den höchsten Ämtern, bekleidet mit bis zu den Füßen und Händen reichenden Gewändern phönikischer Tracht, in der Mitte mit einem einzigen Purpurstreifen. Sie trugen Schuhwerk aus Leinen wie die Priesterkaste in jenen Gegenden. Und er glaubte, denen die höchsten Ehren zu erweisen, die er an seinen Opferriten teilnehmen ließ.

(Herodian 5,5,8–10. Übs. F. L. Müller)

Ich will mich nicht mit der Schilderung der barbarischen Gesänge, welche Sardanapalus (*Elagabal*) zusammen mit seiner Mutter und Großmutter dem Elagabalus (*der Gottheit*) widmeten, und den geheimen Opfern abgeben, die er dem Gotte darbrachte; dabei schlachtete er Knaben und verwendete Zaubermittel und schloss tatsächlich in dem Tempel der Gottheit einen Löwen, einen Affen und eine Schlange lebend ein, warf unter sie menschliche Geschlechtsteile und beging, während er selbst dauernd unzählige Amulette um den Hals trug, noch andere ruchlose Riten.

(Cassius Dio 80,11,1. Übs. O. Veh)

löse Heirat mit der Vestalin Aquilia Severa, durch seine Lebensweise und nicht zuletzt wohl durch den Umstand, dass er das Kaisertum überhaupt seinem Amt als Oberpriester des emesenischen Sonnengottes unterordnete, hatte Elagabal schließlich den Senat, die stadtrömische Bevölkerung und vor allem die Truppen gegen sich aufgebracht. Diese Entwicklung blieb dem Kaiserhof nicht verborgen, und man begann sich nach Alternativen umzusehen.

Iulia Maesa konnte Elagabal dazu überreden, seinen nur wenige Jahre jüngeren Cousin, den späteren Kaiser Severus Alexander, zu adoptieren und zum Nachfolger zu ernennen. Ihr überzeugendes Argument war vermutlich, dass sich Elagabal mit einem Mitherrscher an der Seite mehr seinen priesterlichen Verpflichtungen widmen könne.[11] Severus Alexander erfreute sich schon bald großer Beliebtheit, weshalb Elagabal diesen Schritt bereute. Dies führte dazu, dass der Kaiserhof nun in zwei konkurrierende Lager gespalten war. Schließlich brach ein Machtkampf aus. Der Streit in der Herrscherfamilie wurde teilweise öffentlich ausgetragen, und das Gerücht kam auf, Elagabal wolle seinen Cousin ermorden. Daraufhin meuterte die Prätorianergarde, die offenbar mehrheitlich auf der Seite von Severus Alexander stand. In Verkennung der Situation begab sich Elagabal mit seiner Mutter und seinen Anhängern ins Lager der Prätorianer, um die Eintracht im Kaiserhaus zu demonstrieren und die Garde wieder auf seine Seite zu bringen. Dazu kam es jedoch nicht mehr. Elagabal wurde sogleich beim Betreten des Lagers inhaftiert. Wenig später eskalierte die Situation, und die Empörung der Soldaten steigerte sich zu einem wahren Gewaltexzess. Das Gefolge des Kaisers wurde von den Prätorianern niedergemetzelt. Elagabal und seine Mutter versteckten sich unterdessen in einer Latrine. Dort wurden sie von der wütenden Soldateska gefunden und erschlagen.

Ein religiöser Visionär?

Kurz nach der Ermordung Elagabals wurde der Baetyl wieder nach Syrien zurückgesandt, womit dieser Versuch, Iupiter durch eine fremde Gottheit zu

> **ELAGABAL**
>
> **203/204**
> Geburt in Rom (oder in der Umgebung)
>
> **204/214**
> Kindheit am Kaiserhof
>
> **214/216**
> Reise nach Kleinasien und Syrien
>
> **217**
> Amt des Oberpriesters in Emesa
>
> **Mai/Juni 218**
> Kaiserproklamation und Sieg über Macrinus
>
> **218/219**
> Winteraufenthalt in Nicomedia
>
> **Sommer 219**
> Ankunft in Rom
>
> **220**
> Erhebung des *deus Sol Elagabalus* zur obersten Gottheit und Heirat mit Aquilia Severa
>
> **Juni 221**
> Adoption von Severus Alexander
>
> **März 222**
> Meuterei der Prätorianergarde und Ermordung

ersetzen, gescheitert war. Keineswegs war der jugendliche Kaiser ein von seinen Zeitgenossen verkannter religiöser Visionär, der in Vorwegnahme der Constantinischen Wende versuchte, eine monotheistische Religion einzuführen. Als Herrscher war er offensichtlich nur die Marionette seiner Berater, die ihn darin bestärkten, sich auf das Amt als Oberpriester zu konzentrieren. Doch hatten sie wohl unterschätzt, mit welcher Vehemenz und Energie er dieser Aufgabe nachkam. Der Charakter des kaiserlichen Amtes und die damit verbundene Verantwortung für die Bevölkerung des Reiches blieben ihm jedoch gänzlich verschlossen. In jugendlichem Unverständnis und in eigenwilligem Beharren auf den Aufgaben des Oberpriesters einer lokalen und aus römischer Perspektive exotischen Gottheit vernachlässigte er seine eigentlichen Pflichten als römischer Kaiser, was schließlich zu seinem Ende führte. Keineswegs war er jedoch jener perverse und lasterhafte Despot, als der er in den literarischen Quellen beschrieben wird.

Von Andreas Luther

Ein ‚Kinderkaiser' kämpft
gegen die Perser

Gordian III. und der Tod am Euphrat

Gordian III. war noch keine zwanzig Jahre, als er bei Zaitha starb, hatte aber schon etwa sechs Jahre lang regiert. Als die Prätorianer ihm Anfang Mai 238 nach der Ermordung der beiden Senatskaiser Balbinus und Pupienus in Rom die Herrschaft übertrugen, war er erst dreizehn Jahre alt und somit der bis zum Zeitpunkt der Thronbesteigung jüngste Kaiser der römischen Geschichte. Herrschaftsbeginn und Herrschaftsende verdeutlichen die Turbulenzen, in denen sich das Römische Reich seit den 230er Jahren befand: Gordians kurze Regierung muss im Kontext der Reichskrise des 3. Jh.s und der ‚Soldatenkaiserzeit' gesehen werden – der Phase der römischen Geschichte, in der vor allem äußere Bedrohungen dem römischen Staat so zusetzten, dass tiefgreifende Reformen nötig wurden, die sein Erscheinungsbild später stark veränderten.

Wir müssen mit einem Rückblick beginnen: Im Frühjahr 235 wurde Kaiser Severus Alexander gemeinsam mit seiner Mutter Iulia Mamaea in Mogontiacum (Mainz) bei einem Aufstand seiner Soldaten ermordet. Er war seit 234 mit der Abwehr der germanischen Alamannen am Rhein befasst, nachdem er zuvor im Orient einen Feldzug gegen die Sasaniden unternommen hatte und erst 233 wieder nach Rom gekommen war. Beide Kriege zeigen, wo in den 230er Jahren die großen außenpolitischen Herausforderungen für die Römer lagen: Einerseits drängten seit dem letzten Drittel des 2. Jh.s verstärkt Germanen gegen die Reichsgrenzen an Rhein und Donau. Andererseits war in den 220er Jahren das Partherreich – der große Konkurrent Roms im Osten – im Zuge der Revolte des Sasaniden Ardaschir zusammengebrochen; der parthische König Artabanos IV. fiel 224 in der Schlacht bei Hormizdagan (im heutigen Iran gelegen), und wenige Jahre später stand der größte Teil des parthischen Reichsterritoriums unter sasanidischer Herrschaft. Ardaschir begann in der Folge, auf das römische Mesopotamien überzugreifen (230/231).

Abb. 1 **Marmorbüste Gordians III.** aus dem Pariser Louvre

Gordian III. und der Tod am Euphrat

Mit dem Tod des Severus Alexander 235 endete die Dynastie der Severer. Die meuternden Soldaten erhoben in Mainz einen Offizier einfacher Herkunft zum neuen Kaiser, Maximinus Thrax, mit dem für die Forschung die Zeit der ‚Soldatenkaiser' beginnt. Maximinus veranlasste sogleich einen Vorstoß ins Innere Germaniens, der ihn bis in das heutige Niedersachsen führte – das Schlachtfeld am Harzhorn bei Kalefeld (‚Harzhornereignis') hängt wohl mit dieser Unternehmung zusammen (235/236). Anfang 238 kam es aufgrund hoher Steuerbelastung in der römischen Provinz Africa zu einem Aufstand der Landbesitzer, die in der Stadt Thysdrus einen Amtsträger ermordeten. Bald richtete sich ihr Zorn gegen den Kaiser, und sie riefen den schon betagten Provinzstatthalter M. Antonius Gordianus Sempronianus (Gordian I.) und seinen Sohn Gordian II. zu neuen Kaisern aus.

Kaum war die Nachricht nach Rom gelangt, stellte sich der Senat mehrheitlich auf ihre Seite – auf die ihrer senatorischen Standesgenossen. Doch ein Großteil der römischen Provinzen hielt weiterhin zu Maximinus, und innerhalb von drei Wochen wurde der Aufstand in Africa durch den Statthalter der benachbarten Provinz Numidia, Capelianus, niedergeschlagen: Gordian II. kam ums Leben, und Gordian I. beging Selbstmord. Der verängstigte Senat in Rom bildete umgehend ein aus zwanzig Männern bestehendes Lenkungsgremium und bestellte zwei Mitglieder, Balbinus und Pupienus, zu *Augusti*. Bald nach ihrer Erhebung kam es indes zu Forderungen des römischen Volkes nach einer Beteiligung des Enkels Gordians I. an der Macht – Pupienus und Balbinus beugten sich dem Druck und designierten den jungen Gordian (III.), der sich offenbar vor Ort befand, durch die Übertragung der Titel eines *nobilissimus Caesar* (etwa: überaus edler Caesar) und *princeps iuventutis* (Fürst der Jugend) zum Nachfolger. Gordian III., geboren am 20. Januar 225 in Rom, war Sohn einer Tochter Gordians I., wie zeitgenössische Inschriften bezeugen. Über die Herkunft und den weiteren Hintergrund der Gordiani-Familie ist wenig bekannt. Es wird vermutet, dass sie aus dem kleinasiatischen Raum stammte.

Pupienus, Balbinus und Gordian

Ein bemerkenswertes Zeugnis für die Einbindung Gordians in die Kaiserherrschaft des Pupienus und des Balbinus ist eine Gemme (**Abb. 2**), die die Büsten aller drei Mitglieder der „Herrschertrias" zeigt, wobei Gordian im Hintergrund abgebildet ist und dem auf der linken Seite etwas größer dargestellten Pupienus eine Vorrangstellung zuzukommen scheint. Die wichtigste Aufgabe der beiden Senatskaiser war nun die Sicherung Italiens: Denn Maximinus hatte sich nach Bekanntwerden der Revolte der Gordiani mit seinen Truppen auf den Weg nach Rom gemacht und belagerte inzwischen Aquileia, und Pupienus zog ihm entgegen. Bevor es zu einer Konfrontation kam, ereignete sich eine Meuterei im Heer des Maximinus: Die Soldaten erschlugen ihn und seinen zum Nachfolger bestimmten Sohn Maximus im Heerlager vor Aquileia (April 238?). Ihre abgeschlagenen Häupter wurden anschließend in Rom zur Schau gestellt.

Auch wenn Pupienus und Balbinus bemüht waren, Einigkeit zu demonstrieren (etwa durch die Verwendung entsprechender Motive in der Münz-

Abb. 2 Die berühmte Gemme der Staatlichen Münzsammlung München, auf der Gordian III. neben den Senatskaisern Pupienus (links) und Balbinus (rechts im Bildvordergrund) abgebildet ist. Der Stein schmückte den Ring eines hohen Offiziers.

prägung), wurden bald nach dem Ende des Maximinus Differenzen zwischen den beiden Senatskaisern offenbar, die sich zu einer neuen Krise auswuchsen und das Eingreifen der Prätorianer provozierten – die ‚politische Utopie'[1] einer Senatsherrschaft blieb Episode: Pupienus und Balbinus wurden Anfang Mai (?) 238 in ihrem Palast in Rom getötet, und die Prätorianer riefen Gordian III. zum Kaiser aus. Aufgrund seines Alters konnte dieser freilich nicht selbstständig regieren und war auf die Unterstützung des Senats und seiner Berater angewiesen. Immerhin waren Gordian I. und Gordian II. schon unter den Senatskaisern divinisiert (also: zu den Göttern erhoben) worden, was Gordian III. mit einer sakralen Aura umgeben und die Akzeptanz seiner Herrschaft gefördert haben mag. Wie manche Vorgänger ließ sich Gordian III. zumindest in den östlichen Reichsteilen als *Deus Sol Invictus Imperator* (Unbesiegter Sonnengott, Herrscher) oder *Neos Helios* (Neue Sonne, Neuer Sonnengott) verehren. Verbunden hiermit war einerseits die Vorstellung der Ewigkeit (*aeternitas*), andererseits die Idee der Weltherrschaft. Auf Münzen von Tarsus in Kilikien finden wir zudem die bemerkenswerte Assoziation Gordians mit der aus dem iranischen Raum stammenden Gottheit Mithras, die im Römischen Reich auch als *Sol Invictus Mithras* (Unbesiegter Sonnengott Mithras) verehrt wurde.

Personen, die in der Folge wichtige Ämter bekleideten und die Geschicke des Reiches für Gordian lenkten, waren etwa der schon an der Verteidigung Aquileias beteiligte *consul* Tullius Menophilus und der Ritter C. Furius Sabinius Aquila Timesitheus, der später zum Prätorianerpräfekten (*praefectus praetorio*) avancierte und durch die Vermählung seiner Tochter Furia Sabinia Tranquillina mit dem jungen Kaiser im Frühjahr 241 auch zum Schwiegervater Gordians III. wurde. Das Paar, dessen Eintracht auf Münzen propagiert wurde **(Abb. 3)**, sollte eine Tochter bekommen, Furia Antonia.

Innere und äußere Bedrohungen

Die politische Krise des ‚Sechskaiserjahres' 238 dauerte etwa vier Monate, doch das Römische Reich kam nach der Kaisererhebung Gordians III.

Abb. 3 Gordian III. und seine Gattin Tranquillina demonstrieren durch ihren Handschlag auf dem Revers dieser Münze eheliche Eintracht (*concordia*).

nicht dauerhaft zur Ruhe, auch wenn in der zeitgenössischen Propaganda das Bestreben erkennbar ist, seine Regierung als eine Zeit des Friedens und der Stabilität darzustellen. In einer Inschrift aus Ephesus **(s. Quellenkasten)** wird der Kaiser nicht nur als Herrscher über Land und Meer und alle Menschen bezeichnet, sondern auch als Friedensbringer. Sein jugendliches Alter trug indes sicher nicht zu einer Stabilisierung des Reiches bei. Für

> #### GORDIAN – KAISER, GOTT UND RETTER
>
> Die Inschrift aus Ephesus, angebracht an einer Statuenbasis, ehrt Kaiser Gordian III. als Sonnengott, Friedensbringer und Weltenherrscher. Sie ist in die Zeit des Perserfeldzugs Gordians III. zu datieren (ca. 243 / 244):
>
> „Den Herren des Landes und des Meeres und des gesamten Menschengeschlechts, den Imperator Caesar Marcus Antonius Gordianus Augustus, fromm und glücklich, die Neue Sonne (Neos Helios), den Mehrer und Wiederhersteller des früheren friedlichen Lebens für die Welt, ehrt die Stadt der Ephesier, erste und größte Metropole Asiens, Wärterin des Tempels (*neokoros*) der überaus heiligen Artemis, zweifache Wärterin des Tempels (*neokoros*) der Kaiser, durch Decimus Iunius Quintianus, den hoch angesehenen gewesenen Konsul (*clarissimus consularis*), *logistes* der Stadt."
>
> (IvEphesos 304). Eigene Übs.

Abb. 4 Gordian III. und Abgar. Osrhoenische Prägungen wie diese Bronzemünze verweisen auf ein Treffen des Kaisers mit dem König.

das Jahr 240 ist die kurzzeitige Revolte eines Sabinianus in Afrika bezeugt, also genau in der Region, die zuvor den Kernbereich der Rebellion der Gordiani bildete und von der man annehmen müsste, dass sie auch die Herrschaft Gordians III. unterstützte. Tatsächlich könnte aber das schnelle Ende der Rebellion dafürsprechen, dass Sabinianus in der Provinz Africa keinen Rückhalt hatte.

An den Grenzen blieb die akute Bedrohungslage präsent, vor allem an der Donau und im Orient. Zunächst ein Blick auf die Donauregion: Historisch bedeutsam ist der Umstand, dass es im Jahr 238 zu größeren Auseinandersetzungen mit den Goten (zunächst als ‚Skythen' bezeichnet) und offenbar auch mit dem Volk der Carpen an der Donaugrenze kam: Gotische Gruppen, die sich im Zuge einer längeren Wanderungsbewegung gegen Ende des 2. Jh.s im heutigen Rumänien und nördlich angrenzenden Gebieten angesiedelt hatten, überfielen in dieser Zeit (wahrscheinlich) die Städte Olbia und Tyras. Schon die Senatskaiser schickten Menophilus nach Niedermoesien an die untere Donau, um dort die Goten einzuhegen, und tatsächlich scheint es zu einer Vereinbarung gekommen zu sein, wonach die Römer Subsidiengelder zahlten, während die Goten im Gegenzug – wie schon in der Severerzeit – Hilfstruppen für das römische Heer stellten und ansonsten zunächst Ruhe hielten. Als Menophilus im Jahr 241 abtrat, gab es offenbar erneut Übergriffe der Carpen (241/242).

Im römischen Orient blieb die Lage auch Ende der 230er Jahre angespannt: Schon Pupienus soll 238 einen Krieg gegen die ‚Parther' (gemeint sind die Sasaniden) geplant haben, was auf eine akute Bedrohung des mesopotamisch-syrischen Raumes hinweisen mag. Wohl im selben Jahr 238 begann Ardaschir mit der Belagerung der Stadt Hatra im östlichen Mesopotamien, in der sich unter Gordian III. römische Soldaten aufhielten. Im Frühjahr 239 ist ein persischer Zug an den mittleren Euphrat belegt: Am 20. April dieses Jahres standen die Sasaniden vor der römischen Festungsstadt Dura-Europos.

Ein Aufenthalt in Antiochia 239?

Es ist öfter erwogen worden, dass Gordian bereits im Frühjahr 239 der Stadt Antiochia einen Besuch abstattete. Wichtigster Beleg hierfür ist ein am 1. April 239 in Antiochia ausgefertigtes und in einer späteren Sammlung überliefertes Reskript[2] des Kaisers, das seine Anwesenheit in der Stadt zu belegen scheint; denn Gordian erteilt seinen Beamten einen Rechtsbescheid, und es heißt: „gegeben an den Kalenden des April in Antiochia, unter dem Konsulat des Kaisers Gordianus und des Aviola" (*dat. Kal. April. Antiochiae, Gordiano A. et Aviola coss.*). Die Authentizität des Reskripts und mithin die Frage, ob es diesen Aufenthalt Gordians tatsächlich gab, ist in der modernen Forschung zum Gegenstand intensiver Diskussionen geworden, die hier nicht nachgezeichnet werden können. Wäre aber diese Reise zeitlich und ‚technisch' überhaupt möglich gewesen? Gordian war Anfang Januar 239 bei einer Sitzung der Arvalbrüderschaft in Rom anwesend, wie aus den inschriftlich teilweise erhaltenen Arvalakten (*Commentarii Fratrum Arvalium*) hervorgeht. Sieht man von dem zur Debatte stehenden Besuch in Antiochia ab, sind weitere Aufenthaltsorte des Kaisers für 239 nicht sicher anderweitig belegt. Die Durchführung einer Reise von Rom nach Antiochia zwischen Januar und Ende März 239 scheint durchaus im Rahmen des Möglichen (oder zumindest: nicht unmöglich) gewesen zu sein.

Weitere Quellen müssen hier berücksichtigt werden: Wohl im Jahr 239 wurde in der Region Osrhoene im nordwestlichen Mesopotamien nach längerer Vakanz ein neuer römischer ‚Klientelkönig' eingesetzt, Aelius Septimius Abgar, der in einer im Dezember 240 aufgesetzten Urkunde bezeugt und auch durch seine Münzprägung gut bekannt ist. Eine besonders markante Emission ist eine (undatierte) Serie osrhoenischer Bronzemünzen, die den König gemeinsam mit Gordian III. zeigen: Auf dem Avers der Münzen ist jeweils Gordian abgebildet, während auf dem Revers zweier Untergruppen dieser Serie eine Zusammenkunft Gordians mit dem osrhoenischen König dargestellt ist: einerseits Gordian auf einem Podest sitzend, vor ihm stehend der osrhoenische König mit einer Figur der Siegesgöttin in der Hand; andererseits Gordian und Abgar nebeneinanderstehend, wobei Abgar einen Kranz in der Hand hält **(Abb. 4)**. Die Münzen verweisen ganz offenbar auf ein persönliches Treffen.

Ein zweites Zeugnis kommt hier ins Spiel: Ein in syrischer Sprache abgefasstes Dokument aus der Osrhoene vom 1. September 242 deutet darauf hin, dass die Königsherrschaft Abgars zuvor ein Ende gefunden hatte, denn der Name des Königs taucht hier nicht auf. Die erwähnten Münzen, die Abgar gemeinsam mit Gordian zeigen, dürften insofern vor September 242 geprägt worden sein, und da Gordian bei seinem späteren Perserfeldzug erst in den letzten Monaten des Jahres 242 nach Syrien kam, wird man eher an ein früheres Treffen mit Abgar denken müssen. Entweder haben sich also Gordian III. und Abgar tatsächlich 239 in Antiochia getroffen, oder aber Abgar reiste dem Kaiser weiter entgegen – doch wäre dies sinnvoll gewesen? Die Einsetzung des Aelius Septimius Abgar hatte ja sicherlich den Zweck, die stark gefährdete Grenzregion zu stabilisieren, und dies dürfte die dauerhafte Anwesenheit des osrhoenischen Königs im Orient nötig gemacht haben. Die Münzen könnten daher die Investitur des Königs Abgar durch den Kaiser im Jahr 239 reflektieren. Dass er sich früh bewährte – oder zu entsprechenden Hoffnungen berechtigte –, wird auch dadurch deutlich, dass ihm der Kaiser außerordentliche Ehrungen zukommen ließ.

Gordians Tod

Für das Jahr 241 ist in den Quellen vom Ausbruch jenes Krieges mit den Persern die Rede, der zu Gordians Untergang führen sollte. Die Stadt Hatra wurde 240/241 nach längerer Belagerung vom Sasaniden Schapur I. erobert (Alleinherrscher 241–272).

Inwieweit der Fall Hatras der unmittelbare Auslöser für den römischen Feldzug war, ist in der modernen Forschung umstritten, doch war die Situation im Orient nun tatsächlich brenzlig, zumal auch der osrhoenische König Abgar in dieser Zeit aus der Überlieferung verschwindet.

Im Folgejahr 242 brach Gordian mit einem Heer unter der Leitung des Timesitheus in den Osten auf. Der Perserzug wurde propagandistisch durch die Begründung von Festspielen zu Ehren der Göttin Minerva als Parallele zu den Perserkriegen des 5. Jh.s v. Chr. dargestellt, in denen es den Griechen ja gelungen war, die Perser abzuwehren. Die Marschroute verlief zunächst über Land nach Moesien und Thrakien und dann durch Kleinasien bis nach Syrien. Die römischen Truppen konnten die Sasaniden im Jahr 243 in einer Schlacht bei Rhesaina im nördlichen Mesopotamien schlagen und vertreiben. Ein Sieges-Medaillon **(Abb. 5)** mit der Darstellung des von der Siegesgöttin gekrönten Kaisers mit den Flussgottheiten Euphrat und Tigris

Abb. 5 Auf dem Revers dieses Medaillons (hier verkleinert) ist Gordian III. als Sieger dargestellt, vor ihm lagernd Euphrat und Tigris, darüber der Sonnengott. Geprägt wurde es wohl nach der für die Römer erfolgreichen Schlacht bei Rhesaena (243).

sowie dem Sonnengott propagierte bereits „ewigen Frieden" (PAX AETERNA).

Allerdings starb in demselben Jahr Timesitheus, der *spiritus rector* dieses Feldzugs. Unter der Führung seines Nachfolgers in der Prätorianerpräfektur, C. Iulius Philippus, rückte das römische Heer zwar den Euphrat entlang gegen die Sasaniden vor,

Gordian III. und der Tod am Euphrat

Abb. 6 Die Villa der Familie Gordians III. vor den Toren Roms? „Tor de' Schiavi" an der Via Praenestina: Gemälde von E. W. Pose (1854)

doch wurde Gordian im Frühjahr 244 während des Zuges verwundet und starb. Die Umstände sind in den Quellen unterschiedlich überliefert; während Schapur in seinem inschriftlich tradierten Tatenbericht[3] von einer für die Sasaniden siegreichen Schlacht bei dem Ort Mesiche berichtet und sich auch in dem Relief von Bischapur als Sieger über Gordian darstellt, ist in den meisten westlichen Quellen von einer Truppenrevolte die Rede, der Gordian zum Opfer fiel; der Geschichtsschreiber Ammianus Marcellinus spricht von einer „hinterhältigen Ermordung" (*insidiosum interitum*). Der Großteil dieser Quellen macht Philippus für den Tod Gordians verantwortlich. Eine neuere Analyse der entsprechenden Passage in den „Res Gestae Divi Saporis" legt nun nahe, dass es tatsächlich zunächst eine Revolte im Heer Gordians gab, bevor Schapur, das Chaos ausnutzend, das römische Heer angriff und es entscheidend schlug. Noch im Feld wurde Philippus (seiner Herkunft wegen auch als Philippus Arabs bezeichnet – „der Araber") zum Kaiser ausgerufen (14. März 244); rasch musste er mit Schapur Frieden schließen.

Gordians Nachleben

Für Gordian wurde bei Zaitha am Euphrat ein Kenotaph errichtet: Ammianus Marcellinus sollte es später sehen, heute aber ist die genaue Lage des Platzes in Vergessenheit geraten; Zaitha befand sich zwischen den Festungsstädten Circesium und Dura-Europus. Die sterblichen Überreste des Kaisers, der zu den Göttern erhoben wurde und dessen Erinnerung sein Nachfolger Philippus in Ehren hielt, brachte man nach Rom. Wo dort allerdings Gordians Grabmal lag, ist ebenso unbekannt wie die Lage der Ehrenmonumente, die der Senat nach dem Tod des jungen Kaisers zu errichten beschlossen hatte.

Was bleibt? Der umfangreiche Ausstoß von Münzen mit dem Bildnis des zunächst kindlichen und bald jugendlichen Gordian zeigt vor allem, dass die Heere bezahlt werden mussten und dass mithin die Zeiten unruhig waren. Eine Betrachtung der Rechtsbescheide, die Gordians Kanzleien ausfertigten, zeugt ebenso vom Bemühen des Kaisers und seiner Verwaltung um die Soldaten. Von den Bauten in Rom, die in seiner kurzen Regierungszeit entstanden oder im Entstehen waren – in der „Historia Augusta" werden etwa eine Säulenhalle (*porticus*) auf dem Marsfeld erwähnt sowie Bade- und Brunnenanlagen (Nymphäen) –, hat sich nichts erhalten, sieht man ab vom Kolosseum, dessen Renovierung (nach einem Brand im Jahre 217) unter Gordian abgeschlossen wurde. Angedacht wurde in der Forschung, dass die in der „Historia Augusta" erwähnte Stadtvilla der Gordiani (*domus Gordianorum*), die von Gordian III. prächtig ausgestaltet worden sein soll, auf dem Oppius-Hügel auf Höhe der Kirche S. Pietro in Vincoli gelegen haben könnte. Zudem wird die Ruine einer repräsentativen Villa vor den Toren der Stadt mit dem ‚Tor de' Schiavi' genannten Bau an der Via Praenestina, drei römische Meilen vom Zentrum Roms entfernt, den Gordiani zugeordnet **(Abb. 6)**: Die italienische Benennung ‚Villa Gordiani' war namenstiftend für die moderne Stadtteilbezeichnung ‚Gordiani' der ‚zona urbanistica 6D' des ‚Municipio Roma V' – eine besondere Form des Nachlebens des jungen Kaisers und seiner Familie.

GORDIAN III.

225
Geburt

238
Erhebung der Gordiani (Gordian I. und Gordian II.) in Africa gegen die Herrschaft des Maximinus Thrax. Senatskaiser Pupienus und Balbinus designieren Gordian III. zum Nachfolger; er tritt die Herrschaft nach ihrer Ermordung an (Mai?)

241
Heirat mit Tranquillina

242–244
Perserfeldzug, zunächst militärische Erfolge in Mesopotamien (243)

Anfang 244
Tod am Euphrat, wohl bei einer Truppenrevolte

Die Herrschaft des ‚Kinderkaisers' Gordian III. steht geradezu sinnbildlich für die Krise des Römischen Reiches im 3. Jh.: Die Bedrohungen, denen die Reichsgrenzen im Norden und Osten ausgesetzt waren, verlangten eigentlich nach militärisch erfahrenem Personal an der Reichsspitze, doch war die Vorstellung, der Kaiser müsse Angehöriger einer ehrwürdigen Senatorenfamilie sein, wirkmächtiger. Das Experiment einer Dyarchie (Doppelherrschaft) der Senatskaiser Balbinus und Pupienus war wiederum schon nach kurzer Zeit gescheitert, und man kehrte zum traditionellen System der dynastischen Erbfolge zurück – allerdings mit einem Jugendlichen, der ganz von seiner Umgebung abhängig war und dem es nur ansatzweise vergönnt sein sollte, seiner Regierung ein eigenes Gepräge zu geben.

Von Christian Körner

Roms Tausendjahrfeier in stürmischen Zeiten

Philippus I. – aus der Provinz an die Spitze des Imperiums

Nichts deutete darauf hin, dass der aus einer abgelegenen Region im Osten des Imperiums stammende Militär Marcus Iulius Philippus dereinst Kaiser werden sollte. Eine spätantike Quelle bezeichnet seinen Vater gar als „Räuberhauptmann". Doch während des Perserfeldzugs Kaiser Gordians III. gelang es Philipp 244, die Macht an sich zu reißen. Einmal im Amt, erwies er sich als pflichtbewusster Verwalter, der sich bemühte, die Traditionen des römischen Prinzipats hochzuhalten. Höhepunkt seiner Regierungszeit war die pompöse Tausendjahrfeier Roms 248. Doch Philipp gelang es nicht, dauerhafte Lösungen für die drängenden Probleme des 3. Jh.s zu finden. Am Ende seiner Regierung häuften sich die Usurpationen, die 249 zu seinem Untergang führten.

Im Jahr 248 beging man in Rom mit großem Pomp ein besonderes Fest: Nahm man das legendäre Gründungsdatum 753 v. Chr. als Ausgangspunkt, dann bestand die Stadt seit nunmehr tausend Jahren. Im Circus Maximus wurden Tierspiele, Wagenrennen und Gladiatorenkämpfe geboten. Auf dem Marsfeld fanden Theateraufführungen statt. Jenseits des Tibers legte man ein Becken an, wohl für die Nachstellung legendärer Seeschlachten. Der regierende Kaiser Philippus ließ auf seinen Münzen das MIL(L)IARIVM SAECVLVM (tausendjähriges Zeitalter) und SAECVLVM NOVVM (neues Zeital-

Abb. 1 Büste des Kaisers Philippus I. Arabs. Der Zusatz „Arabs" (der Araber) erscheint erst in der Geschichtsschreibung des 4. Jh.s, um auf die Herkunft des Kaisers aus der römischen Provinz Arabia (im heutigen südlichen Syrien und in Jordanien) hinzuweisen. Philipp selbst trug den römischen Namen Marcus Iulius Philippus. Wie der Familienname Iulius zeigt, entstammte er einer Familie, die das römische Bürgerrecht besaß. Die Büste zeigt Philipp in einer Toga. Hier ist die Toga in einem aufwendigen Verfahren, das mehrere Helfer benötigte, vor der Brust brettartig drapiert, eine seit dem 3. Jh. verbreitete Tracht, bei der die wie eine Tafel herausragende Fläche der Toga zum Teil mit Stickereien geschmückt war.

Philippus I. – aus der Provinz an die Spitze des Imperiums

Abb. 2 Münzen mit Tierdarstellungen, geprägt anlässlich der Tausendjahrfeier 248. Die Inschrift lautet jeweils SAECVLARES AVGG(VSTORVM) (Jahrhundertfeier der Kaiser). Die Münzen zeigen Tierdarstellungen, so einen Hirsch, einen Elch, eine Antilope und ein Nilpferd. Das stadtrömische Publikum der Tausendjahrfeier konnte bei den Spielen exotische Tiere aus den verschiedenen Teilen des Reiches sehen. Damit sollte dem Publikum die Größe der römischen Herrschaft von Ägypten (Nilpferd) bis ins nördliche Europa (Hirsch/Elch) vor Augen geführt werden.

ter) feiern. Die Prägungen geben noch heute einen Eindruck von dem Spektakel und zeigen Wagenrennen und Tiere aus dem ganzen Reich, von Gazellen über Löwen bis zu Nilpferden. Auf einer Prägung sieht man Philipp mit seinem Sohn beim Opfer vor einem Altar, im Hintergrund die thronende Göttin Roma, Personifizierung der Stadt.

Doch die Situation des Römischen Reiches war um die Mitte des 3. Jh.s keineswegs so glanzvoll, wie man mit der pompösen Feier glauben machen wollte. An der Rhein- und Donaugrenze häuften sich die Einfälle von Gruppen aus dem sogenannten Barbaricum, pauschal oft als ‚Germanen' bezeichnet. Im Osten war eine neue Bedrohung entstanden: Im Partherreich, dem traditionellen Konkurrenten Roms, hatten 224 die persischen Sasaniden die herrschenden Arsakiden gestürzt und eine neue Dynastie begründet, die eine offensive Politik gegenüber Rom verfolgte. Diese äußeren Bedrohungen beschleunigten die Entstehung von Usurpationen im Inneren: 235 hatten die Soldaten in Moguntiacum (Mainz) den letzten Kaiser der Severischen Dynastie, Severus Alexander, getötet und den Militär Maximinus Thrax auf den Thron gehoben. Dies sollte nicht die letzte Usurpation im 3. Jh. bleiben: In den kommenden fünfzig Jahren wechselten sich 21 Kaiser und zahlreiche nicht reichsweit anerkannte Gegenkaiser auf dem Thron ab. Die Reichsregierungen verloren in der zweiten Hälfte des 3. Jh.s zeitweise die Kontrolle über ganze Regionen im Nordwesten und im Osten des Imperiums. Auch wenn die Anwendung des Begriffs ‚Krise' für diese Phänomene in der Forschung umstritten ist, lässt sich für die Jahre von 235 bis 285 doch ein massiver Machtverlust des römischen Kaisertums feststellen.

Aus der Provinz Arabia an die Spitze des Reichs

Doch wer war dieser Kaiser, der sich als Wahrer einer tausend Jahre alten Tradition im Zentrum der damaligen antiken Welt präsentierte? In den spätantiken Quellen wird er mit dem Zusatz „Arabs" als „Araber" charakterisiert. Und in der Tat stammte Philipp nicht aus Italien, sondern von der äußersten Peripherie des Reichs, aus der Trachonitis, damals im nördlichen Teil der Provinz Arabia. Seine Heimatstadt, das heutige Šahbā in Syrien, liegt im Basaltgebirge des Ḥaurān. Wie die „Epitome de Caesaribus" (28,4) aus dem 4. Jh. berichtet, war Philipp niederster Herkunft, sein Vater ein einflussreicher Räuberhauptmann (*patre nobilissimo latronum ductore*). Hinter der abschätzigen Formulierung könnte sich jedoch eine lokale Machtstellung verbergen, vielleicht ein *strategos Nomadon* (Stratege der Nomaden). Sicherlich besaß die Familie das römische Bürgerrecht, wie auch der Name des künftigen Kaisers, Marcus Iulius Philippus, zeigt. Gemessen an den Kaiserbiografien der ersten zwei Jahrhunderte, war es aber in jedem Fall ungewöhnlich, dass ein Mann aus einer abgelegenen Region des Imperiums, ohne familiäre Bindungen zu den einflussreichen Familien, die höchste Stellung im Reich erlangte. Philipp war nicht einmal senatorischen Standes, wie es eigentlich für die Kaiser üblich war, sondern gehörte lediglich dem zweiten Stand, den Rittern, an; vor ihm hatten nur zwei Ritter den Sprung an die Spitze des Reichs geschafft (Macrinus 217 und Maximinus Thrax 235).

Kaum etwas ist über Philipps Karriere vor der Machtübernahme bekannt. Sie muss aber erfolgreich gewesen sein, da er die Prätorianerpräfektur und damit das höchste militärische Amt der ritterlichen Laufbahn erreichte. Im Jahr 242 war der junge Kaiser Gordian III. (238–244) zu einem Feldzug gegen die persischen Sasaniden aufgebrochen. Die Leitung des Feldzugs lag in den Händen des Timesitheus, Prätorianerpräfekt und Schwiegervater des Kaisers. Timesitheus erlag jedoch unterwegs einer Krankheit. Sein Nachfolger wurde Philipp. Sein Kollege im Amt war sein Bruder Gaius Iulius Priscus. Die militärische Leitung befand sich damit in den Händen der beiden Brüder.

Die Römer drangen ins Perserreich ein. Doch nach einem römischen Sieg kam Gordian III. unter ungeklärten Umständen zu Tode (s. Quellenkasten). Die persische und die römische Überlieferung der Ereignisse weichen grundlegend voneinander ab. In einer monumentalen dreisprachigen Inschrift (Parthisch, Mittelpersisch und Griechisch) im iranischen Naqš-e Rostam rühmt sich der sāsānidische König Šābuhr I., er habe Gordian III. in einer Schlacht besiegt und getötet.[1] Hingegen berichten die römischen und späteren byzantinischen Quellen einhellig von einem Anschlag Philipps.[2] Angeblich hetzte dieser die Soldaten gegen den jungen Kaiser auf, indem er den Nachschub für die römischen Truppen behinderte und Gordian III. dafür verantwortlich machte. Die Soldaten hätten gemeutert, Gordian III. getötet und Philipp zum Kaiser ausgerufen. Diese Version hat einiges für sich: Durch die gemeinsame Heeresleitung waren Philipp und Priscus zweifellos in einer

DAS ENDE GORDIANS III. – TOD IN DER SCHLACHT ODER ANSCHLAG AUS DEN EIGENEN REIHEN?

Die persische Darstellung im Tatenbericht des Šābuhr aus den 260er Jahren:

„[...] und an den Grenzen Asūrestāns – in Misikhē – hat eine große frontale Schlacht stattgefunden. Und Kaiser Gordian wurde getötet, und Wir vernichteten das Heer der Römer; und die Römer riefen Philippus (zum) Kaiser aus."

(ŠKZ, griechische Fassung, Z. 6–7. Übs. P. Huyse)

Die römische Darstellung in der um 500 verfassten „Neuen Geschichte" des griechischsprachigen Geschichtsschreibers Zosimos:

„So zog der Kaiser [Gordian III.] mit seiner gesamten Heeresmacht gegen die Perser und die römische Armee schien in der ersten Schlacht einen Sieg davongetragen zu haben, doch da starb der *praefectus praetorio* Timesikles [gemeint ist Timesitheus] und dies minderte wesentlich das Vertrauen, das der Kaiser auf die Festigkeit seiner Macht gesetzt hatte. In der Tat ließ die nachfolgende Ernennung des Philippus zum Präfekten die Ergebenheit der Truppen ihrem Kaiser gegenüber allmählich dahinschwinden. Philippus war ja seiner Abkunft nach ein Araber, Angehöriger eines ganz minderen Volkes, und auch nicht aus einer gehobenen Stellung heraus, sondern durch Glücksfall emporgekommen. So richtete er gleich nach Übernahme des Amtes sein ehrgeiziges Streben auf die Kaiserwürde. Er zog die aufrührerisch gesinnten Soldaten an sich und als er dann sah, daß zwar Lebensmittel in hinreichender Menge für die Truppen herbeigeschafft waren, der Kaiser aber sich noch mit seinem Heer bei Carrhae und Nisibis aufhielt, befahl er selbst den Schiffen, welche die Verpflegung für die Armee beförderten, etwas tiefer ins Land hinein auszubiegen, damit die Truppen unter Hunger litten und infolge Mangels an Lebensmitteln revoltierten.

Sein Plan hatte Erfolg: Indem die Soldaten das Fehlen von Proviant zum Vorwand nahmen, umringten sie in wildem Aufruhr Gordianus, machten ihn als den am Untergang des Heeres angeblich Schuldigen nieder und bekleideten, wie verabredet, Philippus mit dem Purpur."

(1,18,2–1,19,1. Übs. O. Veh)

Philippus I. – aus der Provinz an die Spitze des Imperiums

Abb. 3 Relief aus Bīšāpūr im Iran: der persische Großkönig Šābuhr I. hoch zu Ross. Vor ihm kniet ein Römer, wohl Philipp, der 244 um Frieden bittet. Mit der Hand hält Šābuhr einen weiteren Römer, wahrscheinlich Kaiser Valerian I. (253–260), der 260 von den Persern gefangen genommen wurde. Der tote Römer unter dem Pferd ist Gordian III., der 244 auf seinem Perserfeldzug zu Tode kam.

Position, die es ihnen erleichterte, die Stimmung unter den Soldaten zu beeinflussen. Dem persischen Tatenbericht Šābuhrs wiederum ist in dieser Frage nur bedingt zu trauen, da es der Zweck der Inschrift war, den Großkönig und seine Erfolge gegenüber Rom zu verherrlichen. So betont Šābuhr an anderer Stelle, dass er eigenhändig den römischen Kaiser Valerian I. gefangen genommen habe.[3] In diese Selbstdarstellung fügt sich der angebliche Schlachtentod Gordians III. nur zu gut ein. In einer Reihe von Reliefs feierte Šābuhr seine Siege über die Römer.

Nach der Machtübernahme stand Philipp vor großen Schwierigkeiten: An eine Fortsetzung des Feldzugs war nicht zu denken. Erstes Ziel musste es vielmehr sein, die eben unter obskuren Umständen errungene Stellung in Rom abzusichern. Daher leitete Philipp rasch Friedensverhandlungen mit Šābuhr ein. Dieser nutzte die Notlage der römischen Seite aus und zwang Philipp, in die Zahlung von 500 000 Denaren Lösegeld für die römischen Kriegsgefangenen einzuwilligen, sich zu Tributzahlungen bereitzuerklären und möglicherweise auf den Einfluss in Armenien zu verzichten.

Nun galt es für Philipp, die neu errungene Position im Reich zu legitimieren. Entscheidende Bedeutung kam dabei der Anerkennung durch den Senat zu: Auch wenn dieser in der Mitte des 3. Jh.s bereits erheblich an realer Macht eingebüßt hatte, verfügte er nach wie vor über hohes Ansehen. Gordian III. war zudem in Rom durchaus beliebt gewesen. Philipp musste also das Andenken an seinen Vorgänger ehren. Er ließ verbreiten, Gordian III. sei einer Krankheit erlegen. Die Leiche Gordians III. wurde nach Rom übergeführt, der tote Kaiser zum *divus* (Gott) erhoben.

Die Gründung einer neuen Dynastie

Als Aufsteiger konnte sich Philipp der Loyalität des altgedienten Führungspersonals zunächst nicht sicher sein. Daher besetzte er verantwortungsvolle Positionen mit Verwandten. Insbesondere sein Bruder Priscus, der am Putsch beteiligt gewesen sein dürfte, wurde mit wichtigen Aufgaben betraut. Zusätzlich zu seiner Prätorianerpräfektur erhielt er provinzübergreifende Kompetenzen im Osten des Reiches: Er übte gleichzeitig statthalterliche Aufgaben in den Provinzen Mesopotamia und Syria Coele aus und trug den Titel *rector Orientis* (Lenker des Ostens). Der Schwager oder Schwiegervater des Kaisers, Severianus, sollte die Truppen in Moesien und Makedonien befehligen. Beide Regionen, in denen Verwandte in machtvolle Positionen eingesetzt wurden, die Ostgrenze wie der Donauraum, waren im 3. Jh. besonders von Angriffen und Einfällen bedroht.

Während die Einsetzung von Priscus und Severianus der Herrschaftssicherung wie der Verteidigung neuralgischer Punkte des Reiches diente, verfolgten andere Maßnahmen den Zweck, eine neue Dynastie zu etablieren. Insbesondere die Ehefrau und der Sohn des Kaisers wurden von Beginn an in die herrscherliche Selbstdarstellung eingebunden. Marcia Otacilia Severa erhielt eine Reihe von Ehrentiteln: Als Mutter des Thronfolgers war sie *mater Caesaris* bzw. *Augusti*. Die Verbindung der neuen Dynastie zum Heer wurde mit Titeln wie *mater castrorum* (Mutter des Heerlagers) und *mater castrorum et exercitus* (Mutter des Heerlagers und Heeres) zum Ausdruck gebracht. Der Titel *mater castrorum et senatus et patriae* (Mutter des Heerlagers und des Senats und des Vaterlands) verband die Kaiserin zudem mit Senat und Reich. Vor Otacilia hatten insbesondere die Kaiserinnen der Severischen Dynastie (193–235) vergleichbare Titel getragen. Auch Otacilias Münzprägung stand in dieser Tradition; die Kaiserin erscheint wie Iulia Domna, die Ehefrau von Septimius Severus, häufig mit ihrem Mann und Sohn auf den Münzen. Zudem engagierte die Kaiserin sich wohl auch kulturell: Dem Kirchenvater Eusebius lagen im 4. Jh. noch Briefe des christlichen Denkers Origenes an Otacilia wie auch an den Kaiser selbst vor.[4]

Philipps gleichnamiger Sohn, bei der Machtübernahme seines Vaters etwa sieben Jahre alt, wurde zum Nachfolger aufgebaut: Bereits 244 erhielt er die Titel *Caesar* und *princeps iuventutis*, die den designierten Thronfolger bezeichneten, 247 wurde er mit etwa zehn Jahren zum *Augustus* und damit zum offiziellen Mitregenten seines Vaters erhoben. Münzen zeigen ihn in staatlichen Aufgaben, so in Militärkleidung oder bei Opferungen.

Das Bemühen um die Aufwertung der kaiserlichen Familie bezog schließlich auch ein verstorbenes Mitglied mit ein: In Philipps Heimatstadt Philippopolis wurden mehrere Inschriften und Münzen gefunden, die einen Gott „Mar(e)inus" ehren. In einer (allerdings zum Teil ergänzten) Inschrift[5] wird dieser als Vater des Kaisers bezeichnet. Offensichtlich ließ Philipp ihn zum Gott erheben und wurde so selbst zum Sohn eines Gottes.

Philippopolis – eine römische Stadt in der Provinz Arabia

Philipps Heimatstadt (der ursprüngliche Name ist nicht bekannt) war bereits seit der frühen Kaiserzeit ausgebaut worden. Nun profitierte sie enorm von der Erhebung ihres berühmtesten Sohnes zum Kaiser. Sie wurde unter dem Namen Philippopolis (Philipps Stadt) in den ehrenvollen Rang einer Kolonie (lat. *colonia*) erhoben und erhielt das Recht, eigene Münzen zu prägen. Der Kaiser lancierte ein gewaltiges Bauprogramm. Die Stadt war als rechteckige Stadtanlage mit zwei sich rechtwinklig schneidenden Hauptachsen nach römischem Muster angelegt. Sie erhielt nun die typischen Bauten einer römischen Stadt: eine Stadtmauer mit vier monumentalen Stadttoren, Thermenanlagen, die durch einen Aquädukt mit Wasser versorgt wurden, ein Theater, einen Hippodrom. An einem monumentalen Platz erhob sich ein gewaltiger Exedrabau, in dessen Apsiden und Nischen wahrscheinlich Statuen der kaiserlichen Familie standen. Daneben befand sich der Tempel des Marinus, des vergöttlichten Vaters von Philipp. Die Stadtgründung verband so die Romanisierung der Region mit der Verherrlichung der neuen Dynastie. Zudem knüpfte Philippus Arabs an die Seve-

Abb. 4 Antoninian, der im Namen von Philipps Sohn geprägt wurde. Die Vorderseite zeigt Philipp II. mit dem kaiserlichen Strahlenkranz, Inschrift IMP(ERATOR) PHILIPPVS AVG(VSTVS). Der Text auf der Rückseite lautet LIBERALITAS AVGG(VSTORVM) III. Der Begriff lässt sich mit „Freigebigkeit" übersetzen. Vom Kaiser wurde erwartet, dass er mit Geldgeschenken der Bevölkerung unter die Arme griff. Die dritte Geldspende fiel ins Jahr der Tausendjahrfeier, 248. An der Verteilung dieser Spenden in der Stadt Rom nahmen die Kaiser teil, wie die Darstellung von Vater und Sohn hier zeigt.

rische Dynastie an: Septimius Severus hatte seine Heimatstadt Lepcis Magna in Nordafrika ebenfalls mit monumentalen Bauten ausgestattet.

Eine Regierung im Zeichen der Kontinuität

Überblickt man die Regierungszeit Philipps, so fällt auf verschiedenen Ebenen die Kontinuität zur vorangegangenen Zeit, insbesondere zur Severischen Dynastie, auf. Bei der Auswahl des Führungspersonals der Reichsverwaltung griff der Kaiser auf bewährte Senatoren und Ritter zurück, die oft schon lange vor 244 dem Staat gedient hatten. Insbesondere an der Spitze der senatorischen Laufbahn, dem Konsulat, finden sich nach wie vor zahlreiche Adlige italischer Herkunft, deren Vorfahren bereits unter den Severern Karriere gemacht hatten. Philipp konnte so zum einen auf erfahrenes Verwaltungspersonal zurückgreifen, bewies zum anderen seinen Respekt gegenüber den alten Eliten.

Auch in der Gesetzgebung und Rechtsprechung ging die Verwaltung ihren regulären Gang. Im Codex Iustinianus, der spätantiken Sammlung von kaiserlichen Rechtsentscheiden, haben sich 78 Reskripte (Rechtsauskünfte) aus Philipps Kanzlei erhalten, eine für einen Kaiser des 3. Jh.s bemerkenswert hohe Zahl. Die Erlasse betreffen die verschiedensten Bereiche, von Missständen in der Rechtsprechung bis zu Fragen von Erbrecht und Vormundschaft. Auffallend ist das Bemühen, die Belastung der Bevölkerung durch *munera* (finanziell anspruchsvolle Verpflichtungen) zu regeln. Oft nehmen die Entscheide aus Philipps Kanzlei ältere Bestimmungen wieder auf. Der Stil der Reskripte ist der Tradition der klassischen Rechtstexte aus severischer Zeit verhaftet.

Schließlich greift auch die Münzprägung auf Vorbilder der hohen Kaiserzeit zurück. Manche Prägungen rühmen die Tapferkeit und Treue der Soldaten, denen der Kaiser seinen Aufstieg verdankte. Daneben legte Philipp großen Wert auf die Betonung von Frieden und Wohlstand. Münzlegenden wie PAX AETERNA (ewiger Friede), TRANQVILLITAS (Ruhe), SECVRITAS ORBIS (Sicherheit des Erdkreises), FELICITAS TEMPORVM (Glück der Zeiten) nehmen einen breiten Raum in Philipps Prägungen ein und beschwören das Wohlergehen des Reichs unter der neuen Dynastie. Auch die bereits erwähnten Münzen, die im Namen Otacilias und des Thronfolgers geprägt wurden, stehen in der Tradition früherer Kaiserinnen und Kaiser.

Der Untergang der Dynastie

Zwar hatte Philipp im Jahr 244 durch das Abkommen mit dem persischen König Šābuhr Ruhe an der Ostgrenze erkaufen können. Doch nun waren die Provinzen an der unteren Donau durch Einfälle der dakischen Carpen bedroht. Der Kaiser zog selbst gegen die Invasoren in den Krieg und konnte einen Sieg erringen, für den er die Siegestitel *Carpicus Maximus* und *Germanicus Maximus* annahm. Er traf eine Reihe von Maßnahmen zur künftigen Sicherung der Donauprovinzen: Inschriftenfunde belegen Reparaturen in der lokalen Infrastruktur, was rasche Truppenverschiebungen erleichtert haben wird. Eine wohl schwer zu verteidigende Grenzlinie in Dakien, der *limes Transalutanus* jenseits des Flusses Olt, wurde aufgegeben. Eine in der Provinz Dacia neu eröffnete Münzprägestätte diente wohl der Bezahlung der Truppen. Vielleicht ist auch das Sonderkommando des Severianus im Lichte dieser Maßnahmen zu sehen.

Nach dem Sieg über die Carpen stand Philipp auf dem Höhepunkt seiner Erfolge. Doch die finanzielle Lage des Reichs war angespannt: Die Jahrtausendfeier, der Friedensschluss mit den Persern und der Ausbau von Philippopolis verschlangen hohe Summen. Zudem zahlte Rom jährlich Beträge an die Goten, um diese von den Grenzen fernzuhalten. Entsprechend groß war die Belastung für die Reichsbevölkerung. Philipp stellte nun die Zahlungen an die Goten ein, was einen Einfall in Moesien und Thrakien provozierte. Die finanzielle Belastung und die äußere Bedrohung schlugen sich nieder in einer Reihe von Aufständen: Im Osten des Reiches regte sich Widerstand gegen die harte Steuerpolitik. Hier ließ sich ein Iotapianus zum Kaiser ausrufen, wurde aber rasch getötet. In den Donauprovinzen Moesien und Pannonien erhoben die Truppen 249 einen Pacatianus zum Kaiser. Doch auch ihm war kein Erfolg beschieden: Die Soldaten töteten ihn bald darauf. Philipp beschloss dennoch, im unruhigen Donauraum für Ordnung zu sorgen, und schickte den verdienten Senator Decius, der auf eine lange Karriere zurückblicken konnte, in die Region. Dies sollte sich als fataler Fehler erweisen: Die Donautruppen riefen nun Decius zum Kaiser aus. Daraufhin brach Philipp selbst in den Donauraum auf; Decius zog ihm entgegen. In Verona kam es zur Entscheidungsschlacht, in der Philipp den Tod fand.[6] Sein zwölfjähriger Sohn wurde in Rom im Prätorianerlager ermordet.

Die Probleme des Reichs sollten sich unter Decius (249–251) verschärfen. Der neue Kaiser versuchte, mit einem allgemeinen Opferedikt das Reich zu stabilisieren. Leidtragende waren die sich den heidnischen religiösen Handlungen verweigernden Christen. Für die Christen erstrahlte daher vor dem düsteren Hintergrund der decianischen Repressionen rückblickend die Herrschaft Philipps in umso größerem Glanz. Es kam sogar das (nicht haltbare) Gerücht auf, Philipp sei selbst Christ gewesen.[7]

Wie ist nun Philipps Regierungszeit in der Entwicklung der römischen Kaiserzeit zu verorten? In den 240er Jahren häuften sich die Probleme, die prägend für das 3. Jh. waren: Usurpationen, Kriege mit den Persern, Einfälle im Donauraum, Belastung der Staatskasse. Philipps Antwort darauf war der Blick zurück in die ruhigere Zeit der Severischen Dynastie und des 2. Jh.s. Personalpolitik, Rechtsprechung, Münzprägung weisen eine bemerkenswerte Kontinuität auf. Dabei spielte auch der Legitimationsdruck, unter dem der Kaiser aus der Provinz stand, eine wichtige Rolle: Die Anknüpfung an die beliebten Kaiser Severus Alexander, Septimius Severus und Marc Aurel sollte dem Provinzialen, der unter obskuren Umständen an die Macht gekommen war, Legitimität verleihen. Auf die Probleme des Reichs reagierte Philipp mit traditionellen Maßnahmen: Provinzübergreifende Kommandos beispielsweise wurden bereits von Marc Aurel und sogar Augustus vergeben. Philipps Herrschaft erscheint so als der letzte Ausläufer der hohen Kaiserzeit, bevor der Sturm an den nördlichen Grenzen, der Tod von Kaiser Decius 251 in einer Schlacht gegen die Goten, die Gefangennahme Valerians I. 260 durch die Perser, der Verlust der Kontrolle über Gallien und den Nahen Osten die Reichsregierung in eine tiefe Krise stürzten, die grundlegende Veränderungen notwendig machen sollte.

Philippus I. Arabs

242–244
Perserfeldzug Gordians III.

244
Tod Gordians III. und Ausrufung Philipps zum Kaiser, Friedensschluss mit den Persern

ca. 245–247
Krieg gegen die im Donauraum eingefallenen Karpen

248
Tausendjahrfeier Roms

248–249
Einfälle der Goten und anderer Völker im Donauraum, Usurpationen des Iotapianus, des Pacatianus und des Decius

249
Tod Philipps in der Schlacht gegen Decius, Ermordung seines Sohnes

Von Udo Hartmann

Ein glückloser Herrscher
in Zeiten der Krise?

Gallienus – viel geschmähter Soldatenkaiser mit neuen Ideen

Gallienus regierte zuerst als Mitkaiser zusammen mit seinem Vater Valerian I. das Reich. Nach der Gefangennahme Valerians durch die Perser konnte er nur mit Mühe seine Macht im zentralen Teil des Reiches bewahren. Zahlreiche Einfälle fremder Völker an den Grenzen und Usurpationen in unterschiedlichen Reichsteilen sowie der Verlust der Kontrolle über den Westen und den Nahen Osten, wo der gallische Usurpator Postumus bzw. der Konsular Odaenathus aus Palmyra die Macht übernahmen, kennzeichnen die tiefe Krise des Reiches unter seiner Regentschaft. Doch Gallienus' Regierung markiert nicht nur den Höhepunkt der Krise des 3. Jh.s, seine Politik wies auch Wege, die aus dieser Krise herausführen sollten.

Im Sommer 260 wurde Valerian I., mit dem Gallienus seit dem Herbst 253 das Römische Reich gemeinsam regiert hatte, vom persischen König der Könige Šābuhr gefangen genommen (Abb. 2). Dies war ein unerhörter Vorgang, nie zuvor war ein römischer Kaiser in fremde Gefangenschaft geraten.

Abb. 1 Porträt des Kaisers Gallienus

Mit dem Feldzug Valerians gegen die Perser brach im bereits seit drei Jahrzehnten krisengeschüttelten Römischen Reich das Chaos aus: Usurpatoren im Orient, am Rhein und an der Donau stellten die Herrschaft des Gallienus infrage, germanische Kriegerverbände überwanden die römischen Grenzen am Rhein und an der oberen Donau, die Perser marschierten über den Euphrat und drangen tief in römisches Provinzgebiet ein.

Gallienus – viel geschmähter Soldatenkaiser mit neuen Ideen

Abb. 2 **Der Sieg über Rom in der Darstellung Šābuhrs auf dem Felsrelief von Naqš-i Rustam bei Persepolis.** Vor dem Pferd des Königs steht der gefangene Kaiser Valerian I., der tributpflichte Kaiser Philippus I. Arabs kniet vor dem König.

Seit den 230er Jahren war das Reich mehr und mehr in eine tiefe politische und institutionelle Krise geraten, die von Einfällen fremder Völker aus dem Norden und der Perser im Osten, schnellen Herrschaftswechseln und politischer Instabilität gekennzeichnet war. Neue gefährliche Gegner bedrohten zunehmend die Sicherheit an den Reichsgrenzen: im Orient die Sasaniden, eine im Jahr 224 an die Macht gekommene Herrscherdynastie in Persien, am Rhein und an der oberen Donau die neu formierten Stammeskonföderationen der Alamannen und Franken, an der unteren Donau gotische Verbände, die seit 238 immer wieder den Grenzfluss überschritten. Die Kaiser waren immer weniger in der Lage, die Situation zu meistern. Die Heeresverbände an den Grenzen wählten daher aus ihren Reihen immer neue Herrscher, die nun teilweise auch aus dem Ritterstand stammten. Diese Usurpationen und die darauffolgenden Bürgerkriege schwächten das Kaisertum weiter. Die in der Hohen Kaiserzeit entwickelten Institutionen der Provinzverwaltung und des Heeres waren zudem den neuen Aufgaben nicht mehr gewachsen.

Die senatorische Oberschicht des späten 3. Jh.s suchte die Ursachen dieser Krise aber nicht in den unzureichenden staatlichen Strukturen, sondern machte die Unfähigkeit des Gallienus für das Chaos im Reich verantwortlich: Ein unbekannter gallischer Rhetor schildert im Jahr 297 vor dem Tetrarchen Constantius die Lage unter Gallienus wie folgt: „[…] damals war der Staat – sei es aufgrund mangelnder Sorge für seine Belange, sei es infolge irgendeiner Neigung der Geschicke – fast an all seinen Gliedern verstümmelt: damals hatte der Parther [gemeint sind die Sasaniden] sich allzu hoch erhoben und der Palmyrener sich auf gleiche Stufe [mit Rom] gestellt; ganz Aegypten und die syrischen Provinzen waren abgefallen, verloren Raetien, Noricum und die pannonischen Provinzen verwüstet; sogar Italien, Herrin der Völker, war in Trauer um den Untergang sehr vieler eigener Städte; es gab nicht so sehr Schmerz um einen einzelnen Verlust, da man fast allen Besitzes beraubt war."[1] Dieses Geschichtsbild verfestigte sich in constantinischer Zeit, in der Mitte des 4. Jh.s macht der Historiker Eutrop dann Gallienus dafür verantwortlich, dass das Reich beinahe untergegangen wäre.[2] Gallienus' Biograf in der „Historia Augusta" gestaltet Ende des 4. Jh.s schließlich das Bild eines Herrschers, der sich nur dem Luxus und seinen Vergnügungen hingegeben habe, während das Reich um ihn herum ins Chaos gestürzt sei.

Doch trifft diese Charakterisierung durch die spätantike lateinische Historiographie zu? Kann die Politik des Gallienus für die Krise verantwortlich gemacht werden? Mit gut fünfzehn Jahren regiert Gallienus länger als jeder andere Soldatenkaiser, doch ereigneten sich in dieser Zeit tatsächlich zahlreiche politische Katastrophen; nach 260 hätte es sogar passieren können, dass das Römische Reich in drei Teile auseinanderfiel. Trotz aller Rückschläge gelang es Gallienus aber dennoch, seine Macht in Rom zu behaupten und zugleich wichtige Reformschritte anzustoßen.

Valerian I. und sein Sohn Gallienus – ein erfolgreicher Mitregent

Nach dem Tod des Decius im Kampf gegen die Goten an der unteren Donau kam 251 der Senator Trebonianus Gallus an die Macht, der den Problemen an den Grenzen weitgehend untätig zusah. Daher konnte im Frühjahr 253 der Perserkönig Šābuhr in Syrien einfallen. Im Westen des Reiches kam es im Sommer 253 zur Konfrontation zwischen Gallus in Italien und dem gegen die Goten erfolgreichen Legaten Aemilianus an der Donau, der von seinem Heer zum Gegenkaiser ausgerufen worden war. Gallus wurde im August 253 von seinen eigenen Soldaten ermordet. Aemilianus regierte indes nur 88 Tage, da die Heere an der mittleren Donau bereits im Sommer den Konsular Valerian zum Gegenkaiser ausgerufen hatten. Nachdem auch Aemilianus nördlich von Rom von seinen Truppen ermordet worden war, konnte der neue Kaiser Valerian Anfang Oktober 253 in Rom einziehen.

Valerian stammte aus einer senatorischen Familie, er besaß aus erster Ehe mit seiner bereits vor 253 verstorbenen Gattin Mariniana den etwa vierzig Jahre alten Sohn P. Licinius Egnatius Gallienus, der mit Cornelia Salonina verheiratet war. Aus dieser Ehe stammten wiederum zwei Söhne, P. Licinius Cornelius Egnatius Valerianus iunior und dessen jüngerer Bruder P. Licinius Cornelius Saloninus. Wie alle Soldatenkaiser vor ihm bemühte sich Valerian sofort, eine neue Herrscherdynastie aufzubauen. Er hatte zudem erkannt, dass die bis dato üblichen Formen der Herrschaftspraxis in den Zeiten wachsender Bedrohungen nicht mehr funktionierten. Der wichtigste Reformschritt war daher eine Aufteilung der Verantwortung für den Schutz des Reiches auf zwei Kaiser.

Gallienus erhielt im Oktober 253 zuerst den Titel *Caesar* und dann den Titel *Augustus*. Als Mitregent sollte er sich um die Westhälfte des Reiches und um die Donaugrenze kümmern, während Valerian die Lage im von den Persern verheerten Orient stabilisieren wollte. Im Herbst 256 wurde zudem Gallienus' ältester Sohn Valerianus iunior

> ### DAS BILD DES GALLIENUS IN DER „HISTORIA AUGUSTA"
>
> Am Ende der Vita des Kaisers fasst der unbekannte lateinische Autor seine Kritik an Gallienus zusammen:
>
> „Dies war der Lebenslauf des Gallienus, den ich in Kürze abgefaßt habe, eines Mannes, der, nur seinem Bauch und seinen Vergnügungen lebend, Tag und Nacht mit Weingenuß und Ausschweifungen vergeudete, den Erdkreis fast zwanzig Gegenkaisern zur Verwüstung überließ, so daß sogar Weiber besser als er regierten. Und um seine beklagenswerte Erfindungsgabe nicht zu übergehen, sei der Schlafgemächer gedacht, die er im Frühjahr aus Rosen fertigen ließ. [...] Sein Haar bestreute er mit Goldstaub. Oft trat er in der Strahlenkrone auf. Im Purpurmantel und mit edelsteinbesetzten Agraffen aus Gold ließ er sich in Rom sehen, wo die Kaiser stets in der Toga aufzutreten pflegten."
>
> (Historia Augusta, Vita der Gallieni 16,1–2,4. Übs. E. Hohl)

Abb. 3 Auf den Legionsantoninianen aus Mailand aus der späten Phase der gemeinsamen Regierung des Valerian und des Gallienus wurden die einzelnen Legionen des Reiches mit ihren Wappentieren vorgestellt, hier die *legio III Italica* aus Regensburg mit ihrem Emblem, dem Storch. Die Reverslegende lautet: LEG ITAL III VI P VI, *legio III Italica sextum pia sextum fidelis* (Die dritte Legion Italica, zum sechsten Mal fromm, zum sechsten Mal treu).

als Caesar in dieses Herrscherkollegium miteinbezogen und an die mittlere Donau entsandt, damit Gallienus den Schutz der Rheingrenze übernehmen konnte, die in den 250er Jahren einem verstärkten Druck der Stammeskonföderationen der Franken und Alamannen ausgesetzt war. Diese Aufteilung der Verantwortung zielte nicht nur darauf ab, die unterschiedlichen Grenzabschnitte zu schützen, die kaiserliche Präsenz sollte zugleich lokale Usurpationen verhindern.

Valerian reist 254 in den Orient und stellt die römische Ordnung in Syrien wieder her. Gallienus stabilisierte unterdessen die Lage an der mittleren Donau durch einen militärischen Erfolg gegen die Germanen. Zudem wurde wohl 255 ein Friedensvertrag mit dem Markomannenkönig Attalus geschlossen, dessen Verband in Pannonia superior angesiedelt wurde; in der spätantiken Historiographie wird zudem die Geschichte kolportiert, Gallienus habe Pipa, die Tochter des Germanenkönigs, geheiratet; vermutlich lebte sie aber nur als Geisel am Hof in Rom.[3]

Zum Jahreswechsel 256/57 trafen sich beide Kaiser erneut in Rom, um hier ein gemeinsames Konsulat anzutreten. Im Frühjahr 257 reisten Valerian und Gallienus nach Köln, von wo aus Gallienus die Lage am Rhein stabilisieren sollte. Der kleine Caesar Valerianus iunior ging an die mittlere Donau, um unter der Aufsicht des Legaten Ingenuus die Grenze zu sichern. Der Tod des Caesars im Frühjahr 258 zwang Valerian und Gallienus zur Neuorganisation des Herrscherkollegiums: Gallienus' zweiter Sohn Saloninus wurde nun zum Caesar erhoben; ihm wurde die Sicherung der Rheingrenze übertragen. Gallienus ging im Herbst 258 nach Mailand, wo ein neues Hauptquartier zum Schutz Italiens aufgebaut wurde. Zugleich wurden weitere Reformen in Angriff genommen. Eine der wichtigsten Maßnahmen war die Aufstellung einer mobilen Eingreifreserve, die in Mailand stationiert wurde. Gallienus formierte aus einzelnen Legionsteilen eine mobile Feldarmee, die schnell von einem Krisenherd zum anderen verlegt werden konnte. Diese beweglichen Reiterverbände unter dem Kommando des Ritters Aureolus wurden ab 260 überaus erfolgreich im Kampf gegen einfallende Kriegergruppen und Usurpatoren eingesetzt **(Abb. 3)**.

Das Reich stürzt ins Chaos – die Krisenjahre 259–261

Diese durchaus erfolgreiche Regentschaft wurde durch die Katastrophe von 260 jäh beendet. Das politische Chaos im Reich begann mit einem guten Plan: Um die Angriffe des Sasaniden Šābuhr mit einer Offensive zu beantworten und die seit 252 an die Perser verlorenen Gebiete in Nordmesopotamien zurückzugewinnen, plante Valerian 259/60 einen Feldzug. Er zog aus vielen Regionen des Reiches Truppenteile für ein großes Expeditionsheer zusammen. Doch implizierte diese traditionelle römische Strategie der Hohen Kaiserzeit den Abzug von Abteilungen aus den germanischen Provinzen am Rhein, aus Raetia, Noricum, Dacia, Pannonia und Moesia, was die dortige Grenzverteidigung grundlegend schwächte. Die Kriegerverbände der Franken, Alamannen und Juthungen nutzten dies aus, um die Grenzschutzanlagen am Rhein und an der oberen Donau zu durchbrechen, plündernd in die reichen römischen Provinzen einzufallen und sogar über die Alpen nach Italien vorzustoßen. Gallienus stand im Frühjahr 259 mit Saloninus am Rhein in Köln; daher konnten Alamannen und Juthungen an der geschwächten Donaugrenze in Raetia im Frühjahr 259 einen Einfall wagen, der sie über die Alpen nach Italien führte, die Juthungen kamen sogar bis Ravenna. Gallienus zog daraufhin im Sommer 259 nach Italien und ließ den Caesar Saloninus mit dem Berater Silvanus und mit Postumus – vermutlich der senatorische Statthalter von Germania inferior – am Rhein zurück. Im Frühjahr 260 konnte Gallienus die Alamannen vor Mailand besiegen.

Die Juthungen waren dagegen über die Alpen nach Raetia zurückgekehrt. Mit sich schleppten sie reiche Beute und Kriegsgefangene. Vor Augsburg wurden sie im April 260 durch eine zusammengewürfelte römische Truppe aus Legionären, germanischen Hilfstruppen und bewaffneten Provinzialen unter der Führung des ritterlichen Offiziers M. Simplicinius Genialis besiegt, der den Titel *agens vices praesidis* (handelnd an Stelle des Statthalters) führte **(Abb. 4)**. Auch wenn also die eingefallenen Alamannen und Juthungen geschlagen wurden, muss der Schock in Italien fundamental gewesen sein: Seit den Kimbern (101 v. Chr.) waren keine Germanen mehr so massiv in Italien eingedrungen. Die Franken wiederum nutzten 259/60 die Schwäche der Rheinarmee zu einem Einfall nach Gallien aus, der sie bis Tarraco in Spanien führte. Einige Franken wagten von hier aus sogar eine Überfahrt nach Afrika. Erst auf dem Rückweg wurden die beutebeladenen Franken im Sommer 260 durch Postumus am Niederrhein vernichtend geschlagen.

Auch der groß angelegte Perserzug Valerians wurde ein Misserfolg: Im Juni oder Juli 260 traf Valerian zwischen Carrhae und Edessa auf das Heer Šābuhrs I., wurde nach einer Schlacht von den Persern besiegt und gefangen genommen; ihn und seine Offiziere ließ der König nach Persien deportieren. Valerian soll elendig in Gefangenschaft gestorben sein. Im römischen Osten brach nun die Ordnung zusammen: Šābuhr konnte mit seinen Truppen weitgehend ungehindert in Nordsyrien, Kilikien und Kappadokien einfallen und Antiochia, Tarsus und Caesarea einnehmen.

Die Gefangennahme Valerians und die Einfälle der Germanen führten zu einer Reihe von Usurpationen, Generäle übernahmen an den gefährdeten Grenzabschnitten das Ruder: Macrianus, der wichtigste ritterliche Offizier

Abb. 4 Der im Jahr 1992 gefundene Augsburger Altar wurde aus Anlass des Sieges des Ritters Simplicinius Genialis, der wohl ab 259 Raetia als provisorischer ritterlicher Statthalter verwaltete, am 24. und 25. April 260 bei Augsburg über die aus Italien zurückkehrenden Juthungen am 11. September unter dem Konsulat des Postumus Augustus und des Honoratianus (also wohl 260) aufgestellt. Der Siegesaltar für die Göttin Victoria belegt nicht nur einen in den literarischen Quellen unerwähnten römischen Erfolg, er ist zugleich auch die erste Bezeugung des Usurpators Postumus und des Germanenverbandes der Juthungen.

Valerians im Orient, der nicht gefangen genommen worden war, bemühte sich, die Verteidigung zu organisieren. Dabei konnte er auch auf einen Konsular und ‚Fürsten' aus der syrischen Oasenstadt Palmyra, Septimius Odaenathus, zurückgreifen, der den zurückkehrenden Perserkönig beim Überschreiten des Euphrats attackierte. Um im Orient wieder eine Kaiserherrschaft zu etablieren, ernannte Macrianus nun seine beiden Söhne, den jüngeren Macrianus und Quietus, im September 260 zu Augusti. Danach zog er mit seinem

Abb. 5 Der gallische Usurpator Postumus ließ sich auf dieser Bronzemünze aus Trier zusammen mit seinem Schutzgott Hercules darstellen.

älteren Sohn Macrianus gegen Gallienus, während sein jüngerer Sohn im syrischen Emesa die Stellung halten sollte.

Aber auch an Rhein und Donau brach die Herrschaft der licinischen Dynastie im Sommer 260 zusammen: Nach seinem Sieg über die Franken erhoben die Truppen des Postumus ihren Anführer zum Kaiser, Saloninus und Silvanus wurden in Köln ermordet. Postumus tat dann einen folgenreichen Schritt: Er erhob mit dem Titel Augustus und der normalen Kaisertitulatur zwar formal den Anspruch auf das Gesamtreich, blieb aber am Rhein und verzichtete – anders als alle anderen Usurpatoren vor ihm – auf den ‚Marsch nach Rom', auf den Kampf um die Macht im Gesamtreich. Der Usurpator in Gallien ließ sich jährlich seine *tribunicia potestas* erneuern, trug den kaiserlichen Siegertitel *Germanicus Maximus* für seine Erfolge gegen die Germanen, stellte eine Prätorianergarde auf, setzte Statthalter ein und ernannte eigene, von Rom nicht anerkannte Konsuln, agierte also wie ein Kaiser in Rom, verblieb aber am Rhein. Gallien, Raetia, Britannien und Spanien schlossen sich seiner regionalen Herrschaft an.

Das Kalkül hinter dieser Beschränkung kann man allerdings nur vermuten: Die Machtbasis des Postumus lag am Rhein, als regionaler Interessenvertreter bemühte er sich vor allem um den Schutz der Rheingrenze, die bei einem Bürgerkrieg mit Gallienus erneut den Einfällen der Franken und Alamannen ausgeliefert gewesen wäre. Da auch Gallienus sich vor zahlreiche andere Probleme gestellt sah und den Usurpator am Rhein (Abb. 5) nicht direkt angreifen konnte, entstand im Jahr 260 ein selbstständiger Machtbereich innerhalb des Reiches, ein gallisches Sonderreich, dessen Herrscher wie ein römischer Kaiser regierte, faktisch aber nur den Westen beherrschte. Im Zuge dieser Usurpation wurden wohl auch die durch die Alamannen schon mehrmals bedrängten römischen Posten am Obergermanisch-rätischen Limes hinter den Rhein zurückgezogen.

An der mittleren Donau erhoben die Grenzheere ebenfalls ihren Anführer zum Kaiser gegen Gallienus: In Sirmium in Pannonien wurde im Sommer 260 Ingenuus zum neuen Augustus ausgerufen. Gallienus konnte in den folgenden Bürgerkriegen nur im zentralen Teil des Reiches seine Herrschaft sichern. Mit seiner Reitertruppe unter Aureolus zog er gegen Ingenuus, der im Spätsommer 260 bei Mursa in Pannonien besiegt und von seinen Leibwächtern erschlagen wurde. Die sich anschließende Folgeusurpation des Regalianus in Pannonien wurde ebenfalls Ende 260 unterdrückt. Im Sommer 261 besiegte die Reitertruppe des Aureolus in Illyrien zudem den älteren und den jüngeren Macrianus, die aus dem Osten heranmarschiert waren.

Für die Bekämpfung des Quietus in Emesa griff Gallienus auf die Hilfe des Konsulars Odaenathus aus Palmyra zurück. Dessen Unterstützung sicherte er sich, indem er ihm den militärischen Oberbefehl im Orient gab. Nach dem Angriff auf den Perserkönig ernannte Gallienus den treuen Gefolgsmann Odaenathus 260 zum *dux Romanorum*, zum Befehlshaber der Truppen im römischen Osten. Als General des Gallienus besiegte er dann im Herbst 261 mit seinen irregulären palmyrenischen Milizsoldaten Quietus vor Emesa. Da sich Gallienus nicht um den Orient kümmern konnte, erhielt Odaenathus nun zudem noch die zivile Gewalt im Orient. Mit dem *ad hoc* geschaffenen Posten eines *corrector totius Orientis* (Verwalter des gesamten Ostens) bekam Odaenathus die Aufgabe, die Ordnung im Osten wiederherzustellen. Odaenathus wurde damit faktisch zum Kaiserstellvertreter im Nahen Osten erhoben.

Die Fragilität der Macht des Gallienus

Die Herrschaft des Gallienus im zentralen Reichsteil war nun wieder halbwegs gefestigt, der Kaiser konnte im September 262 sogar sein zehnjähriges Regierungsjubiläum mit einem prächtigen Umzug und Spielen in Rom feiern; er war damit der einzige Soldatenkaiser, der seine Decennalien begehen konnte. Aber auch in der Mitte der 260er Jahre blieb die Lage im Zentralreich instabil. Im Jahr 262 wurden der Balkanraum und Kleinasien durch einen schweren Einfall der Goten getroffen, die Griechenland überfielen und auf Schiffen die Küsten Kleinasiens verheerten.

Das Schicksal seines Vaters in Persien hatte Gallienus ignoriert, einen Zug gegen die Perser konnte er nicht durchführen, da er den Einmarsch des Postumus nach Italien fürchten musste. Dennoch sollte Valerians Gefangennahme gerächt werden: Vermutlich im Auftrag des Kaisers zog Odaenathus in den Jahren 262/63 gegen die Perser, stellte die römische Provinz Mesopotamia wieder her und marschierte bis zur persischen Residenz Ctesiphon am Tigris. Gallienus verbuchte diesen Sieg über die Perser als einen Erfolg seiner Regierung: Er erhielt den Siegertitel *Persicus Maximus* und feierte 263 einen Triumph in Rom. Langfristig sollte dieser Erfolg des Palmyreners jedoch die Position des Gallienus im Orient schwächen.

War Odaenathus bislang nur ein Beamter des Kaisers, wertete er nun seine Machtstellung auf und nahm 263 den Herrschertitel ‚König der Könige' an. Sein Machtbereich im Nahen Osten entzog sich damit mehr und mehr der Kontrolle des Gallienus. Dies war sicher auch der Grund, warum Gallienus 267 ein Mordkomplott gegen den Palmyrener organisierte, dem Odaenathus zum Opfer fiel. Gallienus hoffte so, einen potenziellen Rivalen auszuschalten, doch er hatte sich verschätzt: Nach der Mordtat konnte die Witwe des Palmyreners, Zenobia, die dynastische Königsherrschaft ihres Gatten für ihren unmündigen Sohn Vaballathus sichern und einen eigenen, *de facto* unabhängigen Herrschaftsbereich im römischen Orient aufbauen, in dem nur formal der Kaiser in Rom anerkannt wurde. Auch im Westen gelang es Gallienus nicht, seinen gallischen Gegner Postumus auszuschalten. Vermutlich 266/67 zog der Kaiser mit seiner Schlachtenkavallerie unter dem Befehl des Aureolus gegen Postumus, musste sich aber nach einer Pfeilschussverletzung wieder nach Italien zurückziehen. Einzig Raetia konnte er seiner Kontrolle unterstellen. Von nun an überwachte Aureolus die Grenzen zum gallischen Sonderreich. Erst Kaiser Aurelian (270–275) konnte das palmyrenische Teilreich im Osten und das gallische Sonderreich wieder der Kontrolle Roms unterstellen.

Trotz aller Probleme setzte Gallienus in den 260er Jahren die Reformmaßnahmen seines Vaters fort, die vor allem darauf abzielten, die Verteidigungsfähigkeit des Reiches zu verbessern. Schon Ende der 250er Jahre begann er, an bestimmten Brennpunkten ritterliche Offiziere provisorisch auf regulär senatorische Posten zu setzen. Senatoren stellten bis in die Mitte des 3. Jh.s sowohl die Kommandeure der Legionen als auch die Statthalter in den kaiserlichen Provinzen, in denen das Militär stand. Nun wurden nach und nach die senatorischen Legionslegaten und die senatorischen Statthalter in den Provinzen an den gefährdeten Grenzabschnitten durch erfahrene ritterliche Offiziere ersetzt.

Ziel war es, die Effizienz des Heeres und der Grenzverteidigung zu vergrößern. Von den Rittern erwartete Gallienus zudem größere Loyalität. Er förderte daher gezielt den Aufstieg von erfahrenen ritterlichen Führungskräften aus Illyrien, die nun mit dem irregulären Titel *dux* militärische Operationen leiteten. Die spätantike senatorische Geschichtsschreibung kritisiert Gallienus da-

Gallienus – viel geschmähter Soldatenkaiser mit neuen Ideen

Abb. 6 Auf einigen Münzen des Gallienus, die wohl um 265 geprägt wurden, finden sich das Porträt des Kaisers mit Ährenkranz und die ungewöhnliche Aversleende GALLIENAE AVGVSTAE. Wurde hier im Kontext des Athen-Besuchs des Kaisers eine Angleichung an die Göttin Demeter vorgenommen? In jedem Fall ordnet sich die Prägung in die Versuche des Gallienus ein, durch göttliche Fundierung das Kaisertum zu festigen.

für scharf, er habe die Senatoren aus den militärischen Posten vertrieben.[4] Diese vorsichtigen Reformschritte des Gallienus führten dann unter Diocletian zur generellen Trennung zwischen militärischen und zivilen Posten. Auf die Festigung des Kaisertums zielte auch eine Herrschaftsrepräsentation, die eine theokratische Fundierung des instabil gewordenen Kaisertums propagierte. So wurde verstärkt der Sonnengott Sol als Schutzgottheit des Kaisers auf Münzen vorgestellt **(Abb. 6)**.

Zur Befriedung der Situation im Reich diente die Aufhebung der Christenverfolgung. Kaiser Decius hatte alle Untertanen aufgefordert, für das Wohl des Reiches den Göttern zu opfern. Die Weigerung der Christen führte zu einer ersten reichsweiten Verfolgung, die von Valerian I. mit zwei Opferedikten aus den Jahren 257 und 258 fortgesetzt wurde. Durch sie sollte gezielt gegen den christlichen Klerus vorgegangen werden. Dieser Verfolgung fielen etwa der Papst Sixtus II. und der karthagische Bischof Cyprian, der wohl prominenteste Theologe der Zeit, zum Opfer. Nach der Gefangennahme Valerians beendete Gallienus im Sommer 260 sofort diese Verfolgung des Klerus und befahl die Rückgabe des konfiszierten Kirchenbesitzes. Damit wurde das Christentum allerdings noch nicht zu einer erlaubten Religion. Mit seiner Selbstdarstellung als griechenfreundlicher, an hellenischer Bildung interessierter Herrscher warb Gallienus schließlich um die Unterstützung des griechischen Ostens: Im Jahr 264 reiste Gallienus nach Griechenland und besuchte die Bildungsmetropole Athen. Seine Sympathie für die griechische Kultur bekundete er auch durch seine Beziehung zum neuplatonischen Philosophen Plotin, den er und Salonina am Hof in Rom empfingen.

Das tragische Ende des Gallienus

Gallienus, der sich bereits in den Kämpfen gegen Westgermanen und seine innerrömischen Gegner bewährt hatte, war am Ende seiner Herrschaft auch gegen Ostgermanen erfolgreich: Im Jahr 267 stießen ostgermanische Verbände der Heruler aus der Gegend am heutigen Asowschen Meer auf Schiffen durch den Bosporus in die Ägäis vor und fielen plündernd über die reiche Provinz Achaia (Griechenland) her. Die Heruler eroberten Athen, Korinth, Sparta und Argos, zogen daraufhin nach Norden und verheerten Epirus, Makedonien und Thrakien. Der Kaiser zog daher mit seiner Armee auf den Balkan, wo er die Heruler am Fluss Nestos im Frühjahr 268 vernichtend schlug.

Unterdessen hatte Aureolus im Frühjahr 268 in Norditalien die Seiten gewechselt und begann in Mailand mit einer Münzprägung für Postumus, den er offensichtlich als den besseren militärischen Anführer ansah. Doch die erhoffte Unterstützung aus Gallien blieb aus, vermutlich war der Seitenwechsel nicht mit Postumus abgesprochen gewesen. Gallienus überließ daraufhin den Kampf gegen die restlichen Ostgermanen im Sommer 268 dem ritterlichen *dux* Marcianus und marschierte nach Italien, wo sich Aureolus schließlich zum Augustus ausrufen ließ, um so die Gleichrangigkeit beider Armeeführer herzustellen. Gallienus besiegte das Heer seines Gegners am Fluss Adda und belagerte Aureolus in Mailand. Doch die Einnahme der gut befestigten Stadt gelang nicht, die Belagerung zog sich hin.

Die ritterlichen, illyrischen Generäle des Gallienus, der Prätorianerpräfekt Heraclianus, der Reiterführer Claudius, der den Posten des abtrünnigen Aureolus übernommen hatte, sowie der *dux* der dalmatinischen Reiterei Aurelianus verschworen sich nun in den Sommermonaten gegen Gallienus, der schließlich Ende August oder Anfang September 268 ermordet wurde. Der Mörder war wohl der spätere Kaiser Aurelian.

Aus ihrer Mitte erhoben die Illyrer Claudius Gothicus (268–270) zum neuen Herrscher. Aureolus im belagerten Mailand gab nun auf und wurde ermordet. Warum die Offiziere ihren Förderer beseitigten, bleibt unklar. Vermutlich waren die Militärs aus dem illyrischen ritterlichen Offizierskorps unzufrieden mit ihrem senatorischen Kaiser. Dies lag aber nicht nur an der erfolglosen Belagerung Mailands. Wahrscheinlich wandten sie sich vor allem gegen Pläne des Kaisers, nach dem Sieg über Aureolus mit einem Zug gegen Zenobia den Osten des Reiches wieder unter seine Kontrolle zu stellen. Dazu sollte Heraclianus in den Osten vorausgeschickt werden. Für die illyrischen Ritter hatte wohl der Schutz der Donaugrenze Priorität, eine Entmachtung der durchaus nützlichen Herrscher aus Palmyra, die die Ostgrenze sicherten, sahen sie dagegen nicht als vorrangig an.[5]

Die ambivalente Bilanz eines Kaisers in stürmischen Zeiten

Die Regierung des Gallienus stellt zweifellos den Höhepunkt der Krise des 3. Jh.s dar. In nie zuvor gekanntem Ausmaß wurde das Reich von Einfällen äußerer Gegner und Bürgerkriegen heimgesucht. Nach 260 formten sich drei faktisch unabhängige Herrschaftsräume heraus, was durchaus zum Zerfall des Reiches hätte führen können. Dennoch gelang es Gallienus, seine Macht im zentralen Reichsteil zu stabilisieren. Bis auf Postumus blieben alle Usurpatoren gegen die licinische Dynastie letztlich erfolglos. Seine Siege gegen Alamannen und Heruler erweisen Gallienus zudem als durchaus fähigen Militär. Außerdem förderte er eine Gruppe von ritterlichen illyrischen Offizieren, die unter ihm und nach seinem Tod das Reich erfolgreich sicherten.

Weitblick und Durchsetzungskraft bewiesen Valerian I. und Gallienus schließlich mit ihren Reformen in Armee und Verwaltung. Und letztlich waren auch die unabhängigen Machtbereiche in Gallien und im Orient, die die Herrschaft des Gallienus einschränkten, nicht nur nachteilig; für die Sicherheit des Reiches bedeuteten sie eher einen Vorteil: Am Rhein und an der Ostgrenze schützten regionale Interessenvertreter die Grenzen vor Germanen und Persern. Dass mit den illyrischen Soldatenkaisern ab 268 eine Erholung des Reiches einsetzen konnte, lag also im Wesentlichen an den von Gallienus eingeleiteten politischen Maßnahmen. Gallienus' Regierung markierte somit sowohl den Höhepunkt der Krise des 3. Jh.s als auch den Beginn der Erholung des Reiches.

GALLIENUS

253–260
Valerianus Augustus mit seinem Sohn Gallienus Augustus

259/60
Einfall der Alamannen und Iuthungen nach Italien; Sieg des Gallienus gegen die Alamannen bei Mailand (260)

260
Gefangennahme Valerians durch Šābuhr I.; Usurpation des Postumus (260–269) in Gallien; Ende der Christenverfolgung

260–268
Gallienus Alleinherrscher

262
Decennalienfeier des Gallienus

262/63
Perserzug des Odaenathus

264
Athen-Besuch des Gallienus

267/68
Herulereinfall und Sieg des Gallienus am Nestus (Frühjahr 268)

268
Abfall des Aureolus und Ermordung des Gallienus vor Mailand

Von Wolfgang Kuhoff

Von der alleinigen Monarchie zur Mehrkaiserherrschaft

Diocletian und die Erste Tetrarchie

Diocletian gilt als ein Kaiser, der sich vornehmlich um die Neuordnung der Struktur des Imperium Romanum kümmerte. Erst kurz vor seinem unangekündigten Rückzug aus der Politik trat die Frage der anwachsenden christlichen Religion in den Vordergrund, mit der er sich zu beschäftigen hatte und dies mit einem oder mehreren Verfolgungsedikten tat. Zuvor aber hatte er sich den Weg zur Macht zu erkämpfen.

Als im Herbst 283 Kaiser Marcus Aurelius Carus auf seinem erfolgreichen Feldzug gegen die Perser aus unbekannten Gründen verstarb, blieb sein mit ihm gezogener jüngerer Sohn Marcus Aurelius Numerius Numerianus als Herrscher im Osten des Römischen Reiches übrig. Dessen älterer Bruder Marcus Aurelius Carinus regierte den Westen, er hatte sich jedoch im Jahr 284 eines inneren Gegners in der Person von Marcus Aurelius Iulianus zu erwehren, was ihm auch gelang. Im Osten war allerdings nach dem Tode von Numerianus zuvor in einem Kriegsrat ein bis dahin wenig bekannter Gardekommandeur namens Caius Valerius Diocles von den Befehlshabern des dortigen Heeres zum Nachfolger gewählt worden. Daher kam es zur Entscheidungsschlacht mit Carinus am Fluss Margus, der heutigen Morava, im mittleren Balkangebiet. Obwohl das Heer des Carinus siegte, wurde dieser von einigen Offizieren ermordet, und so gelangte Diocles oder Diocletianus zur unbestrittenen Alleinherrschaft im gesamten Reich.

Die Ernennung Maximians zum zweiten Kaiser

Mit dem Regierungsantritt im Herbst 284, noch vor der Entscheidungsschlacht, änderte der neue (Gegen-)Kaiser seinen Beinamen: Statt des griechisch klingenden Diocles (Ruhm des Zeus) nannte er sich nun mit dem romanisierten Namen Diocletianus und ging unter diesem in die Geschichte

Abb. 1 Porträt Diocletians aus Nicomedia, heute im Archäologischen Museum in Istanbul. Der Kaiser trägt die Lorbeerkrone mit einem Clupeus über der Stirn und den Münzen entsprechend einen Backen- und Oberlippenbart.

Diocletian und die Erste Tetrarchie

Abb. 2 Aureus des Diocletian kurz nach der Machtübernahme. Der neue Kaiser, der hier noch als junger Herrscher dargestellt ist, feiert seinen Sieg über Carinus auf der Rückseite mit dem Bild der siegbringenden Göttin Victoria, die einen Kranz in der rechten Hand und eine Siegespalme in der linken hält. Die Münzstätte ist Rom.

ein. Zugleich griff er bald nach der Erringung der Alleinherrschaft die Lehren aus der Vergangenheit auf, die eine Doppelherrschaft nahelegten, um den vielen Problemen des Römischen Reiches besser beizukommen. Da er allerdings keinen Sohn besaß, suchte er sich einen Mitkaiser aus der Reihe seiner Vertrauten im Heer aus und kürte im Jahr 286 seinen Kollegen Marcus Aurelius Maximianus zuerst zum Caesar (Herrscher zweiten Ranges) und ernannte ihn nach dessen Sieg über die in Gallien aufständischen Bagauden (verarmte Landbevölkerung und ausgeschiedene Soldaten) zum zweiten Augustus (vollberechtigter Kaiser). Damit war eine Dyarchie (Zweierherrschaft) kreiert. Überdies nahmen die nunmehrigen zwei Kaiser bis auf die Vornamen die beiden Teile *Aurelius Valerius* an: Daher hieß Maximianus jetzt Marcus Aurelius Valerius Maximianus und Diocletian Caius Aurelius Valerius Diocletianus.

Die Erneuerung der Reichsverwaltung

Die Reichsverwaltung wurde im Laufe der Zeit stark verändert. Seitdem die beiden Kaiser ihre Verantwortungsbereiche abgegrenzt hatten und Maximianus den Westen mit der Hauptstadt Rom, Diocletian den Osten mit dem Regierungssitz in Nicomedia regierte, waren auch die Gebiete der Verwaltung neu einzuteilen. Dies betraf vor allem das Amt des Präfekten des Prätoriums oder herkömmlich auf Deutsch: Prätorianerpräfekten. Jedoch wurde hier vorerst keine doppelte Besetzung vorgenommen, sondern es blieb bei der Zweiertä-

tigkeit für das gesamte Reich.[1] Die übrige Verwaltung bestand weiter, und die von Kaiser Gallienus (253–268) hauptsächlich eingesetzten Statthalter aus dem *ordo equester* (Ritterstand als zweitrangiger im Reich) amtierten auch in der Folgezeit. Der *ordo senatorius* (Senatorenstand) als erstrangiger Stand beschränkte sich auf wenige Statthalterschaften und die traditionellen zivilen Ämter wie das Konsulat oder die Posten in Rom. Dieses System wurde weiter ausgebaut, doch blieb es mit der Teilung der Ämter in viele ritterliche und wenige senatorische bestehen.[2]

Dazu trat die Verkleinerung der Provinzen, worauf etwas über 110 zustande kamen. Ein besonderes Beispiel war die große Provinz Asia im westlichen Kleinasien, aus der sieben Kleinprovinzen errichtet wurden. Die neuen Verwaltungsbereiche erhielten spezielle Namen, die teilweise auf diese Verkleinerung bzw. auf die Kaisernamen zurückgingen. Um aber ein Durcheinander zu vermeiden, wurden übergeordnete Instanzen geschaffen: die Vikariate. Die von entsprechenden Beamten geleiteten Gebiete hatten nämlich *vicarii* als Gouverneure. Der Titel leitet sich von der Bezeichnung „Stellvertreter der Präfekten" ab, weil die Präfekten des Prätoriums immer mehr zivile statt militärische Aufgaben erhielten und später als übergeordnete Verwalter von großen Zuständigkeitsbereichen amtierten, den Präfekturen, die den Vikariaten übergeordnet waren. Eine Aufstellung der vielen zivilen und militärischen Ämter bietet die „Notitia Dignitatum", das Handbuch des spätrömischen Staates, in dem (mit Verlust einiger Teile) alle Ämter beider Bereiche aufgelistet sind. Aus dieser Quelle lassen sich unschwer die vielen Ämter erkennen, zum kleinen Teil auch datieren. An der Spitze stehen die wenigen verbliebenen senatorischen wie Asia und Africa und die neueren senatorisch gewordenen wie Achaia (Peloponnesos). Danach folgen die ritterlichen Ämter für jede Provinz im Westen und Osten.[3]

Die Neuerungen im Militärwesen

Im zuvor merklich schwächelnden militärischen Bereich wurden nach und nach deutliche Änderungen vorgenommen, und diese dienten uneingeschränkt dem Fortbestand des Reiches, das zuvor durch innere Auseinandersetzungen wie äußere verlustreiche Kämpfe gekennzeichnet war. Im Laufe der Regierungszeit Diocletians wurden insgesamt drei eigene Vorhaben eingeleitet, die allerdings bei seinem Herrschaftsende noch nicht gänzlich verwirklicht waren: Es sind zuerst die Errichtung von neuen starken Festungen überall an den Grenzen, in Britannien, an der Donau sowie bis in den Orient hinein. Sie zeichneten sich durch ihre neuartigen Grundrisse mit den wegen ihres Aussehens so benannten Fächertürmen aus: Dies gilt etwa für das neu errichtete Legionslager von El Lejjun mit der *legio IV Martia* an der Ostgrenze und die Erneuerung der Stadt Palmyra dortselbst als große Festungsanlage. Weitere Beispiele sind die Grenzfestungen in Britannien am *litus Saxonicum*, die befestigte Stadt *castrum Rauracense* (Kaiseraugst) in der Schweiz, die Festung von *Caelius mons* (Kellmünz) in Raetia, ein Legionslager mit einem jenseits der Donau gelegenen Vorkastell in *Aquincum* (Budapest), das Legionslager in *Troesmis* in der Provinz Scythia an der Donaumündung wie auch ein Lager im ägyptischen Philae.[4]

Zweitens erfolgte die Anlage von ganzen Festungsstraßen wie der *strata Diocletiana* an der Wüstengrenze zum gefährlichen Reich der Sasaniden oder Neuperser. Drittens wurde die Aufgliederung des Heeres in Begleittruppen der Kaiser (*comitatenses*) und Grenzschutzeinheiten (*limitatenses*) vorgenommen. Überdies wurden die bisherigen Legionen in Stärke von rund 6000 Mann nach und nach auf Einheiten von etwa 2000 verkleinert, damit genügend Truppen für den im Deutschen als Marscharmee bezeichneten großen Heeresteil bereitstanden. Befehligt wurden die Legionen von ritterlichen *praefecti*. Alle diese Maßnahmen dienten vor allem der schnelleren Verlegung von Truppen im Bedarfsfall, doch waren sie zusammen mit der Errichtung ganz neuer Einheiten nicht gleich zu verwirklichen, sondern bedurften langer Zeit bis in die nächsten Regierungszeiten hinein. In der „Notitia Dignitatum" sind überdies die Abzeichen der einzelnen Beamten, Ämter und Armeeabteilungen, in moderneren Ausgaben auch farbig, wiedergegeben.[5]

Die Schaffung der Ersten Tetrarchie

Da es kaum Erleichterungen für das Imperium Romanum hinsichtlich der Auseinandersetzungen in den Kämpfen gegen auswärtige Feinde gab und die Aufgaben der inneren Neuordnung sich hinzogen, entschlossen sich Diocletian und Maximianus bei ihrer zweiten Begegnung in Mailand im Jahr 291 – die erste hatte 288 in *Augusta Vindelicum* (Augsburg) stattgefunden –, das Herrscherkollegium um zwei Personen zu erweitern. Dies verwirklichten sie am 1. März 293 in Mailand und Sirmium (Šremska Mitrovica in Serbien): Marcus Flavius Constantius war der Schwiegersohn Maximians, dessen Stieftochter Theodora er geheiratet hatte, und Galerius Maximianus, der Schwiegersohn Diocletians und Gatte seiner Tochter Valeria. Beide hatten sich so-

Abb. 3 Modell der Diocletiansthermen im Museo della Civiltà Romana, Rom. Dieses von Italo Gismondi entworfene große Modell Roms zur Zeit Constantins des Großen bildet die gesamte Stadt ab, wobei die öffentlichen Bauten darin eingestreut sind. Dazu gehören auch die Thermen Diocletians, die eigens für den ersten Kaiser durch Maximianus erbaut wurden und die größte Anlage dieser Art bilden.

Diocletian und die Erste Tetrarchie

fort den auswärtigen Aufgaben zuzuwenden. Die Gegner waren im Wesentlichen die Picten in Britannien, die Alamannen und Franken am Rhein und der oberen Donau, die Carpen und Goten am unteren Verlauf dieses Flusses, die Perser an der östlichen stets variablen Reichsgrenze, die Blemmyer an der Grenze Ägyptens und die Quinquegentanei im mittleren Wüstengebiet von Africa. Diese Gegner verteilten sich nun auf Constantius, der Gallien, Britannien und Hispanien mit der Hauptstadt Trier erhielt, auf Maximianus mit Italien, Africa und den nördlichen Nebengebieten wie Raetia (Voralpenland) mit der Residenz in Mailand, auf Diocletian mit dem Balkan und Kleinasien mit Nicomedia sowie auf Galerius mit Vorderasien und Ägypten mit Antiochia.

Höhepunkt der militärischen Aktivitäten der vier Kaiser waren die Jahre 296 bis 298, als nämlich Constantius den Gegenkaiser Allectus, Maximianus die Quinquegentanei, Diocletian den zweiten ägyptischen Gegenkaiser Achilleus und Galerius den persischen Großkönig Narseh in der Schlacht bei Satala besiegten und Letzterer dabei sogar die gesamte Königsfamilie gefangen nahm. Der Friedensvertrag von 298 trat dem Römischen Reich einen Teil der Landschaft jenseits des Tigris ab. Dafür ließ Galerius einen zur Hälfte erhaltenen Triumphbogen im griechischen Thessalonica (Saloniki) errichten, der in verschiedenen Tafeln die Kriegsereignisse darstellt und dabei die Ideologie der Tetrarchie vor Augen führt.[6]

Das Höchstpreisedikt von 301

Die Preise aller bekannten Waren und Dienstleistungen wurden, verbunden mit einer Münzreform, im Jahr 301 von Diocletian in seinem *edictum de pretiis rerum venalium* verbindlich festgelegt. Obwohl die inschriftlichen Zeugnisse dafür meist aus dem Osten vorliegen, wurde es für das gesamte Reich gültig. Es sind Hunderte von solchen Maximalpreisen verzeichnet, von den Lebensmitteln wie Weinen, Speisetieren wie Fasanen und Pfauen als den teuersten, Fischen, Käse, Früchten, Gerätschaften aus verschiedenen Materialien für militärische Waren wie Sättel und Soldatengürtel, Tuchen und sonstigen Stoffen, Tieren für die Zirkusspiele, Bekleidung aus diversen Stoffen wie etwa Seide als teuerste Stücke, Fellen und Schuhen bis zu verschiedenen Dienstleistungen: Dazu zählen Schneiderarbeiten und sonstige handwerkliche Tätigkeiten. Sklaven hatten je nach ihren Fähigkeiten unterschiedliche, bis 25 000 Denare reichende Preise, wie ebenfalls Marmorsorten und die kostbaren Wildtiere wie Löwen. Schließlich folgen die Tarife für den Warentransport, der nach Routen abgerechnet wurde.

Als Hauptziel des Preisedikts geben die Herrscher an, die Soldaten vor ungerechtfertigten Preisschwankungen und Wucher bewahren zu wollen. Die Preise selbst reichen von vier allgemeinen Rechnungsdenaren bis hin zu 140 000 für einen Löwen. Dazu gilt es, die Bedeutung des Höchst-

DIE BAUINSCHRIFT DER DIOCLETIANSTHERMEN

Dd(omini) nn(ostri) Diocletianus et [[Maximianus]] Invicti Seniores Augg(usti) patres Impp(eratorum) et Caess(arum) et dd(omini) nn(ostri) Constantius et Maximianus Invicti Augg(usti) et [[Severus et]] Maximinus nobilissimi Caesares thermas Felices [Dio]cletianas quas [M]aximianus Aug(ustus) re[dien]s ex Africa sub [pr]aesentia maie[statis suae] disposuit ac [f]ieri iussit et Diocletiani Aug(usti) fratris sui nomine consecravit coemptis aedificiis pro tanti operis magnitudine omni cultu perfectas Romanis suis dedicaverunt.

Unsere Herren Diocletianus und Maximianus, die unbesiegten alten *Augusti* und Väter der *imperatores* und *Caesares*, und unsere Herren Constantius und Maximianus, die unbesiegten Augusti, und Severus und Maximinus, die edelsten *Caesares*, haben die glücklichen diocletianischen Thermen, die Maximianus bei seiner Rückkehr aus Afrika unter eigener Anwesenheit verfügte und zu bauen befahl sowie auf den Namen seines Bruders Diocletianus Augustus einweihte, nach dem Erwerb der für die Größe des Bauwerkes notwendigen Gebäude mit allem Prunk zu Ende gebracht und ihren Römern gewidmet.

preisedikts mit der etwa zeitgleichen Reform für Währung und Münzen zu verbinden. Diese Reform verlief in zwei Schritten, dem ersten 296, dem zweiten 301. Neu eingeführt wurden die silbernen *argentei* anstelle der Antoniniane und der mit Silberüberzug versehene *nummus* sowie zwei Kleinkupfertypen, die das Kaiserbild mit Diadem oder Strahlenkrone zeigen. Das sehr fragmentarische Währungsedikt behandelt vornehmlich die Wertrelationen zwischen den Münztypen, ohne allerdings den *aureus* im erhaltenen Teil zu nennen.[7]

Die Selbstdarstellung der Kaiser

Dieser Aufzählung der von Diocletian durchgeführten Maßnahmen für die Stabilität des Reiches folgen Details zur persönlichen Selbstdarstellung der beiden Herrscher und ihrer Caesares. Außer zahlreichen Münztypen, die während der rund 21 Jahre währenden Regierungszeit Diocletians geprägt wurden, sind es vor allem skulpturale Monumente. Darunter sind an erster Stelle die Statuen der sich umarmenden vier Kaiser zu nennen, die heute an der Südwestecke des Domes von Venedig zu sehen sind (s. die Abb. auf S. 178). Sie standen ursprünglich in Nicomedia und wurden von hier durch Constantin den Großen in seine neue Residenzstadt Constantinopolis gebracht, von wo aus sie die Venezianer beim Vierten Kreuzzug am 12. April 1204 entführten und in ihre Stadt verbrachten. Allerdings gibt es zu ihnen heute unterschiedliche Meinungen hinsichtlich der Personenidentifikation und damit der Datierung: Während man bisher hierunter die Mitglieder der Ersten Tetrarchie verstand, ist neuerdings die Auffassung verbreitet, es seien die Herrscher des zweiten Vierkaiserkollegiums gemeint.[8]

In Istanbul ist ein Porträtkopf Diocletians im Archäologischen Museum (Abb. 1) zu sehen, und ein solcher Kopf des Galerius wird im Museum des serbischen Zajeèar aufbewahrt. Hier sind außerdem die beiden Pfeilerteile des Osttores von Romuliana mit den verkleinerten Darstellungen der Mitglieder der Tetrarchie (oder Sextarchie) zu bemerken.[9] Der Kaiserkultraum im ägyptischen Militärlager von Lu-

Abb. 4 Diocletianspalast in Spalato (Split). Die Rekonstruktionszeichnung von Ernest Hébrard zeigt den Palast in der Draufsicht. Zu sehen sind die Türme an allen Seiten und innen das Mausoleum und der Iupiter-Tempel. Ein Schiff nähert sich dem Meerestor, das unterhalb des drei Arkaden umfassenden Mittelteiles liegt, der die ansehnliche Fensterreihe der Seeseite bildet.

xor, der in den Pharaonentempel hineingebaut wurde, zeigt teilweise Fresken, die Reste eines dortigen Besuches Diocletians dokumentieren.

Das letzte Bauwerk, das Diocletians Namen trägt, sind die Diocletiansthermen in Rom. Ihre Errichtung dauerte laut der Bauinschrift vom Jahr 298 bis 306 (s. **Quellenkasten**).[10] Sie verkündet als Baubeginn die Rückkehr Maximians von seinem Afrika-Feldzug im Herbst 298 und nennt als Beendigung einen Termin vor dem 25. Juli 306, dem Todestag des Constantius. Damit sind es fast genau acht Jahre.[11]

Einen ungefähr ähnlichen Zeitraum von acht Jahren wird man auch für die Vollendung des Diocletianspalastes in Split annehmen dürfen, eines Monumentalbaus, damit der abgedankte Herrscher sich dort wohnlich einrichten konnte. Während

Diocletian und die Erste Tetrarchie

aber die Thermenanlage ausdrücklich für alle Römer gedacht war, beschränkte sich der Palast auf den ehemaligen Kaiser und seinen restlichen Hofstaat. Er überlebte den Tod seines Erbauers immerhin, bis er im frühen Mittelalter als Festung benutzt wurde, und ist noch heute fast gänzlich erhalten.[12]

Außerdem wurde im Jahr 303 auf dem Forum Romanum das Fünfsäulendenkmal errichtet, in dem zu den Seiten einer Iupiter-Statue die vier Tetrarchen als Statuen auf hohen Säulen standen: Von ihm ist heute nur mehr die Basis für die Constantius-Statue erhalten. Sie hat vier Seiten und zeigt zwei Siegesgöttinnen mit dem Schild und der Inschrift *Caesarum Decennalia feliciter* sowie eine Opferszene mit den Teilnehmern.[13]

In Rom finden sich in den Vatikanischen Museen Säulen mit den Bildnissen von vier Tetrarchen, die nicht nur sehr hoch angebracht sind, sondern auch eine andere Haltung der Kaiser vorführen, nämlich Augusti und Caesares jeweils zusammen, anders als die Personen in Venedig.[14]

Die Christenverfolgung von 303 bis 311

Am 23. Februar 303 wurde ein Edikt erlassen, das die Zugehörigkeit zum christlichen Glauben verbot. Es war der Tag der *terminalia*, Iupiter als Beender des Jahres gewidmet. Damit sollte wie schon zuvor bei der Auseinandersetzung mit dem persischen Manichäismus zugleich ein deutliches Signal gesetzt werden, die insgesamt im Osten stärker als im Westen vorhandene Glaubensgruppe gleich am Anfang zu beseitigen. Allerdings hatte es bereits zuvor im Militär Fälle von Insubordination von Soldaten und sogar Offizieren gegeben: Im Jahr 295 ging man gegen einen Maximilianus und 298 gegen einen Marcellus vor, der als *centurio* (Hundertschaftsführer) seinen Dienst verweigerte und ebenso hingerichtet wurde wie sein Kollege. Danach soll es 299 bei einem Kaiseropfer im syrischen Antiochia (Antakia) einen Vorfall gegeben haben, bei dem christliche Offiziere den Verlauf störten. Insofern hatte Diocletian den Militärdienst zu wahren und vor andersartigen Glaubensvorstellungen zu schützen. Daher wurden die prominenten Glaubensvertreter gemäß dem Edikt gefangen gesetzt, die Kirchengebäude zerstört und die christlichen Schriften verbrannt.

Ein weiteres Edikt vom Herbst 304 gewährte den Opferwilligen eine Amnestie, die genau zum Tag des Zwanzigjahresjubiläums am 20. November erlassen wurde. Dagegen gab es im Westen des Reiches nur im Gebiet Maximians entsprechende Verfolgungen, während Constantius nur die Gotteshäuser zerstören ließ. Einen großen Streit gibt es noch immer hinsichtlich der Opferzahlen. Sie weitet der Kirchenhistoriker Eusebios von Caesarea, abgesehen von wesentlich späteren Zahlen, bis in die Zehntausende aus, doch ist dies als merkliche Übertreibung zu bewerten. Auch sind die Märtyrerakten und die sonstigen Legenden meist fiktiv, weil entweder erfundene Namen der Richter oder der zuständigen Ämter angeführt werden.[15] Eine solche Fiktion trifft auch auf die zwei Päpste zu, die in der Verfolgungszeit amtierten. Beide, Marcellinus und Marcellus, gelten dennoch als Märtyrer. Nachdem sich jedoch die Nutzlosigkeit der Verfolgungen herausgestellt hatte, beendete Galerius sie auf dem Totenbett, und Constantin der Große unterstrich dies auf der Konferenz mit seinem Kollegen Licinius in Mailand im Jahr 313 endgültig.[16]

Abb. 5 Die erhaltene Basis des Fünfsäulendenkmals, Seite mit den Victorien. Diese halten als geflügelte Göttinnen einen Clupeus in der Mitte, auf dem die Worte *Caesarum Decennalia feliciter* zu lesen sind.

Abb. 6 Porphyrne Zweiergruppe der Augusti und Caesares in der Galleria Clementina der Biblioteca Apostolica Vaticana. Während die mürrisch erscheinenden Herrscher (links) die älteren Augusti meinen, stellen die jüngeren (rechts) die Caesares dar. Da die Statuen aus Rom selbst stammen, dürften sie den Vicennalienfeiern des 20. November 303 zugehören.

Diocletians Tod

Diocletian selbst wurde nach seinem Rücktritt zusammen mit Maximianus als *senior Augustus* angesprochen, für den auch Münzen geprägt wurden. Noch einmal wurde er im Jahr 308 von Galerius als *consul X* (Konsul zum zehnten Mal) aktiviert und leitete um den 11. November herum die Kaiserkonferenz von Carnuntum (Bad Deutsch Altenburg – Petronell, Österreich), auf der Valerius Licinianus Licinius zum neuen zweiten Augustus bestimmt wurde.[17] Diese führte allerdings auf lange Sicht zu keinem brauchbaren Ergebnis. Diocletian verstarb am 3. Dezember 316 in seinem Rückzugspalast in Spalato und wurde hier in einem Porphyrsarkophag beigesetzt.[18]

DIOCLETIAN

Um 245
Geburt als Caius Valerius Diocles wohl in Spalato (Split in der Provinz Dalmatia)

20. November 283
Der Kommandeur einer Gardetruppe wird zum Gegenkaiser gegen Carinus nach dem Tod des Numerianus. Namensänderung in Caius Valerius Diocletianus und Erringung der Alleinherrschaft 285

21. Juli 285 / 1. April 286
Wahl von Marcus Aurelius Maximianus zum Caesar und dann Augustus für den Westen.

1. März / 21. Mai 293
Erhebung von Marcus Flavius Iulius Constantius und Caius Galerius Maximianus zu Caesares für den Westen und Osten und Schaffung der Ersten Tetrarchie

Spätsommer 297 bis Frühjahr 298
Aufstand in Ägypten mit Lucius Domitius Domitianus und Aurelius Achilleus, Niederwerfung durch Diocletian

Herbst 298
Sieg des Galerius über den Perserkönig Narseh

Herbst 301
Währungs- und Höchstpreisedikt

23. Februar 303
Verfolgungsedikt gegen die Christen

20. November 304
Vicennalien der beiden Augusti in Nicomedia und Rom

1. Mai 305
Abdankung von Diocletian in Nicomedia und von Maximian in Mediolanum. Beide werden Seniores Augusti, Caesares aber Galerius Valerius Maximinus und Flavius Severus.

Vor Ende Juli 306
Vollendung der Diocletiansthermen in Rom

25. Juli 306
Tod des Constantius in Eburacum (York, Britannien)

11. November 308
10. Konsulat Diocletians. Kaiserkonferenz von Carnuntum und Bestimmung des Licinius zum neuen zweiten Augustus

Ende April – Mai 311
Tod des Galerius in Serdica (Sofia, Provinz Dacia)

3. Dezember 313 oder 316
Tod des Diocletian in Spalato

Von Kay Ehling

Mit Sarapis und Apollonius von Tyana gegen das Christentum

Der Priesterkaiser Maximinus Daia

Der Tetrarch Maximinus mit dem inoffiziellen Beinamen Daia bzw. Daza war ab 305 Caesar (Juniorkaiser) und von 310 bis 313 Augustus (Oberkaiser) des Ostens. Er ist der letzte Kaiser, der offiziell Christen verfolgen ließ. Dementsprechend negativ ist sein Bild in der vor allem christlich geprägten literarischen Überlieferung. Bemerkenswert an seiner Herrschaft aber ist, dass er schon bei seinem Machtantritt im Jahr 305 erkannte, dass die traditionellen heidnischen Kulte nicht allein durch die Bekämpfung des Christentums wieder neu zu beleben waren. Von Beginn seiner Regierung an betrieb er den Aufbau einer ‚heidnischen Kirche'. So setzte seine Regierung dem Gott der Christen einerseits Apollon und Sol, vor allem aber Sarapis entgegen und erklärte andererseits den Wundermann Apollonius von Tyana zum ‚Gegenchristus'.

Am 1. Mai 305 wurde der etwa 35 Jahre alte Maximinus Daia bei einer vor den Toren Nicomedias gelegenen Iupiter-Säule von Kaiser Diocletian eigenhändig mit dem Purpurmantel bekleidet und vor der Heeresversammlung zum Caesar ausgerufen.[1] Seine Erhebung verdankte der aus einfachsten Verhältnissen stammende Daia seiner Verwandtschaft mit dem regierenden Kaiser Galerius, dem er als Schildträger, Leibwächter und Offizier gedient hatte. Galerius adoptierte seinen Neffen unter dem Namen Caius Galerius Valerius Maximinus. Als dessen Caesar wurde ihm die Verwaltung des Ostens, genauer der Diözesen Oriens (Syrien) und Ägypten übertragen. Daia ist der bislang letzte in hieroglyphischer Schreibung bezeugte römische Kaiser in Ägypten.

Auf der von Galerius im Jahr 308 einberufenen Kaiserkonferenz von Carnuntum (in der Nähe von Wien), auf der mit der Ernennung des Licinius I. die vierte Tetrarchie (Vierkaiserherrschaft) geschaffen wurde, wurden Maximinus und seinem Kollegen Constantin, dem Caesar des Westens, statt des erhofften Augustustitels nur der Titel eines *fi-*

Abb. 1 Die Tetrarchenkaiser wollten gefährlich aussehen. Ihr Blick sollte einschüchternd wirken und ‚das Blut in den Adern gefrieren' lassen.

Der Priesterkaiser Maximinus Daia

lius Augustorum (Sohn der Oberkaiser) verliehen. Der Titel erscheint auf Münzen und Inschriften. 309/10 führte Maximinus Daia einen ausdrücklich nur bei Eusebius[2] erwähnten, aber aus dramaturgischen Gründen chronologisch unrichtig eingeordneten Armenienkrieg. Münzen des Daia bestätigten die Historizität dieses Feldzugs. Aus Armenien zurückgekehrt, ließ er sich vielleicht anlässlich seiner Quinquennalien (fünfjähriges Regierungsjubiläum) am 1. Mai 310 eigenmächtig zum Augustus ausrufen, obwohl er damit gegen die von ihm sonst immer sorgfältig beachtete tetrarchische Ordnung verstieß. Galerius musste dies akzeptieren; im Jahr 311 bekleideten Galerius und Daia gemeinsam das Konsulat.

Maximinus Daia als Augustus

Nachdem Galerius im Mai 311 bald nach der Verkündung des Toleranzediktes, mit dem die Christenverfolgungen staatlicherseits eingestellt wurden, verstorben war (Abb. 3), okkupierte Maximinus Daia dessen Herrschaftsgebiet in Kleinasien, während der im Jahr 308 in Carnuntum ernannte Licinius I. in Thrakien einrückte. Am Bosporus standen sich die Armeen gegenüber, doch kam es nach einer Begegnung der beiden Kontrahenten auf der Meerenge zu einem Ausgleich. In den folgenden Wochen und Monaten werden Maximinus Daia, Licinius I. und Constantin Gesandtschaften ausgetauscht haben, um die nähere Zukunft zu planen. Dabei verhandelte Constantin im Vorfeld des von ihm seit 310 ins Auge gefassten Krieges gegen den in Rom residierenden und zum Staatsfeind erklärten Maxentius so geschickt, dass er Licinius I. im Herbst 311 mit seiner Halbschwester Constantia verlobte und die gemeinsame Übernahme des Konsulats für 312 vereinbarte. Im Gegenzug wurde Maximinus das Konsulat für 313 versprochen.

Die Überlieferung, es sei zu einer geheimen Absprache oder gar einem Bündnis zwischen Maximinus und Maxentius gekommen, ist nicht nur historisch gesehen unwahrscheinlich, sondern wird durch Inschriften und Münzen widerlegt.

Nachdem Maxentius in der Schlacht an der Milvischen Brücke am 28. Oktober 312 den Tod gefunden hatte, verabredeten Constantin und sein Schwager Licinius I., dass Letzterer zum Ausgleich für die territorialen Zugewinne Cons-

Abb. 2 Die Tetrarchengruppe von Venedig. Da Constantin der Große die Gruppe 324/337 wahrscheinlich aus Nicomedia nach Konstantinopel bringen und dort aufstellen ließ, darf man vermuten, dass in einer der vier Figuren Constantins Vater, Constantius I. Chlorus, gesehen wurde. Ist diese Vermutung richtig, sind nicht die Kaiser der ersten, sondern die der zweiten Tetrarchie dargestellt. Die zur Landseite bzw. nach Westen gewandte linke Gruppe verkörpert dann wohl Galerius und seinen Caesar Maximinus Daia. Wenn diese Identifikation richtig ist, gehört die Gruppe ins Jahr 306.

tantins im Westen mit Gebieten im Osten entschädigt werden sollte, die freilich erst noch zu erobern waren. Offenbar um dem zuvorzukommen, marschierte Maximinus im Februar/März 313 in den licinianischen Reichsteil ein. Von Mailand zog Licinius I. seinem Kontrahenten in Eilmärschen entgegen und konnte am 30. April 313, am Tag vor dem *dies imperii* (Tag der Machtübernahme) des Maximinus Daia, auf dem etwas nördlich von Heraclea gelegenen Campus Ergenus die Sache für sich entscheiden. Der Besiegte floh über Nicomedia nach Kappadokien. Vielleicht sammelte er seine Truppen zunächst in Caesarea und dann bei Tyana, um sich der ideellen Hilfe und Unterstützung seines Wundermannes Apollonius zu versichern. Schließlich formierte Daia in den Pässen des Taurusgebirges eine neue Front gegen die heranrückenden licinianischen Truppen, verstarb aber völlig unerwartet im Sommer (Juli/August) 313 in Tarsus an einer Krankheit.

Der Sieger verhängte die *damnatio memoriae* (Verdammung des Andenkens); Daias Frau und Kinder und seine *amici* (Freunde, Berater) wurden auf Befehl des Licinius I. ermordet. Die in den Städten ausgestellten maximinischen Bilder und Gemälde wurden zerstört, Daias Name aus den Inschriften getilgt. Sein durch den Kirchenhistoriker Philostorgius[3] bei Tarsus bezeugtes Grab wurde aller Wahrscheinlichkeit nach aber erst unter Kaiser Julian im Zuge des Ausbaus von Tarsus zur Residenzstadt Ende 362/Anfang 363 als Kenotaph errichtet. Der Bau ist nicht erhalten geblieben.

Die Religionspolitik des Maximinus Daia

Es ist höchst bemerkenswert, dass der neue Caesar schon in seinem ersten Regierungsjahr Münzen und Medaillons mit Sarapis ausgeben ließ. Kein anderer Tetrarchenkaiser hat auf seinen offiziellen Münzen das Bild dieses ägyptischen Gottes verwendet; Sarapis erscheint sonst nur am Galeriusbogen in Thessalonike. Gleich bei Machtantritt im Jahr 305 wurden prächtige Goldmedaillons geschlagen, die einen lang gewandeten Sol mit einer Sarapisbüste auf der linken Hand darstellen. Wenig später wurde derselbe Bildtypus auch für die Aurei

Abb. 3 Gedenkmünze des Maximinus Daia für den toten und vergöttlichten Galerius, der mit ganzem Namen C. Galerius Valerius Maximianus hieß. Auf der Vorderseite steht DIVO MAXIMIANO MAXIMINVS AVG FIL. Maximinus Daia bezeichnet sich als Sohn (*filius*) des Galerius. Auf der Vorderseite ist aber nicht der Kopf des Galerius, sondern der des Maximinus mit Lorbeerkranz abgebildet. Die Rückseite zeigt zu der Legende AETERNAE MEMORIAE GAL MAXIMIANI (Zur ewigen Erinnerung an Galerius Maximianus) einen brennenden, dem toten Galerius geweihten Altar. Münzstätte des Follis ist Alexandria, geprägt 311/12.

verwendet. Medaillons und Goldmünzen dürften als Geschenke und zur Besoldung seiner hohen Würdenträger und Leibwächter gedient haben. Aufgrund dieser auffälligen Sarapisstücke wird man davon ausgehen dürfen, dass Daia auch den in seinem Herrschaftsbereich gelegenen Tempel des Sarapis in Alexandria, der als größtes und schönstes Heiligtum der Welt galt[4] und im Jahr 391 mit Zustimmung des christlichen Kaisers Theodosius I. zerstört wurde, finanziell großzügig unterstützt hat **(Abb. 4)**. Auch in Luxor, im sogenannten Tetrarchenkultraum, war die Regierung tätig. Nach der

Der Priesterkaiser Maximinus Daia

Selbstproklamation zum Augustus am 1. Mai 310 (?) wurde die Sarapisbüste auf der Hand des Sol Invictus (Abb. 5) bzw. der des kaiserlichen Genius zum Thema der Massenprägungen in Bronze.

Neben der gezielten Förderung insbesondere des Sarapis-Kultes begann Maximinus Daia mit dem Aufbau einer an ägyptischen – nicht christlichen – Vorbildern orientierten ‚heidnischen Kirche'. Auch auf Wunsch der städtischen Eliten berief Daia die vornehmsten Männer zu Oberpriestern. Ihre Aufgabe war es, die täglichen Opfer „für alle ihre Götter" darzubringen, wie es bei dem Kirchenvater Lactanz heißt. Auf Provinzebene setzte er gleichsam Hohepriester (*quasi pontifices*) als leitende Kontrollinstanzen ein. Beide Priesterklassen trugen besondere weiße Amtsgewänder.[5] Diese religiösen Würdenträger hatten sich, wie Eusebius im neunten Buch seiner Kirchengeschichte schreibt, im politischen Leben ausgezeichnet und waren hochberühmte Männer.[6] Epigraphisch können wir mit Epitynchanos wahrscheinlich wenigstens einen dieser Ober- oder Hohepriester greifen. Wie Eusebius in seiner Kirchengeschichte überliefert, befahl Daia außerdem die Wiederherstellung und Renovierung der verwaisten Tempel und beschädigten Kultbilder (Abb. 6). Mit einigem Recht darf man Maximinus Daia deshalb als Priesterkaiser bezeichnen.

Vordenker der Religionspolitik des Maximinus Daia dürfte Sossianus Hierocles gewesen sein. Dieser hatte maßgeblichen Anteil an den in Nicomedia geführten kaiserlichen Beratungen des Winters 302/303, die zur Christenverfolgung ab Februar 303 führten.[7] Im Jahr 310/311 war er Daias *praefectus Aegypti* (Statthalter von Ägypten). Dieser Hierocles war der Verfasser einer aus zwei Büchern bestehenden Schrift, die den Titel „Wahrheitsliebende Reden" getragen haben dürfte. Die um 303 verfassten Bücher sind verloren; es sind nur Bruchstücke aus den Erwiderungen des Eusebius und des Lactanz erhalten. Hierocles scheint zum ersten Mal Apollonius von Tyana und Jesus einander gegenübergestellt zu haben. Der neuplatonische Philosoph versuchte dabei offenbar zu zeigen, dass der gottgleiche Apollonius ähnliche (oder größere) Wundertaten wie Jesus vollbracht habe (siehe Quellenkasten: Wer ist der größere Wundermann?). Eine im Museum von Adana aufbewahrte Epigramm-Inschrift, die vielleicht über einer Nische mit der Statue des Apollonius im Asklepiustempel des kilikischen Aigai angebracht war, könnte in die Zeit des Maximinus Daia zu datieren sein. Wenn auch nicht unmittelbar beweisbar, so dürfte die maximinische Regierung Apollonius zum ‚Gegenchristus' aufgebaut haben, so wie Sarapis zum Gegengott erhoben wurde. Ein Zeugnis der Verehrung und Beliebtheit des weithin geschätzten Philosophen und Wundermannes Apollonius stellen die Kontorniat-Medaillons mit dessen idealisiertem Bildnis dar, die im späteren 4. bzw. frühen 5. Jh. ausgegeben wurden.

Verfolgung der „seit Langem irrsinnigen Christen"

Die andere Seite der Medaille ist die Christenpolitik. Nach seiner Machtübernahme im Osten scheint Maximinus Daia darauf gedrungen zu haben, die

Abb. 4 Die Büste gibt den Kopf des alexandrinischen Kultbildes des Bryaxis wieder. Sarapis war ein Allgott, der mit allen Göttern gleichgesetzt werden konnte und in dem sich auch alle anderen Götter manifestierten. Zahlreiche Inschriften setzen ihn mit Zeus, Poseidon, ja Jahwe gleich. Die engste Verbindung bestand allerdings zu Helios, was gut zu den Münzen des Maximinus passt (Abb. 5). So waren an dem abgebildeten Kopf (hier nicht zu sehen) sieben metallene Strahlen angebracht: Helios-Sarapis.

tetrarchischen Anti-Christengesetze konsequent in die Praxis umzusetzen. Dazu gehörten das Versammlungsverbot auf Friedhöfen und das traditionelle Opfer der Untertanen. In der Folge spielten sich entsetzliche Szenen ab, so das Martyrium des Apphianus am 2. April 306 oder die Säckung des Ulpianus in Tyrus, der in einen mit verschiedenen Tieren (Schlangen, Hunden, Katzen oder Affen) befüllten Sack eingenäht und im Wasser versenkt wurde. Doch waren deren Schicksale insgesamt gesehen eher die Ausnahmen und nicht selten sogar Reaktionen der maximinischen Regierung auf christliche Provokationen. So hatte Apphianus etwa versucht, den Statthalter Urbanus öffentlich am Opfern zu hindern, was dieser nicht ungestraft durchgehen lassen konnte, wollte er nicht sein Gesicht verlieren. In der Regel scheinen die Statthalter die Christen zur Arbeit in den Bergwerken von Kilikien, Palästina oder Ägypten verurteilt zu haben. Ab 308 beruhigte sich die Situation langsam wieder.

Als eine besondere Maßnahme der Regierung wird die Verbreitung gefälschter Akten des Prozesses gegen Jesus vor Pontius Pilatus erwähnt, die im Schulunterricht zu behandeln waren. Absicht dieser Pseudodokumente war vermutlich, Jesus als Betrüger und Anstifter sittlich verwerflicher wie politisch gefährlicher Taten hinzustellen. So könnte ihm darin die Bildung einer Räuberbande zum Vorwurf gemacht worden sein.

Nachdem Galerius am 30. April 311 in Serdica im Namen aller Kaiser, also auch des Maximinus Daia, das Toleranzedikt zugunsten der Christen erlassen hatte, wurden die Verfolgungen reichsweit eingestellt. Im Osten wurde der Kurswechsel durch ein Schreiben des höchsten Zivilbeamten, des *praefectus praetorio* Sabinus, verkündet (sog. Sabinuszirkular). Als Folge der neuen Toleranzpolitik kam es vor allem in den großen Städten des Ostens zu starken Spannungen zwischen den städtischen Behörden und den aus Verbannung, Gefängnis und Bergwerk zurückkehrenden Christen, die insbesondere die Rückgabe ihres konfiszierten und veräußerten Eigentums an Häusern und Grundstücken forderten. Die Eigentumsfrage war schon im Galerius-Edikt ausgeklammert worden

Abb. 5 Follis des Maximinus Daia aus der Münzstätte Nicomedia, 312.
Der Sol im langen Gewand mit Sarapisbüste auf seiner linken Hand. Die Rechte ist im Segensgestus erhoben. Beim Porträt des Kaisers ist der schmale Bartstreifen zu beachten, der sich, vom Ohr ausgehend, unten an der Wange entlang zum Kinn hinzieht. Außerdem trägt er einen Schnurrbart.

MAXIMINUS DAIA

Um 270
Geburt des Maximinus Daia

1. Mai 305
Juniorkaiser des Galerius

309/310
Armenienkrieg

310 bis 313
Augustus („Oberkaiser") des Ostens

30. April 311
Toleranzedikt des Galerius zugunsten der Christen

November/Dezember 311
Wiederaufnahme der Christenverfolgungen

Oktober/November 312
Einstellung der Christenverfolgungen

Frühjahr oder Mai 313
Zweites förmliches Toleranzedikt

Sommer (Juli/August) 313
Maximinus Daia stirbt in Tarsus

und sollte wahrscheinlich in den noch zu erlassenden Ausführungsbestimmungen an die Richter geregelt werden. Die Gegensätze spitzen sich so zu, dass die Decurionen (Ratsherren) von Nicomedia Ende Oktober oder Anfang November 311 mit den Bildern ihrer Götter vor Maximinus erschienen und den Kaiser baten, den Christen das Wohnen in ihrer Stadt zu verbieten.[8] Der Kaiser lehnte dies anscheinend zunächst ab.

Es traten jedoch weitere Städte, namentlich Antiochia und Tyrus, aber auch kleinere Gemeinwesen wie die im Koinon von Lycia und Pamphylia zusammengeschlossenen Poleis Arycanda und Colbasa, mit ähnlichen Bittgesuchen gegen die Christen an die Kaiser bzw. Maximinus heran. Lactanz erwähnt städtische Gesandtschaften,

Abb. 6 Follis des Maximinus Daia aus der Münzstätte Nicomedia, geprägt ab Mai 311, mit der Abbildung eines Herakles/Hercules vom Typus des Herakles Caserta (nicht Farnese) auf der Rückseite. Der Münztyp gibt wohl eine um 300/280 v. Chr. für Seleukos I. oder Antiochos I. geschaffene kolossale Bronzeplastik wieder, die vermutlich in einem Heraklesheiligtum in Daphne bei Antiochia aufgestellt war. Heiligtum und/oder Statue dürften im Zuge der von Maximinus offiziell angeordneten Wiederherstellung von verwaisten Kultstätten renoviert worden sein. Wie die Tetrarchenkaiser war der heidnische ‚Gegenchristus' Apollonius ein Kulterneuerer, der viele verfallene Heiligtümer wieder aufrichtete.

die die Erlaubnis einholen, den Christen das Errichten eigener Kultstätten (*conventicula*) innerhalb der Städte zu verbieten.[9] In dem Gesuch von Arycanda wird darum gebeten, dass „die seit Langem irrsinnigen Christen [...] endlich zum Schweigen gebracht werden".[10] Diesem Ansinnen stimmte Daia Ende 311 schließlich zu. Dass die Initiative zu diesen städtischen Beschlüssen letztlich auf den Kaiser selbst zurückgegangen sein soll, ist, auch wenn diese den religionspolitischen Vorstellungen des altgläubigen Kaisers entsprachen, allerdings wohl eine Behauptung der Kirchenautoren, die die Schuld an der nun erneut einsetzenden Christenverfolgung allein dem *theomisēs* (griech. Gotteshasser) zuschieben konnten, während die städtischen Entscheidungsträger entlastet wurden.

In diese Zeit der Wiederaufnahme der Christenverfolgungen Ende 311 dürfte der inschriftlich erhaltene Bericht des Marius Iulius Eugenius gehören. Als Angehöriger der Oberschicht war er mit Flavia Iulia Flaviana, der Tochter eines Senators, verheiratet und gehörte dem Verwaltungsstab des Statthalters von Pisidien an. „Aber auf einmal", so schreibt Eugenius, „kam unter Maximinus (Daia) ein Befehl, dass die Christen Opfer bringen und nicht aus dem Dienst entlassen werden sollten. Ich habe unter dem Praeses Diogenes viele und schwere Qualen ertragen und es durchgesetzt, dass ich aus dem Dienst entlassen wurde, um dem christlichen Glauben treu zu bleiben."[11] Eugenius wurde bald darauf Bischof der lycaonischen Stadt Laodicea Catacecaumene und übte dieses Amt 25 Jahre aus, bis er um 340 verstarb. Die Aussage des Eugenius belegt seinen persönlichen Mut, macht aber auch deutlich, dass sich die heidnische Regierung ihren Beamten gegenüber moderat verhielt. Dieser lag vor allem daran, die Loyalität der Soldaten und Beamten zu überprüfen, wie dies schon Kaiser Decius Mitte des 3. Jh.s verlangt hatte.

Die zunehmende Christianisierung von Armee und Staat hatte bei den altgläubigen und konservativ eingestellten Kaisern Diocletian und Galerius Zweifel an der Staatstreue der christlichen Soldaten und Beamten aufkommen lassen, was diese nach Beratungen im Staatsrat im Jahr 303 veranlasste, gegen die Kirche vorzugehen.[12] Maximinus Daia, der sich immer wieder ausdrücklich auf die beiden Oberkaiser berief, setzte Ende 311 also letztlich diese Politik – auch oder vor allem auf Wunsch der Städte – fort. Die Verfolgung forderte einige prominente Opfer wie Silvanus, den Bischof von Emesa, Petrus, den Bischof von Alexandria, der am 26. November 311 hingerichtet wurde, oder den berühmten Kirchenlehrer und antiochenischen Presbyter Lucian, der am 7. Januar 312 in Nicomedia den Märtyrertod erlitt, nachdem er von dem Presbyter Pancratius verraten worden war.

Die Christenverfolgung dauerte jedoch kein Jahr.[13] Bereits im Oktober/November 312 wurde ihre Einstellung angeordnet. Was die Regierung konkret dazu veranlasst hat, geht aus den Quellen nicht hervor. Wahrscheinlich hatte sie erkannt, dass das erneute Christenverbot keine wirkliche Beruhigung der Situation in den Städten gebracht, sondern nur weitere Konflikte geschaffen hatte. Als Reaktion auf die ohne Zweifel auch in seinem Namen erlassenen christenfreundlichen Beschlüsse von Mailand (Maximinus bekleidete im Jahr 313 gemeinsam mit Constantin das Konsulat) oder als Folge der Niederlage auf dem Campus Ergenus, also im Frühjahr oder Mai 313, erließ der Ostkaiser schließlich ein zweites förmliches Toleranzedikt,[14] in dem die Regierung den Christen auch ausdrücklich die Rückgabe ihres früheren Eigentums an Häusern und Grundstücken zusicherte.

Maximinus Daia wird in den erzählenden, christlichen Quellen äußerst negativ geschildert und war wohl tatsächlich keine unbedingt sympathische Erscheinung. Seine heidnischen, d. h. altgläubigen Untertanen werden ihn aber vielleicht anders gesehen haben. Unabhängig davon ist, historisch betrachtet, sein Versuch, durch eine Neuorganisation der heidnischen Priesterschaft und die Aktivierung mächtiger Götter wie Sarapis und Apollon-Sol bzw. die Inauguration eines ‚Gegenchristus' in Gestalt des Apollonius von Tyana dem sich ausbreitenden Christentum etwas entgegenzusetzen, zumindest originell. Verglichen mit Jesus und dem Liebesgebot der Bergpredigt, stellte dieses Programm am Ende aber doch keine echte ethische Alternative dar.

Wer ist der grössere Wundermann?

Jesus erweckt ein totes Mädchen zum Leben
(Markus 5,35–43)

„Während Jesus noch redete, kamen Leute, die zum Haus des Synagogenvorstehers gehörten, und sagten: Deine Tochter ist gestorben. Warum bemühst du den Meister noch länger? Jesus, der diese Worte gehört hatte, sagt zu dem Synagogenvorsteher: Fürchte dich nicht! Glaube nur! Und er ließ keinen mitkommen, außer Petrus, Jakobus und Johannes, den Bruder des Jakobus. Sie gingen zum Haus des Synagogenvorstehers. Als Jesus den Tumult sah und wie sie heftig weinten und klagten, trat er ein und sagte zu ihnen: Warum schreit und weint ihr? Das Kind ist nicht gestorben, es schläft nur. Da lachten sie ihn aus. Er aber warf alle hinaus und nahm den Vater des Kindes und die Mutter und die, die mit ihm waren, und ging in den Raum, in dem das Kind lag. Er fasste das Kind an der Hand und sagt zu ihm: Talita kum!, das heißt übersetzt: Mädchen, ich sage dir, steh auf! Sofort stand das Mädchen auf und ging umher. Es war zwölf Jahre alt. Die Leute waren ganz fassungslos vor Entsetzen. Doch er schärfte ihnen ein, niemand dürfe etwas davon erfahren; dann sagte er, man solle dem Mädchen etwas zu essen geben."
Einheitsübersetzung

Apollonius weckt ein totes Mädchen auf
(Philostratus 4,45)

„Es wird auch folgendes Wunder erzählt: Ein Mädchen war am Tage seiner Hochzeit gestorben, so schien es wenigstens, und der Bräutigam folgte bereits jammernd der Bahre und klagte, dass seine Ehe so gänzlich unerfüllt geblieben sei. Aber auch ganz Rom trauerte mit ihm, da das Mädchen aus einer vornehmen Konsularenfamilie stammte. Als nun Apollonius dem Trauerzug begegnete, sagte er: ‚Legt die Bahre nieder! Ich will euren Tränen über das Mädchen ein Ende machen'. Zugleich fragte er nach dem Namen des Mädchens. Die Menge glaubte nun, er werde eine Trauerrede halten, wie sie so üblich sind bei solchen Anlässen, um den Jammer zu beschwören. Er jedoch berührte nur die Tote, sprach einige unverständliche Worte und erweckte so das Mädchen aus dem Scheintode. Dieses begann wieder zu sprechen und kehrte ins Elternhaus zurück."

(Übs. V. Mumprecht)

Von Johannes Wienand

Die Sphinx der historischen Wissenschaft

Constantin I. – Gottesfreund und Antichrist

An Constantin I., der als erster christlicher Kaiser in die Geschichte einging, scheiden sich die Geister: In seiner mehr als drei Jahrzehnte umfassenden Regierungszeit stieß er nicht nur eine religionspolitische Wende an, die das römische Kaisertum in die christliche Monarchie der Spätantike transformieren sollte. Ihm gelang es durch den konsequenten Aufbau seiner Dynastie auch, die politisch-militärische Instabilität des 3. Jh.s zu überwinden. Durch strategische Bündnisschlüsse und eine Serie an Bürgerkriegen brachte er gezielt das von Diocletian aufgebaute Herrschaftssystem zum Einsturz und erkämpfte sich die alleinige Kontrolle über das Imperium Romanum. Mit der Gründung Konstantinopels schuf er ein neues Herrschaftszentrum im Osten des Reiches – wo er sich als Sonnengott inszenierte und mit Christus identifizierte.

Mehr als bei anderen Kaisern interessiert sich die Nachwelt für die innere Haltung Constantins, speziell für seine religiösen Überzeugungen. In der *conversio Constantini* – seiner „Hinwendung zum Christentum" – wird der archimedische Punkt im Übergang von der römischen Kaiserzeit zur christlichen Monarchie der Spätantike verortet. Ob darin eine authentische Bekehrung oder der geniale Bluff eines machtpolitischen Taktierers gesehen wird: Constantins Entscheidung, die christliche Religion anzuerkennen, wird welthistorische Bedeutung zugeschrieben. Um Constantins Motive kreisen die Erzählungen vom Leben und Wirken des Kaisers.

Abb. 1 Kopf einer Kolossalstatue Constantins des Großen aus den Kapitolinischen Museen, Rom. Das Fragment gehörte zu einer ursprünglich über 10 m hohen Sitzstatue, die der Kaiser nach seinem Sieg an der Milvischen Brücke in einer am Forum Romanum gelegenen Basilika aufstellen ließ.

Constantin I. – Gottesfreund und Antichrist

Abb. 2 Der Constantinsbogen, eingeweiht im Jahr 315 anlässlich des kaiserlichen Rombesuchs zum 10. Herrschaftsjubiläum, feiert mit seinen Inschriften und Reliefs den Sieg Constantins über Maxentius.

Ist das wirklich überzeugend? Es scheint doch heute grundsätzlich unplausibel, historische Entwicklungen auf den Gestaltungswillen großer Männer zu reduzieren, und sei es der römische Kaiser. Zudem erlebten es schon die Zeitgenossen als erhebliche Herausforderung, eine stringente Erzählung von Constantins Aufstieg zur Macht, von der Entwicklung seiner Herrschaft und von seiner religionspolitischen Linie zu formulieren. Denn Constantins Regierungshandeln war zutiefst geprägt von Ambivalenzen und inneren Widersprüchen, die als solche auch immer klar erkennbar waren. In ihren jeweiligen Interaktionsfeldern und strukturellen Rahmenbedingungen lassen sich die einzelnen Maßnahmen aber auch ohne Rekurs auf die jeweils mutmaßliche Motivlage Constantins historisch ergründen und deuten.

Also muss, wer die Herrschaft Constantins verstehen möchte, darauf verzichten, Constantin verstehen zu wollen? Viel zielführender erscheint es tatsächlich, die Widersprüchlichkeit anzuerkennen und den Ambivalenzen nachzuspüren. Genau dies soll hier geschehen: speziell mit Blick auf das Feld des Religiösen, das mit machtpolitischen Entwicklungen aber stets aufs Engste verflochten war.

Herrscherkollege und Bürgerkrieger

Im Frühjahr 313 traf Constantin in Mailand mit Licinius zusammen: Nur drei Jahre zuvor waren es in den Wirren der untergehenden Tetrarchie noch acht Herrscher gewesen, die kaiserliche Autorität über Teile des Imperiums oder das Gesamtreich beanspruchten, zum Zeitpunkt des Mailänder Treffens waren davon durch Bürgerkriege und natürliche Tode nur noch drei übrig geblieben: Constantin, Licinius und Maximinus Daia. Constantin hatte wenige Monate zuvor Maxentius besiegt und damit den Westen des Imperiums unter seine Kontrolle gebracht, der strategische Bündnisschluss mit Licinius legte nun die Grundlage dafür, auch Maximinus Daia noch auszuschalten und Licinius damit die Herrschaft über die östlichen Provinzen zu sichern. Die Allianz wurde durch eine dynastische Heirat besiegelt: Licinius nahm die Halbschwester Constantins, Constantia, zur Frau.

Constantin sicherte sich durch das Bündnis mit Licinius machtpolitisch ab, ohne seine eigenen Handlungsoptionen einzuschränken: Licinius konzentrierte sich erst einmal auf den Osten, während Constantin seine Herrschaft im Westen stabilisieren konnte – immerhin hatte der Italienfeldzug gegen Maxentius erhebliche Ressourcen gebunden und die Rheingrenze vorübergehend entblößt, was germanische Verbände zu Plünderungszügen im römischen Gebiet einlud, zudem musste Constantin nun Italien mit der Metropole Rom sowie das politisch und sozial volatile Nordafrika integrieren: In der Stadt Rom stand er vor der Aufgabe, einerseits möglichst reibungsfrei die Truppen und Gardeeinheiten, auf die Maxentius seine Herrschaft gestützt hatte, aufzulösen und die Soldaten in seine eigene Armee einzugliedern, andererseits musste er die Senatorenschaft für sich gewinnen, ohne das Funktionieren seiner Administration durch die Einbindung der selbstbewussten Aristokraten zu gefährden. In Nordafrika schließlich hatte sich in den vorausgegangenen Jahren, auch als Folge von Usurpationen und Bürgerkriegen, ein gewisses Machtvakuum ausgebildet, in dem sich religiöse Spannungen zwischen konkurrierenden christlichen Gemeinden verschärfen konnten. Durch das Bündnis mit Licinius verschaffte sich Constantin also wertvolle Zeit, diese Probleme anzugehen.

Dynast und Gattenmörder

Allzu sehr binden ließ sich Constantin durch das Bündnis mit Licinius aber nicht: Dass er nämlich durchaus bereit war, sogar dynastische Erwägungen gegenüber seinen machtpolitischen Zielen zurückzustellen, hatte er bereits 310 und 312 in zwei Bürgerkriegen eindrücklich unter Beweis gestellt – denn hier kämpfte er zunächst gegen Maximian, seinen eigenen Schwiegervater, der ihm 307 nicht nur seine Tochter Fausta zur Frau gegeben, sondern ihm auch den Augustustitel verliehen hatte, und dann gegen seinen Schwager Maxentius, den Bruder von Fausta (welche Constantin übrigens später, gemeinsam mit seinem ältesten Sohn Crispus, im Zuge der sogenannten Palastkrise von 326 aus unklaren Gründen umbringen ließ).

Auch vor machtpolitisch motivierten Feldzügen gegen Licinius schreckte Constantin dann im Weiteren nicht zurück, obgleich seine Halbschwester nun bereits einen Sohn (Licinius Junior) mit ihm hatte: In einem ersten Bürgerkrieg gegen Licinius korrigierte Constantin 316/317 den Schönheitsfehler der Mailänder Regelung, dass jener nämlich mit der Praefectura Illyricum (Balkanraum mit Griechenland) und der Praefectura Oriens (gesamter Osten des Imperiums einschließlich Ägypten) einen größeren Teil des Reiches kontrollierte als er selbst; und in einem zweiten Bürgerkrieg 321–324 gelang es Constantin schließlich, Licinius endgültig zu stürzen und die Kontrolle über das Gesamtreich zu erlangen. Erstmals seit vierzig Jahren unterstand das Imperium nun wieder der Kontrolle eines einzigen Kaisers. Constantin konnte den Herrschaftsapparat jetzt gänzlich auf sich und seinen Clan zuschneiden, wobei er neben seinen leiblichen Söhnen auch Mitglieder der Nebenlinie einband, die auf die zweite Frau seines Vaters (nämlich auf Theodora, die Tochter Maximians) zurückging. Auch weibliche Mitglieder der Familie, selbst seine Mutter Helena, die bloß eine unstandesgemäße Lebensabschnittsgefährtin seines Vaters gewesen war, übernahmen offizielle Missionen im Dienst der Dynastie: Bekannt ist Helena vor allem für ihre Reise an die biblischen Orte in und um Jerusalem, wo sie als Kirchenstifterin in Erscheinung trat.

Die zuvor nur wenig bedeutende Stadt Byzantion am Bosporus – wo Constantin (unter Mitwirkung von Crispus, der die Flotte kommandierte) im Jahr 324 den entscheidenden Sieg über Licinius erringen konnte – ließ er als Symbol seines Sieges und des nun unter seiner Führung friedlich vereinten Reiches unter dem neuen Namen Constantinopolis zur Metropole ausbauen. Feierlich eingeweiht wurde die Stadt im Jahr 330 mit ihrem prächtigen Constantinsforum, dessen Zentrum eine Porphyr-

Constantin I. – Gottesfreund und Antichrist

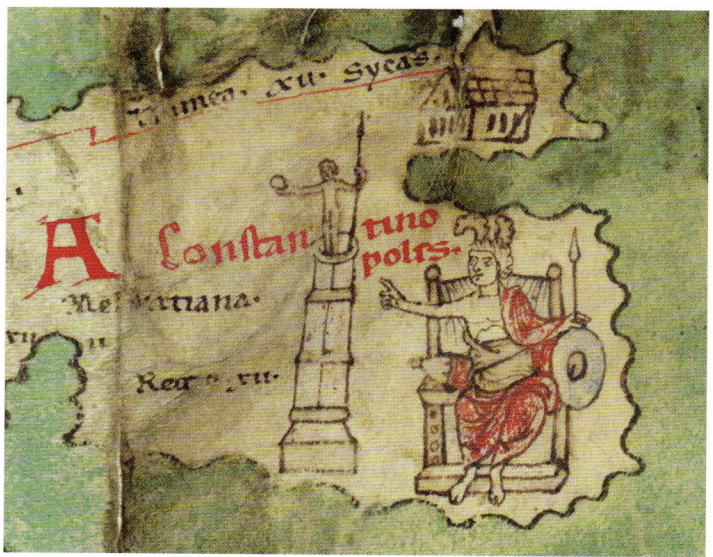

Abb. 3 Ausschnitt der Tabula Peutingeriana mit Darstellung der personifizierten Stadtgöttin Constantinopolis neben dem Wahrzeichen der neu gegründeten Residenzstadt, der Porphyrsäule mit Standbild des Kaisers als Sonnengott. Die Weltkarte aus dem 12. Jh., die sich heute in der Österreichischen Nationalbibliothek in Wien befindet, basiert auf einer spätantiken Vorlage.

säule mit Standbild des Kaisers in der Pose des Sonnengottes zierte. In Konstantinopel zelebrierte Constantin 336 auch sein dreißigstes Herrschaftsjubiläum, ein Jahr später wurde er dort als vergöttlichter Kaiser in der von ihm gestifteten und mit einer kaiserlichen Grablege ausgestatteten Apostelkirche beigesetzt: christusgleich umgeben von den zwölf Apostelkenotaphen.

Sonnenverehrer und Christenfreund

Der Bündnisschluss von Mailand war für Constantin also ein wichtiger Schritt auf dem Weg zur Alleinherrschaft. Auf ihrem Treffen in Mailand hatten Constantin und Licinius allerdings auch eine Vereinbarung getroffen, der in der Constantinforschung meist eine wesentlich höhere Bedeutung beigemessen wird als den machtpolitischen Implikationen der Zusammenkunft: In religionspolitischer Hinsicht besagt die „Mailänder Vereinbarung" nämlich, dass die christliche Religion den Status einer *religio licita*, einer zulässigen Kultpraxis, erhält.[1]

Dieser Schritt markiert eine ostentative Abkehr von den religionspolitischen Leitlinien der Tetrarchie, die ihren inneren Zusammenhalt über eine ausschließlich im paganen Kult gründende politisch-religiöse Ideologie formuliert und entsprechend auf die Unterdrückung der christlichen Religion gesetzt hatte. Im sogenannten Toleranzedikt hatte Galerius zwar schon zwei Jahre früher aus pragmatischen Gründen eine Duldung des Christentums dekretiert,[2] die grundsätzliche Ablehnung dieser Religion wurde dabei aber aufrechterhalten, sodass der Schritt zu einer neuerlichen Christenverfolgung unter Maximinus Daia nicht weit gewesen war. Die Vereinbarung von Mailand ist dagegen ausdrücklich nicht als *Toleranz* der christlichen Religionspraxis konzipiert (die ja stets eine Ablehnungskomponente impliziert, mit der die Duldung einhergeht), sondern als deren staatsrechtliche *Anerkennung*.

Dass ausgerechnet Constantin den Schritt zur Anerkennung der christlichen Religion gehen würde, war kaum abzusehen gewesen: Sein Vater Constantius I. hatte als tetrarchischer Caesar die Christenverfolgungen in seinem Reichsteil mitgetragen und diese, als er 305 ranghöchster Augustus wurde, einfach weiterlaufen lassen. Als Constantin im Sommer 306, beim Tod seines Vaters, tetrarchischer Mitherrscher wurde, hat er selbst die Verfolgungen in seinem Reichsteil zwar offenbar nicht weitergeführt, am rechtlichen Status der christlichen Religion aber zunächst nichts geändert.

In der dicht überlieferten und gut datierbaren Münzprägung lässt sich besonders deutlich greifen, dass Constantin damals ganz selbstverständlich die etablierte Vielfalt an Bezügen zur traditionellen Religion beibehielt: Seinen Vater ließ er als vergöttlichten Kaiser ehren, auch huldigte er dem Genius des römischen Volkes und prägte massenweise Münzen mit Bezug zu Mars, Victoria, Virtus, Securitas und Felicitas. Erst im Jahr 310, nach dem Sieg über Maximian, ist eine signifikante Neuerung in der religiösen Repräsentation Constantins zu greifen: Es rückte nun Sol invictus – der „unbesiegbare Sonnengott" – ins Zentrum. Als seinen göttlichen Begleiter ließ Constantin auch anlässlich des Mailänder Treffens den Sonnengott inszenieren.

Allerdings gibt es auch Indizien dafür, dass Constantin bereits in der Zeit seiner Ausbildung im Osten des Reiches Beziehungen zu Christen aufgebaut hatte, darunter wohl auch zum christlichen Rhetor Lactantius, den er möglicherweise schon um 310 als Erzieher seines (damals etwa zehnjährigen) Sohnes Crispus in den Westen holen sollte, und spätestens 311 scheint Constantin mit gallischen Bischöfen bekannt gewesen zu sein. Ein erstes offenes Signal, dass er den Christengott nun als Teil des römischen Pantheons verstand, gab Constantin am 28. Oktober 312, als er vor der Schlacht an der Milvischen Brücke im Bürgerkrieg gegen Maxentius ein Christus-Monogramm zum Siegeszeichen seiner Truppen erklärte.[3] Die Verwendung des christlichen Zeichens an Prunkhelmen, Schilden und Standarten lässt sich später (wenn auch nur sporadisch) in der bildlichen Gestaltung der constantinischen Münzprägung nachvollziehen, so etwa auf dem sogenannten Silbermedaillon von Ticinum **(Abb. 4)**, wo das Monogramm am Helm des Kaisers zu sehen ist.

Ordnungspolitiker und Religionsreformer

Worauf bezieht sich im Jahr 313 also die Anerkennung des christlichen Kultes, mit der die Religion nicht nur widerwillig geduldet, sondern zu einer zulässigen Praxis erklärt wurde und damit in das politisch-religiöse System des Imperiums integriert werden sollte? Die Frage muss in einem weiteren Kontext gesehen werden: Die christliche Religion hatte sich zuvor über drei Jahrhunderte hinweg in einem Verhältnis zur römischen Monarchie entwickelt, das teils von Indifferenz, teils von stillschweigender Duldung, teils von offenem Konflikt und Verfolgung geprägt war. Aus Sicht der römischen Monarchie problematisch war dabei stets, dass Anhänger der christlichen Religion (wie beim Judentum) die Götter des römischen Pantheon ebenso ablehnten wie den römischen Herrscherkult, dass sich die christliche Religion aber zugleich (anders als das Judentum) nicht regional begrenzen ließ, sondern sich rasch als reichsweites Phänomen erwies und damit die ideologischen Grundlagen der Legitimität des römischen Kaisertums in zunehmendem Maße zu bedrohen schien.

Die Entwicklung zu ignorieren, stieß dort an Grenzen, wo Christen in staatliche Abläufe eingebunden waren – also etwa im Militär, wo dem Herrscherkult eine hohe Bedeutung zukam, wo die Abweichung von der Norm (beispielsweise in Form der Verweigerung gemeinsamer Kulthandlungen) für die staatlichen Stellen aber unmittelbar sichtbar war und wo zugleich eine Ungleichbehandlung entlang unterschiedlicher Bekenntnisse nicht denkbar erschien. Auch jenseits solcher Felder der direkten staatlichen Kontrolle wirkte sich die Präsenz von Christen sowohl in den Städten des Reiches als auch in ländlichen Regionen, zwar mit regionalen und sozialen Unterschieden, aber letztlich über alle Bevölkerungsschichten hinweg, immer stärker aus. Mit der Ausbreitung des Christentums über das ganze Reich hinweg konnten sich christliche Gemeinden und damit zunehmend ausgedehnte und ausdifferenzierte Personennetzwerke ausbilden, in denen unterschiedlichste christliche Amts- und Funktionsträger, vom Diakon über den Presbyter bis zum Bischof, wichtige gesellschaftliche Funktionen übernahmen und damit teils in Konkurrenz zu staatlichen Stellen traten.

Die Verfolgungswellen des 3. und frühen 4. Jh.s hatten gezeigt, dass die römische Verwaltung selbst bei massivem Einsatz staatlicher Repressionsmittel letztlich keine Möglichkeit hatte, diese Entwicklung noch umzukehren. Die Anerkennung der christlichen Kultpraxis impliziert, dass das desintegrative Potenzial, das von christlichen Parallelgesellschaften ausgehen konnte, geringer eingeschätzt wurde als der Mehrwert, der sich für den römischen Staat daraus ergeben konnte, in einer ordnungspolitisch ausgerichteten Kooperation mit christlichen Funktionsträgern deren Autorität über ihre Gemeinden und, modern gesprochen, das entsprechende Humankapital der zuvor ausgegrenzten Personennetzwerke zu nutzen.

Dass diese Perspektive für Constantin erst mit der Eingliederung der Praefectura Italia (Italien,

Constantin I. – Gottesfreund und Antichrist

Pannonien und Afrika) in seinen Herrschaftsbereich virulent wurde, liegt darin begründet, dass dort der Christianisierungsgrad deutlich höher war als in der Praefectura Galliae (d. h. den nordwestlichen Provinzen des Imperiums), auf die sich Constantins Herrschaft zuvor beschränkt hatte: In Rom hatte sich schon im 1. Jh. eine starke und

Abb. 4 Das Silbermedaillon zeigt Constantin mit einem mit Christogramm-Plakette verzierten Prunkhelm. Geprägt wurde das Medaillon wahrscheinlich in den Jahren nach dem Sieg Constantins über Maxentius in Ticinum (heute Pavia) oder Rom. Vier Exemplare dieses Medaillontyps sind bekannt, das hier abgebildete Exemplar befindet sich in der Staatlichen Münzsammlung München.

rasch wachsende Gemeinde formiert, und speziell in Nordafrika – einem Raum vergleichsweise schwach ausgeprägter Staatlichkeit – bestanden besonders vielfältige, auch im ländlichen Raum fest verwurzelte Gemeindestrukturen. Schon Maxentius scheint sich um eine Zusammenarbeit mit Vertretern christlicher Gemeinden bemüht zu haben, auch wenn sich unter seiner Herrschaft keine rechtliche Anerkennung greifen lässt, die mit der Vereinbarung von Mailand vergleichbar wäre.

Weisheitslehrer und Antichrist

Die besondere Dynamik des religionspolitischen Wandels unter Constantin hängt dann auch eng mit Nordafrika zusammen, denn stärker als andernorts standen dort den Bemühungen, im Zuge der Anerkennung der christlichen Religion eine geregelte Kooperation zwischen staatlichen Stellen und Repräsentanten der christlichen Gemeinden zu etablieren, heftige Konflikte zwischen konkurrierenden christlichen Gruppierungen im Wege; und im Bemühen, die Probleme zu lösen, manövrierte sich die kaiserliche Administration in eine religionspolitische Handlungslogik hinein, die nicht nur die constantinische Herrschaft, sondern weit darüber hinaus das Gesicht der christlichen Monarchie insgesamt prägen sollte.

Denn mit dem Interesse, christlichen Gemeinden lokal begrenzte ordnungspolitische Aufgaben sowie entsprechende Budgets und die nötige Verantwortung zu übertragen, ergab sich für die römische Verwaltung unmittelbar die Frage, wer als autorisierter Ansprechpartner gelten konnte: Eine klare kirchliche Hierarchie bestand noch nicht, und ausgerechnet um den wichtigsten Bischofssitz Nordafrikas, Karthago, hatte sich (vereinfacht gesprochen zwischen religiösen Hardlinern und Moderaten) ein schismatisches Gerangel (der „Donatistenstreit") ergeben, sodass sich die Frage nach der legitimen Repräsentanz des nichtstaatlichen Interaktionspartners nicht ohne Weiteres beantworten ließ.

Constantins Administration ging 312 / 313 offenbar noch davon aus, dass sich das Problem mit finanziellen Anreizen und (vergleichsweise milden) Sanktionen lösen lasse, konventionelle Ansätze dieser Art erwiesen sich aber bald als unbrauchbar, da in den innerchristlichen Konflikten Fragen um Status und Autorität mit dogmatischen (also glaubensbezogenen) Fragen verwoben waren, die sich von den staatlichen Stellen, die im Feld der christlichen Doktrin keine Deutungshoheit behaupten konnten, nicht auflösen ließen. Dass die kaiserliche Administration und die von ihr anerkannten (d. h. „katholischen") Vertreter der christlichen Religion sich bereits zu verständigen begannen, verschärfte das innerchristliche Ringen um Einfluss und Deutungsmacht. Aus dieser schlichten Grundproblematik hat sich das fortan über Jahrhunderte hinweg meist wenig erfolgreiche Bemühen der kaiserlichen Verwaltung gespeist, eine „innerkirchliche Einigung" zu erzielen – sprich: ein klares hierarchisches Führungs- und Autoritätsgefüge über die unterschiedlichsten christlichen Gemeinden hinweg zu entwickeln, das für eine umfassende Zusammenarbeit von Staat und Kirche schon aus rein praktischen Gründen erforderlich war.

Für die Anfänge dieser Entwicklung unter Constantin zeigt sich in den erhaltenen Dokumenten eine rasch steigende Frustration der staatlichen Stellen, als selbst bischöfliche Schiedsgerichte und Synoden keinen durchschlagenden Erfolg erzielen konnten. Constantin verband nun seine Rolle als oberster Gerichtsherr mit der Vorstellung einer besonderen Nähe des Kaisers zur göttlichen Weisheit, diskreditierte diejenigen, die diese Wahrheit angeblich nicht erkannten, und ging dazu über, die Einheit (lat. *unitas*) der Kirchen schlicht zu verordnen – aber auch dies führte nicht dazu, dass die christlichen Gegner der staatlicherseits anerkannten Bischöfe ihren Widerstand aufgaben.[4]

Im Gegenteil: Der Konflikt eskalierte so weit, dass Constantin schließlich um 317 zu einem zwar etablierten, in diesem Zusammenhang aber doch bemerkenswerten Instrument römischer Religionspolitik griff, um die Kircheneinheit endlich herbeizuführen – nämlich zum Instrument der Christenverfolgung, die er nun allerdings nicht pauschal gegen alle Anhänger der Religion, sondern gezielt gegen die aus staatlicher Sicht häretischen bzw. schismatischen Gruppierungen anwenden ließ. Für Karthago lässt sich sogar der (allerdings ebenfalls vergebliche) Versuch nachvollziehen, donatistische Gemeinden durch Einsatz militärischer Gewalt zu zerschlagen.[5]

Hoffnung auf Verständigung bestand damit nicht mehr: Aus Sicht der Verfolgten hatte sich Constantin als Verkörperung des Antichristen erwiesen. Christen, die aufgrund doktrinärer Abweichung von der „katholischen" Kirche durch den römischen Herrschaftsapparat verfolgt und unterdrückt wurden, stand mit apokalyptisch untermalten Invektiven dieser Art fortan ein mächtiges diskursives Mittel der religiösen Delegitimierung der christlichen Monarchie zur Verfügung. Der Märtyrerkult für die durch staatliche Repression und Verfolgung Getöteten schweißte die Gemeinden nur stärker zusammen. Donatus, der „Gegenbischof"

in Karthago, nach dem die Bewegung benannt wurde, stellte die Grundsatzfrage: „Was hat der Kaiser eigentlich mit der Kirche zu schaffen?"[6] Um 321 sah die constantinische Administration ein, dass sich die Kircheneinheit selbst mit Waffengewalt nicht erreichen ließ, und empfahl den „katholischen" Gemeinden Nordafrikas, das Schisma zu „erdulden" (lat. *tolerare*) und auf das göttliche Gericht zu hoffen.[7]

Theologe und Triumphator

Die etablierte Konfliktdynamik, die letztlich die gesamte Spätantike hindurch bestand, sollte dann wenige Jahre später auch den „arianischen Streit" im Osten des Reiches prägen, der sich in theologischer Hinsicht um das Verständnis der trinitarischen Natur Gottes drehte. Da beim Donatistenstreit bereits deutlich geworden war, dass sich eine innerchristliche Spaltung durch Gewaltanwendung nicht überwinden ließ, setzte die Administration beim arianischen Streit nun auf einen doktrinären Kompromiss. Vertreter der Konfliktparteien wurden 325 zu einer Synode in den kleinen Ort Nicäa etwa 100 km südöstlich von Konstantinopel geladen und einigten sich dort unter dem Eindruck des kaiserlichen Drängens (und der Androhung von Exil) auf eine theologische Kompromissformel, die als „Glaubensbekenntnis von Nicäa" in die Geschichte eingegangen ist.

Der Kaiser selbst bezog dabei theologisch Position, um das Ergebnis mit seiner eigenen doktrinären Festlegung abzusichern, und etablierte so ein über Jahrhunderte nachwirkendes Modell kaiserlicher Interventionen in dogmatische Streitfragen, wenn diese das Potenzial hatten, die Kircheneinheit zu bedrohen: Die Entwicklung des Verhältnisses von Staat und Kirche hing im Folgenden nicht unwesentlich davon ab, dass der Kaiser damit auch gezwungen war, die doktrinären Festlegungen plausibel zu begründen: durch Verweis auf göttliche Inspiration oder Offenbarung, eine besondere Frömmigkeit oder Demut, eine spezielle theologische Kompetenz oder extreme Askese. Jede Begründungsstrategie brachte wiederum eigene Gegendiskurse hervor.

Constantin I. – Gottesfreund und Antichrist

Die persönliche Intervention machte also den Imperator selbst zu einem wichtigen Akteur der christlichen Wahrheitssuche, dessen Bedeutung sich daraus ergab, dass der römische Kaiser über eine übergeordnete Jurisdiktionskompetenz, über die nötigen Zwangsmittel und eine grundsätzlich konkurrenzlos breite Palette an Handlungsoptionen verfügte. Indem der Kaiser scheinbar (oder: vorgeblich) seine eigene innere Haltung zum Maßstab der Religionspolitik erhob, stellte er seine Rolle als christlicher Kaiser quasi wie einen Blitzableiter für die Projektionen, Forderungen und Hoffnungen seiner Untertanen zur Verfügung. Dass ihm der arianische Streit nicht ähnlich katastrophal entglitt wie der Donatistenstreit, mag ein Indiz dafür sein, dass dieses bemerkenswerte Engagement des ersten christlichen Kaisers nicht gänzlich vergebens war.

Von all diesen religionspolitischen Entwicklungen musste ein zeitgenössischer Beobachter nicht unbedingt viel mitbekommen: Im Palast, der militärisch-zivilen Schaltzentrale des Reiches, und auch im Militär veränderten sich die etablierten Abläufe kaum, abgesehen vielleicht davon, dass bei öffentlichen Kulthandlungen der Anschein exklusiv paganer Religiosität vermieden wurde. Für Synoden wurden Foren der Begegnung sozusagen auf neutralem Boden geschaffen, also außerhalb des Palastes, und der Großteil der Interaktion verlief ohnehin schriftlich. An den wichtigsten Orten des biblischen Heilsgeschehens, vor allem in Jerusalem und in Rom, ließ Constantin Kirchen gründen und auch andernorts christliche Gemeinden unterstützen, ansonsten konnte das religiöse Leben in gewohnter Form weitgehend unbeeinträchtigt weitergehen. In der Interaktion zwischen der Zentrale und den Städten des Reiches tarierte die kaiserliche Verwaltung das Verhältnis von Kontinuität und Innovation sorgsam aus, wie etwa die auf Antrag der Stadt genehmigte Neueinrichtung einer Kaiserkultpriesterschaft im umbrischen Hispellum zeigt, der aber (mit einer reichlich unbestimmten Formulierung) *superstitio* (Aberglaube) untersagt wurde.[8]

Auch die Literatur der constantinischen Zeit bietet kein einheitliches Bild: Neben christlichen Autoren, die Invektiven gegen den Kaiser verfassten, gab es freilich auch Werke aus der Feder zeitgenössischer Beobachter, die den Kaiser als Paradigma christlicher Herrschaft zu etablieren suchten, wie der bereits genannte Rhetor Lactantius oder der Bischof Eusebius von Caesarea. Darüber hinaus war das Spektrum an Perspektiven auf Constantin überaus bunt: Der Senator Optatian zeigte in seinen Figurengedichten um 326, dass sich das Christusmonogramm problemlos mit der griechisch-römischen Götter- und Mythenwelt verweben ließ; Praxagoras von Athen, der selbst ein stolzer Vertreter der heidnischen Aristokratie war, ließ Constantin noch 330 in seiner zweibändigen Herrscherbiografie als strahlenden Triumphator erscheinen; und als Bischof Eusebius zum dreißigsten Herrschaftsjubiläum als Lobredner vor den Kaiser treten durfte, zitierte er nicht die Bibel, sondern Homer.[9] Es sollten noch einige Jahrzehnte vergehen, bis das (rechtgläubige) Christentum zur ausschließlichen Staatsreligion erklärt und Konstantinopel die Hauptstadt einer christlichen Monarchie geworden

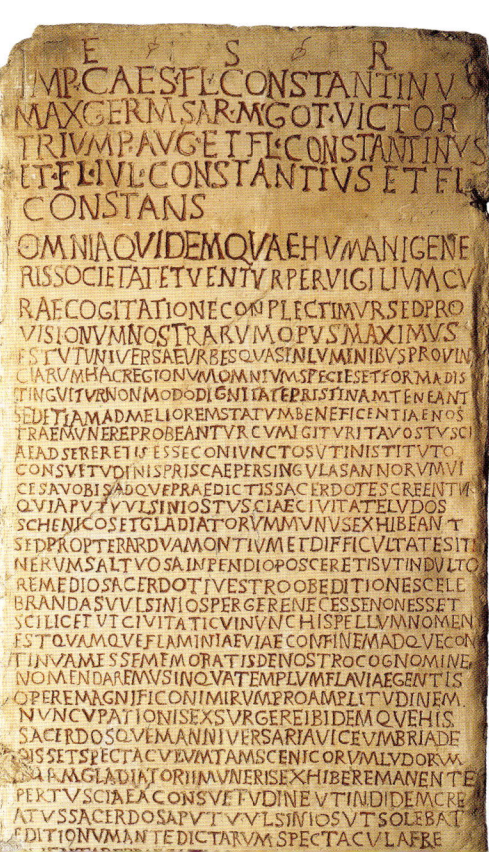

Abb. 5 Das kaiserliche Reskript an die Stadt Hispellum aus den letzten Regierungsjahren Constantins mit seinen Hinweisen zur Durchführung des Kaiserkultes hat sich in einer Inschrift enthalten, die sich im heutigen Spello in Umbrien befindet. Hier abgebildet ist eine Replik aus dem Museo Della Civiltà Romana, Rom.

war – die Grundlagen für diese Entwicklung aber hat die Zeit Constantins des Großen gelegt, und in ihr kommt dem Treffen von Mailand eine nicht geringe macht- und religionspolitische Bedeutung zu.

Rückblick und Ausblick

Constantin war also beides: Gottesfreund und Antichrist. Der Antagonismus ist paradigmatisch. Der hohe Grad an innerer Widersprüchlichkeit der constantinischen Monarchie liegt ganz wesentlich darin begründet, dass römisches Herrschaftshandeln im weiten Spektrum zwischen Zufällen, machtpolitischen Friktionen und strukturgeschichtlichen Beharrungskräften zu erheblichen Teilen auf Akzeptanzsicherung gegenüber den verschiedenen gesellschaftlichen Gruppierungen der Reichsbevölkerung bezogen und als gestalterisches Reagieren auf Belange unterschiedlichster Anforderungen der Beherrschten konzipiert war.

Kaiserliches Handeln war damit so vielfältig, wie es die kulturellen Voraussetzungen, die Hoffnungen, Ängste und Wünsche der Untertanen waren, die die gewaltigen Räume des Imperiums mit Leben füllten und sich mit ihren Appellen an den Kaiser oder an dessen Verwaltungsbeamte wandten – oder von diesen einfach nur in Ruhe gelassen werden wollten. Unter dieser Perspektive rücken auch in der Betrachtung einzelner Kaiser Reichs-, Monarchie- und Herrschergeschichte zusammen und können sinnvoll nur in ihrer wechselseitigen Bedingtheit verstanden werden.

Auch der Wandel vom paganen zum christlichen Imperium lässt sich somit nicht primär auf eine einheitliche politische Programmatik zurückführen – gar auf eine „Nacht der Entscheidung", wie sie in der Constantinforschung noch immer so gern beschworen wird. Die „constantinische Wende" muss dort verortet werden, wo sie sich vollzog: weder nachts in einem Zelt, als den Kaiser das Traumgesicht eines christlichen Siegeszeichens überkam, noch im Hirn eines machiavellistischen Taktierers, sondern im Spannungsfeld ergebnisoffener politisch-religiöser Aushandlungsprozesse, die sich innerhalb spezifischer politischer, sozialer und kultureller Rahmenbedingungen vollzogen – und die mit ihren wechselnden Arenen und Adressaten durchaus von Widersprüchen geprägt waren. Constantin scheint, aus dieser Warte betrachtet, ein ganz normaler (wenn auch vergleichsweise langlebiger) römischer Kaiser gewesen zu sein – nur eben in einer ziemlich spannenden und spannungsreichen Umbruchszeit. Rätselhaft bleibt er, solange man nach seiner inneren Haltung, seinen Motiven und seinem Glauben fragt. Wenn Constantin als „Sphinx der historischen Wissenschaft"[10] gilt, sagt dies also mehr über die historische Wissenschaft aus als über Constantin selbst.

CONSTANTIN I.

ca. 271–273
Geburt in Naissus

25. Juli 306
Erhebung zum Mitherrscher der Tetrarchie

307
Verleihung des Augustustitels durch Maximian

310
Bürgerkrieg gegen Maximian

28. Oktober 312
Sieg über Maxentius in der Schlacht an der Milvischen Brücke

313
Anerkennung des Christentums durch die „Mailänder Vereinbarung"

315
Einweihung des Constantinsbogens in Rom

316/317
Erster Bürgerkrieg gegen Licinius

324
Sieg über Licinius, Erringung der Alleinherrschaft

325
Konzil von Nicäa

325/326
Zwanzigstes Herrschaftsjubiläum und „Palastkrise"

330
Einweihung Konstantinopels

335/336
Dreißigstes Herrschaftsjubiläum

22. Mai 337
Constantin stirbt in Nikomedia, Beisetzung in Konstantinopel

Von Hans-Ulrich Wiemer

Mission Impossible

Constantius II. und die Einheit der Kirche

Constantius II. gilt in der antiken Überlieferung überwiegend als schlechter Kaiser: Heiden zeichnen ihn als Feind der Götter, der Bildung und der Städte, als schwach, misstrauisch und grausam. Christen, die der Glaubensformel von Nicäa anhängen, geißeln ihn als „Arianer", der die wahre Kirche verfolgt habe. In Wahrheit wandelte Constantius, der 337 gemeinsam mit seinen Brüdern Constantinus II. und Constans die Nachfolge Constantins des Großen antrat, zeitlebens in den Spuren seines Vaters. Er hielt sich volle 24 Jahre an der Macht, überstand mehrere Usurpationen, dehnte seine Herrschaft, die zunächst auf den Osten beschränkt war, auf das gesamte Imperium aus und sicherte die Reichsgrenzen am Euphrat und an der Donau. Dass sein Bemühen, die Christenheit durch eine allseits akzeptierte Glaubensformel zu einen, vergeblich bleiben sollte, entschied sich erst nach seinem Tod.

Als Constantin der Große am 22. Mai 337 starb, schien die Nachfolge geregelt. Nach seinem Tod sollten die drei Söhne aus der Ehe mit Fausta – Constantinus II. (geb. 316), Constantius II. (geb. 317) und Constans I. (geb. 320) – die Stellung eines Augustus erlangen, die bis dahin Constantin selbst vorbehalten gewesen war. Die Söhne der Fausta waren schon als Kinder zu Caesares erhoben worden: Constantius erlangte diese Stellung am 8. November 324 im Alter von sieben Jahren. Beim Tod Constantins hatte jeder der drei seinen eigenen Hof. Constantin hatte neben den Söhnen der Fausta auch zwei Neffen, Delmatius und Hannibalianus, an der Herrschaft beteiligt, den einen als Caesar, den anderen als *rex regum* (König der Könige). Alle fünf sollten einträchtig zusammenwirken, das war Constantins Wille.

Abb. 1 Kopf einer Kolossalstatue des Constantius II. (?) aus Bronze, Rom, Konservatorenpalast. Das Bildnis wird auch als Constantin der Große gedeutet, denn die Bildnisse des Sohns sind denen des Vaters sehr ähnlich.

Constantius II. und die Einheit der Kirche

Diese komplizierte Nachfolgeordnung bestand den Praxistest nicht. Kaum war Constantin tot, da wurden Delmatius und Hannibalianus umgebracht, ebenso ihre männliche Verwandtschaft; nur zwei Kinder, Gallus und Julian, überlebten. Die drei Söhne der Fausta stiegen zu Augusti auf und teilten die Herrschaftsbereiche unter sich auf: Constantinus erhielt Gallien, Britannien und Spanien, Constans Italien, Nordafrika und das Illyricum. An Constantius (Abb. 1) fielen der römische Orient einschließlich Ägyptens sowie Thrakien. Konstantinopel, die von Constantin 330 eingeweihte Kaiserstadt am Bosporos, gehörte von Anfang an zu seinem Herrschaftsbereich.

Siegreich im Bürgerkrieg

Constantius überlebte seine beiden Brüder um viele Jahre: Constantinus II. verlor sein Leben schon 340 im Kampf gegen Constans. Seitdem hatte das Imperium Romanum nur noch zwei Kaiser: Constans im Westen, Constantius im Osten. Die Beziehungen zwischen den beiden Kaisern waren von Spannungen nicht frei; vor allem in der Kirchenpolitik vertraten sie oftmals gegensätzliche Positionen. Gleichwohl wurde die Einheit des Reiches gewahrt; Gesetze wurden in beider Namen erlassen. Während Constans am Rhein die Franken bekämpfte, verteidigte Constantius die östliche Reichsgrenze gegen den persischen Großkönig Schapur (Šābuhr) II. Am 18. Januar 350 wurde diese Aufgabenteilung durch eine Usurpation über den Haufen geworfen, als in Autun der hohe Offizier Magnentius zum Augustus ausgerufen wurde. Constans ergriff die Flucht, wurde am Rand der Pyrenäen eingeholt und getötet.

Magnentius brachte rasch fast den gesamten Westen unter seine Herrschaft; auch der Senat in Rom erkannte ihn an, nachdem seine Soldaten Nepotianus, der dort für einige Wochen als Augustus geherrscht hatte, beseitigt hatten. Nur das Illyricum entzog sich der Kontrolle durch Magnentius. Dort nämlich hatte am 1. März 350 der altgediente Heermeister Vetranio in Sirmium ebenfalls zum Purpur gegriffen; er hoffte darauf, dass Constantius ihn anerkennen würde. Constantius war nicht bereit, den exklusiven Herrschaftsanspruch seiner Familie aufzugeben, ging aber besonnen zu Werke. Seinem Prätoriumspräfekten Philippus gelang es, Vetranio auf dem Verhandlungsweg zur Abdankung zu bewegen. Vetranio ließ sich am 25. Dezember in Sirmium vor seinen eigenen Truppen durch Constantius des Purpurs entkleiden und in den Ruhestand versetzen.

Die Inszenierung erreichte ihren Zweck: Die Donautruppen übertrugen ihre Loyalität auf den einzigen überlebenden Sohn Constantins. Bevor er von dort aus gegen Magnentius zog, erhob er am 15. März 351 seinen Neffen Gallus – einen der beiden Überlebenden des Massakers von 337 – zum Caesar für den Osten, der sich sogleich auf den Weg nach Antiochia machte. Dadurch war gewährleistet, dass die kaiserliche Familie an der Ostgrenze präsent blieb, während Constantius im Westen Krieg führte – er selbst hatte keinen Sohn. Der Kaiser schlug Magnentius am 28. September 351 in einer äußerst verlustreichen Schlacht bei Mursa (Osijek in Kroatien). Ein Jahr später nahm er Italien in Besitz; Magnentius und sein Mitkaiser Decentius flohen nach Gallien, wo sie im August 353 Selbstmord begingen. Constantius hob die Maßnahmen des Magnentius auf, erließ aber eine Amnestie für diejenigen, die ihm gedient hatten. Die Herrschaft der constantinischen Dynastie war gesichert. Am 8. November 353 konnte Constantius in Arles mit großem Pomp seine Tricennalien – das 30-jährige Jubiläum als Kaiser – feiern. In den Folgejahren residierte er meist in Mailand.

Riskante Experimente: Gallus und Julian als Caesares

Die Eintracht zwischen Constantius und seinem Caesar Gallus war von kurzer Dauer. Gallus gab sich mit der Stellung eines Untergebenen bald nicht mehr zufrieden; der Caesar geriet in den Verdacht, nach der Stellung eines Augustus zu streben. Constantius bestellte ihn zu einem Treffen nach Mailand. Gallus machte sich auf den Weg, wurde festgenommen und Ende 354 in Pola (Istrien) hingerichtet. Nun war Constantius zum ersten Mal Alleinherrscher über das gesamte Imperium Romanum. Aber dieser Zustand dauerte nur einige Monate. Am 11. August 355 wurde in Köln der fränkische Heermeister Silvanus zum Augustus erhoben. Auch wenn Silvanus schon 28 Tage später ermordet wurde, schien es ratsam, einer erneuten Usurpation durch die Präsenz eines Kaisers aus der eigenen Familie im Westen vorzubeugen. Die Kaiserin Eusebia setzte sich dafür ein, Julian – dem Halbbruder des Gallus – eine Chance zu geben. Julian wurde am 6. November 355 in Mailand zum Caesar ernannt und sogleich nach Gallien entsandt, wo er in den folgenden Jahren bedeutende militärische Erfolge errang. Wieder hatte Constantius eine Krise bewältigt. Im April 357 besuchte er zum ersten Mal Rom, wo er zwei Monate blieb. Der Kaiser bestaunte die Monumente der Ewigen Stadt, begegnete den Senatoren mit Respekt und veranstaltete Zirkusspiele. Den Altar der Victoria (Siegesgöttin) ließ er aus dem Senatsgebäude entfernen, besetzte aber vakante Priestertümer – und gewährte dem aus Rom verbannten Bischof Liberius die Rückkehr in seine Stadt. Im Circus Maximus ließ er einen ägyptischen Obelisken aufrichten, den Constantin für das neue Rom bestimmt hatte; er steht heute vor dem Lateran.

Im Herbst 357 verlagerte der Kaiser sein Operationsgebiet an die untere Donau; dort errang er im April 359 einen großen Sieg über die Limiganten (einen Teilstamm der Sarmaten). Als ihn die Nachricht erreichte, dass die Festung Amida (Diyarbakir) in persische Hand gefallen war, machte er sich auf den Weg an die Ostgrenze des Reiches. Den Winter 359 auf 360 verbrachte er in Konstantinopel, wo er am 3. Januar 360 sein neuntes Konsulat antrat.

Abb. 2 Silberschale von Kertsch: der Kaiser als siegreicher Krieger. Constantius II. mit Lanze zu Pferde, umringt von einem Leibwächter links (mit Lanze und Schild) und einer Siegesgöttin rechts (mit Kranz und Palmzweig); auf dem Schild das Christusmonogramm Chi-Rho. Der Kaiser trägt das Diadem, sein Kopf ist von einem Nimbus umgeben. Silberschalen wie diese wurden vom Kaiser an Würdenträger und Günstlinge verschenkt.

Außenpolitik und Kriegführung

Constantius war in all diesen Jahren ständig auf Reisen. Er wollte in der Nähe seiner Truppen sein, wenn sein Herrschaftsgebiet durch Angriffe äußerer oder innerer Feinde bedroht wurde, auch wenn er das militärische Kommando erfahrenen Generälen überließ. Eine feste Residenz hatte der Kaiser daher nicht, auch wenn er sich in Antiochia, Konstantinopel, Sirmium und Mailand besonders häufig und lange aufhielt. Ägypten oder Nordafrika hat er niemals aufgesucht. Constantius scheute das Risiko großer Offensiven. Seine Außenpolitik und Kriegführung waren von Vorsicht geprägt. Dieses Verhalten setzte ihn der Kritik aus, denn ein römischer Kaiser hatte immerfort siegreich zu sein **(Abb. 2)**. Constantius erlitt im Kampf gegen die Perser wiederholt Niederlagen – so 344 und 348 bei Singara; 359 gingen die Festungen Amida und Bezabde im nördlichen Irak verloren. Friedensverhandlungen führten zu keinem Ergebnis, die permanente Kriegführung verursachte hohe Kosten, aber die Reichsgrenze konnte gehalten werden. An der unteren Donau kämpfte der Kaiser erfolg-

Constantius II. und die Einheit der Kirche

reich gegen die Sarmaten. Die Rheingrenze wurde während der Usurpation des Magnentius durchbrochen, aber seit 356 durch den Caesar Julian wiederhergestellt.

Kaiser und Reich

Sooft Constantius auch Kriege führen mochte, der Alltag eines römischen Kaisers bestand zu einem erheblichen Teil darin, sich mit Anfragen und Gesuchen von Untergebenen und Untertanen zu beschäftigen. Seine Entscheidungen galten häufig nur für den Einzelfall; nicht selten aber formulierten sie eine allgemeine Regel. Von Constantius sind etwa 170 Erlasse überliefert, denen man ein Jahrhundert später Präzedenzcharakter zuerkannte; wir nennen sie Gesetze. Viele gehören in den Bereich der Rechtspflege und des Strafrechts und wiederholen lediglich, was Constantin verfügt hatte. Ein Dauerproblem war die Frage, wer Anspruch auf die Befreiung von Leistungspflichten gegenüber seiner Heimatstadt hatte, denn diese Privilegien gingen zulasten der Städte. Die kaiserliche Verwaltung hatte sich seit Constantin beträchtlich vergrößert; dadurch wuchs die Zahl der tatsächlich oder vermeintlich Anspruchsberechtigten. Zudem hatte Constantin Kirchen und Kleriker großzügig mit Privilegien beschenkt. Constantius schränkte diese Privilegien wieder ein. Der Kaiser setzte die Prägung der von Constantin eingeführten Goldmünze (*solidus*) fort, ließ aber – als ‚Kleingeld' für Alltagsgeschäfte – auch Bronzemünzen in verschiedenen Nominalen prägen.

Ein spätrömischer Kaiser brauchte die Armee, aber er war gut beraten, sich auch um die Senatoren zu bemühen. Constantin hatte den Senatoren Ämter geöffnet, die ihnen vorher versperrt gewesen waren, zugleich aber den Senatorenstand stark vergrößert, indem er Personen, denen er hohe Ämter mit wichtigen Funktionen übertragen wollte, den Rang eines Senators verlieh. Zu diesen Männern gehörte auch jener Philippus, der für Constantius mit Vetranio verhandelt hatte; nach dem Sieg über Magnentius ließ der Kaiser zu Ehren des Philippus in allen Städten seines Reiches vergoldete Statuen errichten. Philippus leitete viele Jahre die Prätoriumspräfektur des Orients, eine Art Ministerium, das innerhalb dieses Reichsteils für die Versorgung von Hof, Heer und Beamten zuständig war.

Konstantinopel besaß zunächst lediglich einen gewöhnlichen Stadtrat, der mit dem Senat in Rom wenig gemein hatte. Constantius machte aus dem Stadtrat von Konstantinopel einen zweiten Senat. Bald nach dem Sieg von Mursa (351) adressierte der Kaiser die Senatoren Konstantinopels in einer Rede als *patres conscripti* – diese Anrede war bis dahin den Senatoren von Rom vorbehalten gewesen. Der griechische Rhetor und Philosoph Themistius wurde 355 von Constantius in den Senat von Konstantinopel aufgenommen; er hielt in den Jahren darauf mehrere Reden, die den Kaiser zum Gegenstand und Adressaten haben. Bald darauf übernahm Themistius die Aufgabe, neue Mitglieder für den Senat Konstantinopels zu rekrutieren; er rühmte sich, die Anzahl von 300 auf 2000 erhöht zu haben. Seit 360 hatte die Stadt dann auch einen Stadtpräfekten wie das Rom am Tiber. Nun gab es zwei Senate im Imperium Romanum; Senatoren mussten sich entscheiden, welchem von beiden sie angehören wollten **(Abb. 3)**.

Das Wachstum des Senats in Konstantinopel ging zulasten anderer Städte in den östlichen Pro-

Abb. 3 Altes und neues Rom: Solidus, geprägt 353 anlässlich der Tricennalien des Constantius II. in Konstantinopel. Vs. Constantius mit Helm, Lanze und Schild, Rs. Legende: Gloria Romanorum (Ruhm der Römer), Roma nach rechts, auf der Gegenseite Constantinopolis nach links, dazwischen Schild mit der Aufschrift VOT XXX MVLT XXXX.

vinzen, die dadurch eine große Anzahl wohlhabender Mitbürger verloren. Zeitgenossen wie der Rhetor Libanios, die sich ihrer Heimatstadt und deren Führungsschicht eng verbunden fühlten, haben den Aufstieg Konstantinopels darum eifersüchtig beobachtet. Tatsächlich förderte Constantius diese Stadt mehr als jede andere; er errichtete dort zahlreiche Bauten, darunter die Apostelkirche neben dem Mausoleum seines Vaters, eine von Kolonnaden gesäumte Straße, Thermen, eine Wasserleitung, Getreidespeicher, aber auch eine Bibliothek. Zudem ließ er die Reliquien der Apostel Timotheos (357) sowie Andreas und Lukas (359) nach Konstantinopel überführen, das nun auch in dieser Hinsicht mit Rom gleichziehen sollte. Aber Konstantinopel war nicht die einzige Stadt, die in den Genuss kaiserlicher Wohltaten kam. Auch in den syrischen Städten Antiochia und Laodicea etwa ließ der Kaiser Bauten errichten; beide nahmen daraufhin den Namen Constantia an.

Heiden und Juden

Constantin hatte die Christen in aufsehenerregender Weise gefördert: Er hatte prächtige Kirchen gestiftet, den Bischöfen Mittel für die Armenfürsorge zugewiesen und ihren Klerus privilegiert. Die Heiligtümer der alten Götter hingegen beraubte er vielerorts ihrer Schätze, vereinzelt ließ er auch Heiligtümer schließen oder gar zerstören. Constantin hatte kein allgemeines Verbot der traditionellen Opferriten erlassen und seine Gunst auch Heiden gewährt, die in Armee und Senat noch immer die Mehrheit bildeten. Constantius setzte diesen Kurs fort. Er bevorzugte Christen, betraute aber auch Heiden mit hohen Ämtern. Dem Priester des Apollon von Delphi sicherte sein Prätoriumspräfekt Leontius zwischen 342 und 344 brieflich Schutz zu unter Berufung auf Constantin und auf dessen Söhne. Nach dem Sieg über Magnentius, der die Heiden Roms umworben hatte, änderte der Kaiser diesen Kurs. 356 verfügte er, jedes Opfer mit dem Tode zu bestrafen, und ordnete an, alle Tempel zu schließen. Die öffentliche Verehrung der Götter war nun ein Kapitalverbrechen. Ob das Verbot befolgt wurde, hing von den Verhältnissen vor

> **CONSTANTIUS FÖRDERT KONSTANTINOPEL NOCH MEHR ALS CONSTANTIN**
>
> Die wichtigste deiner Wohltaten nun besteht darin, daß du, als beinahe alle Menschen glaubten, mit dem Tod deines Vaters finde die glückliche Zeit der Stadt ein Ende, dies in keiner Weise gestattet hast und sie nicht den Wandel hast spüren lassen, vielmehr hast du ihr, wenn denn die Wahrheit gesagt werden darf, den umfassenden Eindruck einer Besserung verschafft. Du hast nämlich das väterliche Kapital nicht nur unversehrt bewahrt, sondern hast es vervielfältigt und vermehrt.
>
> (Themistios Oratio 3,13. Übs. W. Portmann)

Ort ab; die Zerstörung von Tempeln blieb eine seltene Ausnahme, doch wurden die traditionellen Kulte aus dem öffentlichen Raum ins Private zurückgedrängt. Heiden, die öffentlich opferten, waren angreifbar und durften nicht mehr hoffen, dass der Kaiser sie oder ihre Heiligtümer schützen würde. Die Rechtslage der Juden änderte sich dagegen nicht; Constantius bestätigte die Privilegien, die ihnen seit Caesar und Augustus erteilt worden waren. Auch darin folgte er seinem Vater.

Der Kaiser und die Kirche

Constantius wurde als Christ erzogen, ließ sich jedoch – wie Constantin – erst auf dem Sterbebett taufen; er durfte daher die Kommunion nicht empfangen. Er selbst verstand sich aber als Mitglied der Kirche und führte seine Siege auf den göttlichen Beistand zurück. Er hielt die Privilegien, die sein Vater dem christlichen Klerus gewährt hatte, grundsätzlich aufrecht; er vollendete die Kirchen, die dieser gestiftet hatte, und ließ neue erbauen. Constantius hielt es wie sein Vater für eine Aufgabe des Kaisers, die Einheit aller Christen herzustellen, und setzte zu diesem Zweck dieselben Mittel ein: Er versammelte die Bischöfe seines Reiches zu Synoden, die über strittige Glaubensfragen entscheiden sollten, betrachtete die dort beschlossenen Glaubensformeln als orthodox und verbannte Bischöfe, die auf solchen Synoden exkommuniziert wurden, aus ihrer Provinz. Wie sein Vater glaubte

Constantius II. und die Einheit der Kirche

er an die Möglichkeit von Kompromissen in Glaubensfragen und verkannte dabei die polyzentrische Struktur der Kirche, die immer neue Konflikte erzeugte und Konsens nur durch Exkommunikation der Andersdenkenden herstellen konnte. Dabei maßte der Kaiser sich durchaus nicht an, in Glaubensfragen selbst zu entscheiden. Constantius folgte dem Rat von Bischöfen, denen er vertraute, änderte freilich mehrfach seine Meinung. Dass die Konzilien, die in seinem Herrschaftsbereich zusammentraten, später einmal allesamt als häretisch gelten würden, konnte er nicht voraussehen.

Streben nach Einheit im Glauben

Das Ziel schien im Laufe seiner langen Regierung mehrfach zum Greifen nahe. Zu Epiphanias 341 nahm er in Antiochia an einer Synode orientalischer Bischöfe teil, welche die unter Constantin beschlossene Absetzung des Athanasius – eines fanatischen Anhängers des Nicänischen Symbols – als Bischof von Alexandria bestätigte. Die Synode ist als Kirchweihsynode von Antiochia bekannt, weil der Kaiser damals die große Kirche einweihte, die sein Vater gestiftet hatte. Athanasius floh in den Reichsteil des Constans und fand beim Bischof von Rom und anderen Unterstützung. Ein Reichskonzil sollte die Differenzen zwischen Ost und West ausräumen. Es wurde für 343 nach Serdica (Sofia) einberufen. Doch das Reichskonzil wurde zu einem Desaster. Da die Bischöfe des Westens Athanasius wieder aufnahmen, bevor die Bischöfe des Ostens überhaupt eingetroffen waren, lehnten diese es ab, mit ihren Amtsbrüdern zu tagen, bevor dieser Beschluss wieder rückgängig gemacht wurde. Das Ergebnis war, dass die beiden Synoden sich gegenseitig exkommunizierten. Constans stellte sich hinter die Bischöfe seines Reichsteils, Constantius hinter die Bischöfe des seinen. Gegenüber Athanasius versuchte Constantius es mit Milde; er ließ ihn 346 in sein Bistum, das ägyptische Alexandria, zurückkehren, verbannte ihn aber erneut, nachdem mehrere Synoden ihn verurteilt hatten. Nach dem Tod des Constans verloren die Anhänger des Athanasius ihren Rückhalt bei der kaiserlichen Gewalt. Eine Einigung schien nun möglich, vorausgesetzt, man fand eine Formel, die für alle Gutwilligen akzeptabel war.

359 berief Constantius die Bischöfe seines Reiches zu zwei Synoden, die diesen Kompromiss aushandeln sollten: die Bischöfe des Westens (etwa 400) nach Rimini, diejenigen des Ostens (etwa 160) nach Seleucia (in Isaurien). Das Ergebnis stimmte den Kaiser hoffnungsvoll; er lud zu einem Reichskonzil nach Konstantinopel ein. Dort einigte man sich tatsächlich auf eine Glaubensformel, die an die Stelle des Nicänischen Symbols treten sollte: Das Verhältnis zwischen Gottvater und Gottsohn sollte nicht wie in Nicäa als „wesensgleich" (griech. *homousios*), sondern als „gleich (griech. *homoios*) gemäß den (heiligen) Schriften" bezeichnet werden. Am 15. Februar 360 konnte der Kaiser im Beisein der Synodalen die Sophienkirche einweihen, die Constantin als Hauptkirche Konstantinopels gestiftet hatte. Als die Synode auseinandertrat, durfte Constantius glauben, dass er erreicht hatte, wonach er so lange gestrebt hatte: die Einheit der Kirche.

Abb. 4 Panzerbüste des Julian mit Diadem. Auf der Rückseite steht ein Soldat in Vorderansicht, den Kopf nach links gewandt. Er trägt in seiner linken Hand ein Siegesmal (*tropaeum*) und zieht mit seiner rechten Hand einen knienden Gefangenen.

Erneuter Bürgerkrieg und früher Tod

Die Freude dauerte nicht lange. Anfang März 360 erhielt der Kaiser die Nachricht, dass Schapur II. erneut in Mesopotamien eingefallen war. Nahezu gleichzeitig erfuhr er, dass Julian sich in Paris von seinen Truppen hatte zum Augustus ausrufen lassen. Mit einem Bürgerkrieg musste gerechnet werden. Für Constantius besaß die Abwehr der persischen Offensive Priorität; er machte sich auf den Weg nach Antiochia. Auf dem Weg dorthin erreichte ihn eine Gesandtschaft Julians, die darum bat, er möge Julian als Augustus nachträglich anerkennen. Constantius lehnte dieses Ansinnen ab, war jedoch zu Verhandlungen bereit und schickte seinerseits eine Gesandtschaft nach Paris. Obwohl die Verhandlungen mit Julian ergebnislos blieben, setzte Constantius seinen Weg unbeirrt fort; Ende Dezember zog er in Antiochia ein. Dort heiratete er im Frühjahr 361 zum dritten Mal, nachdem seine zweite Frau Eusebia kinderlos verstorben war. Die Hoffnung, dass dem Kaiser nun endlich ein Thronerbe geboren werden würde, bekam neue Nahrung, als Faustina schon bald nach der Heirat schwanger wurde. Noch immer versuchte der Kaiser, den Bürgerkrieg zu vermeiden; Anfang Mai zog er gegen die Perser. Dann erreichte ihn die Nachricht, dass Julian sein Heer auf den Balkan geführt hatte und bis zum Schipkapass (in Bulgarien) vorgedrungen war.

Constantius musste einsehen, dass der Bürgerkrieg bereits begonnen hatte; er führte sein Heer zurück nach Antiochia und machte sich auf den Weg nach Westen. Viele Zeitgenossen rechneten damit, dass Constantius auch diesmal siegreich bleiben würde. Nicht nur der römische Orient, auch Nordafrika und Italien standen loyal zu ihm. Der Senat von Rom forderte Julian auf, sich dem Augustus unterzuordnen, dem er seine Stellung als Caesar verdanke.

Unterwegs befiel Constantius ein Fieber, das sich rasch verschlimmerte. Am 3. November 361 starb er im Alter von 44 Jahren, nachdem er 24 Jahre als Kaiser regiert hatte. Kurz zuvor hatte er die Taufe empfangen. Die Umgebung des Kaisers wollte den Bürgerkrieg vermeiden; darum verkündete man, der tote Kaiser habe Julian als seinen Nachfolger anerkannt. Der Usurpator wurde dadurch zum legitimen Augustus, obwohl er seit Kurzem öffentlich die alten Götter verehrte. Er zog am 11. Dezember in Konstantinopel ein und ließ die Asche seines Onkels im Mausoleum der Apostelkirche beisetzen. Zu seinen ersten Maßnahmen gehörte die Restitution konfiszierter Tempelgüter. Den von Constantius verbannten Bischöfen, darunter auch Athanasius, gestattete der Kaiser die Rückkehr in ihre Gemeinden. Der Streit um die richtige Lehre von Gott Vater und seinem Sohn wurde durch die gemeinsame Frontstellung gegen die „heidnische Reformation" Julians zunächst verdeckt, brach aber nach dessen frühem Tod am 26. Juni 363 von Neuem aus.

CONSTANTIUS II.

7. Aug. 317
Geburt in Sirmium (Illyricum)

8. Nov. 324
Erhebung zum Caesar in Nicomedia (Bithynien)

9. Sept. 337
Erhebung zum Augustus für den Orient (einschließlich Ägypten) und Thrakien

18. Jan. 350
Magnentius in Autun zum Augustus erhoben

1. Mai 350
Vetranio in Sirmium zum Augustus erhoben

3. Juni 350
Nepotianus in Rom zum Augustus erhoben

25. Dezember 350
Abdankung des Vetranio

15. März 351
Gallus in Sirmium zum Caesar erhoben

28. Sept. 351
Sieg über Magnentius bei Mursa

8. Nov. 353
Feier der Tricennalien in Arles

Ende 354
Hinrichtung des Gallus in Pola

11. Aug.–7. Sept. 355
Usurpation des Silvanus in Köln

6. Nov. 355
Julian in Mailand zum Caesar erhoben

28. April–29. Mai 357
Rom-Besuch

Anfang 360
Julian in Paris zum Augustus proklamiert

3. November 361
Tod in Mopsucrenae (Kilikien)

Von Hartmut Leppin

Die Folgen eines christlichen Kaisertums

Theodosius I. der Große – Demut und Machtwille

Theodosius I. der Große demonstrierte die neuen Möglichkeiten eines christlichen Herrschertums. Denn er war bereit, Buße zu tun, nachdem unter seiner Verantwortung in Thessalonica ein grauenvolles Blutbad stattgefunden hatte. Indem er so Demut zeigte, etablierte er eine neue Herrschertugend, die es erlaubte, Fehler einzugestehen. Er förderte das Christentum, verzichtete aber auf radikale Maßnahmen. Überhaupt war seine Politik auf Ausgleich und pragmatische Lösungen bedacht, indem er die ins Reich eingedrungenen Westgoten dauerhaft ansiedelte und Frieden mit den Persern schloss. Auch mit Bürgerkriegsgegnern verfuhr er milde. Als er starb, war die Nachfolge verlässlich geregelt. Doch konnte dies nicht verhindern, dass strukturelle Probleme das Römische Reich im 5. Jh. in schwere Krisen stürzten, die zum Ende des Weströmischen Reiches führen sollten.

Es war keine gute Zeit für Rom, als Theodosius I. am 19. Januar 379 im Feld zum Kaiser des östlichen römischen Teilreichs ausgerufen wurde. 378 hatte sein Vorgänger Valens (364–375) bei Adrianopel, dem heutigen Edirne in der europäischen Türkei, Schlacht und Leben verloren. Seine Gegner, gemeinhin als Westgoten bezeichnet, hatten erst 376 die Donau überquert, mit dem Einverständnis römischer Behörden, die sich frische Soldaten erhofften. Doch Chaos, Unvermögen und Korruption verhinderten eine angemessene Versorgung der Eingewanderten, die sich wehrten und das Land verwüsteten.

Abb. 1 **Das Missorium**, vermutlich ein kaiserliches Geschenk an einen hohen Funktionär, stellt Theodosius I. und, deutlich kleiner, zwei Mitregenten dar. Es sollte offenbar verdeutlichen, dass die Herrschaft in sicheren Händen lag. Die Motivik steht in klassischen Traditionen und war für strenge Christen anstößig, widerstrebte dem Kaiser aber offenbar nicht.

Theodosius I. der Große – Demut und Machtwille

Abb. 2 Wagenrennen auf dem Sockel des Theodosius-Obelisken. Wagenrennen waren kein rein sportliches Event, sondern inszenierten den Erfolg des Kaisers genauso wie die Errichtung des Obelisken, die auf einem anderen Teil des Sockels dargestellt ist.

Die Schlacht machte die Lage noch schlimmer, nur die ummauerten Städte blieben sicher.

Unsicher war auch die Lage an der Ostgrenze, wo das Römische und das Persische Reich einander belauerten, um den Einfluss in Armenien rangen, bisweilen auch kriegerische Auseinandersetzungen führten. Valens hatte zudem kirchenpolitischen Streit hinterlassen; in vielen Bistümern rivalisierten mehrere Prätendenten. Den Versuch, alle über ein Konzil zu einen, hatte er nie unternommen.

Stabiler war die Lage im Westen. Wenige Jahrzehnte später sollte er zum Opfer germanischer Invasionen werden, hatte zuvor auch darunter gelitten, doch dem Bruder des Valens, Valentinian I. (364–375), war es gelungen, die Grenzen zu stabilisieren. Nach seinem plötzlichen Tod behielt sein 16-jähriger Sohn und Mitregent Gratian (367–383) das Amt, doch hatten Truppen an der Donau auch seinen Bruder, ein Kleinkind, zum Kaiser ausgerufen: Valentinian II. (375–392). Das ist bezeichnend für die Bedeutung des dynastischen Prinzips in der römischen Armee.

Umso bemerkenswerter ist, dass mit Theodosius jemand zum Herrscher erhoben wurde, der mit dem kaiserlichen Hause nicht verwandt war. Die familiäre Vergangenheit sprach sogar gegen ihn: Sein gleichnamiger Vater hatte sich zwar als Heermeister im Dienste Valentinians an verschiedenen Kriegsschauplätzen hervorgetan, verlor aber unter ungeklärten Umständen die Gunst der Kaiser und wurde 376 hingerichtet. Wie es üblich war, hatte der jüngere Theodosius, der 347 in Cauca auf der Iberischen Halbinsel geboren war, seinen Vater auf seinen Feldzügen begleitet; später hatte er sich eigenständig bei einem Kommando im Donauraum bewährt. Nach dem Tod seines Vaters ging er in seine Heimat zurück. In der Krise aber scheint man ihn wegen seiner regionalen Erfahrung zurückgerufen zu haben; offenbar bewährte er sich erneut. Gratian scheint seiner Erhebung zum Kaiser zugestimmt zu haben, die Truppen riefen ihn jedenfalls zum Herrscher aus, und bei ihm lag jetzt die Verantwortung für den gesamten Osten.

Theodosius war somit ein legitimer Herrscher und offenbar ein guter Militär – aber Regierungserfahrung besaß er nicht. Vor allem war er geprägt durch den Westen und im Osten des Reiches wenig vernetzt. Was wusste er über die komplexen Strukturen großer, immens reicher Städte wie Konstantinopel, Antiochia oder Alexandria? Wen kannte er aus den führenden Familien des Ostens? Was verstand er von den Unterschieden zwischen den Konfessionen der Homöer, Homöusianer, Homoousianer und so weiter, die noch modernen Theologen Kopfzerbrechen bereiten? Vermutlich wenig, auch wenn er sich offenbar wie viele ehrgeizige Angehörige der damaligen Eliten dem Christentum verbunden fühlte. Sein Unwissen konnte auch ein Vorteil sein, denn er war dadurch nicht festgelegt, und zunächst stand Drängenderes an als die Regelung theologischer Fragen.

Einstweilen musste Theodosius die Kämpfe im Donauraum fortsetzen, wo er mit wechselhaftem Erfolg agierte. Auch ereilte ihn eine Krankheit, die ihn dazu brachte, sich taufen zu lassen. In dieser Zeit empfingen Menschen mit weltlichen Ämtern die Taufe gewöhnlich erst auf dem Sterbebett, denn man erwartete von ihr eine vollständige Reinigung von den Sünden, die mit der Amtsausübung zwangsläufig einhergingen. Offenbar fühlte Theodosius sich todkrank, als er getauft wurde. Die Taufe spendete Acholios, Bischof von Thessalonica, das günstig zur Donaufront gelegen war. Dieser war Nicäner, ein Anhänger des Konzils von Nicäa 325, das erklärt hatte, Jesus sei mit Gott wesensgleich (griech. homooúsios). Damit hatte Theodosius sich in den kirchenpolitischen Auseinandersetzungen positioniert, anders als sein Vorgänger, der als sogenannter Homöer (von griech. hómoios: gleich, ähnlich) dem Konzil nicht anhing, und gegen die Mehrheit in seinem Reichsteil – ob Theodosius um die Konsequenzen wusste, steht dahin. Vielleicht hatte er in seiner Todesnot einfach den nächstbesten Bischof gewählt. Kirchengeschichtlich sollte der Schritt folgenschwer sein.

Stabilisierung des Ostens

Der Getaufte genas – was ihn in seinem Glauben bestärkt haben dürfte. Eine gewisse militärische Stabilisierung erreichte er und konnte es sich leisten, am 24. November 380 in Konstantinopel einzuziehen, wo man ungeduldig auf ihn wartete, voll Unsicherheit, denn dieser Militär aus dem fernen Westen war ja ein unbeschriebenes Blatt für die überwiegend nichtmilitärischen Eliten der Stadt. Der Stimmung gab der Redner Themistius lebhaft Ausdruck, der namens des Senats dem Kaiser entgegengereist war.[1] Bald sollte der Neuankömmling sich als ein Freund der Stadt erweisen. Doch zunächst beschäftigte ihn der innerchristliche Streit. Am 27. Februar 380 erging sein Edikt, mit dem er sich öffentlich zum nicänischen Glauben bekannte, nach den ersten Wörtern oft als *Cunctos populos* (Alle Völker) bezeichnet.[2] Als der Kaiser daher für 381 ein Konzil nach Konstantinopel einberief, war klar, worauf er hinauswollte. Die Konzilsväter debattieren lange und bisweilen kontrovers, bestätigten aber die Beschlüsse von Nicäa, wenn auch mit Ergänzungen. Später sollte die Versammlung als

Abb. 3 Theodosius I. nutzte den Sockel des Theodosius-Obelisken, um seine Familie zu zeigen und damit die dynastische Kontinuität. Um die Familie herum erkennt man Leibwachen; auf einem Labarum (Feldzeichen) erscheint das Chi-Rho, der einzige deutliche Hinweis auf das Christentum am Obelisken. Im unteren Register stehen Angehörige der Eliten, die jubeln. Im oberen dürfte, übergroß, Theodosius dargestellt sein, neben ihm unten wohl seine beiden Söhne. Doch ist die Benennung der Personen strittig.

Theodosius I. der Große – Demut und Machtwille

das 2. Ökumenische Konzil gezählt werden, doch bedurfte es weiterer Treffen und einer massiven kaiserlichen Intervention, um den Beschlüssen zum Durchbruch zu verhelfen. Dann aber war der Erfolg nachhaltig, auch wenn Theodosius von systematischen Verfolgungen der Homöer absah – etliche Germanen blieben hingegen dem Homöertum treu, auch das eine folgenschwere Entwicklung, da so deren Integration erschwert wurde.

Allmählich gelang es auch, die Eindringlinge unter Kontrolle zu bekommen. Am Ende stand indes kein Sieg über die Goten, sondern, am 3. Oktober 382, ein Friedensschluss. Die Römer überließen ihnen Land auf Reichsboden; sie konnten sich ansiedeln und relativ autonom agieren, waren aber zur Heerfolge verpflichtet, wenngleich unter eigenen Kommandeuren. Derartige Ansiedlungsmaßnahmen hatte es schon vorher gegeben, doch jetzt konzedierte Rom eine größere Unabhängigkeit als je zuvor, eine riskante Entscheidung. Auf der einen Seite benötigte der Kaiser dringend Soldaten, auf der anderen konnten diese sich verselbstständigen, was später geschehen sollte. Erneut hatte Theodosius eine pragmatisch sinnvolle, aber folgenschwere Entscheidung getroffen. Einstweilen und für die nächste Zeit aber herrschte im Balkanraum Ruhe, kein geringer Erfolg.

Seit 380 hielt Theodosius sich zunächst weitgehend in Konstantinopel auf und baute die Stadt zu einem zweiten Rom aus. Erst durch ihn und mit seinen Nachfolgern wurde sie zur dauerhaften Residenz der Kaiser im Osten. Das stadtrömische Traiansforum erhielt ein Gegenstück im Osten – es war trotz der wachsenden Stärke des Christentums ein Platz ohne Kirche. Auch den Hippodrom, direkt beim Kaiserpalast gelegen, wertete Theodosius auf. Bis heute steht dort der Theodosius-Obelisk (Abb. 2–4), eine großartige Inszenierung des Herrschertums: Der Obelisk stammt aus Ägypten und war im 15. Jh. v. Chr. von Pharao Thutmosis III. errichtet worden. Schon seine Überführung nach Konstantinopel bildete eine Herausforderung, seine Aufrichtung erst recht. Doch auch diese technische Leistung brachte Ruhm. Sie wird mit anderen Erzählungen des Erfolges auf dem unteren Teil des Sockels dargestellt. Darüber, deutlich größer, erscheinen auf vier Seiten Teile der Zuschauerschaft, nämlich das kaiserliche Haus und sein

Abb. 4 Der Theodosius-Obelisk stand auf einem Sockel, dessen vier Seiten Szenen aus dem Hippodrom zeigen (s. Abb. 2 und 3). Damit demonstrierte Theodosius, in welch lange Traditionen monarchischer Herrschaft er sich einschreiben wollte.

Umfeld, die in ihrer Pracht und ihrem Erfolg dargestellt sind. Wer im Hippodrom saß, erlebte nicht nur reich ausgestaltete Wettkämpfe, sondern erblickte auch das unbesiegbare kaiserliche Haus, im Stein, oft auch in Wirklichkeit.

Theodosius und seine Regierung erließen auch eine Vielzahl gesetzlicher Regelungen für die unterschiedlichsten Probleme wie Korruption, Kindesaussetzung usw. und schufen pragmatische Lösungen. Allerdings mutete er den Untertanen auch Härten zu, durch die strenge Rekrutierung von Soldaten und durch finanziellen Druck. Die Wut über eine Steuererhöhung entlud sich 387 in Antiochia, dem heutigen Antakya, bei einem Aufstand, der auch kaiserliche Statuen in Mitleidenschaft zog. Zunächst verfügte Theodosius eine strenge Strafe für die Stadt, doch der Bischof Flavian reiste zum Kaiser und konnte sie abwenden, auch dies ein Zeichen für das Erstarken des christlichen Einflusses.

Wenngleich die Gesetzgebung vornehmlich pragmatisch war, berücksichtigte sie durchaus gewisse christliche Anliegen, etwa mit strengeren Regelungen zu Eherecht, zur Heiligung des Sonntags, aber auch bei der Privilegierung von Klerikern, wobei der Missbrauch dieser Privilegien ebenso die Aufmerksamkeit des Kaisers auf sich zog, auch das wieder ganz pragmatisch.

Hatte die Aufmerksamkeit des Theodosius anfänglich vor allem innerchristlichen Gegnern gegolten, so wandte er sich später der Bekämpfung des Heidentums zu. Zunächst schuf er rechtliche Nachteile für Apostaten, also für Menschen, die vom Christentum abgefallen waren, doch 391 und 392 wurden mehrere dezidiert antiheidnische Gesetze erlassen. Sie untersagten Opfer, dann sogar den Besuch von Heiligtümern, ja den ehrfürchtigen Blick nach oben.[3] Allerdings konnten weiterhin Heiden hohe Ämter erlangen; der Redner und Philosoph Themistius, dem die Erziehung des Arcadius anvertraut wurde, zählte ebenfalls zu den Heiden. Das Signal war deutlich: Theodosius bekämpfte keine Menschen, sondern Praktiken. Es gibt auch Hinweise, dass die Gesetze nicht in voller Strenge durchgesetzt wurden.

Abb. 5 Die Münze zeigt die Kaiserin Aelia Flacilla in ihrem Ornat und mit dem Titel AVG(usta), der eine besondere Auszeichnung darstellte. Auf der Rückseite ist eine Victoria mit einem Schild zu erkennen, den ein Christogramm beherrscht. Die Umschrift SALVS REI PVBLICAE bezeichnet das Wohlergehen des Staates, das besonders durch die Rolle Flacillas als Mutter gesichert ist, aber auch durch das Christentum.

Daher wäre es falsch, alle Tempelzerstörungen, die sich auf die Zeit um 400 datieren lassen, auf Theodosius zurückzuführen. Doch die kaiserliche Gesetzgebung begünstigte Übergriffe gegen Heiden, und der Herrscher behandelte Täter nachsichtig. Keineswegs erstarben alle Traditionen, die mit dem Heidentum verbunden waren, auf einen

AUGUSTINUS STILISIERT THEODOSIUS ZUM INBEGRIFF DES FROMMEN HERRSCHERS

Was aber war bewundernswerter als seine fromme Demut? Er wurde mittels der Umtriebe einiger Männer seiner Umgebung dazu gezwungen, über das schreckliche Verbrechen der Thessalonicenser eine Strafe zu verhängen, nachdem er schon aufgrund der Intervention von Bischöfen Gnade verheißen hatte. Und dann tat er, durch die Kirchendisziplin zur Ordnung gerufen, in der Weise Buße, dass das Volk, im Gebet für ihn, beim Anblick der hingestreckten kaiserlichen Erhabenheit mehr weinte, als es sie fürchtete, da sie durch Sünde erzürnt war.

(De civitate Dei 5,26)

Theodosius I. der Große – Demut und Machtwille

Schlag. Die Olympischen Spiele etwa gingen weiter. Allerdings war die Lage von Ort zu Ort verschieden. So gab es in Syrien einen hohen Beamten, der besonders aggressiv vorging, wogegen der prononciert heidnische Redner Libanius protestierte, in Gestalt einer Rede, die er an den Kaiser gesandt haben will, die aber keine Wirkung hinterließ.[4]

Weithin Aufmerksamkeit erregte die Zerstörung des hochberühmten Serapisheiligtums in Alexandria um 391 auf Initiative eines Bischofs, die Straßenkämpfe auslöste, aber ungeahndet blieb. Der wenige Jahre später schreibende Kirchenhistoriker Rufinus stellt dies als den Höhepunkt des Kampfes gegen das Heidentum dar.[5] Für aktive Heiden wurde das Leben prekärer, es trafen sie auch manche schmerzhaften zivilrechtlichen Einschränkungen etwa beim Erbrecht, aber eine systematische Verfolgung fand nicht statt.

Außenpolitisch setzte Theodosius auf Konsolidierung. So schloss er 386/387 Frieden mit den Persern und vereinbarte eine Teilung Armeniens, bei der Rom den geringeren Anteil erhielt.

Es hätte alles so ruhig sein können, zumal Theodosius zwei Söhne hatte, die den Untertanen einen sicheren Herrschaftswechsel innerhalb der Dynastie garantierten. Ihre Mutter Flaccilla wurde, damals ungewöhnlich, mit dem *Augusta*-Titel und durch Münzen geehrt **(Abb. 5)**. Nach ihrem Tod sollte Theodosius Galla heiraten, eine Tochter Valentinians I., auch dies ein Beitrag zur Stabilisierung.

Innere Kämpfe

Aus dem Westen waren 383 schlechte Nachrichten gekommen. Der hohe Offizier Magnus Maximus begann in Britannien einen Aufstand, dem Gratian zum Opfer fiel. Bald beherrschte Maximus Britannien, Gallien und die Iberische Halbinsel. Italien stand zwar weiterhin unter der Herrschaft Valentinians II., dessen Mutter Justina die Geschäfte führte, doch sie waren im Unterschied zu Maximus und zu Theodosius Homöer und gerieten auch deswegen in Konflikt mit dem berühmten nicänischen Bischof Ambrosius, der in Mailand, der Residenzstadt, wirkte. Weitere Indizien zeigen: Der Rückhalt des Kaisers war schwach. Als Maximus sich entschied, nach Italien vorzurücken, floh Valentinian II. in den Osten. Theodosius scheint zwar zeitweise bereit gewesen zu sein, sich mit Maximus zu arrangieren, doch jetzt musste er zugunsten des Mitherrschers und Verwandten eingreifen. Das tat er energisch. Bei Aquileia in Nordostitalien erzielte er 388 den entscheidenden Sieg, duldete, dass die eigenen Soldaten den Usurpator lynchten, und gliederte diese, stets auf Ressourcenschonung bedacht und gern in der Rolle des milden Herrschers, in sein Heer ein.

In Mailand nahm er Residenz und war gewiss überrascht, erleben zu müssen, dass Bischof Ambrosius, obwohl wie er selbst ein Nicäner, sich als widerständig erwies. Ambrosius stammte aus einer senatorischen Familie und wusste, wie man Macht ausübte. Dies tat er im Gestus des Seelsorgers, der besonders wirkungsvoll war, weil der Kaiser getauft war und damit der Bußgewalt des Bischofs unterstand. Der erste Anlass zum Streit kam aus dem Osten. Dort hatte ein christlicher Mob unter Führung eines Bischofs das Gotteshaus von Häretikern und eine Synagoge niedergebrannt. Theodosius befahl dem Bischof gemäß römischer Herrschaftstradition, die Synagoge wiederzuerrichten. Davon bekam Ambrosius Wind und legte Widerspruch ein. Theodosius gefährde sein Seelenheil, wenn er einen Bischof dazu zwinge, für Juden ein Bauwerk zu errichten. Theodosius scheint zunächst unbeeindruckt gewesen zu sein, doch musste er erleben, wie Ambrosius im Gottesdienst daran erinnerte und sich weigerte, die Eu-

Abb. 6 Theodosius I. am Kirchenportal. Das etwa 1615/16 entstandene Bild von Peter Paul Rubens oder Anthonis van Dijck (Wien, Kunsthistorisches Museum) zeigt die von Theodoret dramatisch geschilderte, in dieser Form fiktive Zurückweisung des Kaisers durch den Bischof am Kirchenportal. Das schwierige Verhältnis von Kaiser – der hier anders als auf den Münzen bärtig dargestellt wird – und Bischof war auch für spätere Generationen von Bedeutung.

Die Folgen eines christlichen Kaisertums

charistie zu spenden, wenn der Kaiser nicht seinen Befehl zurückziehe. Der Kaiser gab nach, wie Ambrosius seiner Schwester triumphierend berichtete.[6] Ambrosius mochte dies als Akt der kaiserlichen Milde gegenüber dem Lokalbischof auslegen; für die Juden war dies ein Zeichen, dass auch ihre Lage unter christlicher Herrschaft prekärer wurde.

Theodosius tat nun alles, um Ambrosius von politischen Geschäften fernzuhalten, doch dieser fand eine neue Gelegenheit zu intervenieren, dieses Mal aus einem Grund, der aus heutiger Sicht nachvollziehbarer ist: In Thessalonica hatte der Mob einen hohen Offizier gotischer Herkunft gelyncht, der einen populären Wagenlenker verhaftet hatte. Theodosius konnte das nicht hinnehmen und musste den gotischen Truppen demonstrieren, dass er einen solchen Übergriff nicht duldete. So erließ er einen brutalen Befehl. Die Soldaten sollten jeden zehnten Einwohner der Stadt hinschlachten dürfen. Anscheinend widerrief der Kaiser ihn wenig später, doch diese Nachricht traf zu spät ein, und das Massaker war geschehen. Ambrosius empörte sich erneut. Nach einer in der abendländischen Kunst überaus wirkungsmächtigen Tradition verweigerte er ihm in direkter Konfrontation sogar den Zugang zur Kirche (Abb. 6).[7] Theodosius hatte mit der Schlächterei die Fratze des Tyrannen geboten und wurde nun öffentlich vorgeführt. Doch Kaiser und Bischof fanden einen Ausweg. Ambrosius forderte den Kaiser auf, öffentlich Buße zu tun, und führte ein eindrucksvolles Vorbild aus dem Alten Testament an: König David. Theodosius willigte ein, und die Mailänder Kirchenbesucher konnten beobachten, wie ihr Kaiser im härenen Gewand Buße tat. Das war keine Niederlage des Kaisers, denn die Schmach war so beseitigt, und er hatte einen Handlungsspielraum gewonnen, der durch den Bezug auf David überhöht wurde. Damit verbunden war auch eine neue Kaisertugend, die der Demut.

392 kehrte Theodosius in den Osten zurück. Valentinian II. sollte fortan in Arles residieren, auch der Westen schien jetzt ruhig. Theodosius hatte gezeigt, dass er das Reich, das so oft geteilt worden war, im Griff hatte.

Doch Valentinian II. kam noch 392 unter ungeklärten Umständen ums Leben. Der Heermeister Arbogast ließ einen gewissen Eugenius zum Kaiser ausrufen. Dieser trug einen Bart wie einst Kaiser Julian, der vom Christentum abgefallen war, und er scheint sich duldsam gegenüber religiösen Minderheiten verhalten zu haben, wie das Kaiser zu Beginn ihrer Herrschaft gern taten, um die Anhängerbasis zu verbreitern. Das gab Theodosius Anlass für eine dramatische Inszenierung dieses Bürgerkriegs als eines Religionskrieges. Eugenius sei ein Heide. Der Christ Theodosius müsse gegen ihn zu Felde ziehen. Er holte sich Rat bei einem ägyptischen Mönch und betete vor Aufbruch demütig in einigen Kirchen Konstantinopels. Beim Alpenfluss Frigidus kam es am 6. September 394 zur Entscheidungsschlacht. Theodosius, einer der letzten spätantiken Kaiser, die noch selbst ein Heer anführten, errang einen blutigen Sieg. Seine

Theodosius I.

11. Januar 347
Geburt wohl in Cauca (heute Coca in Spanien)

19. Januar 379
Ausrufung zum Kaiser

27. Februar 380
Bekenntnis zum nicänischen Glauben

24. November 380
Einzug nach Konstantinopel

3. Oktober 382
Friede mit den Westgoten

387 (vermutlich)
Vertrag mit dem Perserreich

28. August 388
Tod des zeitweilig anerkannten Usurpators Magnus Maximus

388–391
Aufenthalt im Westen; Konfrontationen mit Bischof Ambrosius

391/392
verschärfte Gesetzgebung gegen Heiden

5./6. September 394
Schlacht am Frigidus;
Ende des Usurpators Eugenius

17. Januar 395
Tod des Theodosius

Anhänger beschreiben dies als wunderbares Ereignis, bei dem aufgrund des inständigen Gebets des Kaisers ein heftiger Wind die Pfeile seiner Gegner in ihre eigenen Leiber getrieben habe. Besonders große Verluste erlitten unter den kaiserlichen Truppen die Goten unter dem Kommando eines gewissen Alarich, hier noch treue Bundesgenossen, doch sollten sie 410 die Stadt Rom erobern.

Theodosius hatte die Alleinherrschaft behauptet und sicherte sie ab: Seinen älteren Sohn Arcadius hatte er in Konstantinopel unter Aufsicht des Prätoriumspräfekten Rufinus gelassen, der jüngere, Honorius, kam in den Westen. Das Römische Reich konnte sich auf ruhige, friedliche Jahre einstellen. Da starb der Kaiser unerwartet am 17. Januar 395, keine fünfzig Jahre alt. Dank seiner Weitsicht erfolgte der Herrschaftsübergang an seine Söhne ohne Konflikte. Das System ertrug sogar Kindkaiser. Doch bald sollte diese Ruhe wieder gestört werden; zu schwer wogen die äußeren Belastungen, zu stark waren die inneren Spannungen, als dass das Reich hätte Frieden finden können.

Rückblick

Theodosius trug dazu bei, ein Modell christlichen Herrschertums zu entwickeln. Dabei spielte der kontingente Umstand, dass er getauft war, gewiss eine wichtige Rolle. Denn er konnte so leichter von Kirchenführern unter Druck gesetzt werden und musste seinerseits darüber nachdenken, was es bedeutet, ein Christ zu sein. Aber er betrieb zunächst keine aggressive Inszenierung des Christentums, sondern duldete neutrale Bereiche: Keine Kirche stand auf dem Traiansforum, das Kreuz war nur ein Randmotiv am Obelisken, und auch das Missorium kam ohne christliche Zeichen aus. Die Gesetzgebung gegen Heiden klang hart, wurde aber durchaus nicht allerorten streng durchgeführt. Es gab religiöse Unruhen, es gab eine Benachteiligung der Glaubensgegner, aber keine systematische Verfolgung.

Theodosius waren viele pragmatische und mittelfristig erfolgreiche Lösungen gelungen, auch außenpolitisch. Die Stabilität seiner Ordnung zeigt sich darin, dass niemand die Nachfolge seiner jungen Söhne infrage stellte. Seine Regierungszeit war trotz der – insgesamt kurzen – Bürgerkriege relativ friedlich, doch die strukturellen Probleme des Römischen Reiches vermochte er nicht zu bewältigen, und den Andrang fremder Völker, für den auch klimatische Faktoren verantwortlich gewesen sein dürften, konnte er nicht steuern. Das wäre wohl auch zu viel verlangt gewesen. Nach ihm sollten die Zeiten für die meisten Römer schlechter werden.

Von Mischa Meier

Der Reformkaiser findet keine Ruhe

Justinian und die Katastrophen

Stolze 38 Jahre lang herrschte Justinian über das Imperium Romanum. Er ist mit seinen Rückeroberungskriegen in Afrika, Italien, teilweise auch auf der Pyrenäenhalbinsel als Restaurator des Reiches in die Geschichte eingegangen, gilt als energischer Gesetzgeber und Reformator sowie als einer der größten Bauherrn unter den römischen Kaisern. Aber das Reich, über das er herrschte, war religiös tief gespalten, befand sich jahrzehntelang im Abwehrkampf gegen die Perser, musste Einfälle auswärtiger Barbaren hinnehmen und wurde von einer nahezu ununterbrochenen Serie von Katastrophen, gipfelnd in der Pest, heimgesucht. In dieser Situation verlor der Kaiser zunehmend an Gestaltungsmacht und wurde selbst zum Getriebenen.

Als die Nacht allmählich den ersten Sonnenstrahlen wich, bestieg Justinian I. sein prachtvoll verziertes Ross.[1] Eifrige Diener gingen ihm wie gewohnt ehrfürchtig schweigend zur Hand, doch es bereitete ihm Mühe, das Gleichgewicht zu halten und in marmorner Reglosigkeit, einem Reiterstandbild gleich, die Erhabenheit des Herrschers über die zivilisierte Welt zu verkörpern. Man schrieb den 11. August 559, und der Kaiser, um 481/82 geboren, ging bereits auf sein neuntes Lebensjahrzehnt zu. Als er endlich vom Sattel aufblickte, ragten vor ihm die mächtigen Befestigungen Konstantinopels aus den morgendlichen Dunstschleiern. Die feierliche Prozession, an deren Spitze Justinian sogleich geleitet wurde, wählte nicht die monumentale Goldene Pforte, traditionell die Route kaiserlicher Einzüge, sondern bewegte sich auf das Charisios-Tor im Norden der Stadt zu. Dort erwarteten Stadtpräfekt und Senatoren den Herrscher, sie alle ohne die üblichen Kränze, denn die Stimmung war alles andere als ausgelassen.

Abb. 1 Architektonisch eng angelehnt an die in frühjustinianischer Zeit errichtete Sergius-Bacchus-Kirche zu Konstantinopel ist San Vitale in Ravenna (547 geweiht). Die Seitenwände der Apsis zeigen Mosaiken Justinians und Theodoras mit ihrem Gefolge. Justinian mit Nimbus, Diadem und Purpurmantel, daneben Bischof Maximian von Ravenna.

Justinian und die Katastrophen

Abb. 2 Kaiserin Theodora ist in San Vitale in Ravenna mit Nimbus und Purpurmantel, zudem mit Perlendiadem dargestellt, doch verweist die Umgebung auf einen für Frauen vorgesehenen Ort. Justinians Schale und Theodoras Kelch zeigen das Paar bereit für das Abendmahl.

Justinian hatte längere Zeit in Selymbria (Silivri) verbracht, um die Reparaturarbeiten an den *Langen Mauern* zu begutachten – einer befestigten Linie, die sich 65 km westlich der Bosporusmetropole vom Schwarzen Meer bis zum Marmarameer zog und zwei Jahre zuvor durch ein Erdbeben schwere Schäden davongetragen hatte. Kutrigurische Reiterkrieger hatten im Frühjahr 559 die heikle Lage zu nutzen versucht und waren gegen die schutzlose Hauptstadt galoppiert. Erst als Justinian den greisen Belisar, seinen Vorzeigegeneral aus besseren Zeiten, aus dem Ruhestand zurückberufen und dieser eilig eine Kampftruppe zusammengewürfelt hatte, konnte die Bedrohung abgewendet werden. Allein der Umstand, dass der Kaiser, der sonst nie die Residenz verließ, den Weg zu den *Langen Mauern* auf sich genommen hatte, verweist auf den Ernst der Lage.

Vom Charisios-Tor zog man gemessenen Schrittes direkt zur Apostelkirche, der Grablege der oströmischen Kaiser. Auch dies entsprach nicht dem Protokoll, doch Justinian war dem Korsett römischer Traditionen längst entwachsen. Ohne Begleitung betrat er den Innenraum, begab sich zum Sarkophag seiner Frau Theodora, die im Jahr 548 einem Krebsleiden erlegen war, gedachte ihrer im Gebet. Die Ehe war kinderlos geblieben, doch dieser Umstand hatte ihre gegenseitige Verbundenheit nicht zu erschüttern vermocht. Zahlreiche Herausforderungen hatten sie gemeinsam bewältigt. Die Tochter eines Bärenführers und spätere Schauspielerin hatte nicht nur mehrere voreheliche Affären, sondern auch in derart anrüchigen Milieus verkehrt, dass Gegner des Kaisers ihre erotischen Abenteuer genussvoll ausmalen konnten, um den

Herrscher selbst zu diskreditieren – die *Geheimgeschichte* des Historiographen Prokop hat in dieser Hinsicht bis heute nichts von ihrer abgründigen Faszinationskraft verloren. Obwohl auch Justinian einen bescheidenen Hintergrund besaß – sein Vorgänger und Onkel Justin I. (518–527) war als mittelloser Bauernsohn nach Konstantinopel gekommen und hatte sich in den Gardetruppen hochgedient –, stieß die Verbindung mit Theodora auf erbitterten Widerstand unter den Eliten; Justins Gattin Euphemia, selbst zweifelhafter Herkunft, soll sich vehement gegen die Ehe ausgesprochen haben. Erst nach ihrem Tod und einer Gesetzesänderung war der Weg für die Hochzeit geebnet.

Bald sollte sich Theodora als wichtige Stütze an der Seite ihres Mannes bewähren – auch dort, wo es auf den ersten Blick anders erschien. Gegner der Religionspolitik Justinians etwa, die mitunter harte Maßnahmen zu erdulden hatten, fanden in Theodora eine Fürsprecherin und Patronin. Damit unterlief sie keineswegs die Politik ihres Mannes. Vielmehr konnte das Kaiserpaar so den beiden wichtigsten Parteien in einer religiös tief gespaltenen Bevölkerung ein Angebot machen, ohne von der offiziellen Linie – den Beschlüssen des Konzils von Chalkedon aus dem Jahr 451 – abzuweichen. Wie alle spätantiken Kaiserfrauen zeichnete sich auch Theodora, seit 527 Augusta, durch wohltätig-fromme Stiftungen aus, aber mehr als andere sorgte sie sich um sozial benachteiligte Gruppen wie Schauspielerinnen und Prostituierte, vielleicht in Erinnerung an ihre eigene Herkunft. Justinian gestand ihr auch gewisse Handlungsfreiheiten in Fragen zu, die außenpolitische Aspekte berührten, etwa die Entsendung von Missionaren zu den Arabern. In einem Gesetz aus dem Jahr 535 bezeichnete er sie einmal als „Partnerin unserer Ratschlüsse, die uns von Gott als frömmste Gattin geschenkt worden ist".[2] Auch jetzt noch, 11 Jahre nach ihrem Tod, wusste der Kaiser, dass dies mehr war als eine Floskel. Der Gedanke hingegen, die Kaiserin habe ihn im Jahr 532, als die Bevölkerung drohte, den Palast zu stürmen, mit einer beherzten Rede von der Flucht abgehalten, zauberte ihm ein kurzes Lächeln ins Gesicht. Er wusste, dass man sich in höheren Kreisen davon erzählte. Prokops Geschichtswerk hatte er aufmerksam studiert; aber wer konnte schon wissen, was damals wirklich im Palast geschehen war?

Am Ende hatten Belisar und der Kammerherr Narses die Tumulte des Nika-Aufstands, einer der größten Revolten gegen einen spätantiken Kaiser, in Strömen von Blut ertränkt. Es mögen 30 000 Opfer gewesen sein, aber letztlich hatte ihm das Blutbad langfristig die Herrschaft gesichert, denn nun kannte der Kaiser seine Gegner innerhalb der führenden Kreise und sah sich in der Lage, rigoros gegen sie vorzugehen. Todesurteile und Verbannungen gingen mit Konfiskationen einher; dadurch wurde es möglich, mit der Hagia Sophia den größten Tempel der Christenheit zu errichten. Justinian erinnerte sich noch immer an seinen begeisterten Ausruf, als er im Jahr 537 den eben vollendeten Bau zum ersten Mal besucht hatte: „Ich habe dich übertroffen, Salomon!"[3] Und er war weiterhin dieser Überzeugung – auch wenn die Kuppel der monumentalen Kirche gerade in Trümmern lag, auch sie ein Opfer des Erdbebens 557. Theodora hatte diese Demütigung nicht mehr erleben müssen. Hätte sie eine Antwort auf die Frage gefunden, warum Gott ihm derart zürnte?

Ein neues, glückliches Zeitalter

Justinian erhob sich langsam vom Gebet und entzündete einige Lichter für die Verstorbene. Dann

---

DAS KAISERPAAR IN DER WIDMUNGSINSCHRIFT DER SERGIUS-BACCHUS-KIRCHE ZU KONSTANTINOPEL

Andere Herrscher haben verstorbene Männer geehrt, deren Mühe nutzlos war. Unser zepterführender Justinian aber, der die Frömmigkeit hochhält, ehrt mit strahlender Wohnstätte Sergius, den Diener Christi, des Vaters von allem [...] Doch in allem möge er [Sergius] die Herrschaft des schlaflosen Kaisers behüten und die Stärke der gottbekränzten Theodora vergrößern, deren Sinn durch Frömmigkeit erstrahlt, deren stetes Bemühen im schonungslosen Kampf liegt, die Besitzlosen zu ernähren.

(Eigene Übs.)

Justinian und die Katastrophen

Abb. 3 **Die Hagia Sophia im heutigen Istanbul** wurde im erstaunlich kurzen Zeitraum 532–537 errichtet, nachdem der Vorgängerbau im Nika-Aufstand niedergebrannt war. Die Kirche wurde nach der osmanischen Eroberung Konstantinopels 1453 in eine Moschee umgewandelt, diente ab 1935 als Museum und wird seit 2020 wieder als Moschee genutzt.

war es Zeit, Bilanz zu ziehen. Als er sich umsah, fiel sein Blick unwillkürlich auf den ältesten Bereich der Kirche. Hier ruhte Constantin I., Vorbild und Mahnmal für all seine Nachfolger. Mit der Christianisierung von Kaisertum und Reich, mit seiner Kirchenpolitik und der Gründung Konstantinopels hatte er ein neues Zeitalter eingeläutet; dafür verehrte man ihn. Aber waren seine eigenen Leistungen nicht mindestens ebenbürtig?

Allein Gott, davon war Justinian zutiefst überzeugt, hatte ihn zum Kaiser über das Imperium Romanum bestimmt, und dieser Haltung hatte er schon am 15. Dezember 530 volltönend Ausdruck gegeben. „Von Gott eingesetzt das Reich lenkend, das uns von der himmlischen Hoheit übergeben worden ist", so hatte er damals festhalten lassen, „bringen wir Kriege glücklich zu Ende, zieren den Frieden und erhalten den Bestand des Gemeinwesens."[4] Während seine Vorgänger im 5. Jh. der Kaiserherrschaft nicht würdig gewesen waren, hatte er die hohe Stellung durch sein fürsorglich-emsiges Wirken verdient.[5] Hatte er nicht eine Rastlosigkeit gezeigt, die ihm den Ruf des „schlaflosesten aller Kaiser" eingebracht hatte?[6] Hatte er sich nicht bemüht, in seinem Reformeifer das Dasein all seiner Untertanen zu erleichtern und zu korrigieren? Und war er dafür nicht von Gott zunächst ausgezeichnet und belohnt worden?

„Freilich haben wir uns bereits früher vieler Geschenke von Gott würdig erwiesen, wir bekennen, dass seine Wohltaten uns gegenüber unermesslich sind"[7] – so hatte er nach der Rückeroberung Nordafrikas von den Vandalen im Jahr 534 begeistert verkünden können, nachdem Belisars Interventionsarmee, die ursprünglich nur in den innervandalischen Thronkampf hatte eingreifen und den legitimen, romfreundlichen König Hilderich († 533) wieder einsetzen sollen, unerwartet das gesamte Vandalenreich zerschlagen und Nordafrika wieder unter römische Herrschaft gebracht hatte. Ein Geschenk Gottes zweifellos und ein Signal der Zustimmung zu seinem Tun, so wie die Beendigung des noch von seinem Vorgänger geerbten Konflikts mit den Persern durch den ‚Ewigen' Frieden im Jahr 531/32 und die erfolgreiche erste Phase des Krieges gegen die Ostgoten in Italien 535–540, gipfelnd in der Einnahme der Kaiserstadt Ravenna und der Gefangennahme des Ostgotenkönigs Witigis. Staunend hatte die Bevölkerung Konstantinopels 534 gejubelt, als Belisar mit der Beute und den Gefangenen aus dem Vandalenkrieg durch die Straßen Konstantinopels geschritten war, um sich im Hippodrom mit dem besiegten Vandalenkönig Gelimer vor Justinian in den Staub zu werfen, vor dem Urheber des Sieges und Triumphes.[8]

Damals erst war in dem Kaiser allmählich die Vorstellung einer umfassenden Rückeroberung verlorener Gebiete im ehemals römischen Westen gereift, und er bereitete die Intervention in Italien vor. Im Jahr 540 wurde auch der geschlagene Ostgotenkönig Witigis an den Bosporus verbracht, und einmal mehr durften die Untertanen staunen; Justinian behandelte ihn nicht minder ehrenvoll als Gelimer, der ein Landgut in Kleinasien erhalten hatte, verlieh ihm gar den hohen *patricius*-Titel. In der Chalke, der prachtvollen Vorhalle des Kaiserpalastes, hatte er ein Mosaik anbringen lassen, das zeigte, wie Belisar dem Kaiserpaar in Gegenwart des Senats die gefangenen Könige präsentierte. Gott hatte Justinian zum Herrn der Welt bestimmt, und so sollte es auch das Reiterstandbild bezeugen, das 543 auf dem *Augustaion*, dem Zentralplatz der Hauptstadt, errichtet wurde und drohend gegen die Perser im Osten deutete – damals schon eher eine forsche Verhüllung verlorener Initiative.

Nahezu sämtliche Lebensbereiche der Menschen hatte Justinian in jenen Jahren zwischen 527 und 540/42 zu regeln versucht. Er unterzog die Provinzverwaltung einer Neuordnung (535–538), die Missstände beseitigen sollte und dabei erstmals die Grundsätze der spätantiken Trennung von Zivil- und Militäradministration aufweichte; er traf Regelungen für die Organisation der Städte, übertrug den Bischöfen mehr politische Verantwortung, befasste sich mit Klerikern und Mönchen, regulierte kirchliche Angelegenheiten, kümmerte sich um die Stellung von Frauen und Kindern und half den Schwachen und Benachteiligten auf. Allerorten ließ er Gotteshäuser errichten, Klöster zudem und Profanbauten, und er befestigte die Grenzen des Imperiums.

Vor allem aber ging er die Neuordnung des römischen Rechts an, um Orientierung zu erleichtern und Rechtssicherheit zu schaffen. Ab 528 erarbeitete eine Expertenkommission unter dem *quaestor sacri palatii* (einer Art Justizminister) Tribonian eine Gesetzeskodifikation, die bereits 529 vollendet war und 534 in zweiter Auflage erschien. Dieser Codex Iustinianus umfasste ausgewählte und thematisch gruppierte Kaisergesetze seit Hadrian (117–138), bald ergänzt um eine Sammlung von Juristenentscheidungen und -kommentaren in 50 Büchern[9] sowie ein Einführungshandbuch für Studenten der Rechtswissenschaft.[10] Die seit 535 von Justinian erlassenen Gesetze (Novellen) wurden erst nach dem Tod des Kaisers in Sammlungen zusammengeführt. Justinian nutzte immer wieder die Vorreden seiner Gesetze, um sich programmatisch zu Fragen seiner Herrschaftsauffassung und Repräsentation zu äußern. Eifrig arbeiteten seine Büros an diesen Texten, aber immer wieder legte er selbst Hand an. Gott hatte ihm auch die Gesetzgebung in Zeiten raschen Wandels anvertraut, und die Geschwindigkeit, mit der das gewaltige Kodifikationswerk umgesetzt wurde, konnte nur ein weiteres Zeichen seines Wohlwollens sein.

Es war ein glückliches Zeitalter, das Justinians Herrschaftsantritt am 1. August 527 eingeläutet hatte, und dieses Glück war von Beginn an mit seinem Namen verbunden. Die Menschen, so entsann sich der Kaiser, lebten „unter unserer glücklichsten Herrschaft"[11], und seine Begünstigung durch Gott erlaubte ihm zu leisten, „was niemand vor unserer Herrschaft jemals erhofft und überhaupt menschlicher Fähigkeit als möglich zugetraut hat".[12]

Selbstverständlich hatte er auch zur Verbreitung des rechten Glaubens beigetragen und sich bemüht, die zerstrittenen christlichen Gruppen

Justinian und die Katastrophen

im Sinne der Beschlüsse des Konzils von Chalkedon, in denen das Verhältnis göttlicher und menschlicher Natur in Christus festgelegt worden war, zusammenzuführen. Am Beginn des Codex Iustinianus steht sein Glaubensbekenntnis.[13] Schon die Aufhebung des ‚Akakianischen Schismas' zwischen Konstantinopel und dem Westen (484–519) hatte er im Hintergrund Justins I. eifrig mitbetrieben. Er hatte die Päpste zur Zustimmung zur ‚theopaschitischen Formel' bewogen, die Gott als leidensfähig beschrieb und daher unter Häresieverdacht stand. Er hatte im Jahr 532 ein Religionsgespräch zwischen Chalkedoniern und miaphysitischen Chalkedon-Gegnern (Vertreter einer Einnaturenlehre) organisiert und 536 die Absetzung des Severus von Antiochia, einer Galionsfigur der Miaphysiten, durch eine Synode zu Konstantinopel nicht nur mitgetragen, sondern gesetzlich sanktioniert.[14] Auch gegen Altgläubige war er streng vorgegangen, zunächst 528/29 (das ließ sich zugleich für politische Säuberungen nutzen), dann noch einmal 545/46. Der Druck, den er 529 auf die platonische Akademie in Athen ausgeübt hatte, führte zur Einstellung des Lehrbetriebs.

Herrschaft in Zeiten der Katastrophen

Stets hatte er sich bemüht, das ihm übertragene Reich gottgefällig zu lenken. Umso weniger konnte er verstehen, warum Gott ihn seit 540/42 so furchtbar strafte. Was hatte seinen Zorn hervorgerufen?

Seit Jahrzehnten wurde das Reich von einer Katastrophenserie ungekannten Ausmaßes heimgesucht. Erdbeben, Brände und Fluten, Heuschreckenplagen, Missernten und Hungerkrisen, Kriegsverwüstungen, unergründliche Himmelszeichen wie Kometen und Sonnenfinsternisse wälzten sich in nahezu ununterbrochener Folge über die Bevölkerung. Antiochia, die Metropole des Ostens, wurde 525 Opfer eines Brandes und dann durch zwei schwere Erdbeben 526 und 528 in Trümmer gelegt – nur ein Beispiel für die vielfältigen Zerstörungen im gesamten Oströmischen Reich. Die römische Bevölkerung, die für die Jahre um 500 ohnehin das Ende der irdischen Weltzeit und das Jüngste Gericht erwartete, erblickte in den Katastrophen Vorzeichen des nahenden Untergangs. Justinian selbst hatte nie daran geglaubt und war auch deshalb mit äußerster Härte vorgegangen, als sich im Jahr 529 ein Aufstand der Samaritaner, einer den Juden nahestehenden Religionsgemeinschaft, in Palästina unter ihrem ‚König' Julian erhob, der die allgemeinen eschatologischen Erwartungen zusätzlich zu befeuern drohte. Keinesfalls sollte das vom Kaiser eingeläutete Zeitalter unmittelbar in die Endzeit überleiten.

Und doch quälte ihn die Frage: Warum hatten sich die Katastrophen zu Beginn der 540er Jahre in einem derart erschreckenden Ausmaß verdichtet? Nicht nur, dass der Krieg in Italien, der mit Witigis' Gefangennahme doch eigentlich beendet schien, erneut aufflammte und sich ab 542 zu einem kräfte- und ressourcenzehrenden Dauerkonflikt auswuchs, der die Apenninhalbinsel ausbluten ließ und nach der Rückberufung Belisars (549) erst durch die Armee des Narses im Jahr 552 beendet werden konnte. Gleichzeitig (540) war ein neuer Krieg gegen die Perser ausgebrochen, nachdem der Großkönig Chosroes I. (531–579) den ‚Ewigen Frieden' gebrochen hatte, in römisches Territorium eingefallen war und – Höhepunkt seines Feldzugs – gar Antiochia erobert hatte.

Die Katastrophenserie kulminierte im Ausbruch der Pest im Jahr 541. Von Ägypten aus breitete sich die todbringende Seuche auf dem Land- und Seeweg rasch aus; schon im Herbst desselben Jahres hatte sie Konstantinopel erfasst, wo Tausende Menschen starben. Die Erinnerung an diese Monate zehrte an Justinian, zumal der Gedanke an seine eigene schwere Erkrankung. Während er mit dem Tod rang, hatte Belisar – ausgerechnet Belisar! – sich zur Frage einer möglichen Nachfolge geäußert. Das war das zweite Mal, dass man ihn hochverräterischer Umtriebe verdächtigen musste, nachdem er bereits 540 zum Schein auf ein ostgotisches Angebot eingegangen war, die Kaiserkrone im Westen zu übernehmen – und nur deshalb in Ravenna hatte einziehen und Witigis festnehmen können. Ausgerechnet in der schweren Phase, als Pest und Perser gegen das Reich wüteten, musste der suspekte Feldherr vom Kriegsschauplatz im Osten abberufen werden. Justinian entsandte ihn erst 544 wieder an die Front, dieses Mal erneut nach Italien, wo seine Erfolge, auch mangels hinreichender Truppenstärke, bescheiden blieben. Das Misstrauen blieb.

Justinian hätte Belisar gern mit höherer Schlagkraft ausgerüstet, doch die Pest forderte ihren Tribut: Zahlreiche wehrfähige Männer waren ihr erlegen, die Anwerbung neuer Soldaten erforderte Geld, das nach dem Massensterben nicht mehr zur Verfügung stand. Dass Justinian sich weigerte, in der schwierigen Situation Steuernachlässe zu gewähren, brachte ihm scharfen Widerspruch ein; er sah sich gezwungen, gesetzlich gegen Preissteigerungen vorzugehen und den Feingehalt der Münzen zu reduzieren. Der größte Teil seiner Streitmacht wurde im Osten benötigt, wo die Kämpfe gegen die Perser, inzwischen ausgeweitet auf die Kaukasusregion, mit unverminderter Härte andauerten; seit 551/52 engagierte sich Ostrom auch in Spanien militärisch und eroberte westgotische Gebiete. Gleichzeitig durchzogen marodierende Barbarenscharen, darunter zunehmend auch slawische Gruppen, die Balkanregionen. Die Pest, die an verschiedenen Orten in unterschiedlichen Wellen immer wieder zugriff, hatte sich wie ein lastender Schleier über das Reich gelegt.

Warum hatte Gott Justinian jene Gunst entzogen, die ihn durch die ersten Jahre seiner Herrschaft von Sieg zu Sieg, von Erfolg zu Erfolg getragen hatte? Warum vermochten seine demütigen Bußprozessionen das Unheil nicht zu heilen? Nach dem Erdbeben 557 hatte er gar dreißig Tage lang auf das Diadem verzichtet![15] Das von ihm eingeläutete glückliche Zeitalter zeigte tiefe Risse, und er selbst wurde in besonderem Maße gestraft, indem Gott ihn mit derselben Krankheit schlug, die Tausende seiner Untertanen hinwegraffte. Wer sollte jetzt noch an seine besondere göttliche Begünstigung, seinen einzigartigen Auftrag und das Glück der Zeiten glauben?

Damals beobachtete Justinian, wie sich die Bevölkerung langsam von traditionellen Nothelfern – von heiligen Männern, Asketen, gar dem Kaiser (!) – abwandte und ihr Heil vermehrt bei der Gottesmutter und in der Anbetung wunderwirkender Bilder suchte. Der Herrscher drohte seine sak-

Abb. 4 Goldmünze (*solidus*) Justinians.
Zu sehen ist der Kaiser in Frontalansicht mit Diadem und Kreuzglobus als Zeichen der christlichen Weltherrschaft. Die Rückseite, ebenso vom Kreuzglobus dominiert, feiert die dem spätantiken Monarchen inhärente Sieghaftigkeit.

rale Aura, das Fundament seiner Erhabenheit und seiner Distanz zu den Untertanen, zu verlieren. Justinian versuchte dem entgegenzuwirken, indem er umso mehr seine asketische Lebensführung als Quell besonderer Heiligkeit präsentierte. Er war nicht nur von der Pest genesen, sondern vermochte selbst Wunder zu wirken – ja, er war wie Christus! In der religiös aufgeladenen Atmosphäre, die seit den 540er Jahren das Oströmische Reich zunehmend durchdrang, begann auch der Herrscher, seine Sakralität noch einmal auszuweiten, um die Besonderheit seiner Stellung und seiner Berufung zu demonstrieren. Er sagte sich vom ‚Klassizismus' seiner frühen Jahre los, ließ römische Traditionen fahren – sichtbar in der Abschaffung des Konsulats im Jahr 542 – und folgte damit allgemeinen Entwicklungen, die sich auf verschiedenen Feldern niederschlugen, so etwa dem allmählichen Versickern der klassizistischen Profanhistoriographie.

Vor allem aber trieb ihn die Frage um, warum Gott ihn derart schwer gezeichnet hatte. Hatte er sich einst als Reformkaiser mit starken theologischen Interessen auf den Weg begeben, so mutierte er seit Beginn der 540er Jahre zum Theologen im Kaiserpurpur. Sein Projekt der Uniformierung des Imperium Romanum unter einem einheitlichen christlichen Bekenntnis im Zeichen Chalkedons betrieb er weiter, namentlich durch sein Vorgehen

Justinian und die Katastrophen

Abb. 5 **Das Katharinenkloster im Sinaigebirge** entstand in spätjustinianischer Zeit und war ursprünglich der Gottesmutter geweiht.

gegen die Drei Kapitel – drei Theologen aus dem 5. Jh. und ihre Schriften, deren Verurteilung ihm die Gunst seiner miaphysitischen Gegner sichern sollte. Gegen massive Widerstände und nach der Entführung und mehrfachen Demütigung des Papstes Vigilius († 555) gelang es dem Kaiser schließlich, sich auf dem 5. Ökumenischen Konzil zu Konstantinopel 553 durchzusetzen – war dies den hohen Preis wert? Nicht mehr Gesetze, sondern theologische Traktate verfasste er in diesen Jahren, stets auf der Suche nach einem gottgefälligen Weg, die gegnerischen Gruppen auszusöhnen, ohne die eigene Überzeugung aufgeben zu müssen. Er glaubte ihn in den Schriften des Theologen Cyrill von Alexandria († 444) gefunden zu haben, deren Inhalte ihn miaphysitischem Denken näherbrachten, obgleich er sich weiterhin strikt zu Chalkedon bekannte; doch auch sein Neuchalkedonismus blieb umkämpft.

Rückkehr in eine neue Welt

Lärmende Geräusche vor der Kirche rissen ihn aus seinen Gedanken. Das Volk hatte sich vor dem Bau versammelt, um ihm zu huldigen – dem Kaiser, an den sie längst nicht mehr glaubten und dessen Transzendierung zum christusgleichen heiligen Mann sie mit Misstrauen beäugten. Anderthalb Jahrzehnte hatte die Bevölkerung der Hauptstadt Ruhe gehalten, nachdem er den Nika-Aufstand hatte niederschlagen lassen; doch in den letzten Jahren hatten die Unruhen wieder zugenommen, selbst eine Verschwörung gegen ihn hatte vereitelt werden müssen (549). Den verschiedenen Versionen der *Chronik* des Johannes Malalas, von Zeitgenossen eifrig fortgeschrieben, konnte er entnehmen, wie sich angesichts der schwierigen Lage die allgemeine Stimmung eingetrübt hatte.

Dennoch feierten die Menschen ihn, den *Imperator Caesar Flavius Iustinianus Alamannicus Gothicus Francicus Germanicus Anticus Alanicus Vandalicus Africanus pius felix inclitus victor ac triumphator semper Augustus*.[16] Nachdem er, abermals unter großen Mühen, wieder aufgesessen war, vermochte sein Gefolge ihm nur langsam einen Weg durch die jubelnden Massen zu öffnen. Dieser führte ihn über das Kapitol auf der Mese, der Hauptstraße, wo ihn weitere hohe Amtsträger, Gardetruppen und Vertreter unterschiedlicher Gilden erwarteten, direkt zum Palast. Als er die Chalke durchquerte, erinnerten ihn die monumentalen Mosaikdarstellungen noch einmal an die längst vergangenen Zeiten seiner großen Triumphe – tatsächlich wurde er auch jetzt noch als Triumphator begrüßt, doch welch ein Unterschied zu einst, als er seine großen Siege gegen Vandalen und Goten zelebrieren durfte!

Das Pferd des Kaisers verschwand hinter den Palastmauern, gefolgt von ausgewählten Würdenträgern, zu Fuß und in gemessenem Abstand. Justinian sollte noch weitere sechs Jahre an der Spitze des Imperium Romanum stehen. Er wurde noch Zeuge, wie seine Unterhändler nach Jahrzehnten des Konflikts einen fünfzigjährigen Frieden mit den Persern aushandelten (561/62). Auch die wiederhergestellte Hagia Sophia durfte er 563 noch bewundern. Unmittelbar zuvor war ein Mordkomplott gegen ihn aufgedeckt worden, in dessen Strudel auch Belisar gerissen wurde, der – ob schuldig oder nicht – nun endgültig die Gunst des Herrschers verlor.

Unruhen und Tumulte nahmen zu; ‚Angst' ist ein Zentralbegriff jener Zeit. Im Jahr 560 wähnte man den Kaiser bereits verstorben, es kam zu Plünderungen und Gewalttaten in der Hauptstadt. Aber Justinian lebte noch, initiierte eine weitere Verfolgung Altgläubiger (562) und versenkte sich in seinen letzten Lebensmonaten in die miaphysitische Sonderlehre von der Unverletzlichkeit des Leibes Christi (Aphthartodoketismus). Niemand vermochte dem greisen Herrscher auf diesem Weg noch zu folgen; Eutychios, der Patriarch von Konstantinopel, bezahlte seinen Widerstand mit Absetzung. Justinian bereitete weitere Schritte gegen widerständige Bischöfe vor, da verschied er in der Nacht zum 15. November 565. Aus der kollektiven Erfahrung von Unheil und Katastrophen hatte er das Römische Reich in eine neue, durch die Allgegenwart von Religion und religiöser Weltdeutung gekennzeichnete Zeit geführt. Aber es war ihm nie gelungen, selbst Herr eines ‚Zeitalters Justinians' zu werden.

JUSTINIAN

481/82
Geburt in Tauresium (im heutigen Nordmazedonien)

ca. 524/25
Eheschließung mit Theodora

525
Erhebung zum Caesar

526–532
Krieg gegen die Perser

1. April 527
Erhebung zum Augustus

1. August 527
Alleinherrscher

Januar 532
Nika-Aufstand in Konstantinopel

532
‚Ewiger Friede' mit den Persern

533/34
Krieg gegen Vandalen

535–552/562
Krieg gegen Ostgoten

540–561/62
Krieg gegen die Perser

541/42
Ausbruch der Pest

553
Fünftes Ökumenisches Konzil zu Konstantinopel

14./15. November 565
Tod Justinians

Von Nikolas Hächler

Wechselbad triumphaler Siege und katastrophaler Niederlagen

Heraclius – ein Kaiser am Ende?

Heraclius erscheint aus heutiger Perspektive als schillernder Herrscher, dessen Regierung durch triumphale Höhen und katastrophale Tiefen geprägt war. Im Kampf gegen den Tyrannen Phocas sowie gegen die persischen Sasaniden wird er wegen seines persönlichen Engagements im Krieg und seiner militärischen Erfolge in den Lobschriften Georgs von Pisidien als von Gott eingesetzter Retter des Reiches bezeichnet. Die nachfolgenden Eroberungen der Muslime legten dagegen Schwächen und Defizite seiner Regierung sowie der Organisationsform des oströmisch-byzantinischen Reiches offen. Die Folgen der islamischen Expansion sowie die damit zusammenhängenden Anpassungen des Staatswesens unter Heraclius' Nachfolgern markieren schließlich wichtige Übergänge von der Spätantike ins Frühe Mittelalter im östlichen Mittelmeerraum.

Kaiser Heraclius erscheint aus heutiger Sicht ambivalent. Ostrom erlebte unter seiner Herrschaft sowohl vernichtende Niederlagen und tiefgreifende Umwälzungen als auch unerwartete Triumphe und umfassende Konsolidierungsbemühungen. Der Nachwelt blieb er aufgrund seiner Triumphe über die persischen Sasaniden 628 und der anschließenden Rückführung des Heiligen Kreuzes nach Jerusalem 630 sowie wegen seiner Niederlagen gegen Muslime im Rahmen der islamischen Expansion in Erinnerung. Darüber hinaus ist Heraclius' Regierungszeit durch eine fortschreitende Fragmentierung der Mittelmeerwelt gekennzeichnet. 614/615 gingen dem Reich Besitzungen in Südspanien verloren. In Italien und auf dem Balkan stellten Langobarden- und Awarenfürsten Ostroms Vorherrschaft infrage. Kriegserfolge der Muslime nach 630 resultierten schließlich im Verlust Syri-

Abb. 1 *Solidus* des bärtigen **Heraclius** zusammen mit seinem Sohn Heraclius Constantinus III. (613–625). Beide Kaiser tragen eine *chlamys* sowie eine Kreuzkrone. Umschrift: DD(omini) nn(ostri) Heraclius et Hera(clius) Const(antinus) p(atres) p(atriae) Aug(usti): Unsere Herren Heraclius und Heraclius Constantinus, Väter des Vaterlandes, Augusti.

Heraclius – ein Kaiser am Ende?

Abb. 2 *Solidus* des Heraclius (610–613). Frontalbüste des bärtigen Kaisers mit Brustharnisch, Mantel und Kreuzkrone. In der rechten Hand hält er ein Kreuz. Umschrift: D(ominus) n(oster) Heraclius p(ater) p(atriae) Aug(ustus): Unser Herr Heraclius, Vater des Vaterlandes, Augustus.

ens, Palästinas und Ägyptens. Obschon der oströmische Staat damit territorial bis zur Mitte des 7. Jh.s stark schrumpfte, ist es aus heutiger Perspektive durchaus auch als Heraclius' Verdienst anzusehen, dass das Reich in einer Phase großer Herausforderungen nicht unterging.

Machtergreifung im Kampf gegen den Tyrannen Phocas

Voraussetzung für die Machtergreifung von Heraclius war die von den Zeitgenossen als Schreckensherrschaft wahrgenommene Regierung des Phocas (602–610). Dieser war als Zenturio von an der Donau stationierten Heeresverbänden zum Kaiser ausgerufen worden. Grund dafür war ein Befehl des Kaisers Mauricius (582–602), im harten Winter 601/602 jenseits der Donau ohne ausreichend Verpflegung und Sold auszuharren, um die dort hausenden Awaren zu bekämpfen. Verärgert über diese Anweisung, zogen die Soldaten unter ihrem neuen Anführer gegen Konstantinopel und nahmen die Stadt mit Unterstützung von Angehörigen der Zirkusparteien ein. Phocas ließ seinen Vorgänger Mauricius gefangen nehmen und öffentlich hinrichten. Seine Herrschaft scheint er in der Folge primär unter Einsatz von Gewalt aufrechterhalten zu haben.

Insbesondere Angehörige des Senatorenstandes waren von Phocas' Regierung wenig angetan. Nachdem Usurpationsversuche aus den Reihen des Militäradels gescheitert waren, die Perser vermehrt gegen Ostrom triumphiert und sich die Versorgungssituation in der Hauptstadt zusehends verschlechtert hatte, verschworen sich einzelne Senatoren gegen den Herrscher und nahmen 608 Kontakt zu Heraclius dem Älteren auf. Dieser befehligte die Truppen Nordafrikas. Ihm und seinem gleichnamigen Sohn, der später als Kaiser regieren sollte, wurde die Herrschaft in Aussicht gestellt, sofern sie gegen Phocas in den Kampf ziehen und ihn bezwingen würden.

Zur Herkunft von Heraclius' Familie lässt sich nur wenig Gesichertes sagen. Es ist davon auszugehen, dass sie zur vermögenden Reichselite zählte und Beziehungen nach Konstantinopel und Kleinasien unterhielt. In der Forschung diskutiert wird eine mögliche Herkunft aus Nordafrika, Kappadokien oder Armenien. Heraclius erhielt wahrscheinlich in seiner Jugend eine seinem hohen Stand entsprechende Bildung. Darüber hinaus kann darüber spekuliert werden, dass er seinen Vater begleitete und dadurch Anschauungsunterricht zum zeitgenössischen Politikwesen sowie zur Heeresorganisation und -führung erhielt. Dabei dürfte er sich bereits in jungen Jahren Wissen über geographische und kulturelle Besonderheiten des oströmischen Reiches angeeignet haben.

Die Offensive gegen Phocas startete 608 unter der Führung von Heraclius dem Älteren von Nordafrika aus und richtete sich zunächst gegen Ägypten. Durch geschickte militärische Vorstöße und diplomatische Vereinbarungen gelang es, weite Teile Ägyptens rasch zu sichern. 610 segelte Heraclius der Jüngere nach heftigen Kämpfen von Ägypten aus nach Konstantinopel, das er mithilfe seiner Truppen und der Unterstützung von rebellischen Senatoren und Angehörigen der hauptstädtischen Zirkusfraktionen einnahm. Phocas wurde gefangen genommen, vor den Sieger geführt und schließlich enthauptet.[1]

Versuche zum Frieden und Vorbereitungen zum Krieg gegen die Perser

Nach seiner Machtergreifung versuchte sich Heraclius von seinem tyrannischen Vorgänger zu distanzieren. Dazu ließ er sich zunächst als Friedensfürst inszenieren, der dem Reich dringend erwartete Stabilität bringen würde. Insbesondere im frühen panegyrischen Werk Georgs von Pisidien, der als bedeutendster Lobredender an Heraclius' Hof gilt,[2] wird ein entsprechendes Bild gezeichnet. Der neue Kaiser suchte gezielt Kontakte zu Mitgliedern des Senatorenstandes sowie zu hohen Würdenträgern der orthodoxen Kirche zu knüpfen, wobei Patriarch Sergius von Konstantinopel eine wichtige Rolle zukam. Auch mit dem charismatischen heiligen Theodor von Sykeon suchte sich der Regent zu Beginn seiner Herrschaft gut zu stellen. Als essenzieller Schritt zur Herrschaftsfestigung erwies sich die erfolgreiche Etablierung einer eigenen Herrschaftsdynastie. Dazu wurde Heraclius' ältester Sohn, Heraclius Constantinus III., bereits 613 im Alter von einem Jahr im Kaiserpalast zum Mitherrscher erhoben und der Bevölkerung Konstantinopels im Hippodrom sowie in der Hagia Sophia vorgestellt. Auf Münzen wurden ab diesem Zeitpunkt Vater und Sohn gemeinsam abgebildet, um die dynastische Vorstellung der neuen Heracleischen Dynastie zu unterstreichen.

Der brutale Bürgerkrieg zwischen Heraclius und Phocas zwischen 608 und 610 hatte Vorstöße der persischen Sasaniden in die Levante begünstigt; um 610 hatten sie Syrien, Palästina und Kleinasien angegriffen. Erfolglos versuchte der Kaiser 613 die bedeutende Stadt Antiochia zurückzugewinnen. 614 eroberten die Perser sogar Jerusalem und brachten die Kreuzesreliquie in ihren Besitz.[3] Dieses Ereignis galt vielen als Katastrophe, die über das Reich hereingebrochen war, und als Zeichen für den Zorn Gottes ob der sündhaften Christenheit. Verzweifelt suchte man noch im selben Jahr Frieden mit den Angreifern zu schließen, doch wurden oströmische Gesuche von persischer Seite aus nicht anerkannt. Dem Perserkönig Chosrau II. (590–629) galt Heraclius, wie sein Vorgänger Phocas, als unrechtmäßiger Usurpator.[4]

Im Jahr 616 eroberten die Perser Ägypten, was für Konstantinopel große Schwierigkeiten mit Blick auf die hauptstädtische Kornversorgung zur Folge hatte. In der Hauptstadt brachen Hungersnöte aus. Weitere Bedrohungen folgten: Im Westen rissen Westgoten die letzten oströmischen Besitzungen in Südspanien an sich. In Italien erhob sich der Exarch Eleutherius gegen Heraclius, wurde aller-

Abb. 3 **Innenansicht der Hagia Sophia**, in der Heraclius Constantinus III. im Beisein hoher Würdenträger den Eliten Konstantinopels nach seiner Kaiserkrönung vorgestellt wurde, wie Chronicon paschale 703–704, ed. Dindorf 1832 I, zu entnehmen ist: „Im Jahr 613 [...], am 22. Januar, [...], an einem Montag, wurde das Kind Heraclius Constantinus III. von seinem Vater Heraclius im Palast zum Kaiser gekrönt. Sogleich stieg er in das Hippodrom hinauf und empfing dort, die Krone tragend, die Ehrerbietung der Senatoren als Kaiser und wurde von den Zirkusparteien bejubelt. Von [dem Kämmerer] Philaretus getragen, zog er mit seinem Vater in die Hagia Sophia ein." (*Eigene Übs.*)

Heraclius – ein Kaiser am Ende?

dings von loyalen Truppen ermordet, bevor er ein eigenes Teilreich etablieren konnte. Auf dem Balkan wüteten die Awaren; Thessalonike wurde bis 620 sogar zweimal belagert, konnte allerdings aufgrund seiner starken Befestigungen nicht eingenommen werden.[5] Es kam hinzu, dass Heraclius' erste Gattin Eudocia bereits 612 unerwartet verstorben war. Der im 8. Jh. wirkende Patriarch und Historiograph Nicephorus I. stellt es rückblickend so dar, dass der Kaiser vor dem Hintergrund all dieser schrecklichen Ereignisse überfordert gewesen sei. Er habe sogar geplant, nach Nordafrika zurückzusegeln, um vom sicheren Karthago aus einen militärischen Gegenschlag zu organisieren.[6]

So weit kam es allerdings nicht. Stattdessen entschied sich Heraclius in dieser für das Reich bedrohlichen Lage dazu, den Kampf mit den Persern persönlich zu suchen, da deren Vordringen als größte Gefahr für den Bestand Ostroms angesehen wurde. Zu diesem Zweck wurden die wirtschaftlichen und personellen Ressourcen des schwer angeschlagenen Staatswesens gezielt zur Heeresfinanzierung genutzt. Die Reichsbewohner dürften in dieser Zeit auch aus diesem Grund unter hohem Steuerdruck gestanden haben. Mit Zustimmung des Patriarchen Sergius nahm der Kaiser Kredite bei der Kirche auf. Zudem ließ er Kirchensilber beschlagnahmen und einschmelzen, um seine Truppen auszuzahlen. Mit den stets kampfbereiten Awaren im Westen schloss Heraclius Frieden, damit er sich der persischen Bedrohung im Osten voll und ganz annehmen konnte.

Bemerkenswert war Heraclius' Entscheidung, seine Truppen als erster Kaiser nach Theodosius I. (379–395) im Kampf gegen die Sasaniden persönlich anzuführen. Zum einen konnte er dadurch seine Wehr- und Sieghaftigkeit öffentlich inszenieren. Zum anderen dürfte er berechtigtes Misstrauen gegenüber anderen Feldherren gehegt haben, die mithilfe der ihnen unterstehenden Heereskräfte allenfalls zu einer Bedrohung für ihn hätten werden können. Denkbar ist auch, dass die militärische und politische Situation schlicht keinen anderen Ausweg zuließ, als dass sich der Kaiser aus Konstantinopel entfernte, um sein militärisches Geschick unter Beweis zu stellen.

Abb. 4 Darstellung der Salbung Davids in Vorbereitung auf seinen Kampf gegen Goliath, Nebenplatte der sogenannten Davidplatten (um 630) aus dem Metropolitan Museum of Art, New York. Den Kaisern von Ostrom-Byzanz galt David als Vorbild für ihre eigene Herrschaft. Gerade unter Heraclius wurden Vorstellungen eines in der Not auftretenden Heilsbringers in der Nachfolge Davids für einen großen Teil der Reichsbevölkerung wichtig. Der berühmte Kampf zwischen David und Goliath (1 Sam 17) konnte darüber hinaus als Metapher für die kriegerischen Auseinandersetzungen zwischen Ostrom und dem Perserreich gedeutet werden.

Heraclius' Kriegszüge gegen die Perser

622 zog Heraclius zusammen mit einem ca. 20 000 Mann starken Heer gegen die Perser. Konstantinopel überließ er der Obhut des Senats unter Führung des Patriarchen Sergius, des einflussreichen und angesehenen Patriziers Bonus sowie seines ältesten Sohnes Heraclius Constantinus III. Zwar erzielte er durch kluge strategische und taktische Entscheidungen und dank einer gehörigen Portion Glück mehrere Siege gegen persische Generäle in Kleinasien und Armenien, doch wurde er durch wortbrüchige Awaren im Westen nach Konstanti-

Wechselbad triumphaler Siege und katastrophaler Niederlagen

Abb. 5 Der Sieg des Heraclius und die Hinrichtung von Chosrau II. 628, Piero della Francesca, 1464, Hauptchorkapelle der Kirche des heiligen Franziskus in Arezzo, Italien. Der Kampf zwischen Ostrom-Byzanz und dem Perserreich wird hier als brutales Schauspiel vorgestellt. Körper von Tieren und Menschen erscheinen im harschen Ringen um den Sieg in der unteren Bildhälfte ineinander verkeilt, während die obere Bildhälfte des Schlachtengetümmels von einem Durcheinander aus Rüstungen, Waffen und blutigen Wunden dominiert wird. Der entthronte Chosrau II. erwartet am rechten Bildrand sein Ende durch das Schwert.

nopel zurückgezwungen, wo er einen neuen Friedensvertrag aushandelte. 624 brach er zu einem zweiten Feldzug auf, wobei ihm erneut bedeutende Erfolge zufielen. Verunsichert durch das Vordringen des oströmischen Heeres, schlossen die Perser eine Vereinbarung mit den Awaren, um Konstantinopel gemeinsam in die Zange zu nehmen.

Im Sommer 626 war es so weit: Awarische Streitkräfte rückten von Westen auf die Theodosianischen Landmauern Konstantinopels vor, während die Perser bei Chalcedon mit ihrem Heer lagerten. In dieser heiklen Situation entschied sich Heraclius, der zu diesem Zeitpunkt noch immer in Kleinasien weilte, nur einen Teil seiner Truppen zum Schutz der Hauptstadt zu entsenden. Mit den ihm verbliebenen Truppen zog er weiter gegen das Perserreich, das er durch sein Vorgehen zu überraschen plante. Die städtische Verteidigung überließ er dem Patrizier Bonus sowie dem Patriarchen Sergius. Den Einwohnern Konstantinopels vermittelte insbesondere der zuletzt Genannte den Eindruck, dass Konstantinopel unter göttlichem Schutz stünde. Tatsächlich spielte im Verständnis der Zeitge-

nossen die Intervention der Muttergottes (griech. Θεοτόκος, Theotókos) eine entscheidende Rolle für die Rettung der Reichshauptstadt. Diese sei während der Belagerung mehrfach erschienen und habe die Angreifer mit aller Macht zurückgeworfen.[7]

Die gescheiterte Belagerung Konstantinopels erwies sich als kriegsentscheidend. Sasaniden und Awaren gingen aus der Auseinandersetzung geschwächt hervor, während Heraclius mit seinem Heer erfolgreich bis ins Perserreich vordrang. 628 gelang ihm der entscheidende Sieg über seine Gegner bei Niniveh. Bedeutsam für seinen Sieg war zudem ein im Vorfeld geschlossenes Bündnis mit türkischen Reiterverbänden, wodurch das Perserreich von Westen und Osten in die Zange genommen wurde. Der Perserkönig Chosrau II. wurde getötet, und das Heilige Kreuz gelangte erneut in oströmischen Besitz.[8]

Wundersame Siege, die Rückführung der Kreuzesreliquie und die versuchte Rückkehr zum Status quo ante

Angesichts seiner Siege über die persische Großmacht schien es vielen Zeitgenossen so, als hätte Heraclius alle Gegner des Römischen Reiches unterworfen. Die Awaren waren zerstreut und das mächtige Perserreich dem Verständnis der Zeitgenossen gemäß Ostrom untertan. Chosraus II. Nachfolger Kavadh II. (628) ersuchte sogar unterwürfig Heraclius' Unterstützung für seine neue Regierung im Osten. Der Kaiser wurde als wundertätiger Herrscher von Gottes Gnaden vorgestellt. Seine Siege seien vom Himmel selbst gewollt, sodass dem Reich nun eine lange Friedensperiode bevorstehen würde. Georg von Pisidien stellt den triumphalen Einzug des Kaisers in Konstantinopel eindringlich dar (s. Quellenkasten).

Ein Höhepunkt von Heraclius' Regierung war die Rückführung des Heiligen Kreuzes nach Jerusalem im Jahr 630, wodurch öffentlich angezeigt werden sollte, dass die gottgewollte Heilsordnung der Welt nun wiederhergestellt worden sei. Später rankten sich zahlreiche Legenden um diesen historischen Akt. So sei dem Kaiser, der in allem imperialen Pomp in die Heilige Stadt einmarschieren wollte, um das Kreuz an seinen angestammten

GEORG VON PISIDIENS LOB DES SIEGREICHEN KAISERS

Wie ist es so weit gekommen, dass die goldenen Haare ihre Farbe veränderten?

Es war wohl der Schnee der Sorgen, der sie erbleichen ließ. Und wo ist das helle Leuchten deiner Gliedmaßen geblieben? Die brennende Glut der Sonne hat es verzehrt.

Ich halte es aber für wahrscheinlich, dass diese Reinheit durch deine schweißtreibenden Anstrengungen ins Herz übertragen wurde.

[...]

Oh du, der du dich nun in wahren Purpur gekleidet zeigst, ein wahrlich für immer gefärbter Purpur,

denn er ist durch deinen Schweiß stetig durchtränkt worden. Und doch bleibt er strahlend weiß, trotz der purpurnen Farbe,

und strahlt rein in Erinnerung an deine neuen herausragenden Taten, je öfter es von dir getragen wird.

Sei gegrüßt, oh Stratege der Wiedergeburt der Welt! Jede Region und jede Stadt weiß,

dass durch deinen beherzten Kampf das Leben wiederauferstand. Du hast diesen Weg beschritten, fünf Jahre lang,

schwitzend, marschierend, anfeuernd, kämpfend, bis Chosrau, der Übeltäter, endlich gestürzt war. Groß war die Verwunderung der Reitknechte,

die dich begleitet haben, als die Räder deines Wagens nach einer derart langen Reise stehen blieben.

Aus allen vier Kardinalpunkten stimmte das Volk der Welt einen Freudengesang im Theater des Lebens an.

Bei deinem Erscheinen schmückten alle die Stadt, indem sie lebende Blumen sammelten,

und krönten dich mit Gebeten, die wie Rosen waren, denn Er, der Richter und Herr über alle Kämpfe ist, öffnete dir die Pforten der Welt, und du, als absoluter Sieger, hast sie durchschritten,

in den Händen das makellose, himmlische Bild tragend.

(Georg von Pisidien, Heraclias 1,140–148; 195–218, ed. Tartaglia 1998, 20–204; 206–208. Eigene Übs.)

Wechselbad triumphaler Siege und katastrophaler Niederlagen

Platz zurückzubringen, der Weg nach Jerusalem zunächst durch einen Engel versperrt worden. Erst als sich Heraclius voller Demut aller herrscherlichen Insignien entledigt und sich damit an Christus ein Beispiel genommen hatte, habe ihm der Engel den Weg eröffnet.[9]

In der Folge suchte Heraclius seine Herrschaft zu konsolidieren. Heeresabteilungen aus dem Osten beorderte man nach Kleinasien und Thrakien. Die wiedergewonnenen Ostprovinzen suchte man gemäß dem Status quo ante wiederherzustellen – an Krieg dachte niemand mehr. Kirchenkredite wurden zurückgezahlt und erste Bauvorhaben in Konstantinopel in Angriff genommen. Selbst die vom Kaiser und dem Patriarchen gemeinsam vorangetriebene Religionspolitik schien Früchte zu tragen – Konflikte zwischen Anhängern der orthodoxen Reichskirche und den sogenannten Miaphysiten in Syrien und Palästina schienen überwunden zu sein.

Abb. 6 **Einzug des Heraclius nach Jerusalem**, Agnolo Gaddi, 1387, Santa Croce, Florenz. Heraclius suchte das Kreuz zunächst im fürstlichen Ornat eines oströmischen Kaisers nach Jerusalem zurückzubringen. Ein Engel versperrte ihm, wie im Hintergrund zu erkennen ist, den Weg in die Stadt und verwies auf die einfache Art, in der Christus Jerusalem betreten hatte. Daraufhin habe Heraclius sämtliche Insignien der weltlichen Herrschaft abgelegt. Im Vordergrund auf der rechten Seite sieht man den Einzug des demütigen Kaisers in die Heilige Stadt. Links im Vordergrund ist die Enthauptung Chosraus II. zu erkennen.

Die islamische Expansion und das Ende des scheinbar wundertätigen Kaisers

Vor diesem Hintergrund wurde das Reich vom plötzlichen und für viele offenbar unerwarteten Aufstieg der Muslime hart getroffen. Zu Beginn der islamischen Expansion standen keine großen

Heraclius – ein Kaiser am Ende?

Truppenkontingente im Osten bereit, die das Vordringen der Araber hätten stoppen können. Die erfahrensten Einheiten hatte man zuvor nämlich nach Konstantinopel zurückgeführt. Militärischen Widerstand durch die gezielte Mobilisierung von Truppen in der Levante verlangte zudem Zeit – die früheren Vorbereitungen für den Kampf gegen die Sasaniden vom Herrschaftsantritt des Kaisers 610 bis zu seinem ersten Feldzug 622 hatten insgesamt 12 Jahre in Anspruch genommen. Darüber hinaus war die Führung der oströmischen Armee in sich nicht geeint. Eine klare Strategie im Kampf gegen die neue militärische Bedrohung kam damit nicht zustande. 637 ereignete sich beim Yarmūk, einem Nebenfluss des Jordan, schließlich eine entscheidenden Schlacht, bei der Ostrom eine vernichtende Niederlage erlitt. In der Folge mussten sich die Überlebenden aus Syrien zurückziehen.

Heraclius selbst hatte zunächst noch versucht, das Vordringen der Muslime von Antiochia aus aufzuhalten. Als dies nicht mehr möglich war, begab er sich 638 zurück nach Konstantinopel. Die verbliebenen Truppen wurden nach Kleinasien verlegt, wo sie den heranrückenden Muslimen erfolgreich die Stirn boten. Die ihnen zugewiesenen Regionen dienten später als Ausgangspunkte zur Reorganisation der byzantinischen Provinzialordnung. Der Kaiser war bemüht, seinen Untertanen das Bild vermeintlicher Stabilität zu vermitteln. Dabei spielte die Inszenierung seiner Familie erneut eine zentrale Rolle. So ließ er seinen zweitältesten Sohn Heraclonas 638 zum gleichrangigen Mitkaiser (Augustus) krönen. Auf Goldmünzen wurden ab diesem Zeitpunkt drei Kaiser abgebildet, um die (formale) Gleichrangigkeit und Einheit der Familienmitglieder zu betonen.

Obschon Heraclius in vielfältiger und oftmals auch erfolgreicher Weise darum bemüht war, das Reich nach dem Vordringen der Muslime zu stabilisieren, zeichnet die spätere Überlieferung ihn oft als alten, kranken und verzweifelten Kaiser. Dazu trug das Scheitern seiner Religionspolitik bei, die zu einem erneuten Bruch zwischen Miaphysiten und Angehörigen der orthodoxen Reichskirche

---

HERACLIUS

Um 575
Geburt des Heraclius

608
Beginn der Erhebung der Heraclii in Nordafrika gegen den Tyrannen Phocas

610
Hinrichtung des Phocas, Kaiserkrönung von Heraclius (5. Oktober)

614
Einnahme Jerusalems durch die Sasaniden (April/Mai)

619
Einnahme Alexandrias durch die Sasaniden (Juni)

622
Aufbruch des Heraclius zum ersten Perserfeldzug (4. April), Hidschra von Muhammad aus Mekka nach Medina (24. September)

624
Beginn des zweiten Perserfeldzugs

626
Belagerung Konstantinopels (29. Juli bis 7. August)

628
Sturz des Perserkönigs Chosrau II. (Februar)

630
Einnahme Mekkas durch die Muslime (Januar), Rückführung der Kreuzesreliquie nach Jerusalem (21. März)

632
Tod Muhammads (8. Juni)

634
Muslime dringen in die Levante ein.

636
Niederlage oströmisch-byzantinischer Heere am Fluss Yarmūk (20. August)

638
Rückkehr des Heraclius nach Konstantinopel

639
Muslime dringen in Ägypten ein.

641
Tod des Heraclius (11. Februar)

führte. Er starb schließlich an Wassersucht im Jahr 641. Man bestattete ihn in Konstantinopel und hoffte, dass seine Söhne die muslimischen Angreifer aufhalten würden. Heraclius Constantinus III. verstarb allerdings bereits nach ungefähr drei Monaten im Amt. Sein Halbbruder Heraclonas wurde zusammen mit seiner Mutter Martina vom Senat noch im Jahr 641 aus der Stadt verbannt. Größere Stabilität kehrte erst unter Heraclius' Enkel Constans II. (641–668) ein, wenngleich auch er die Muslime nicht aufzuhalten vermochte und einen großen Teil seiner Herrschaft auf Sizilien fernab der Hauptstadt zubrachte.

Heraclius' bewegte Herrschaft aus heutiger Perspektive zu beurteilen, fällt nicht leicht. Sicher ist, dass das Reich unter seiner Ägide schrumpfte. Die staatliche Verwaltung und Heeresorganisation erfuhren sowohl aufgrund dieser Entwicklungen als auch wegen punktueller kaiserlicher Eingriffe Anpassungen. Experimente, die Kaiserideologie umfassend umzugestalten, scheiterten aufgrund historischer Realitäten: Zwar gerierte sich der Kaiser als gottgesandter und christusgleicher Sieger und Erneuerer der oströmischen Welt, doch konnte er seine Ansprüche im Angesicht muslimischer Siege nicht aufrechterhalten. Auch seine religiösen Unionsbemühungen waren nicht von beständigem Erfolg gekrönt.

Abb. 7 *Solidus* von Heraclius (Mitte), Heraclius Constantinus III. (rechts) und Heraclonas (links) (638–641)

Trotzdem ist Heraclius' Regierung aus heutiger Sicht positiv zu werten. Zum einen trug er dazu bei, dass der oströmische Staat in einer Zeit massiver Herausforderungen nicht unterging. Zum anderen prägte er die Strukturen des Reiches – trotz einiger Misserfolge – mittel- und langfristig. Zu seinen wichtigsten Leistungen gehörten die Etablierung einer neuen Herrschaftsdynastie, die bis zum Beginn des 8. Jh.s an der Macht bleiben sollte, sowie die Schaffung wichtiger Grundlagen für künftige Herrschafts- und Verwaltungsstrukturen des Byzantinischen Reiches. Heraclius war damit ein Kaiser vor dem Ende, das er mit persönlichen Anstrengungen, kollektiven Resilienzbemühungen und einer Portion Glück zugunsten des oströmisch-byzantinischen Staates überwand und damit zu dessen Transformation beitrug.

Von Kay Ehling

Sterben, Tod und Apotheose des römischen Kaisers

DIVVS AVGVSTVS – der Kaiser als Gott

Der lebende Kaiser war heilig, der tote ein Gott. Der verstorbene Kaiser und ebenso die Kaiserin stiegen, so der antike Glaube, in den Götterhimmel auf und verwandelten sich in einen Stern. Die Vorstellung einer Versetzung des verstorbenen Herrschers unter die Gestirne ist schon für hellenistische Zeit bekannt. Aufstieg und Verwandlung vollzogen sich in Rom in dem komplexen Ritual der Apotheose. Im Zuge eines Staatsbegräbnisses, bei dem die Verbrennung des Leichnams bzw. eines stellvertretenden Wachsbildnisses der zentrale Bestandteil war, wurden Kaiser bzw. Kaiserin konsekriert, d. h. aus dem Rechtsbereich des *ius humanum* (menschlichen Rechts) in die Sphäre des *ius divinum* (göttlichen Rechts) überantwortet und so zu Staatsgöttern gemacht.

Abb. 1 **Antoninus Pius und Faustina I.** Die Hauptseite des nach 161 geschaffenen Marmorsockels der Antoninus-Pius-Säule zeigt Antoninus Pius mit seiner verschleierten, bereits über zwanzig Jahre zuvor verstorbenen Gemahlin Faustina I., die von einem jungen, geflügelten Genius gen Himmel zu den Göttern getragen werden. Unten links ist die Personifikation des Marsfeldes mit dem Obelisken, der Sonnenuhr des Augustus und rechts die Göttin Roma zu sehen, die das Kaiserpaar verabschiedet. Der Sockel weist rechts und links je ein Relief auf, das die rituellen Umritte darstellt, die von Militärangehörigen um den Scheiterhaufen vor der Verbrennung des Leichnams bzw. kaiserlichen Wachsbildes vollzogen wurden.

Bevor ein Kaiser unter die Götter erhoben werden konnte, musste er sterben. Wie bestimmte Vorzeichen Hinweise auf die bald zu gewinnende Kaiserwürde gaben, so ereigneten sich umgekehrt im Vorfeld des Todes nicht selten göttliche Vorzeichen, die das Ende eines Kaisers ankündigten (lat. *omina mortis*).

Vorzeichen, Sterben, letzte Worte

An einem Tag gegen Ende seines Lebens, so wird berichtet, habe ein Blitz bei einer Statueninschrift den Buchstaben C bei CAESAR AVGVSTVS gelöscht. Die Priester deuteten das himmlische Zeichen in dem Sinne, dass Kaiser Augustus noch

DIVVS AVGVSTVS – der Kaiser als Gott

Abb. 2a und b **Antoninian, Divus Augustus,** Silber, geprägt unter Traianus Decius (249–251) in Rom. Decius legitimierte seine eigene Herrschaft, indem er sich in eine Reihe mit elf als herausragend empfundenen Kaisern stellte, die zu Staatsgöttern (*divi*) erklärt worden waren. Er ließ eine Serie von Konsekrationsmünzen prägen (RIC IV 3 Nr. 77–98), die auf der Vorderseite den Kopf des *divus* Augustus (a), Vespasian, Titus, Nerva, Traian, Hadrian, Antoninus Pius, Marc Aurel, Commodus (2b), Septimius Severus und Severus Alexander tragen und auf der Rückseite zu der Legende CONSECRATIO das Bild eines flammenden Altars bzw. Adlers zeigen.

hundert Tage zu leben habe, denn das Wort AESAR bedeute, so Sueton, im Etruskischen „Gott".[1] Sieht man die unter Tiberius geprägten Münzen durch, die für den im Jahr 14 verstorbenen und konsekrierten Augustus geprägt wurden, so fällt auf, dass es Stücke gibt, die auf der Vorderseite vor der Büste des Divus ein Blitzbündel aufweisen bzw. einen stilisierten Blitz als Rückseitenmotiv tragen. Es ist also gut möglich, dass sich im Vorfeld des Todes des Augustus tatsächlich ein Blitzomen ereignet hat bzw. eine derartige Geschichten im Umlauf war.

Weitere himmlische Vorzeichen, die das Ende eines Kaisers ankündigen konnten, waren neben dem Blitzschlag das Erscheinen eines Haarsterns, d. h. Kometen, oder Himmelsdonnern bei klarem Wetter. Kometen deuteten allgemein auf einen Thronwechsel hin, Sternschnuppen auf Tod. Typisch sind darüber hinaus missglückte Opferzeremonien, alle möglichen ungewöhnlichen Begebenheiten sowie unheilvolle Träume.

Zahlreiche *omina mortis* sind in der „Historia Augusta" überliefert. Nun gilt dieses um das Jahr 400 verfasste Werk, eine Sammlung von dreißig Kaiserviten von Hadrian bis Numerian (117 bis 285), was seine Glaubwürdigkeit anbelangt, als problematisch, da es sich eher um einen Schelmenroman als um eine ernsthafte Geschichtsdarstellung handelt. So wird man auch die darin berichteten Vorzeichen kaum alle für bare Münze nehmen dürfen. Auf der anderen Seite bewegte sich der Autor der „Historia Augusta" selbstverständlich in einem antiken Vorstellungshorizont, sodass die *omina* zwar nicht selten aus einem Gruselroman oder einer Komödie zu stammen scheinen, aber dennoch letztlich antiker Fantasie entspringen und zumindest potenziell für den antiken Menschen vorstellbar waren. So heißt es etwa ganz unspektakulär, dass Kaiser Hadrian auf dem Sterbebett ein Ring, in dessen Stein sein eigenes Bild geschnitten war, vom Finger geglitten sein soll. Anders hingegen klingen diese Geschichten: Als sich Severus Alexander mit dem Heer auf dem Marsch an den obergermanischen Limes befand, soll ihm eine keltische Druidin mit dem Satz: „Zieh hin, hoffe nicht auf Sieg und traue deinen Soldaten nicht!" den Tod angekündigt haben. Das ist erkennbar eine Prophezeiung *ex eventu*, also im Rückblick, denn der letzte Severer wurde, ohne eine militärische Aktion durchgeführt zu haben, zusammen mit seiner Mutter Iulia Mamaea wohl bei Mainz im März 235 von seinen Soldaten ermordet. Auf den Tod des Senatskaisers Tacitus (Juli? 276) wiesen angeblich folgende Vorzeichen hin: Beim Grabmal seines Vaters öffneten sich die Türen. Der Geist seiner Mutter erschien ihm, und in der kaiserlichen Hauskapelle fielen Götterstatuen um oder wurden auf magische Weise an einen anderen Ort versetzt.

Ein leichter Tod bei vollem Bewusstsein galt als Segen. Augustus konnte sich unter Küssen von seiner Frau mit dem Satz „Livia, gedenke stets unserer Ehe und lebe wohl!" verabschieden. Antoninus Pius starb sanft, ebenso Marc Aurel. Wie es sich für einen Philosophenkaiser gehört, hielt Letzterer auf dem Sterbelager eine philosophische Ansprache an seine engste Umgebung. Der auf dem Schlachtfeld schwer verletzte Kaiser Julian starb in der Nacht vom 26. auf den 27. Juni 363 im Kreise seiner neuplatonischen Freunde bei einem Gespräch über die Unsterblichkeit der Seele. So ziemlich das Gegenteil davon stellen die letzten Worte Vespasians dar. Mit dem Humor eines Düsseldorfer Karnevalsredners meinte er im Hinblick auf das sich an seinen Tod anschließende Konsekrationsritual: „*Vae, puto deus fio!*" (Oh weh, ich glaube, ich werde ein Gott!) Die letzten Worte Neros sollen bekanntlich gelautet haben: „Welch ein Künstler geht mit mir zu Grunde!" (*Qualis artifex pereo!*[2]) Seine allerletzten Worte waren allerdings „Zu spät!" (*Sero!*) und „Das ist Treue!" (*Haec est fides!*) und galten einem Zenturio, der Neros Halswunde abdrücken wollte, die er sich mit einem Dolch selbst zugefügt hatte, um sich das Leben zu nehmen.

Der Umgang mit dem Leichnam des Kaisers

Caesars Beisetzung im Jahr 44 v. Chr. war tumultuarisch verlaufen, und die Konsekration des *dictator perpetuus* (Diktator auf Lebenszeit, so sein letzter Amtstitel) durch den Senat hatte sich bis ins Jahr 39/38 v. Chr. hingezogen. Als Kaiser Augustus sechzig Jahre später am 19. August 14 in Nola starb, sollte sich dergleichen nicht wiederholen. Der Ablauf der Beisetzung und die Vergöttlichung des ersten *princeps* waren genau geplant und durchchoreographiert. Städtische Honoratioren trugen den Toten in einer feierlichen Prozession von Nola bis Bovillae, und zwar nachts wegen der Sommerhitze; tagsüber wurde der Leichnam in einer Basilika oder dem Haupttempel der Stadt aufgebahrt. In Bovillae übernahmen Angehörige des Ritterstandes den Toten und überführten ihn nach Rom. Im römischen Senat setzte eine intensive Diskussion darüber ein, wie der Tote angemessen geehrt werden könnte. Auf dem Forum Romanum hielten sein Nachfolger Tiberius und dessen Sohn Drusus die Leichenrede. Anschließend trugen die würdigsten Senatoren den Verstorbenen zum Marsfeld, wo er auf einem Scheiterhaufen verbrannt wurde. Die sterblichen Überreste sammelten anschließend die vornehmsten Ritter, die ganz schlicht nur mit einer gürtellosen Tunika bekleidet und außerdem barfuß waren, ein und setzten die Asche im nahen Mausoleum bei, dessen Bau Octavian/Augustus (als demonstratives Gegenstück zu dem geplanten Grab des Marc Anton im ägyptischen Alexandria) wohl ab 32 v. Chr. betrieben hatte. Der Platz der Leichenverbrennung wurde zu einem Erinnerungsort erhoben, Pappeln angepflanzt und der Bezirk mit Marmormauern und Gittern eingefriedet.

Ganz anderes erging es Elagabal: Er starb keines natürlichen Todes, sondern wurde in Rom wohl im März 222 erschlagen. Als er versuchte, sich seines mitregierenden Cousins Severus Alexander zu entledigen, verlor er bei den Prätorianern bzw. seiner Leibwache den letzten Rückhalt. Der Kaiser, die Kaiserinmutter Iulia Soaemias und einige hohe Beamten fanden den Tod. Elagabals Leichnam wurde durch die Straßen Roms und den Zirkus geschleift. Da sich die Kloake als zu schmal für die Entsorgung des Toten erwies, wurde die geschändete Leiche schließlich von einer Brücke in den Tiber geworfen und versenkt, wie die des Vitellius im Dezember 69.

Ablauf des Staatsbegräbnisses. Wachspuppe und Sterbetheater. Scheiterhaufen

Im Gegensatz zu Elagabal oder seinen Vorgängern Caligula, Otho, Vitellius und Geta wurden die meisten Kaiser konsekriert, d. h. in einem Staatsakt zum Staatsgott erhoben. ‚Schlechte' Kaiser, die zunächst der *damnatio memoriae* verfallen waren, konnten nachträglich vergöttlicht werden, so Commodus **(Abb. 2b)** oder Caracalla. Aufgrund der eigentümlichen Überlieferungslage lässt sich die historische Entwicklung der Kaiserapotheose nicht restlos rekonstruieren, und manches muss offenbleiben. Obwohl nicht nur die Römer in allen Dingen, die die Bestattung ihrer Toten betrafen, traditionell konservativ waren, unterlag das Prozedere der Vergöttlichung doch gewissen nicht unerheblichen Veränderungen. So erfolgte der Senatsbeschluss zur Vergöttlichung des Kaisers zunächst nach der Verbrennung. Seit dem Tod des Claudius im Jahr 54 ging der vom Senat getroffene Divinisierungsbeschluss dann dem Staatsbegräbnis voraus. Der zunächst obligatorische Zeuge für die kaiserliche Himmelfahrt war schon bald nicht mehr notwendig. Anfang des 2. Jh.s wurde dann die Verbrennung auf dem großen Scheiterhaufen (lat. *rogus*) zum Schlusspunkt des Staatsbegräbnisses und damit Verbrennung auf dem Rogus (**Abb. 3**) und Konsekration praktisch identisch.

Eine Besonderheit, die es freilich auch schon in der Zeit der Republik gegeben hat, war, dass ein Abbild (lat. *effigie*) in Form einer Wachsfigur an die Stelle des Leichnams treten konnte. Ein solcher Ersatz mochte wünschenswert sein, wenn der Tote fern von Rom, etwa auf dem Schlachtfeld, gefallen war und auswärts eingeäschert werden musste oder der Leichnam gar aufgrund besonderer Umstände nicht geborgen werden konnte und Ähnliches. Für das römische Kaiserhaus können wir eine solche Wachsfigur als Stellvertreter für den realen Leichnam erstmals bei der Beisetzung der Poppaea Sabina im Jahr 65 sicher fassen. Nero ließ seine zweite Frau einbalsamieren und im Mausoleum des Augustus beisetzen.³ Bei dem anschließenden öffentlichen Begräbnis wurde die Tote durch eine Wachspuppe vertreten, die öffentlich verbrannt wurde, denn die Feuerbestattung entsprach römischer Sitte. Doppelbestattungen waren nicht die Regel, scheinen jedoch im 2. Jh. für das Kaiserhaus üblich gewesen zu sein und sind für Pertinax, der in Rom, und Septimius Severus, der im fernen Britannien verstorben war, von antiken Autoren ausführlich beschrieben worden.⁴

Mithilfe der von Spezialisten angefertigten Wachsimago mit den Gesichtszügen des Verstorbenen wurde in einem regelrechten Theaterstück das Sterben des *princeps* auf magische Weise nachgespielt. Der künstliche Wachskörper des Kaisers wurde mit dem Triumphalgewand bekleidet und so, mit Insignien ausgestattet, im Eingangsbereich des Kaiserpalastes auf dem Palatin aufgebahrt. Bei der aus Elfenbein bestehenden Bahre hatten tagsüber die Senatoren auf der linken, die Senatorenfrauen auf der rechten Seite Platz zu nehmen, die Männer in schwarzen, die Frauen in weißen Gewändern. Währenddessen traten Hofärzte in bestimmten Abständen an die Bahre heran und prüften den Gesundheitszustand des im Wachsbild verkörperten, schwerkranken Kaisers, nur um festzustellen, dass es ihm wieder ein Stück schlechter ging. Sieben Tagen später gaben sie seinen Tod bekannt.

Die Divinisierung, d. h. Vergöttlichung eines Kaisers, wurde auf Wunsch seines Nachfolgers, des regierenden Kaisers (bzw. bei Kaiserinnen nach Antrag des kaiserlichen Gatten), offiziell vom Senat beschlossen. Auf diese Weise wurde die eigene Stellung maßgeblich legitimiert, da der Nachfolger jetzt zum *divi filius* (Sohn eines Staatsgottes) avancierte. In der betreffenden Senatssitzung ver-

Abb. 3 Der Rogus. Sesterz des Marc Aurel für *divus* Antoninus Pius, Münzstätte Rom, nach 161, RIC 1266 (Marc Aurel). Der Scheiterhaufen besteht aus einem quadratischen, sockelförmigen, mit Girlanden geschmückten Unterbau, auf dem sich drei Etagen mit jeweils kleinerer Grundfläche erheben. Der Rogus war mit Säulen, Standbildern und sicher auch Gemälden architektonisch und künstlerisch ausgestaltet. Im obersten Stockwerk befand sich der offene Käfig mit dem Adler. Bekrönt wurde das Ganze durch eine Statue des vergöttlichten Kaisers. Zum ersten Mal begegnet der Scheiterhaufen als Bildmotiv auf Konsekrationsmünzen, die Antoninus Pius für seine divinisierte Gattin Faustina I. ausgeben ließ.

las man das Testament des Verstorbenen, in dem etwa die Höhe der Geldzuwendungen an Heer, Prätorianergarde und stadtrömische Bevölkerung festgelegt waren. Weitere Anordnungen konnten den genauen Ablauf der Beisetzung betreffen. Je nach Ansehen und Wertschätzung, die der tote Kaiser zu Lebzeiten genossen hatte, legten die Senatoren nach Verdienst weitere Ehrungen fest. In der „Historia Augusta" etwa heißt es am Ende der Antoninus Pius-Vita: „Man beschloß auch sämtliche Ehren, die zuvor den besten Kaisern erwiesen worden waren. Er erhielt einen Eigenpriester, Zirkusspiele, einen Tempel (Abb. 4) und eine „Brüderschaft der Antoninusverehrer".[5] Beschlossen werden konnte auch die Schaffung eines besonderen, vergoldeten Kultbildes, das anschließend im Zirkus auf einem Elefantenwagen vorgeführt wurde (Abb. 5).

In der Zwischenzeit war auf dem Forum Romanum ein tempelähnlicher Bau aus Holz errichtet worden, der mit rings umlaufenden Säulen verziert war. Hier nahm das Staatsbegräbnis seinen Ausgang. Die vornehmsten, aus Ritter- und Senatorenstand stammenden jungen Männer trugen die Bahre mit dem Toten bzw. der Wachsfigur vom Palatin über die Via Sacra (Heilige Straße) auf das Forum. In vollem Ornat wurde der Verstorbene bzw. der kaiserliche Scheinleib in dem Holztempel aufgebahrt. Auch bei der Wachsfigur sorgte ein Knabe mit einer Pfauenfeder dafür, dass die vom Leichengeruch angezogenen Fliegen verscheucht wurden. In Trauerkleidung versammelten sich die kaiserliche Familie und die Senatoren mit ihren Frauen und nahmen in der Säulenhalle der Basilika Iulia Platz. Ausgesuchte Chöre traten auf und stimmten Trauergesänge an. Nachdem auch die Vertreter des Ritterstandes ihre Plätze eingenommen hatten, bewegte sich ein beinahe endloser Trauerzug über das Forum. Dabei formierte sich die städtische Bevölkerung wahrscheinlich nach ihren Stadtbezirken (lat. *tribus*) geordnet. Bildnisse der berühmtesten Römer früherer Zeiten, plastische Darstellungen der unterworfenen Völkerschaften in ihren traditionellen Gewändern und weitere Gemälde berühmter, vorbildlicher Persönlichkeiten wurden an den Trauergästen vorübergetragen und erinnerten an die ewige Größe Roms.

Abb. 4 **In den Tempel des vergöttlichten Kaiserpaares Antoninus Pius und Faustina I.** an der Via Sacra auf dem Forum Romanum, der in der „Historia Augusta" erwähnt wird, wurde im 11. Jh. die Kirche S. Lorenzo in Miranda hineingebaut. Die Funktion als Kultstätte für die beiden *divi* geht aus der Architravinschrift an der Frontseite hervor. Sie lautet: DIVO ANTONINO ET / DIVAE FAVSTINAE EX S(*enatus*) C(*onsulto*) (Dem göttlichen Antoninus und der göttlichen Faustina auf Beschluss des Senates).

DIVVS AVGVSTVS – der Kaiser als Gott

Dazwischen marschierten Musiker und weitere Trauerchöre sowie die straff organisierten Berufsverbände bis hin zu den Liktoren, Schreibern und Herolden. Darauf folgten Einheiten von Reiter- und Fußsoldaten in vollem Waffenglanz. Am Ende des Zuges befand sich ein aus Indien stammender, edelsteingeschmückter Altar. Diese Prozession wird einige Stunden Zeit in Anspruch genommen haben. Wenn sie vorüber war, bestieg der Kaiser die Rednertribüne und hielt eine Lobrede auf seinen verstorbenen Vorgänger. Dabei wurde er immer wieder von Klagerufen und Lobpreisungen der Anwesenden auf den Toten unterbrochen. Hatte der Kaiser seine Rede schließlich beendet, hoben die höchsten Priester und Würdenträger des römischen Staates die Totenbahre von der Bühne und übergaben diese an einige aussuchte Ritter. Dieser Akt war von ritualisierten Wehklagen, Schluchzen und Tränen begleitet. Bei Trauermusik folgten nun Ritter, Senatoren und Kaiserfamilie der Bahre, die zum Marsfeld gebracht wurde.

Verbrennung und Konsekration

Auf dem Campus Martius folgte der letzte Akt des Begräbnisses, die eigentliche Konsekration. Hier war ein gewaltiger Scheiterhaufen in Gestalt eines mehrstufigen Holzturmes errichtet worden (**Abb. 3**), der den antiken Menschen auch an einen Leuchtturm erinnerte und der im Inneren mit Unmengen von Reisig und Duftkräutern gefüllt war. Diese Aromastoffe waren von Städten, Organisationen und Privatpersonen aus allen Provinzen des Reiches gespendet und zusammengetragen worden. Bevor der Leichnam oder der zweite Körper des Kaisers in diesen Turm (lat. *rogus*) gelegt wurde, trat der regierende Kaiser an den Toten bzw. das Wachsbild heran und küsste es. Gegenüber dem Rogus waren Tribünen aufgebaut, auf denen die Senatoren und die anderen hohen Würdenträger mit ihren Frauen Platz fanden. Inzwischen dunkelte es. Nachdem verschiedene Paraderitte um den kaiserlichen Scheiterhaufen stattgefunden hatten und Waffentänze aufgeführt worden waren, zündeten die Konsuln oder der regierende Kaiser selbst den Rogus an. Der oben in der Spitze des Rogus in einem Käfig verborgene, immer wieder auch auf Münzen abgebildete Adler (**Abb. 2 b**) entschwebte nun dem Feuer für alle sichtbar und trug die Seele des Verstorbenen in den Himmel zu den Sternen. Damit war die Konsekration vollzogen, der Kaiser zum *divus*, die Kaiserin zur *diva* geworden.

Der Ablauf der Beisetzungsfeierlichkeit war in manchen Punkten einem Triumphzug nicht unähnlich. Man kann wohl sagen, dass die Konsekration eines Kaisers in gewissem Sinne sein letzter, gleichsam himmlischer Triumphzug war. Den Zusammenhang von Triumph und Konsekration macht der Titusbogen besonders deutlich, der einerseits den Sieg im Jüdischen Krieg und andererseits durch Inschrift und Relief im Scheitel des Durchgangsbogens die Himmelfahrt des *divus* Titus feiert.

Wenn sich Kosten für ein aufwendigeres Begräbnis in einem Bereich um zehn Millionen Sesterze bewegten,[6] dann kann man sich ausrechnen, dass die Kosten für ein kaiserliches Staatsbegräbnis ein Vielfaches davon betrugen.

Der erste christliche Kaiser: Tod und Beisetzung Constantins des Großen

Die letzten Kaiser, die offiziell konsekriert wurden, waren Constantius I. Chlorus, der Vater Constantins des Großen (306), Romulus, der Sohn des

> ### EIN KAISER AUS WACHS
>
> Denn üblicherweise bestatten sie die Leiche des Verstorbenen mit aufwendiger Ausstattung wie Menschen; dann aber haben sie ein Wachsbildnis gefertigt, das dem Verstorbenen völlig gleicht, legen es auf eine riesige Bahre aus Elfenbein, die hoch emporgehoben wird, stellen sie am Eingang zum Kaiserpalast auf und breiten golddurchwirkte Teppiche darunter. Das Abbild aber liegt da so blaß wie ein Kranker.
>
> (Herodian 4,2,2. Übs. F. L. Müller)

nicht anerkannten Maxentius in Rom (309), der emeritierte Maximianus Herculius (310) und der tetrarchische Ostkaiser Galerius (311). Für Constantin den Großen, den ersten christlichen Kaiser, schickte sich der herkömmliche heidnische Ritus nicht mehr. Und so mussten neue Formen für seine Beisetzung und ein Ersatz für seine Vergöttlichung gefunden werden, die freilich der heidnischen Konsekration in Pracht und Bedeutung nicht nachstehen durften. Zudem war dem Umstand Rechnung zu tragen, dass sich seit der zweiten Hälfte des 2. Jh.s zunehmend die Körperbestattung durchsetzte, d. h., die Verbrennung des Leichnams kam nach und nach außer Gebrauch.

Zu Pfingsten des Jahres 337 starb Constantin am 22. Mai in einer Staatsvilla im kleinasiatischen Achyrona, einem Vorort von Nicomedia, um die Mittagszeit, als die Sonne am höchsten stand. Nach dem Bericht des griechischen Kirchenhistorikers Eusebius (etwa 260–340) in seiner nach Constantins Tod verfassten „Vita Constantini" war die Trauer der Soldaten und Gefolgsleute grenzenlos: Sie zerrissen ihre Kleider, schlugen sich auf die Köpfe und stießen unter Wehklagen jammervolle Rufe aus. Wie leibliche Söhne riefen sie nach ihrem Vater. Constantins Leichnam wurde in einen goldenen Sarg (griech. *larnax*, wörtlich „Kasten, Truhe") gelegt und nach Konstantinopel überführt. Dort stellte man den Sarg, der zudem mit Constantins Diadem und Insignie geschmückt worden war, im kaiserlichen Palast auf einem Podest aus und zündete, wie für einen christlichen Märtyrer, Kerzen an. Als wäre Constantin noch am Leben, huldigte ihm der Hofstaat: „Die Führer des gesamten Heeres, […] die auch zuvor nach dem Gesetz den Kaiser durch die Proskynese [Fußfall] verehren mußten, änderten nichts an der gewohnten Art der Verehrung. Zu den gebührenden Zeiten traten sie ein zu dem in der *larnax* liegenden Kaiser und begrüßten ihn auch nach seinem Tod kniefällig, als ob er noch leben würde. Nach den ersten machten dies, während sie vorbeizogen, sowohl die Vertreter aus dem Senat als auch alle anderen Würdenträger. Nach diesen traten buntgemischte Menschenmassen mit Frauen und Kindern zur Schau hinzu. […] Der Selige herrschte auch noch nach

Abb. 5 Commodus für Marc Aurel. Rückseite: CONSECRATIO; Elefantenquadriga, nach rechts fahrend; auf dem Wagen befindet sich eine Sitzstatue des vergöttlichten Marc Aurel mit Langzepter (?) und Palmzweig (?) in einem offenen, Tempelarchitektur andeutenden Kasten. Auf den Elefanten sitzen vier Lenker mit Treibstachel, im Abschnitt S C (Sesterz, 180, Münzstätte Rom, RIC 661). Für die vergöttlichten Herrscher und Herrscherinnen wurde ein eigenes Kultbild geschaffen und dem staunenden Publikum auf einem Elefantenwagen vorgeführt. Die Kultbilder der Vergöttlichten wurden anlässlich von besonderen Zirkusumzügen (lat. *pompa circensis*) präsentiert. Bei diesen Statuen handelt es sich immer um Sitzbilder, die auf den Münzen für Augustus, Vespasian und Nerva offen auf dem Wagen gezeigt werden, während diese dann im 2. Jh. in einer an einen Tempel erinnernden Säulenarchitektur ausgestellt sind. In der Forschung nimmt man an, dass der Brauch der Präsentation des Kultbildes auf dem Elefantenwagen von den Römern aus dem ptolemäischen Ägypten übernommen wurde.

seinem Tod als einziger unter den Sterblichen".[7] Auf diese Weise blieb der goldene Sarg im Palast aufgebahrt, bis Constantins Sohn Constantius II., aus Antiochia kommend, in der neuen Hauptstadt eintraf und weitere Anweisungen gab. Unter seiner Führung wurde die *larnax* in einer feierlichen Prozession, bestehend aus zivilen Würdenträgern, Militärangehörigen und einfacher Bevölkerung, zum Constantinmausoleum überführt und dort wiederum erhöht aufgestellt. Von diesem Mausoleum, das Eusebius als „Kirche [wörtlich „Tempel"] der Apostel des Erlösers"[8] bezeichnet, haben sich keine archäologischen Reste erhalten, und die Beschreibung, die der Kirchenvater von ihr gibt, ist durch Textverderbnis gestört.[9] Allenfalls, dass das Mau-

Abb. 6 **Rom, Mausoleum der Constantina,** Santa Costanza, Via Nomentana, Mitte 4. Jh. Vermutlich ist das Mausoleum für die Constantintochter nach dem Vorbild des nicht mehr erhaltenen Constantinmausoleums in Konstantinopel gebaut worden. Der Zentralraum wird von zwölf Doppelsäulenpaaren eingefasst und durch große Fenster von oben beleuchtet. An der Stelle, an der sich in Santa Costanza der Altar befindet, dürfte ursprünglich der goldene Sarg (griech. *larnax*) Constantins auf einem hohen Sockel gestanden haben, bis Constantius II. diesen versetzen ließ. Nach Eusebius war das Constantinmausoleum golden ausgekleidet, d. h., der Zentralraum mit goldenem Sarg muss bei günstigem Lichteinfall auf geradezu überirdische Weise in Gold geleuchtet haben. soleum im Inneren mit Gold und Mosaiken ausgeschmückt war, lässt sich seinem Text entnehmen. Doch deutet alles darauf hin, dass es sich um einen Rundbau gehandelt hat.

Wahrscheinlich darf man in dem Mausoleum der 354 verstorbenen Constantintochter Constantina an der Via Nomentana in Rom, der heutigen Kirche Santa Costanza, eine in Dimension und Ausstattung kleinere Wiederholung des Constantinopler Constantinmausoleums erkennen **(Abb. 6)**. Demnach hätte es sich um einen runden, kuppelüberwölbten Zentralbau gehandelt. Die Mitte dieser von einer offenen, umgehbaren Säulenstellung gefassten Umgangskirche war durch einen Obergaden lichtdurchflutet, und eben dort, im Sonnenlicht, durch die goldene Verkleidung des Raumes noch verstärkt, wurde die goldene *larnax* Constantins auf einem hohen Sockel aufgebahrt.

Eusebius erwähnt darüber hinaus, dass sich im Inneren der Kirche zwölf „Gräber" (griech. *thēkai*) der Apostel befanden, die „gleichsam wie heilige Ehrensäulen" aussahen. Man sollte diese etwas kryptische Formulierung nicht so verstehen, dass es eigenständige ‚Apostelsäulen' oder gar Kenotaphe gegeben hätte, auch wenn August Heisenberg dezidiert von Sarkophagen ausgeht. Da es im Inneren des Constantinmausoleums – genau wie in Santa Costanza – zwölf Doppelsäulenpaare gegeben haben dürfte, kann man vielleicht annehmen, dass es diese Säulen waren, die den Aposteln geweiht waren. Vielleicht waren Reliquien in deren Sockel eingelassen oder Bildnisse der Apostel an den Säulen angebracht oder deren Köpfe in die Kapitelle gemeißelt. Jedenfalls sollte sein Sarg, so lautete Constantins vor Zeiten gegebene Anordnung, in der Weise aufgestellt werden, dass „zu beiden Seiten jeweils sechs der Apostel lagen". Nach christlicher Lesart wollte der Kaiser an den Gebeten der Gläubigen für die zwölf Apostel partizipieren und wäre somit „apostelgleich" (griech. *isapostolos*), eine Art dreizehnter Apostel, gewesen. Dass er aber wohl mehr sein wollte als ein ‚einfacher' Apostel, wird schon durch seine herausgehobene Stellung in der Mitte des Mausoleums deutlich, sodass die neuere Forschung mit Recht davon ausgeht, dass er sich tatsächlich als *Haupt* der Apostel verstand, d. h. als neuer *Christus*. Für Constantin mag Christus nur eine andere, ‚christliche' Erscheinungsform des ‚heidnischen' Sonnengottes gewesen sein. Die Gleichsetzung eines Kaisers mit einer Gottheit war bis in die Zeit Constantins unproblematisch. Aber Christus war eben keine gewöhnliche Gottheit, mit der sich ein Kaiser einfach gleichsetzen durfte.

Wahrscheinlich schon recht bald nach den oben geschilderten Ereignissen wurde Constantins Leichnam samt goldener *larnax* auf Anordnung des Constantius II. in einem größeren Porphyrsarkophag beigesetzt. Dieser Sarkophag blieb nicht mehr auf dem Podest in der Mitte des Mausoleums stehen, sondern wurde auf die Ostseite des Gebäudes versetzt. Möglicherweise kann man eine Textstelle bei dem spätbyzantinischen Historiker Niketas Choniates mit dem Porphyrsarkophag (Inv. 608) im Atrium der Irenenkirche in Istanbul in Verbindung bringen, was bedeuten würde, dass besagter Sarkophag erhalten geblieben wäre. Wenn Constantius II. neben dem Rundmausoleum seines Vaters eine kreuzförmige Kirche, die Apostelkirche, errichten ließ, so stellte er den väterlichen Grabbau sprichwörtlich in den Schatten. Kirche und Mausoleum wurden baulich durch einen Flügel miteinander verbunden und die Begräbnisstätte so in einen kirchlichen Zusammenhang ein- und untergeordnet. Auch auf diese Weise sollte die Erinnerung an die offenbar als problematisch empfundene Inszenierung Constantins als neuer Christus aufgehoben werden.

Da sich unter christlichem Einfluss im 4. Jh. die Vorstellung herausbildete, dass auch der Kaiser demütig vor Gott zu sein habe, waren die für Constantin gefundenen Formen der Beisetzung für seine Nachfolger nicht mehr opportun.

Anhang

Rekonstruktion des antiken Forum Romanum
(v. li. Tempel der Dioskuren, Basilika Iulia, Tempel der Concordia, Triumphbogen des Septimius Severus und Carcer Mamertinus; im Hintergrund das Kapitol. Holzstich, um 1880

Endnoten

Der römische Kaiser
[1] Sueton, Domitian 23,2.
[2] Corpus Inscriptionum Latinarum VI 930 = ILS 244 = Freis 49, von dort die Übersetzung.
[3] MAMA VIII Nr. 424 = Aphrodisias Nr. 25 = Freis 146.
[4] Eutrop 8,5,3.
[5] Corpus Inscriptionum Latinarum XIV 4381 = Schumacher 95.
[6] SEG XVII 755 = IGLS V 1998 = McCrum-Woodhead 466 = Freis 66.
[7] Corpus Inscriptionum Latinarum III 5807.

Augustus und die Entstehung des römischen Kaisertums
[1] Corpus Inscriptionum Latinarum 6,930/CIL 6,31207/ILS 244 § 6.

Der ungeliebte Aussteiger Tiberius
[1] Velleius Paterculus 2,124.
[2] Cassius Dio 56,43,4.
[3] Cassius Dio 56,39,6.
[4] Brandt 2021.
[5] Flaig 2019.
[6] Sueton, Tiberius 34–36.
[7] Tacitus, Annalen 4,5.
[8] Tacitus, Annalen 1,11.
[9] Christ ²1992, S. 206.
[10] Tacitus, Annalen 2,47.
[11] Velleius Paterculus 2,127,2.
[12] Tacitus, Annalen 15,44.
[13] Sueton, Tiberius 36.
[14] Sittig 2018.
[15] Tacitus, Annalen 4,57.

Caligula – Urtyp eines ‚verrückten' Kaisers
[1] Sueton, Caligula 8.
[2] Senatus consultum de Gnaeo Pisone 23–29.
[3] Sueton, Sueton, Caligula 10,2.
[4] Sueton, Sueton, Tiberius 76.
[5] Philon, Legatio ad Gaium 14–22.
[6] Cassius Dio 59,16,2–8.
[7] Sueton, Caligula 55,3.
[8] Cassius Dio 59,17.
[9] Seneca, De Brevitate Vitae 18.
[10] Sueton, Caligula 46.
[11] Tacitus, Agricola 13,2.
[12] Sueton, Caligula 59.

Claudius – Gott, Herrscher, Sonderling?
[1] Bspw. Inscriptiones latinae selectae 213.
[2] Seneca Apocolocyntosis 3,3; auch die Charakterisierung des Claudiusanhängers Diespiter als windiger Händler in 9,4.
[3] Sueton, Claudius 41–42.
[4] Tacitus, Annalen 12,65,3–67; Sueton, Claudius 43–44; Cassius Dio 60,34,1–2.

Nero auf der falschen Bühne
[1] Tacitus, Annales 12,66,2–67; Sueton, Claudius 4,4,2–3; Cassius Dio 61,34,2–3.
[2] Sueton, Nero 9.
[3] Aurelius Victor, De Caesaribus 5,2–5.
[4] Sueton, Nero 25.
[5] Cassius Dio 63,20.
[6] Sueton, Nero 31.

Titus – der Sohn eines Kaisers lernt zu herrschen
[1] „Zu Nero willst du mich schicken? Wozu denn? Werden denn die Nachfolger Neros bis zu deinem Regierungsantritt lange an der Herrschaft bleiben? Du, Vespasian, wirst Kaiser, sowohl du wie dieser dein Sohn." (Flavius Josephus, Bellum Iudaicum 3,401 f.; Übs. Michel/Bauernfeind); vgl. zur Prophezeiung auch Sueton, Vespasian 5,6; Cassius Dio 66,1,4.
[2] Tacitus, Historiae 2,6,24,74–75.
[3] Vgl. die Rede des Mucianus bei Tacitus, Historiae 2,76 f.
[4] Flavius Josephus, Bellum Iudaicum 6,237–243.
[5] Sulpicius Severus, Chronicorum Libri duo 2,30, 6 f. Die Passage fußt eventuell auf Tacitus, dessen Historien für uns Mitte Juni 70 abreißen.
[6] Flavius Josephus, Bellum Iudaicum 7,1 f.
[7] Flavius Josephus, Bellum Iudaicum 7,123–157.
[8] Corpus Inscriptionum Latinarum 6,944. Die baulichen Überreste des Bogens fand man 2015.
[9] Corpus Inscriptionum Latinarum 6, 40454a2; zur Rekonstruktion des Textes s. Alföldy 1995.
[10] Cassius Dio 65,12,1
[11] Sueton, Titus 1,7–10,1,11. Cassius Dio 66,18,1,5, 19.
[12] Er hatte 30 Jahre später in zwei Briefen an Tacitus die Katastrophe beschrieben, Epistulae 6,16,6,20. Vgl. zum Ausbruch auch Cassius Dio 66,22 f.

Traian – Optimus Princeps
[1] Eutrop 8,5,3.
[2] Corpus Inscriptionum Latinarum VI, 960.
[3] Eutrop 8,5,2.

[4] Gibbon 1776, S. 80.
[5] Cassius Dio 68,5,4.
[6] Herodian.
[7] Epitome de Caesaribus 13,11; Historia Augusta, Hadrian 6,3.
[8] Woytek 2010, Nr. 590.
[9] Vgl. dazu etwa Cicero, de re publica 3,24 (§ 36) und Tacitus, Annales 4,32,2.
[10] Cassius Dio, 68,17,1.
[11] Eck 2017, S. 3.
[12] Epitome de Caesaribus 41,13.
[13] Ammianus Marcellinus 27,3,7.
[14] Ammianus Marcellinus 16,10,15.
[15] So Plinius der Jüngere, Panegyricus 1.
[16] Cassius Dio 68,5,2.
[17] Gibbon 1776, S. vi.

Der reisende Philhellene Hadrian.
[1] Inscriptiones Latinae Selectae 308.
[2] Cassius Dio 69,1–20.
[3] P. Fayum 19.
[4] Historia Augusta, vita Hadriani 4,4–7.
[5] Cassius Dio 69,6,3.
[6] Cassius Dio 69,7,1.

Antoninus Pius – ein Garant für Stabilität
[1] Historia Augusta, Hadrian 23–24.
[2] Historia Augusta, Antoninus Pius 3,8.
[3] Historia Augusta, Marcus Aurelius 4,1–2.
[4] Cassius Dio 70,1.
[5] Marcus Aurelius, Selbstbetrachtungen 10,27.
[6] Iulian, Caes. 312A; Cassius Dio 74,8,3.
[7] Historia Augusta, Antoninus Pius 2,11.
[8] Corpus Inscriptionum Latinarum XI 805, 6939.
[9] Historia Augusta, Antoninus Pius 2,2. 13,4.
[10] Historia Augusta, Antoninus Pius 12,4.
[11] Historia Augusta, Antoninus Pius 13,1.
[12] Historia Augusta, Antoninus Pius 12,6–7.
[13] Iulian, Symposion 312 A (= II p. 356 ed. Wright).

Commodus – der verhasste Kaiser
[1] Cassius Dio 73,22,5.
[2] Historia Augusta, Pertinax 5.
[3] Historia Augusta, Commodus 17–19.
[4] Historia Augusta, Vita Commodi 1,10.
[5] Herodian 1,8.
[6] Herodian 1,7,5.
[7] Cassius Dio 73,20,1f.
[8] Cassius Dio 73,20,1–2.
[9] Cassius Dio 73,17,3–49.
[10] Cassius Dio 73,15,2.
[11] Cassius Dio 73,15,2.

Septimius Severus – ein Kaiser an der Wende zum 3. Jh.
[1] Statius, silv. 4,5,45–46.
[2] Historia Augusta, Sev. 18,9; Joh. Malalas 12.
[3] Cassius Dio 77,9,4 (Übs. von Otto Veh).
[4] Cassius Dio 77,10.
[5] Cassius Dio 77,11–15.

Caracalla – der Vater der Soldaten
[1] Vgl. Cassius Dio 76 [77],3,1–6,1.
[2] Vgl. Cassius Dio 77 [78],2,1–3,1; Philostrat vitae. Sophistarum 2,24, 607.
[3] Vgl. Cassius Dio 77 [78],4,1.
[4] Vgl. Cassius Dio 77 [78],4,2–5,1.
[5] Digesta Iustiniani 27,1,14,2.
[6] Berliner griechische Urkunden II 655; Augustinus de civitate Dei 5,17.
[7] Vgl. Cassius Dio 79 [80],12,2^2 (Excerpta Valesiana 410).
[8] Vgl. Cassius Dio 77 [78],14,4.
[9] Commentarii fratrum arvalium 99a.
[10] Corpus inscriptionum Latinarum II 4676 = Inscriptiones Latinae selectae 454.
[11] Codex Iustinianus 4,7,2.
[12] Vgl. Cassius Dio 77 [78],15,2–7; zur Genesung aber epitome de Caesaribus 21,3.
[13] Vgl. Cassius Dio 78 [79],1,1.
[14] Vgl. Aurelius Victor 24,8.

Roms skandalöser Teenagerkaiser Elagabal
[1] Vgl. Cassius Dio 80,11,2; Herodian 5,5,6–7; 6,6–8.
[2] Cassius Dio 80,1,1; 80,11,2.
[3] Vgl. Corpus Inscriptionum Latinarum X 6569; Inscriptiones Graecae XIV 911.
[4] Vgl. Cassius Dio 79,30,3; Herodian 5,3, 2–4.
[5] Cassius Dio 79,30,3; Herodian 5,3,2.
[6] Aurelius Victor, Liber de Caesaribus 23,1, vgl. Historia Augusta, Heliogabalus 2,3.
[7] Herodian 5,3,9.
[8] Cassius Dio 79,38,4.
[9] Herodian 5,6,6–9.
[10] Cassius Dio 80,9,3; Herodian 5,6,2.
[11] Herodian 5,7,2.

Gordian III. und der Tod am Euphrat
[1] Christol ^{2}2006.

Endnoten

² Loriot hat auf das Reskript aufmerksam gemacht. Vgl. seinen Beitrag in: Aufstieg und Niedergang der römischen Welt 2,2 (1975).

³ Res Gestae Divi Saporis / ŠKZ.

Philippus I. – aus der Provinz an die Spitze des Imperiums

¹ ŠKZ, Zeile 7.

² Aurelius Victor, Caesares 27,8; Eutrop 9,2,2 f.; Festus 22; Hieronymus, Chronik zu den Jahren 2257 und 2260; Ammianus Marcellinus 23,5,17; Epitome de Caesaribus 27,2 f.; Johannes von Antiochia, Fragment 147; Historia Augusta, Gordiani tres 29–31; Zosimos, 1,18,3–1,19,1; Zonaras 12,18.

³ ŠKZ, Zeile 22.

⁴ Eusebius, Historia ecclesiastica 6,36,3.

⁵ Inscriptiones Graecae ad res Romanas pertinentes, Bd. 3, Nr. 1199.

⁶ *medio capite supra ordines dentium praeciso*, „wobei der Kopf in der Mitte über den Zahnreihen abgeschlagen wurde", wie die spätantike Epitome de Caesaribus 28,2 berichtet.

⁷ Erstmals bei Eusebius, Historia ecclesiastica 6,34.

Gallienus – vielgeschmähter Soldatenkaiser mit neuen Ideen

¹ Pangegyricus latinus 8,10,2–3 (Übs. B. Müller-Rettig).

² Eutrop, Breviarium 9,9,1.

³ Epitome de Caesaribus 33,1.

⁴ Aurelius Victor, de Caesaribus 33,33–34.

⁵ Goltz / Hartmann 2008, 288–291.

Diocletian und die Erste Tetrarchie

¹ Während die *praesides* zumeist Ritter blieben, erhielten die *correctores* und vor allem *consulares* im Laufe der Zeit den senatorischen Rang.

² Seeck, Notitia Dignitatum, Ndr, Frankfurt am Main 1962.

³ Die Festungsanlagen: Kuhoff 2001, S. 644–715.

⁴ Das Heerwesen: Treadgold 1995, S. 284–1081, 1999; Kuhoff 2001, S. 411–482; Le Bohec 2010, Demandt 2023, S. 205–222.

⁵ Aufgaben der Ersten Tetrarchie: Kuhoff 2001, S. 107–228; Demandt 2023, S. 53–74.

⁶ Der Triumphbogen von Thessalonica: Kuhoff 2001, S. 598–627; Demandt 2023, S. 70, 147.

⁷ Kuhoff, 2001, S. 543–564; Demandt 2023, S. 167–175.

⁸ Tetrarchengruppe in Venedig: Kuhoff, 2001, S. 577–588; Effenberger, Zur Wiederverwendung der venezianischen Tetrarchgruppen in Konstantinopel, Millennium 10, 2013, S. 215–274; Demandt 2023, S. 67–69; s. den Beitrag von K. Ehling über Maximinus Daia in diesem Band (Zweite Tetrarchie).

⁹ Kuhoff, 2001, S. 589–591; Brandt, 2021, S. 57–59; Demandt 2023, S. 68 f.

¹⁰ Kuhoff 2001, S. 784 f.; Demandt 2001, S. 250 f.

¹¹ Deckers 1973, S. 1–34; Kuhoff 2001, S. 628–632; Demandt 2023, S. 70,Taf. XII f.

¹² Die Bauinschrift der Thermen: CIL VI 1130 = 31242. Kuhoff 2001, S. 384–386 und passim; Ders., 2022, S. 98 f.; Demandt 2023, S. 224–226.

¹³ Kuhoff 2001, S. 744–760; ders. 2022, S. 95 f.; Demandt 2023, S. 234–242.

¹⁴ Kuhoff 2001, S. 238–242 und passim; Demandt 2023 S. 228–230.

¹⁵ Kuhoff 2001, S. 586–588 und passim; Demandt, S. 68.

¹⁶ Christenverfolgung: Kuhoff 2001, S. 246–296; Demandt 2023, S. 177–203.

¹⁷ Kuhoff 2022, S. 103–110.

¹⁸ Diocletians Tod: Kuhoff 2001, S. 933 f. (3,12,313); ders., 2022, S. 114–119 (ebenso); Demandt 2023, S. 270 f. (3,12,316).

Der Priesterkaiser Maximinus Daia

¹ Lactanz, De mortibus persecutorum 19,1–5.

² Eusebius, Historia ecclesiastica 9,8,2–4.

³ Philostorgius, Historia ecclesiastica 8,1.

⁴ Theodoret, Historia ecclesiastica 5,22.

⁵ Lactanz, De mortibus persecutorum 36,4 f.

⁶ Eusebius, Historia ecclesiastica 9,4,2.

⁷ Lactanz, De mortibus persecutorum 16,4.

⁸ Eusebius, Historia ecclesiastica 9,9a,6.

⁹ Lactanz, De mortibus persecutorum 36,3.

¹⁰ Übersetzung S. Şahin, Die Inschriften von Arykanda [I. K. 48], Bonn 1994, S. 15.

¹¹ Übersetzung von R. Merkelbach / J. Stauber.

¹² Lactanz, De mortibus persecutorum 11,3–8.

¹³ Eusebius, Historia ecclesiastica 9,10,12.

¹⁴ Eusebius, Historia ecclesiastica 9,10,7–11.

Constantin I. – Gottesfreund und Antichrist

¹ Laktanz, Todesarten der Verfolger 48; Eusebius, Kirchengeschichte 10,5.

² Laktanz, Todesarten der Verfolger 34; Eusebius, Kirchengeschichte 8,17.

³ Laktanz, Todesarten der Verfolger 44; Eusebius, Kirchengeschichte 9,9; Eusebius, Leben Konstantins 1,27–32.

⁴ Eusebius, Kirchengeschichte 10,5; Optatus von Mileve, Appendix 5 [33a] und 7 [34a] (CSEL 26, 210 f.); Augustinus, Brief 88,4/8.

⁵ Passio Donati (PL 8, 752–758) 2–4.

[6] Optatus von Mileve, Gegen den Donatisten Parmenianus 3,3.
[7] Optatus von Mileve, Appendix 9 [35a] (CSEL 26, 213).
[8] Corpus Inscriptionum Latinarum 11, 5265.
[9] Eusebius, Tricennalienrede Prolog §2.
[10] Vogt 1949, S. 247.

Theodosius I. der Große – Demut und Machtwille

[1] Themistius, Oratio 14 (Gesandtschaftsrede an den Kaiser Theodosius).
[2] Codex Theodosianus 16,1,2.
[3] Codex Theodosianus 16,10,10 (24,2,391); 16,10,11 (16,6. 391); 16,10,12 (8,11,392).
[4] Libanius, Oratio 30 (Für die Tempel).
[5] Rufinus, Kirchengeschichte 11,23.
[6] Ambrosius, Epistula extra collectionem 1,27f.
[7] Theodoret, Kirchengeschichte 5,18,1–15.

Justinian und die Katastrophen

[1] Den Rahmen der vorliegenden Erzählung bildet die Beschreibung des Einzugs Justinians in Konstantinopel am 11. August 559 im *Zeremonienbuch* Konstantins VII. (J. F. Haldon [Hg.], Constantine Porphyrogenitus. Three Treatises on Imperial Military Expeditions, Wien 1990, 138,707–140,723).
[2] Novelle 8,1.
[3] Scriptores Originum Constantinopolitanarum p. I 105,4–5 Preger.
[4] Deo auctore, praefatio.
[5] Codex Iustinianus 1,27,1, praefatio -10.
[6] Johannes Lydus, De magistratibus 3,55.
[7] Codex Iustinianus 1,27,1,1.
[8] Prokop, Vandalenkriege 2,9.
[9] Digesten/Pandekten, 533.
[10] Institutiones, 533.
[11] Codex Iustinianus 1,27,1,8.
[12] Tanta, praefatio.
[13] Codex Iustinianus 1,1,5–7.
[14] Novelle 42.
[15] Johannes Malalas 18,124 p. 419 Thurn.
[16] Codex Iustinianus 1,27,1, praefatio.

Heraclius – ein Kaiser am Ende?

[1] Die Quellen für Heraclius' Sieg gegen Phocas fließen reichlich, siehe z. B. Chronicon paschale 699, hg. Dindorf 1982, I; Theodor von Sykeon 152, hg. Festugière 1970, I,121; Pseudo-Sebeus 34, hg. Abgaryan 1979, 112–133; Nikephorus, Breviarium 1–2; Theophanes Confessor, Chronicon AM 6102, hg. de Boor 1883, I.
[2] Chronicon paschale 703–704, hg. Dindorf 1832, I; Nikephorus, Breviarium 5.
[3] Chronicon paschale 704–705, hg. Dindorf 1832, I. Eine detaillierte, wenngleich oftmals überformte und parteinehmende Beschreibung der Eroberung Jerusalems präsentiert der Mönch Antiochos Strategos in seiner „Expugnatio Hierosolymae".
[4] Chronicon paschale 706–709, hg. Dindorf 1832, I; Nikephorus, Breviarium 7.
[5] Die allgemein verzweifelte Stimmung der Zeit dokumentiert Theophanes Confessor, Chronicon AM 6103, hg. de Boor 1883, I, 299–300.
[6] Nikephorus, Breviarium 8.
[7] Umfassende Beschreibungen der Belagerung Konstantinopels im Jahr 626 finden sich in den Werken „In Bonum Patricium" sowie „Bellum Avaricum" von Georg von Pisidien, in Theodor Syncellus' „Homilia de obsidione Constantinopolitana" und in ausgewählten Passagen des „Chronicon Paschale".
[8] An die wundersam anmutende Rückführung der Reliquie erinnert Georg von Pisidien in seinem Werk „In restitutionem s. Crucis". Siehe dazu außerdem Pseudo-Sebeus 41, hg. Abgaryan 1979, 131.
[9] Diese legendarischen Darstellungen finden sich in der Mitte des 7. Jh.s entstandenen „Reversio s. Crucis" sowie im „Sermo de exaltationes Crucis".

DIVVS AVGVSTVS – der Kaiser als Gott

[1] Sueton, Augustus 97. *ais*, *eis*; *aiser*, *aisar*, *eisar*, *esari*, etrusk. „Gott"; „Götter".
[2] Sueton, Nero 49,1.
[3] Tacitus Annalen 16,6.
[4] Cassius Dio [75,4, 1–5,5]: Pertinax und Herodian [4,2,1–2,11]: Septimius Severus.
[5] Historia Augusta, 13,4. Übs. E. Hohl.
[6] Sueton, Vespasian 19,2.
[7] Vita Constantini 4,66,1–69,3. Übs. H. Schneider.
[8] Vita Constantini 4,70,2.
[9] Vita Constantini 4,58–59.

Literatur

Der römische Kaiser

H. Brandt, Die Kaiserzeit: Römische Geschichte von Octavian bis Diocletian, 31 v. Chr.–284 n. Chr., München 2021 (= Handbuch der Altertumswissenschaft 3,11)

J. Bleicken, Zum Regierungsstil des römischen Kaisers: eine Antwort auf Fergus Millar, Wiesbaden 1982

E. Flaig, Den Kaiser herausfordern. Die Usurpation im Römischen Reich. 2., akt. und erw. Aufl. Frankfurt am Main 2019

O. Hekster, Caesar Rules. The Emperor in the Changing Roman World (c. 50 BC–AD 565), Cambridge 2023

H. Leppin/B. Schneidmüller/S. Weinfurter (Hg.), Kaisertum im ersten Jahrtausend, Regensburg 2012

F. Millar, The Emperor in the Roman World, Ithaca, NY 1977

H. Temporini-Gräfin Vitzthum (Hg.), Die Kaiserinnen Roms. Von Livia bis Theodora, München ²2023

D. Timpe, Claudius und die kaiserliche Rolle, in: V. M. Strocka (Hg.), Die Regierungszeit des Kaisers Claudius (41-54 n. Chr.), Mainz 1994, S. 35 – 42

G. Weber, Kaiser, Träume und Visionen in Prinzipat und Spätantike, Stuttgart 2000

A. Winterling, Aula Caesaris. Studien zur Institutionalisierung des römischen Kaiserhofes in der Zeit von Augustus bis Commodus (31 v. Chr. – 192 n. Chr.), München 1999

P. Zanker, Augustus und die Macht der Bilder, München ⁶2024

Augustus und die Entstehung des römischen Kaisertums

W. Eck, Augustus und seine Zeit, München 2014

K. Bringmann, T. Schäfer, Augustus und die Begründung des römischen Kaisertums, Berlin 2002

A. Dalla Rosa, Cura et tutela: le origini del potere imperiale sulle province proconsolari, Stuttgart 2014

J.-L. Ferrary, À propos des pouvoirs d'Auguste, Cahiers du Centre Gustave Glotz 12, 2001, S. 101–154

K. Galinsky, Augustan culture, Princeton 1998

F. Hurlet, Auguste. Les ambiguïtés du pouvoir, Paris 2015

D. Kienast, Augustus. Prinzeps und Monarch, Darmstadt 2009

P. Zanker, Augustus und die Macht der Bilder, München 1997

Der ungeliebte Aussteiger Tiberius

H. Brandt, Die Kaiserzeit: Römische Geschichte von Octavian bis Diocletian, 31 v. Chr. – 284 n. Chr., München 2021 (= Handbuch der Altertumswissenschaft 3,11)

K. Christ, Geschichte der Römischen Kaiserzeit, München ²1992

B. Edelmann-Singer, Das Römische Reich von Tiberius bis Nero (14 – 68 n. Chr.). Darmstadt 2017

E. Flaig, Den Kaiser herausfordern. Die Usurpation im Römischen Reich. 2., akt. und erw. Aufl. Frankfurt am Main 2019

F. Sittig, Psychopathen in Purpur. Julisch-claudischer Caesarenwahnsinn und die Konstruktion historischer Realität, (Historia – Einzelschriften 249) Stuttgart 2018

H. Sonnabend, Tiberius. Kaiser ohne Volk. Darmstadt 2021

Caligula – Urtyp eines ‚verrückten' Kaisers

H. Brandt, Die Kaiserzeit: Römische Geschichte von Octavian bis Diocletian, 31 v. Chr. – 284 n. Chr., München 2021 (= Handbuch der Altertumswissenschaft 3,11)

R. von den Hoff, Caligula. Zur visuellen Repräsentation eines römischen Kaisers, in: AA 2009/1, S. 239 – 263

F. Sittig, Psychopathen in Purpur. Julisch-claudischer Caesarenwahnsinn und die Konstruktion historischer Realität (Historia – Einzelschriften 249), Stuttgart 2018

A. Winterling, Caligula. Eine Biographie, München 2012

Claudius – Gott, Herrscher, Sonderling?

H. Brandt, Die Kaiserzeit: Römische Geschichte von Octavian bis Diocletian, 31 v. Chr.–284 n. Chr., München 2021 (= Handbuch der Altertumswissenschaft 3,11)

B. Levick, Claudius, London ²2015

J. Osgood, Claudius Caesar: Image and power in the early Roman Empire, Cambridge 2011

V. M. Strocka (Hg.), Die Regierungszeit des Kaisers Claudius (41–54 n. Chr.): Umbruch oder Episode?, Mainz 1994

A. Winterling, Aula Caesaris: Studien zur Institutionalisierung des römischen Kaiserhofes in der Zeit von Augustus bis Commodus (31 v. Chr. – 192 n. Chr.), München 1999

Nero auf der falschen Bühne

A. Bätz, Nero. Wahnsinn und Wirklichkeit. Hamburg 2023

S. Bönisch-Meyer, L. S. Cordes, V. Schulz, A. Wolsfeld, M. Ziegert (Hg.), Nero und Domitian. Mediale Diskurse der Herrscherrepräsentation im Vergleich, Tübingen 2014

J. Malitz, Nero, München ³2016

Rheinisches Landesmuseum Trier (Hg.), Nero: Kaiser, Künstler und Tyrann, Darmstadt 2016

W. Jakob-Sonnabend, Untersuchungen zum Nero-Bild der Spätantike, Hildesheim / Zürich / New York 1990

Titus – der Sohn eines Kaisers lernt herrschen

G. Alföldy, Eine Bauinschrift aus dem Colosseum, Zeitschrift für Papyrologie und Epigraphik 109, Bonn 1995, S. 195–226

S. Fine (Hg.), The Arch of Titus: From Jerusalem to Rome – and Back, Leiden/Boston 2021

S. Pfeiffer, Die Zeit der Flavier, Darmstadt 2009

C. Weikert, Von Jerusalem zu Aelia Capitolina. Die römische Politik gegenüber den Juden von Vespasian bis Hadrian, Göttingen 2016

G. Zuchtriegel, Vom Zauber des Untergangs. Was Pompeji über uns erzählt, Berlin 2023

Traian – Optimus Princeps

M. Beckmann, Trajan's Column and Mars Ultor, Journal of Roman Studies 106 (2016), S. 124–146

A. Burnett, Trajan Optimus, in: L. Bricault et al. (Hg.), Rome et les provinces. Monnayage et histoire. Mélanges offerts à Michel Amandry (Numismatica Antiqua 7), Bordeaux 2017, S. 213–224

W. Eck, Traian – Bild und Realität einer großen Herrscherpersönlichkeit, in: Mitthof / Schörner (2017), S. 3–13

E. Gibbon, The History of the Decline and Fall of the Roman Empire, Bd. 1, London 1776

K. Lehmann-Hartleben, Die Trajanssäule. Ein römisches Kunstwerk am Beginn der Spätantike, Berlin / Leipzig 1926

F. Mitthof / G. Schörner (Hg.), Columna Traiani – Trajanssäule. Siegesmonument und Kriegsbericht in Bildern. Beiträge der Tagung in Wien anlässlich des 1900. Jahrestages der Einweihung, 9.–12. Mai 2013 (Tyche Sonderband 9), Wien 2017

A. S. Stefan, Die Trajanssäule. Dargestellt anhand der 1862 für Napoleon III. gefertigten Fotografien, Darmstadt 2020

K. Strobel, Kaiser Traian. Eine Epoche der Weltgeschichte. 2., überarb., akt. und erw. Aufl., Regensburg 2019

B. Woytek, Die Reichsprägung des Kaisers Traianus (98–117), 2 Bde. (Moneta Imperii Romani Bd. 14 = Denkschriften der phil.-hist. Klasse der Österreichischen Akademie der Wissenschaften 387), Wien 2010 (ND 2020)

Der reisende Philhellene Hadrian

A. R. Birley, Hadrian. The Restless Emperor, London 1997

M. T. Boatwright, Hadrian and the Cities of the Roman Empire, Princeton 2000

H. Brandt, Die Kaiserzeit: Römische Geschichte von Octavian bis Diocletian, 31 v. Chr. – 284 n. Chr., München 2021 (= Handbuch der Altertumswissenschaft 3,11)

W. Eck, Traian und Hadrian. Gegensätzliche und dennoch große Herrscherpersönlichkeiten?, in: A. F. Caballos Rufino (Hg.), De Trajano a Adriano, Sevilla 2018, S. 27–44

H. Knell, Des Kaisers neue Bauten. Hadrians Architektur in Rom, Athen und Tivoli, Mainz 2008

R. von den Hoff, Kaiserbildnisse als Kaisergeschichte(n). Prolegomena zu einem medialen Konzept römischer Herrscherporträts, in: A. Winterling (Hg.), Zwischen Strukturgeschichte und Biographie. Probleme und Perspektiven einer neuen Römischen Kaisergeschichte, München 2011, S. 15–43

Antoninus Pius – ein Garant für Stabilität

G. Aumann, Antoninus Pius. Der vergessene Kaiser, Wiesbaden 2019

C. Michels, Antoninus Pius und die Rollenbilder des römischen Princeps. Herrscherliches Handeln und seine Repräsentation in der Hohen Kaiserzeit, Klio. Beiträge zur Alten Geschichte. Beihefte 30, 2018

C. Michels, P. F. Mittag (Hg.), Jenseits des Narrativs. Antoninus Pius in den nicht-literarischen Quellen, Stuttgart 2017

P. F. Mittag, Römische Medaillons. Band 2: Antoninus Pius, Stuttgart 2019

B. Rémy, Antonin le Pieux, 138–161. Le siècle d'or de Rome, Paris 2005

P. L. Strack, Untersuchungen zur Römischen Reichsprägung des 2. Jahrhunderts. Teil 3: Die Reichsprägung zur Zeit des Antoninus Pius, Stuttgart 1937

Der Philosophenkaiser Marc Aurel

A. Birley, Mark Aurel. Kaiser und Philosoph, München 1968 (mit ausführl. Bibliographie S. 438 ff.), 2. textgleiche Auflage 1977 mit einem Nachtrag S. 432

Literatur

A. Demandt, Die Spätantike. Römische Geschichte von Diocletian bis Justinian. 284–565 n. Chr., München 2007

A. Demandt, Marc Aurel. Der Kaiser und seine Welt, München ⁴2025

Th. Mommsen, Der Marcomannenkrieg unter Kaiser Marcus (1896). In: ders., Gesammelte Schriften IV, Berlin 1906, 487 ff.

Motschmann, C., Die Religionspolitik Marc Aurels, Stuttgart 2002

Commodus – der verhasste Kaiser

R. von den Hoff, Commodus als Hercules, in: L. Giuliani, Meisterwerke der antiken Kunst, München 2005, S. 115–135

P.-H. Martin, Hercules Romanus Conditor. Ein seltener Aureus des Kaisers Commodus in Karlsruhe und Wien. Jahrbuch der Staatlichen Kunstsammlungen in Baden-Württemberg 12, München/Berlin 1975, S. 51–64

J. S. McHugh, The Emperor Commodus: God and Gladiator, Barnsley 2015

F. von Saldern, Studien zur Politik des Commodus (Historische Studien der Universität Würzburg 1), Rahden / Westf. 2003

M. Stahl, Commodus, in: M. Clauss, Die römischen Kaiser. 55 historische Portraits von Caesar bis Iustinian, München ⁴2010

Septimius Severus – ein Kaiser an der Wende zum 3. Jh.

D. Baharal, Victory of Propaganda. The dynastic aspect of the Imperial propaganda of the Severi: the literary and archaeological evidence A.D. 193–235, Oxford 1996

A. R. Birley, Septimius Severus. The African Emperor, London / New York 1988

A. Daguet-Gagey, Septime Sévère. Rome, l'Afrique et l'Orient, Paris 2000

A. Lichtenberger, Severus Pius Augustus. Studien zur sakralen Repräsentation und Rezeption der Herrschaft des Septimius Severus und seiner Familie (193–211 n. Chr.), Leiden / Boston 2011

D. Soechting, Die Porträts des Septimius Severus, Bonn 1972

J. Spielvogel, Septimius Severus, Darmstadt 2006

Caracalla – der Vater der Soldaten

Archäologisches Landesmuseum Baden-Württemberg (Hg.), Caracalla. Kaiser, Tyrann, Feldherr, Darmstadt 2013

G. Berghammer, Caracalla. Die Militärautokratie des Kaisers Severus Antoninus, Gutenberg 2022

B. Pferdehirt / M. Scholz, Bürgerrecht und Krise. Die Constitutio Antoniniana 212 n. Chr. und ihre innenpolitischen Folgen (Mosaiksteine, Bd. 9), Begleitbuch zur Ausstellung im Römisch-Germanischen Zentralmuseum, Mainz 2012

S. Sillar, Quinquennium in provinciis. Caracalla and Imperial Administration AD 212–217, 2001

P. Simelon, Caracalla. Entre Apothéose et Damnation, Latomus 69, 2010, S. 792–810

Roms skandalöser Teenagerkaiser Elagabal

K. Altmayer, Elagabal – Roms Priesterkaiser und seine Zeit, Nordhausen 2014

K. Altmayer, SOLI PROPVGNATORI. Der emesenische Sonnengott als Schlachtenhelfer Elagabals, JNG 65, 2015, S. 31–46

H. R. Baldus, Das ‚Vorstellungsgemälde' des Heliogabal. Ein bislang unerkanntes numismatisches Zeugnis, Chiron 19, 1989, S. 467–476

M. Frey, Untersuchungen zur Religionspolitik des Kaisers Elagabal (Historia Einzelschriften 62), Stuttgart 1989

M. Icks, Elagabal. Leben und Vermächtnis von Roms Priesterkaiser, Darmstadt 2014

E. Krengel, Das sogenannte „Horn" des Elagabal – die Spitze eines Stierpenis. Eine Umdeutung als Ergebnis fachübergreifender Forschung, JNG 47, 1997, S. 53–72

Gordian III. und der Tod am Euphrat

H. Brandt, Die Kaiserzeit (Handbuch der Altertumswissenschaft, 3. Abt., 11. Teil), München 2021

M. Christol, L'Empire romain du IIIe siècle, Paris ²2006

K. Herrmann, Gordian III.: Kaiser einer Umbruchszeit, Speyer 2013

U. Huttner, Von Maximinus Thrax bis Aemilianus, in: Johne, K.-P. (Hg.), Die Zeit der Soldatenkaiser, Bd. 1, Berlin 2008, S. 161–221

X. Loriot, Les premières années de la grande crise du IIIe siècle: De l'avènement de Maximin le Thrace (235) à la mort de Gordien III (244), in: Aufstieg und Niedergang der römischen Welt 2,2 (1975), S. 657–787

Philippus I. – aus der Provinz an die Spitze des Imperiums

K. Freyberger, Die Bauten von Philippopolis: Zeugnisse imperialer Selbstdarstellung östlicher Prägung, Damaszener Mitteilungen 6, 1992, S. 293–311

K.-P. Johne / U. Hartmann / T. Gerhardt (Hg.), Die Zeit der Soldatenkaiser. Krise und Transformation des Römischen Reiches im 3. Jahrhundert n. Chr. (235–284), 2 Bde., Berlin 2008

C. Körner, Philippus Arabs. Ein Soldatenkaiser in der Tradition des antoninisch-severischen Prinzipats (Untersuchungen zur antiken Literatur und Geschichte 61), 2002

C. Körner, Philippus Arabs – ein Araber auf dem römischen Kaiserthron?, Antike Welt 40/3, 2009, S. 73–78

C. Körner, Transformationsprozesse im Römischen Reich des 3. Jahrhunderts n. Chr., Millennium 8, 2011, S. 87–123

W. Oenbrink, Neue Pracht für die alte Heimat, Antike Welt 38/5, 2007, S. 59–66

Gallienus – viel geschmähter Soldatenkaiser mit neuen Ideen

M. Geiger, Gallienus, Frankfurt am Main 2013

T. Glas, Valerian, Paderborn 2014

A. Goltz / U. Hartmann, Valerianus und Gallienus, in: K.-P. Johne (Hg.), Die Zeit der Soldatenkaiser, Berlin 2008, S. 223–295

U. Hartmann, Das palmyrenische Teilreich, Stuttgart 2001

S. Röder, Kaiserliches Handeln im 3. Jahrhundert als situatives Gestalten. Studien zur Regierungspraxis und zu Funktionen der Herrschaftsrepräsentation des Gallienus, Berlin 2019

Diocletian und die Erste Tetrarchie

J. Belamarić, Gaius Aurelius Valerius Diocletianus and His Palace in Split, Split 2012

Y. Le Bohec, Das römische Heer in der Späten Kaiserzeit, Stuttgart 2010

H. Brandt, Die Kaiserzeit: Römische Geschichte von Octavian bis Diocletian, 31 v. Chr. – 284 n. Chr., München 2021 (= Handbuch der Altertumswissenschaft 3,11)

A. Demandt, Die Spätantike. Römische Geschichte von Diocletian bis Justinian 284 bis 565 n. Chr., München ²2017

A. Demandt, Diokletian. Kaiser zweier Welten, München 2023

J. G. Deckers, Die Wandmalerei des tetrarchischen Lagerheiligtums im Ammun-Tempel von Luxor, Römische Quartalsschrift 68, 1973, S. 1–34

W. Kuhoff, Diokletian und die Epoche der Tetrarchie. Das Römische Reich zwischen Krisenbewältigung und Neuaufbau (284–313 n. Chr.), Frankfurt am Main 2001

W. Kuhoff, Augustus „Emeritus". Diokletian als Kaiser im Ruhestand und die Folgen, in: A. Goltz / H. Schlange-Schöningen (Hg.), Das Zeitalter Diokletians und Konstantins. Bilanz und Perspektiven der Forschung (Festschrift für Alexander Demandt), Wien / Köln 2022

W. T. Treadgold, Byzantium and its army, 284–1081, Stanford, Calif. 1995

Der Priesterkaiser Maximinus Daia

H. Castritius, Studien zu Maximinus Daia (FAS 2), 1969

A. Demandt, Die Spätantike. Römische Geschichte von Diocletian bis Justinian 284–565 n. Chr. (HAW III 6), ²2007

K. Ehling, Ein Meisterwerk der seleukidischen Kunst. Zur Herkunft und Bedeutung des Herakles/Hercules auf den Folles des Maximinus Daia, in: A. Goltz / H. Schlange-Schöningen, Das Zeitalter Diokletians und Konstantins. Bilanz und Perspektiven der Forschung, Festschrift für Alexander Demandt, 2022, S. 123–156

W. Kuhoff / K. Ehling, Maximinus Daia, RAC 24, 2011, Sp. 495–504

R. Merkelbach / J. Stauber, Steinepigramme aus dem griechischen Osten, 2001

St. Mitchell, Maximinus and the Christians in A.D. 312: A new Latin inscription, JRS 78, 1988, S. 105–124

Constantin I. – Gottesfreund und Antichrist

T. Barnes, The New Empire of Diocletian and Constantine, Cambridge, Mass. 1982

J. Burckhardt, Die Zeit Constantins des Großen, Leipzig 1853

K. Ehling / G. Weber (Hg.), Konstantin der Große. Zwischen Sol und Christus (Zaberns Bildbände zur Archäologie), Mainz 2011

W. H. C. Frend, The Donatist Church: A Movement of Protest in Roman North Africa, Oxford 1952

Th. Grünewald, Constantinus Maximus Augustus. Herrschaftspropaganda in der zeitgenössischen Überlieferung, Stuttgart 1990

N. Lenski (Hg.), The Cambridge Companion to the Age of Constantine, Cambridge 2006

J. Vogt, Constantin der Große und sein Jahrhundert, München 1949

J. Wienand, Religiöse Toleranz als politisches Argument. Konzeptionelle Überlegungen zur konstantinischen Wende, in: M. Wallraff (Hg.): Religiöse Toleranz: 1700 Jahre nach dem Edikt von Mailand (Colloquium Rauricum 14), Berlin 2016, S. 67–100

Literatur

Constantius II. und die Einheit der Kirche

N. Baker-Brian, The Reign of Constantius II., New York 2023

P. Barceló, Constantius II. und seine Zeit. Die Anfänge des Staatskirchentums, Stuttgart 2004

S. Diefenbach, Constantius II. und die „Reichskirche" – ein Beitrag zum Verhältnis von kaiserlicher Kirchenpolitik und politischer Integration im 4. Jh., in: Millennium 9, 2012, S. 59 – 121

P. Maraval, Les Fils de Constantin, Paris 2013 (maßgebliche Darstellung auf dem aktuellen Forschungsstand)

M. Moser, Emperor and Senators in the Reign of Constantius II: Maintaining Imperial Rule between Rome and Constantinople in the Fourth Century AD, Cambridge, UK 2018

C. Vogler, Constance II et l'administration impériale, Straßburg 1979

Theodosius I. der Große – Demut und Machtwille

A. Cameron, The Last Pagans of Rome, Oxford 2011

H. Leppin, Theodosius der Große. Auf dem Weg zu einem christlichen Imperium, Darmstadt 2003

A. Lippold, Theodosius I., RE, Suppl. 12 (1973), S. 837 – 961

N. McLynn, ‚Genere Hispanus': Theodosius, Spain and Nicene Orthodoxy, in: K. Bowes / M. Kulikowski (Hg.), Hispania in Late Antiquity. Current Perspectives, Leiden 2005, S. 77 – 120

M. Kulikowski (Hg.), Hispania in Late Antiquity: Current Perspectives, Leiden 2005, S. 77 – 120

M. Meier, Geschichte der Völkerwanderung. Europa, Asien und Afrika vom 3. bis zum 8. Jahrhundert n. Chr., München ⁷2021

Justinian und die Katastrophen

F. Haarer, Justinian. Empire and Society in the Sixth Century, Edinburgh 2022

H. Leppin, Justinian. Das christliche Experiment, Stuttgart 2011

M. Maas (Hg.), The Cambridge Companion to the Age of Justinian, Cambridge 2005

M. Meier, Das andere Zeitalter Justinians, Göttingen ²2004

Heraclius – ein Kaiser am Ende?

W. Brandes, Herakleios und das Ende der Antike. Triumphe und Niederlagen, in: M. Meier, Sie schufen Europa. Historische Portraits von Konstantin bis Karl dem Großen, München 2007, S. 248 – 258

J. Howard-Johnston, The Last Great War of Antiquity, Oxford 2021

W. Kaegi, Heraclius. Emperor of Byzantium, Cambridge 2003

T. Raum, Szenen eines Überlebenskampfes. Akteure und Handlungsspielräume im Imperium Romanum 610 – 630 (Roma Aeterna. Beiträge zu Spätantike und Frühmittelalter 9), 2021

G. Reinink / B. Stolte, The Reign of Heraclius (610 – 641). Crisis and Confrontation (Groningen Studies in Cultural Change 2), Leuven 2002

N. Viermann, Herakleios, der schwitzende Kaiser. Die oströmische Monarchie in der ausgehenden Spätantike, Berlin / Boston 202

DIVVS AVGVSTVS – der Kaiser als Gott

J. Bardill, Constantine, Divine Emperor of the Christian Golden Age, Cambridge 2015

E. Bickermann, Die römische Kaiserapotheose, Archiv für Religionswissenschaften 27, 1929, S. 1 – 34

H. Chantraine, „Doppelbestattungen" römischer Kaiser, Historia 29, 1980, S. 71 – 85

M. Clauss, Kaiser und Gott. Herrscherkult im römischen Reich, Darmstadt 1999

A. Heisenberg, Grabeskirche und Apostelkirche, zwei Basiliken Konstantins. Untersuchungen zur Kunst und Literatur des ausgehenden Altertums, 2 Bde., Leipzig 1908

W. Kierdorf, „Funus" und „consecratio". Zu Terminologie und Ablauf der römischen Kaiserapotheose, Chiron 16, 1986, S. 43 – 69

P. N. Schulten, Die Typologie der römischen Konsekrationsprägungen, Frankfurt am Main 1979

P. Zanker. Die Apotheose der römischen Kaiser. Ritual und städtische Bühne, München 2004

Bildnachweis

S. 2/3: Titusbogen im östlichen Bereich des Forums an der Via Sacra. Im Hintergrund das Kolosseum. Domitian errichtete den Bogen bald nach Titus' Tod zu Ehren von dessen Vergöttlichung. Foto, um 1890. akg-images; **S. 8:** akg-images / Nimatallah; **S. 10:** Archäologisches Museum der Universität Münster, ID173. Foto: Robert Dylka; **S. 12:** https://www.flickr.com/photos/41523983@N08/14651082125/; **S. 13:** mauritius images / Colaimages / Alamy / Alamy Stock Photos; **S. 14:** mauritius images / Em Campos / Alamy / Alamy Stock Photos; **S. 15:** mauritius images / robertharding / Peter Groenendijk; **S. 17:** American Numismatic Society / Public Domain; **S. 19:** mauritius images / Erin Babnik / Alamy / Alamy Stock Photos; **S. 21:** American Numismatic Society / Public Domain; **S. 23:** akg-images / De Agostini Picture Lib. / G. Dagli Orti; **S. 24:** akg-images ; **S. 26:** American Numismatic Society / Public Domain; **S. 28:** mauritius images / Godong / Alamy / Alamy Stock Photos; **S. 31:** Münzkabinett der Staatlichen Museen Berlin, Lutz-Jürgen Lübke (Lübke und Wiedemann), Public Domain; **S. 34:** Classical Numismatic Group, Inc. http://www.cngcoins.com; **S. 35:** akg-images / Balage Balogh / archaeologyillustrated.com; **S. 36:** mauritius images / PhotoStock-Israel / Alamy / Alamy Stock Photos; **S. 38:** Heritage-Images / CM Dixon / akg-images; **S. 40:** © Rabax63 via wikimedia commons https://commons.wikimedia.org/wiki/File:CaligaVatikanische_Museen.jpg?uselang=de), CC BY-SA 4.0 (https://creativecommons.org/licenses/by-sa/4.0/deed.de); **S. 41:** Heritage Images / Heritage Art / akg-images; **S. 42:** Kunsthistorisches Museum Wien, Antikensammlung; **S. 43:** mauritius images / ARCHIVIO GBB / Alamy / Alamy Stock Photos; **S. 44:** Alexander Free; **S. 46:** akg-images; **S. 48:** akg-images / Erich Lessing; **S. 49:** Münzkabinett der Staatlichen Museen zu Berlin, Lutz-Jürgen Lübke (Lübke und Wiedemann), Public Domain; **S. 50:** mauritius images / Funkyfood London - Paul Williams / Alamy / Alamy Stock Photos; **S. 52:** mauritius images / Piemags/SMKM / Alamy / Alamy Stock Photos; **S. 53:** Staatliche Münzsammlung, München / Foto: S. Castelli; **S. 54:** akg-images / Erich Lessing; **S. 56:** Carlos Delgado; CC-BY-SA; **S. 57 oben:** Cabinet des Medailles, Paris; **S. 57 unten:** Staatliche Münzsammlung, München / Foto: Geneva Karr; **S. 58/59:** akg-images / Erich Lessing; **S. 60:** mauritius images / BackyardBest / Alamy / Alamy Stock Photos; **S. 62:** mauritius images / VPC Travel Photo / Alamy / Alamy Stock Photos; **S. 65:** mauritius images / Vladimir Khirman / Alamy / Alamy Stock Photos; **S. 66:** akg-images / Werner Forman; **S. 67:** London, British Museum, © The Trustees of the British Museum; **S. 70:** mauritius images / Derek Pratt / Alamy / Alamy Stock Photos; **S. 72:** akg-images / De Agostini Picture Lib. / A. Dagli Orti; **S. 74:** akg-images; **S. 75:** akg-images; **S. 76:** Skulpturensammlung, Staatliche Kunstsammlungen Dresden, Inv. Nr. ASN 5461,0704. Foto: Hans-Jürgen Genzel/Reinhard Seurig; **S. 77:** Numismatica Ars Classica NAC AG; **S. 78:** London, British Museum, © The Trustees of the British Museum; **S. 80:** Yale University Art Gallery; **S. 82:** akg-images / Nimatallah; **S. 84:** Eric Vandeville / akg-images; **S. 85:** Digitale Münzsammlung der Johannes Gutenberg-Universität Mainz ID213 / Foto: Lucas Hafner; **S. 87:** mauritius images / World Book Inc.; **S. 88:** akg-images / Pirozzi; **S. 89:** American Numismatic Society / Public Domain; **S. 90:** mauritius images / Peter Horree / Alamy / Alamy Stock Photos; **S. 92:** akg-images / Erich Lessing; **S. 95:** Münzkabinett der Staatlichen Museen Berlin, Lutz-Jürgen Lübke (Lübke und Wiedemann), Public Domain; **S. 97:** Münzkabinett der Staatlichen Museen Berlin, Lutz-Jürgen Lübke (Lübke und Wiedemann), Public Domain; **S. 97:** Roma Numismatics Ltd.; **S. 99:** Staatliche Antikensammlung und Glyptothek München / Foto: Renate Kühling; **S. 101:** mauritius images / Scott Wilson / Alamy / Alamy Stock Photos; **S. 103:** akg-images / Nimatallah; **S. 104:** akg-images; **S. 105:** mauritius images / cgimanufaktur; **S. 106:** akg-images; **S. 107:** Staatliche Münzsammlung, München; **S. 108:** mauritius images / Erin Babnik / Alamy / Alamy Stock Photos; **S. 110:** London, British Museum, © The Trustees of the British Museum; **S. 111 links:** Eric Vandeville / akg-images; **S. 111 rechts:** Münzkabinett der Staatlichen Museen Berlin / Reinhard Saczewski, Public Domain; **S. 112:** © Lalupa via wikimedia commons File:Quintili - prospettiva 1070754.JPG - Wikimedia Commons, CC BY-SA 3.0; **S. 113:** Staatliche Münzsammlung, München / Foto: Sergio Castelli; **S. 114:** Umzeichnung nach: R. von den Hoff, Commodus als Hercules, in: L. Giuliani, Meisterwerke der antiken Kunst, 2005, S. 123 Abb. 5; **S. 116:** akg-images / Nimatallah; **S. 118:** akg-images / Gerard Degeorge; **S. 120:** mauritius images / SuperStock / Peter Barritt; **S. 122:** akg-images; **S. 123:** akg-images / De Agostini Picture Lib. / J. E. Bulloz; **S. 125:** akg-images; **S. 127:** akg-images / Pictures From History **S. 128:** Münzkabinett der Staatlichen Museen Berlin / Reinhard Saczewski, Public Domain; **S. 129:** Eric Vandeville / akg-images; **S. 130:** Staatliche Münzsammlung, München / Foto: Lena Nitzer; **S. 131:** akg-images / Gerard Degeorge; **S. 134:** akg-images / De Agostini Picture Lib. / G. Dagli Orti; **S. 136:** Numismatica Ars Classica NAC AG; **S. 137:** P. Veltri, EFR; **S. 139:** akg-images; **S. 140:** Numismatische Bilddatenbank Eichstätt (NBE); **S. 142:** Heritage-Images / CM Dixon / akg-images; **S. 144:** Staatliche Münzsammlung, München; **S. 145:** American Numismatic

Bildnachweis

Society / Public Domain; **S. 146:** Münzkabinett der Staatlichen Museen Berlin / Public Domain; **S. 147:** nomos ag, numismatists, Zürich; **S. 148:** akg-images; **S. 150:** Eric Vandeville / akg-images; **S. 152:** Staatliche Münzsammlung, München; **S. 154:** akg-images / Gerard Degeorge; **S. 156:** Staatliche Münzsammlung, München; **S. 158:** akg-images / Album / Prisma; **S. 160:** mauritius images / Westend61 / Egmont Strigl; **S. 162:** Staatliche Münzsammlung, München; **S. 163:** akg-images; **S. 164:** Münzkabinett der Staatlichen Museen Berlin, Lutz-Jürgen Lübke (Lübke und Wiedemann), Public Domain; **S. 166:** Staatliche Münzsammlung, München; **S. 169: S. 168:** akg-images / De Agostini Picture Lib.; **S. 170:** Münzkabinett der Staatlichen Museen Berlin, Lutz-Jürgen Lübke (Lübke und Wiedemann), Public Domain; **S. 171:** © Jean-Pierre Dalbéra via wikimedia commons Maquette des thermes de Dioclétien (musée de la civilisation romaine, Rome) (5911812792) - Diokletiansthermen – Wikipedia CC BY 2.0; **S. 173:** akg-images; **S. 174:** Manuel Cohen / akg-images; **S. 175** links: akg-images / Album / Oronoz; **S. 175** rechts: akg-images / Album / Oronoz; **S. 176:** Staatliche Münzsammlung, München; **S. 178:** Hervé Champollion / akg-images; **S. 179:** Staatliche Münzsammlung, München; **S. 180:** Eric Vandeville / akg-images; **S. 181:** Staatliche Münzsammlung, München, **S. 182:** Staatliche Münzsammlung, München; **S. 185:** akg-images / Album / Prisma; **S. 186:** mauritius images / Bruno Coelho / imageBROKER; **S. 188:** Österreichische Nationalbibliothek Wien (Cod. 324); **S. 190:** Staatliche Münzsammlung, München; **S. 192:** akg-images / De Agostini Picture Lib. / A. Dagli Orti; **S. 194:** mauritius images / Peter Eastland SLASH Alamy / Alamy Stock Photos; **S. 197:** The State Hermitage Museum, St. Petersburg. Photograph. © The State Hermitage Museum / Foto: Alexander Koksharov; **S. 198:** Münzkabinett der Staatlichen Museen Berlin / Karsten Dahmen, Public Domain; **S. 200:** Münzkabinett der Staatlichen Museen Berlin / Reinhard Saczewski, Public Domain; **S. 202:** akg-images / Album / Oronoz; **S. 204:** mauritius images / Rex Allen SLASH Alamy / Alamy Stock Photos; **S. 205:** mauritius images SLASH Wiliam Perry / Alamy / Alamy Stock Photos; **S. 206:** mauritius images / John Warburton-Lee / Nick Laing; **S. 207:** Münzkabinett der Staatlichen Museen Berlin, Lutz-Jürgen Lübke (Lübke und Wiedemann), Public Domain; **S. 209:** akg-images / Erich Lessing; **S. 212:** akg-images; **S. 214:** akg-images / Cameraphoto; **S. 216:** mauritius images / Zevana / imageBROKER; **S. 219:** akg-images; **S. 220:** akg-images / Erich Lessing; **S. 222:** akg-images / De Agostini Picture Lib. / A. Dagli Orti; **S. 224:** akg-images / Album / Asf; **S. 225:** akg-images / Erich Lessing; **S. 226:** akg-images / WHA / World History Archive; **S. 227:** akg-images / Album / Oronoz; **S. 229:** akg-images; **S. 231:** Heritage Images / Heritage Art / akg-images; **S. 232:** akg-images / Pirozzi; **S. 234:** Staatliche Münzsammlung, München; **S. 236:** Staatliche Münzsammlung, München; **S. 237:** akg-images / Bildarchiv Monheim / Achim Bednorz / www.bildarchiv-monheim.de; **S. 239:** Staatliche Münzsammlung, München; **S. 240:** akg-images / Andrea Jemolo; **S. 242/243:** akg-images

Autorinnen und Autoren

Klaus Altmayer ist promovierter Althistoriker und IT-Business-Analyst bei der Berufsfeuerwehr München.

Ernst Baltrusch ist Universitätsprofessor em. für Alte Geschichte an der Freien Universität Berlin.

Gregor Berghammer ist promovierter Althistoriker und Fachschaftskoordinator für das Fach Geschichte sowie Lehrkraft für Geschichte und Latein am Gymnasium Ismaning.

Monika Bernett ist Privatdozentin für Alte Geschichte an der Ludwig-Maximilians-Universität München.

Marco Besl ist promovierter Althistoriker und wissenschaftlicher Mitarbeiter an der Ludwig-Maximilians-Universität München.

Hartwin Brandt ist Universitätsprofessor em. für Alte Geschichte an der Otto-Friedrich-Universität Bamberg.

Alexander Demandt ist Universitätsprofessor em. für Alte Geschichte an der Freien Universität Berlin.

Kay Ehling ist Oberkonservator an der Staatlichen Münzsammlung München und Professor für Alte Geschichte an der Universität Augsburg.

Alexander Free ist Privatdozent für Alte Geschichte an der Ludwig-Maximilians-Universität München.

Nikolas Hächler ist Privatdozent am Historischen Seminar der Universität Zürich.

Andreas Hartmann ist Akademischer Oberrat am Lehrstuhl für Alte Geschichte an der Universität Augsburg.

Udo Hartmann ist außerplanmäßiger Professor für Alte Geschichte an der Friedrich-Schiller-Universität Jena.

Saskia Kerschbaum ist promovierte Althistorikerin.

Wolfgang Kuhoff ist pensionierter Professor für Alte Geschichte an der Universität Augsburg.

Christian Körner ist Titularprofessor für Alte Geschichte an der Universität Bern und Lehrer für Geschichte und Latein am Gymnasium Neufeld (Bern).

Hartmut Leppin ist Universitätsprofessor für Alte Geschichte an der Johann Wolfgang Goethe-Universität Frankfurt am Main.

Achim Lichtenberger ist Universitätsprofessor für Klassische Archäologie an der Universität Münster.

Stephan Lücke ist promovierter Althistoriker und stellvertretender Leiter der IT-Gruppe an der Ludwig-Maximilians-Universität München.

Andreas Luther ist Universitätsprofessor für Alte Geschichte an der Christian-Albrechts-Universität Kiel.

Mischa Meier ist Universitätsprofessor für Alte Geschichte an der Eberhard-Karls-Universität Tübingen.

Christoph Michels ist Heisenbergstipendiat am Seminar für Alte Geschichte der Universität Münster.

Gregor Weber ist Universitätsprofessor für Alte Geschichte an der Universität Augsburg.

Hans-Ulrich Wiemer ist Universitätsprofessor für Alte Geschichte an der Friedrich-Alexander-Universität Erlangen-Nürnberg.

Johannes Wienand ist Universitätsprofessor für Alte Geschichte an der Technischen Universität Braunschweig.

Bernhard Woytek ist Universitätsprofessor für Numismatik und Geldgeschichte (Schwerpunkt Antike) an der Universität Wien.

Impressum

wbg Theiss ist ein Imprint
der Verlag Herder GmbH.

© Verlag Herder GmbH,
Freiburg im Breisgau 2025
Hermann-Herder-Str. 4, 79104 Freiburg
Alle Rechte vorbehalten
www.herder.de

Bei Fragen zur Produktsicherheit wenden
Sie sich an
produktsicherheit@herder.de

Einbandgestaltung: Finken & Bumiller, Stuttgart
Einbandmotiv: Constantin der Große,
© Stockphoto Chueni/Shutterstock
Layout, Satz und Prepress: schreiber VIS, Seeheim
Herstellung: PNB Print Ltd

Printed in Latvia

ISBN Print: 978-3-534-61033-4
ISBN E-Book (PDF): 978-3-534-61074-7